ESCRITOS POLÍTICOS

ESCRITOS POLÍTICOS

John Milton

Organizado por
MARTIN DZELZAINIS
Royal Holloway e Bedford New College, Londres

Tradução de *Defesa do povo inglês*
para o inglês moderno por
CLAIRE GRUZELIER

Traduzido para o português por
EUNICE OSTRENSKY

Martins Fontes
São Paulo 2005

Título do original
MILTON: POLITICAL WRITINGS.

O aparelho crítico que compõe esta obra foi preparado por Martin Dzelzainis e publicado originalmente em Milton: Political Writings por Syndicate of the Press of the University of Cambridge, em 1991. Tradução do latim para o inglês moderno por Claire Gruzelier.
Copyright © Cambridge University Press, 1991 para o aparelho crítico e a edição de texto.
Copyright © 2005, Livraria Martins Fontes Editora Ltda,
São Paulo, para a presente edição.

1ª edição
março de 2005

Tradução
EUNICE OSTRENSKY

Acompanhamento editorial
Luzia Aparecida dos Santos
Revisões gráficas
Maria Regina Ribeiro Machado
Sandra Garcia Cortes
Dinarte Zorzanelli da Silva
Produção gráfica
Geraldo Alves
Paginação/Fotolitos
Studio 3 Desenvolvimento Editorial

Dados Internacionais de Catalogação na Publicação (CIP)
(Câmara Brasileira do Livro, SP, Brasil)

Milton, John, 1608-1674.
    Escritos políticos / John Milton ; organizado por Martin Dzelzainis ; traduzido do latim para o inglês moderno por Claire Gruzelier ; traduzido para o português por Eunice Ostrensky. – São Paulo : Martins Fontes, 2005. – (Clássicos Cambridge de filosofia política)

    Título original: Milton: political writings.
    ISBN 85-336-2099-3

    1. Direito divino dos reis 2. Filosofia política 3. Milton, John, 1608-1674 – Crítica e interpretação 4. Política – Obras anteriores a 1800 I. Dzelzainis, Martin. II. Título. III. Série.

05-0269   CDD-321.6

Índices para catálogo sistemático:
1. Direito divino dos reis : Ciência política   321.6
2. Monarquia absoluta : Ciência política   321.6

Todos os direitos desta edição para o Brasil reservados à
Livraria Martins Fontes Editora Ltda.
Rua Conselheiro Ramalho, 330 01325-000 São Paulo SP Brasil
Tel. (11) 3241.3677 Fax (11) 3101.1042
e-mail: info@martinsfontes.com.br http://www.martinsfontes.com.br

Índice

Agradecimentos.. VII
Nota sobre os textos IX
Introdução.. XI
Principais acontecimentos na vida de Milton............ XXXIII
Nota bibliográfica XXXIX
Nota da tradutora XLIII
Abreviações.. XLIX

ESCRITOS POLÍTICOS

A tenência de reis e magistrados......................... 3
Defesa do povo inglês.. 69
Prefácio... 71
Capítulo I.. 91
Capítulo II 105
Capítulo III 141
Capítulo IV 172
Capítulo V 198
Capítulo VI 236
Capítulo VII.. 246
Capítulo VIII... 259
Capítulo IX 284

Capítulo X 298
Capítulo XI 309
Capítulo XII 313

Notas biográficas 333
Índice de citações bíblicas 345
Índice temático 347
Índice de nomes próprios 357

Agradecimentos

A tradução de *Defesa do povo inglês*, de Milton, foi feita especialmente para esta edição pela dra. Claire Gruzelier. Sou grato a ela por enfrentar todas as dificuldades do latim freqüentemente tortuoso de Milton. Por sua ajuda na preparação do restante da edição, sou grato a Roy Booth, John Creaser, Nicholas von Maltzahn, Ella Newton, Nigel Saul e Quentin Skinner.

M.D.

Nota sobre os textos

O original de *A tenência de reis e magistrados* [*The Tenure of Kings and Magistrates*] está conservado na Bodleian Library, Rawlinson, 408, 4º, e pode ser uma cópia presenteada pelo autor (quarta tiragem da segunda edição). Elementos específicos da segunda edição revisada vêm incluídos no texto, entre colchetes; elementos específicos da primeira edição (designada A) e outras variantes importantes poderão ser encontrados nas notas de rodapé. Quanto à data da segunda edição, conferir J. T. Shawcross, "Milton's *Tenure of Kings and Magistrates*: Date of Composition, Editions, and Issues", *Papers of the Bibliographical Society of America*, 60 (1966), 1-8.

Defesa do povo inglês [*A Defence of the People of England*] foi traduzido do texto em latim editado por Clinton W. Keyes no volume VII (1932) de *The Works of John Milton*, ed. geral A. Patterson, 20 volumes (Nova York: Columbia University Press, 1931-40). Também se consultou "Corrections to Columbia Text of Milton's *Pro Popolo Anglicano Defensio*", de Robert W. Ayers, in *Complete Prose Works of John Milton*, ed. Don M. Wolfe *et al.*, 8 vols. (New Haven e Londres: Yale University Press: 1953-82), IV, ii, 1146-8 (Apêndice H). A *Defesa* foi publicado pela primeira in quarto em 1651, seguido do fólio emendado de 1651, e da edição em formato 1/12 de 1658, ampliada e corrigida. Não se procurou registrar todas as variantes cotejadas por Robert W. Ayers em seu "Variants in the London Editions of Milton's

Defensio", in *Complete Prose Works*, IV, ii, 1129-39 (Apêndice F). Quando se considerou útil, elementos específicos de qualquer uma dessas edições foram inseridos no texto, entre colchetes, e explicados nas notas de rodapé pelas referências a 1651Q, 1651F, e 1658.

Outras informações bibliográficas são encontradas em J. T. Shawcross, *Milton: A Bibliography for the Years 1624-1700, Medieval & Renaissance Texts and Studies*, 30 (Binghampton, Nova York, 1984).

Introdução

Carlos I foi executado em 30 de janeiro de 1649. Os acontecimentos que levaram a esse ato, o próprio ato e suas conseqüências dominam os escritos políticos de Milton. No período de duas semanas ele publica uma justificativa dos procedimentos contra Carlos I, *A tenência de reis e magistrados* (em grande parte escrito enquanto o julgamento estava em andamento), e um mês mais tarde seus esforços voluntários são recompensados pelo recém-criado Conselho de Estado, que o nomeou secretário para Línguas Estrangeiras. Daí em diante Milton fica responsável não apenas por cuidar da correspondência diplomática da República, mas também por ser, de fato, seu principal propagandista. As obras que publica entre 1649 e 1651 – *Observations upon the Articles of Peace, Eikonoklastes,* e *Pro Populo Anglicano Defensio* – são, todas elas, oficialmente comissionadas.

Quase no fim da década, o regime de interregno viria a se desintegrar numa sucessão de experimentos e expedientes. Em 1660, com a iminência do retorno de Carlos II, Milton publica duas obras, nas quais tenta deter a torrente dos acontecimentos: *The Readie and Easie Way to Establish a Free Commonwealth* exorta à renovação do compromisso com o republicanismo, enquanto *Brief Notes upon a Late Sermon* advoga mais desesperadamente que, se de fato é necessário um rei, melhor será elegê-lo do que restaurar os Stuart. Por pouco Milton escapa com vida na Restauração e até sua morte, em 1674, dedica-se basicamente à poesia, publicando, primeiro, *Paraíso perdido*, e mais tarde *Paraíso reconquistado* e *Sansão agonístico*. Os fundamentos de tais realizações futuras foram lançados num prolongado período de autopreparação. Milton nasceu em Londres em 1608, filho de um notário relativamente próspero. Em 1620 ingressou na St. Paul's School, onde o currículo refletia os valores humanistas de seu fundador, John Colet. A educação que Milton lá recebeu o fez considerar insatisfatória a ênfase escolástica do curso ministrado no Christ's College, Cambridge, onde estudou de 1625 a 1632. Durante alguns anos depois, estudou por conta própria, devotando-se particularmente aos escritores gregos e latinos. Essa vida à solta culminou em 1638, numa viagem de quinze meses pela Europa, quando então se encontrou com Grócio e Galileu, e foi entusiasticamente recebido em várias das academias humanistas de Florença. Do regresso à Inglaterra até ser convocado pelo Conselho de Estado em 1649, ele se sustentou basicamente como tutor particular.

O compromisso de Milton com os valores humanistas anima quase tudo o que ele escreveu, desde o acadêmico *Prolusions* (uma série de ousadas variações em torno das formas da oratória clássica), ao *Aeropagitica* (1644), composto na forma de um discurso pela liberdade da imprensa não-licenciada. *A tenência de reis e magistrados* não constitui exceção. O texto da primeira edição está conforme à estrutura em cinco partes da oração clássica estabelecida por Isócrates e Cícero: exórdio (pp. 5-12), narração (pp. 12-23), confirmação (pp. 23-33), refutação (pp. 33-7) e peroração (pp. 37-51). No entanto, no interior dessa estrutura também existe uma divisão mais simples, em elementos positivos e negativos. Por um lado, a narração e a confirmação formam o núcleo de argumentos positivos dedicados a expor os princípios da soberania popular, e, por outro lado, o exórdio, a refutação e a peroração constituem uma polêmica travada, principalmente, contra os presbiterianos. Isto, por sua vez, corresponde aos dois principais objetivos que Milton se coloca no frontispício: primeiro, provar que é lícito "a quem detenha o poder" depor e punir um tirano, e, segundo, mostrar "que promoveram a deposição estes mesmos homens que ultimamente tanto a censuram". Para entendermos por que Milton divisava estas como suas principais tarefas ideológicas e vermos como elas se relacionam, devemos nos voltar para a situação política no inverno de 1648 para 1649.

A coalizão parlamentar vitoriosa se havia mantido unida, em grande medida, pelas pressões da guerra. Tão logo veio a paz, aconteceu a desintegração. Um entendimento no molde de um acordo político teria se mostrado ilusório e ao fim e ao cabo impossível. Uma maioria nas duas Câmaras, especialmente os presbiterianos, desejava negociar com Carlos e restaurá-lo em condições que pareciam, para alguns fora do Parlamento, sacrificar as finalidades pelas quais se havia empreendido a guerra. Em contrapartida, o Exército, uma corporação muito mais radical, preferia submeter o rei à Justiça, e expressou sua oposição a um tratado num longo protesto. Para romper o impasse que se seguiu, o Exército encenou um golpe em 6 de dezembro de 1648 – o Expurgo de Pride – que, ao excluir os membros recalcitrantes do Parlamento, deixou uma assembléia (o assim chamado Rabo) mais complacente com seus desejos. Essa intervenção – tanto maior quando se tornou claro que Carlos seria levado a julgamento – provocou a mais virulenta resposta, não apenas dos realistas, mas também dos presbiterianos e até mesmo de grupos radicais como os *levellers*.

Nesse momento crítico, Milton jogou todo o seu peso a favor do Exército. Um modo de vindicar suas ações consistia na simples manobra de desacreditar seus oponentes. Os presbiterianos, a despeito de inicialmente instarem à mais vigorosa prossecução da guerra contra Carlos, agora se refugiavam no terceiro artigo da Liga e Pacto Solenes (1643), mediante o qual se comprometiam a proteger a autoridade e a pessoa do rei, e isso, por conseguinte, tornou-se o foco do ataque de Milton. Grande parte de *A tenência* trata de expor essa contradição.

As repetidas alusões de Milton a uma fala no *Macbeth*, de Shakespeare, permitem apreender melhor seu ânimo contra os presbiterianos:

> Ninguém mais fie agora desses demônios enganosos,
> Que zombam de nós com palavras dúbias;
> Soprando a palavra aliciante ao nosso ouvido
> E a quebrando para nossas esperanças.
>
> (v. 9. 19-22)

Também os presbiterianos "trapacearam e ludibriaram o mundo", e falaram num "sentido duplamente contraditório" (pp. 6, 10). Portanto, já não era mais possível acreditar neles, como tampouco se poderia dar crédito às "feiticeiras" às quais Macbeth expressa sua desilusão. Nem podiam eles, como tampouco pôde Lady Macbeth durante o sono, ter a esperança de se livrar do peso da culpa: eles "foram os homens que depuseram o rei e não podem, apesar de todo o seu ardil e relapsia, lavar a culpa das próprias mãos" (p. 37).

Mas o principal modo pelo qual Milton insiste em sua mensagem é anunciar em não menos do que três ocasiões que ainda se baseará, na medida do possível, em fontes especificamente presbiterianas e escocesas (pp. 12, 15, 33). O propósito disso é relembrar aos presbiterianos que a teoria da resistência que haviam esposado no início da Guerra Civil devia muito de seu desenvolvimento aos seus insígnes predecessores do século XVI, John Knox e George Buchanan. Assim, ao longo de *A tenência* (mais notadamente, e propriamente, na refutação) Milton se volta para as obras de Knox e Buchanan – duas figuras cuja autoridade era tal que seus descendentes do século XVII não poderiam renegá-las, ainda que o radicalismo delas agora os desconcertasse.

O que complica esse quadro é que os presbiterianos, longe de renegar sua herança radical, tiveram a felicidade de dirigir um dos princípios cardeais da teoria constitucional da resistência *contra* o Exército e seus partidários. Esse princípio era a distinção – ortodoxa nos tratados luteranos e calvinistas sobre a resistência – entre magistrados inferiores e indivíduos privados: embora fosse lícito aos magistrados inferiores resistir ao mando tirânico, jamais se considerou lícito que indivíduos privados tomassem iniciativa política, qualquer que fosse. Do ponto de vista dos presbiterianos, a relevância imediata desse princípio era inequívoca. Segundo argumentavam, como o Exército fora criado pelo Parlamento e era portanto simplesmente o agente dos magistrados inferiores, faltava-lhe toda a autoridade magisterial, razão por que devia ser considerado apenas como uma reunião de indivíduos privados. Disso resultava que a intervenção do Exército ao promover o expurgo do Parlamento fora completamente ilícita.

Milton não poderia ignorar essa linha de argumentação se desejava ter êxito em provar a legitimidade das ações do Exército. É por isso que dedica a confirmação a refutar e reverter a principal afirmação sobre a qual se baseava a causa presbiteriana: sempre foi ilícito aos indivíduos privados tomar dos magistrados inferiores a iniciativa política. Milton entretanto não arma um ataque frontal à teoria constitucional; em vez disso, prefere miná-la num ponto mais vulnerável.

Embora muitos dos escritores seiscentistas da resistência sustentassem a distinção entre magistrados inferiores e indivíduos privados, eles haviam tratado com relutância o problema do tiranicídio, permitindo ao cidadão individual agir em certas circunstâncias. Era comum abrirem suas análises com a tradicional distinção entre dois tipos de tirano: o tirano pela prática e o tirano por usurpação (ou tirano sem título). O primeiro caso não provocava nenhuma divergência entre eles: apenas os magistrados inferiores – continuam eles a sustentar – podem resistir a um governante legítimo que se tenha degenerado em tirano. Mas no último caso admite-se em suas discussões um certo grau de flexibilidade. Um exemplo seria o invasor estrangeiro que, despojado de título, poderia sofrer a resistência do cidadão particular agindo em defesa de suas instituições nativas. Invariavelmente, porém, continuam a insistir que essa resistência individual deve cessar quando o invasor adquirir a legitimidade que antes lhe faltava – ensinamento que ilustram com a referência ao momento, durante a transição da República ao Império, no qual a resistência lícita se converteu em conspiração e sedição.

Até aqui, os principais expoentes da teoria constitucional, como Pedro Mártir, Beza e o autor de *Vindiciae contra tyrannos*, estavam de pleno acordo. No entanto, a Bíblia continha numerosos exemplos de resistência individual aos opressores de Israel. Enquanto isso não colocava nenhum problema para Beza, que via esses opressores como tiranos sem título, o mesmo não acontecia em relação ao autor de *Vindiciae*, que os classificava como tiranos pela prática. Ora, isso comportava a implicação bastante embaraçosa de que agora pareciam existir precedentes nas Escrituras precisamente para a conclusão que esses teóricos haviam buscado evitar: os indivíduos poderiam resistir até mesmo aos tiranos pela prática. Essa solução – que veio a se tornar padrão – consistia em mostrar, por exemplo, que embora Moisés, Ehud e Jeú parecessem pessoas privadas, o fato de terem recebido um chamado extraordinário de Deus significava que se poderia vê-los como detentores de uma autoridade superior até mesmo à dos magistrados comuns.

Assim, se Milton seleciona a história do assassinato do rei Eglom por Ehud (Jz 3.12-26) é justamente em razão do ponto crucial que ocupava na controvérsia a respeito de quem pode licitamente resistir ao tirano. Ele começa reproduzindo os argumentos convencionalmente empregados para contrabalançar o alarmante potencial dessa história: Eglom "era um príncipe estrangeiro, um inimigo, e além disso Ehud recebera uma ordem especial de Deus" (p. 25). Ele então prossegue, desmantelando esses argumentos um a um.

O primeiro passo de Milton consiste em se negar a conceder que a distinção entre dois tipos de tirano seja em si mesma válida. Ele não consegue ver nenhuma diferença substancial entre um usurpador estrangeiro e um tirano do próprio país: "Pois então considerai que o direito do rei da Espanha a nos governar a todos é o mesmo direito que tem o rei da Inglaterra a nos governar tiranicamente" (p. 25). Isso se torna ainda mais claro da perspectiva supranacional fornecida pela noção estóica de fraternidade do homem, repetidamente invocada por Cícero (por exemplo, *De Officiis*, I, 16-17). Para Cícero, os tiranos eram meros monstros selvagens que haviam renunciado a esses elos comuns, e deveriam ser exterminados como inimigos da humanidade (III, 6, 32). Milton então esclarece seus argumentos nesses termos ciceronianos. Não se pode negar que "em toda parte do mundo existe um mútuo laço de amizade e fraternidade entre cada homem" e o único modo de os homens serem excluídos – ou, antes, de excluírem a si mesmos – dessas relações pacíficas é manifestando uma disposição hostil. Como diz Milton de maneira epigramática, não é "a distância do lugar que cria a inimizade, mas a inimizade que cria a distância". Assim, toda tentativa de "distinguir" os tiranos por meio do critério 'próximo ou remoto' é necessariamente "frágil subterfúgio" (p. 26). O tirano era simplesmente alguém que se havia segregado da sociedade humana e por conseguinte devia ser tratado como "um animal selvagem", um "inimigo comum" e uma "peste", o "destruidor da humanidade" (pp. 19, 24).

A adoção dessa doutrina estóica resulta na subversão da análise convencional do problema do tiranicídio. Fundir os dois tipos de tirano numa única descrição significa que não mais é possível especificar as circunstâncias em que somente o magistrado inferior deveria empreender a resistência. Um tirano pela prática não estaria menos sujeito do que o usurpador estrangeiro a ser punido por um indivíduo privado.

Em seguida, Milton passa a considerar as objeções restantes. Segundo a lógica de seu próprio argumento, ele precisa conceder que Eglom era um "inimigo", pois "que tirano não o é?" Mas isso não se devia a não ter ele nenhum direito a governar. Sem dúvida os israelitas o "reconheciam" como "seu soberano" e tornavam-se "seus verdadeiros súditos" ao proferirem "juramentos de fidelidade e lealdade" (p. 26). Isso na verdade consistia em classificar Eglom como tirano pela prática e, como vimos, nesse ponto era comum evidenciar que Ehud necessariamente possuía, de acordo com as palavras de Milton, "uma ordem especial" de Deus para assassiná-lo. Milton, porém, bloqueia essa via de escape, utilizando dois argumentos bastante distintos.

Em primeiro lugar, ele assinala que, embora Ehud fosse inegavelmente "um homem a quem Deus incitara a libertar Israel", em nenhum lugar estava especificamente "expresso" que recebera uma ordem positiva de Deus. Ehud agira unicamente "com base em princípios justos, que eram então e sempre serão considerados admissíveis" (pp. 25, 27).

Seu segundo e mais importante argumento é o de que a intervenção direta de Deus não faria nenhuma diferença, mesmo se dispussémos de provas incontroversas dela. Ainda que Jeú houvesse recebido uma "ordem especial para assassinar Joroão", nem por isso seu gesto era "menos digno de imitação". Como Milton explica, no que se refere a uma ação "tão arraigada na razão natural", como foi a de Jeú, tudo a que "se venha acrescentar uma ordem de Deus" só fará "instituir a licitude de tal ato" (p. 27). Ou seja, uma ordem divina estabelece que uma dada ação é lícita, porém não é ela mesma que constitui os fundamentos de sua licitude; para isso, precisamos olhar para a razão natural. Afirmar que Ehud e Jeú não eram indivíduos privados, uma vez que Deus os orientara a fazer o que fizeram, equivaleria a não compreender que qualquer indivíduo racional seria capaz de intuir, normalmente, a retidão dessas ações.

Tudo isso representou um rompimento decisivo com a tradição protestante do voluntarismo, segundo a qual todo comando de Deus é justo simplesmente porque essa é a vontade de Deus. Para Milton, a licitude de uma ação resulta, não da vontade expressa de Deus, mas do fato de que isso é algo intrinsecamente justo e sensato de fazer. O que isso implica é a possibilidade de se formarem corretos julgamentos éticos e morais de maneira bastante independente de qualquer conhecimento que se venha a ter por revelação ou pelas Escrituras. Assim, quando no início da confirmação Milton coloca a questão vital quanto "ao que o povo pode licitamente fazer" contra um tirano, sua resposta se resume a dizer que "um homem de juízo perfeito não carece de nada mais para se guiar, além dos princípios mesmos da natureza que traz consigo" (p. 24).

Isso também provoca um desarranjo na teoria constitucional da resistência (e portanto na causa presbiteriana), abrindo caminho para Milton assegurar seus objetivos ideológicos. Ele pode agora afirmar a licitude da ação política individual e com isso fornecer uma defesa da conduta do Exército. Ou, como ele coloca no frontispício, uma vez que o Parlamento, o "MAGISTRADO comum", havia "desatendido ou se recusado" a submeter o rei à justiça, é "lícito" a "quem detenha o poder" fazer isso.

A natureza individualista, mesmo anárquica, dessa asserção não deveria ser subestimada – e tampouco seu secularismo. Embora esteja clara a solidariedade de Milton pelos "santos", bem como sua tendência a invocar os julgamentos de Deus de uma maneira que é autenticamente providencialista, ele também tem o cuidado de distanciar a si mesmo e ao Exército das alegações de entusiamo religioso e fanatismo levantadas pelos presbiterianos. Seu ceticismo sobre as ordens divinas, sua dissensão do voluntarismo e sua ênfase na razão, tudo isso provém da necessidade de formular uma espécie de argumentação menos vulnerável, porque menos secular.

A mesma perspectiva anima a explicação que Milton oferece da formação da sociedade política, e especialmente sua discussão sobre a autoridade judicial. Pois, se tiver algum peso sua afirmação de que os indivíduos, e não os magistrados, podem punir os criminosos, então ele precisa tratar a questão das origens desse poder. É verdade que Milton encerra o exórdio com uma nota incontroversa, afirmando que "todo o poder humano de executar" a "ira de Deus" pertence "a Deus" (p. 12). No entanto, ele não procura fundar isso na lei positiva divina, citando algum dos textos modelares das Escrituras sobre o poder de vida e morte. Em vez disso, procede na narração para fornecer uma explicação inteiramente secular da autoridade judicial.

Apesar de os homens nascerem "naturalmente livres", posteriormente vieram a formar "vilas, cidades e repúblicas" para escapar à "violência" e ao "mal" que se originaram da Queda. Então "concordaram por aliança comum em obrigar-se uns aos outros contra a agressão recíproca, e a se defender em conjunto de qualquer um que perturbasse ou se opusesse a esse acordo". Todavia, o resultado desse acordo era ainda pré-político, pois se trata de uma associação meramente voluntária que, embora fosse capaz de se defender das ameaças externas, carecia de um poder para disciplinar os recalcitrantes internos. Precisamente "porque não considerassem suficientemente obrigatória a boa-fé de todos", tornou-se "necessário dispor alguma autoridade que pudesse refrear pela força e pela punição toda violação da paz e do direito comum". Por isso, os homens deram o único passo que poderia genuinamente criar a sociedade política: para seu próprio "sossego" e "ordem" eles "transmitiriam" a "autoridade e o poder de autodefesa e conservação" que "residiam originalmente e por natureza em cada um deles" quer para uma pessoa, quer para várias (reis e magistrados, respectivamente). Mas a posição que esses governantes detinham em conseqüência dessa transação não poderia ser maior do que a dos "representantes e delegados" a quem se havia simplesmente "confiado" a execução da "justiça que do contrário cada homem, pelo elo da natureza e do pacto, precisava executar por si mesmo e por outro" (pp. 12-3).

Aqui, Milton se vincula à idéia – sem precedentes em nenhuma obra vernacular de teoria política – segundo a qual, num estado de natureza, todo e qualquer indivíduo pode punir os transgressores da lei da natureza, e de que, ao executar a justiça, o magistrado civil estaria exercendo, não um novo direito, mas o direito de que todos os indivíduos pré-políticos são inicialmente detentores. Com isso, une-se a Grócio para zombar da visão ortodoxa conforme a qual a autoridade judicial pertence exclusivamente ao corpo soberano; este simplesmente lhe confere existência, e, nesse caso, apenas como uma concessão direta de Deus. E Milton vai além do que Grócio estava disposto a aceitar, acrescentando que esse direito não fora alienado, mas meramente confiado ao magistrado pelo povo, que "conserva a liberdade ... e o direito de reassumi-lo" (p. 23).

Em resumo, Milton propõe menos uma teoria da resistência do que uma teoria da revolução (análoga à maneira como um poder de punir, que pode ser exercido em nome de "um outro", é distinto do "poder de autodefesa", e menos limitado do que este). O alcance total disso se tornará claro quando considerarmos dois outros pontos que Milton está apreensivo em sublinhar.

O primeiro ponto a notar é que, ao discutir o direito de depor o rei, ou de alterar de algum modo o governo, Milton recorre quase invariavelmente ao "povo", e não ao Parlamento. Para entender por que, somente precisamos atentar mais uma vez para a descrição do que ocorreu quando se entregou a autoridade da justiça aos que assim foram constituídos governantes. As únicas partes dessa transação eram o povo, que escolhe, e os escolhidos, reis ou magistrados. Como Buchanan, Milton não menciona nenhuma escolha preliminar de representantes que então elegessem governantes em nome do povo. Na verdade, ele insiste particularmente em que todas as outras instituições de governo – leis, juramentos e parlamentos – desenvolveram-se na seqüência para assegurar que se observassem as condições da escolha original. Assim, as corporações tradicionalmente identificadas ao magistrado inferior nos relatos da antiga constituição apenas surgiram num estágio relativamente posterior, e não poderiam ter constituído uma fonte de autoridade política a ponto de excluir o povo. Disso se segue que o direito de depor e punir os reis deve estar nas mãos do próprio povo.

Quanto ao segundo ponto, o modo predileto de Milton expressar a relação entre o povo e o govenante consiste em designá-la por uma relação de "confiança". Ainda que se refira a "vínculo e pacto", e (citando Buchanan) até mesmo conceda que "o poder real nada mais é senão um pacto ou estipulação mútua entre o rei e o povo" (pp. 14, 35), a palavra "contrato" jamais aparece. Tampouco a estrutura de sua argumentação é de algum modo contratualista. A principal diferença entre a confiança e o contrato reside em que o governante a quem o povo confia a autoridade incorre unilateralmente numa obrigação de exercê-la "em primeiro lugar para o bem do povo, e não para seu próprio bem" (p. 19), enquanto o governante que celebra uma relação contratual com o povo recebe do contrato tanto direitos como deveres. A conseqüência disso (um ponto repisado com muita ênfase na narração) é que se pode exonerar um mandatário sem aviso prévio, mesmo que ele não tenha praticado nenhuma injustiça e mesmo que – pois não possui direitos especiais – não sofra com isso alguma injustiça. O povo, afirma Milton, poderá, "tantas vezes quantas julgar melhor", depor um governante, "mesmo sem ser tirano, unicamente pela liberdade e pelo direito que homens nascidos livres têm de se governar" como quiserem. E embora o povo seguramente possa "reassumir" o poder "se for violado", pode também simplesmente "dispor dele mediante alguma alteração, conforme julgar mais conducente ao bem público" (pp. 19, 23). A mesma afirmação é reiterada em termos ainda mais enfáticos, quase rousseaunianos, na peroração. Uma "nação" que prescinde do "poder de remover ou de abolir nas urgências algum governante supremo ou subordinado, juntamente com o próprio governo", não pode ser considerada "livre", devendo, pelo contrário, estar "submetida à tirania e à servidão". Sem esse poder, os homens são "escravos e vassalos" de um senhor cujo "governo, ainda que não seja ilegal ou intolerável", não é "livre", e somente por essa razão deve ser "revogado" (pp. 45-6; e também pp. 118-9).

Talvez fosse razoável perguntar por que Milton adotou uma posição tão extremada, indo além do que era necessário para justificar o regicídio e excedendo o que era oficialmente aceitável pelo Rabo (em 4 de janeiro de 1649, os Comuns primeiro proclamaram a soberania do povo e então imediatamente investiram a si mesmos do poder supremo). A resposta mais plausível é a de que ele não desejava impedir alterações constitucionais posteriores – não apenas a abolição formal da monarquia e da Câmara dos Lordes, como também propostas mais completas de reforma, como a versão revisada pelos oficiais do *Acordo do Povo* proposto originalmente pelos *Levellers*, e submetida aos Comuns em 20 de janeiro. Isso ajudaria a explicar a exortação de Milton em apoio "ao *presente* Parlamento e Exército" (p. 6; minhas as ênfases).

Na prática, tornou-se difícil sustentar um compromisso tão amplo. Exigiu-se de Milton que, como funcionário da República, defendesse o regime em sua atual forma, e isso representou alterações em sua teoria. Um exemplo marcante disso, equivalente quase a uma *volte face*, verificou-se um pouco mais tarde naquele ano, na segunda edição de *A tenência*. Ao recapitular a galeria de "testemunhas" protestantes – Lutero, Zwinglio, Calvino, Bucer, Paraeus, Knox, Fenner, Cartwright e Goodman – ligados numa extensa coda, Milton anuncia que "em geral" a "clara e positiva determinação" deles era a de que "submeter à justiça um rei legítimo é, para um indivíduo privado, ilícito e, para um magistrado inferior, lícito" (p. 66), reafirmando, assim, sob a égide deles, a mesma distinção que se havia empenhado em demolir.

Milton, entretanto, não se apropria inequivocamente dessa distinção, e por isso não está clara a dimensão em que a segunda edição de *A tenência* representa um retrocesso em relação ao radicalismo (indefinição que também caracteriza a obra que haveria de lhe conquistar reputação na Europa, *Pro Populo Anglicano Defensio*). Mesmo assim, caberia perguntar por que ele se prontificou a publicar uma segunda edição que era, sabia-o ele, pelo menos num aspecto fundamental, incompatível com a primeira. Talvez uma resposta seja que valia a pena relembrar aos presbiterianos sua habitual insistência na completa passividade política do indivíduo, que devia operar agora em favor da República, mesmo ao preço de introduzir ambigüidade onde anteriormente não havia nenhuma. Ou então a súbita infusão da ortodoxa opinião continental num texto que anteriormente ficara marcado por uma tendência fortemente antiescocesa se poderia explicar pelo fato de Milton já ter examinado uma cópia do *Defenso Regia* de Salmásio (ver p. 46) e com isso se conscientizar da necessidade de construir uma posição defensável tanto num contexto europeu como num contexto interno.

Poucas semanas após o regicídio, os exilados realistas buscaram encomendar uma obra que exprimisse seu horror pelo acontecido, mobilizasse a opinião contra o novo regime, e emitisse um apelo para que se instalasse o legítimo sucessor no trono. Salmásio, o mais notável erudito protestante na Europa agora que Grotius estava morto, prontamente ofereceu seus serviços. Ciente da necessidade de atrair o leitor europeu, sem negligenciar as idiossincrasias dos ingleses, a investida do *Defensio Regia* de Salmásio, publicado (anonimamente) em novembro de 1649, era pelo menos minimamente compatível com o anglicanismo. Salmásio censura a exclusão dos bispos da Câmara dos Lordes e sua posterior abolição, mas, embora admoeste os presbiterianos, reserva suas críticas mais severas aos Independentes. Suas denúncias de que os regicidas são fanáticos religiosos concentram-se em John Cook, que atuou como assistente do procurador-geral no julgamento de Carlos, e particularmente em seu discurso resumindo os argumentos da acusação (jamais proferido, mas publicado em *King Charls his Case*). A resposta de Salmásio converge para duas proposições absolutistas: o povo não é a origem do poder real, que deriva diretamente de Deus; e o rei é *legibus solutus* (ou seja, está acima de todas as leis positivas), razão por que é responsável apenas perante Deus.

Defesa do povo inglês, a refutação capítulo a capítulo que faz Milton ao livro de Salmásio, finalmente apareceu em fevereiro de 1651. Embora se assemelhe à *Tenência* por se dedicar tanto às invectivas como aos argumentos, estes se misturam mais livremente, à maneira das *Filípicas* de Cícero, que lhe servem de modelo. Assim como Cícero se apresentara como o salvador da república em face das tentativas de Antônio de destruí-la, Milton também dá um passo adiante para defender a sitiada República contra Salmásio. E assim como Cícero, sobretudo na *Segunda Filípica*, procurara degradar a reputação de Antônio detendo-se em sua suscetibilidade a subornos, suas tentativas de aperfeiçoar sua oratória contratando um retórico, e seus humilhantes relacionamentos com mulheres (II, XIV, XVII, XXI), também Milton busca destruir a integridade pessoal e profissional de seu adversário. Ao final do capítulo I, as cargas que Milton irá disparar ao longo da obra já estão posicionadas.

Conquanto Salmásio agora professasse apoiar a causa dos bispos, numa obra anterior ele havia advogado sua abolição e substituição por um sistema de presbíteros. Milton se apodera disso para continuamente desacreditar e desconcertar Salmásio, e vestir o manto da ortodoxia religiosa (como começara a fazer na segunda edição de *A tenência*), invocando o apoio de Lutero, Zwinglio, Calvino e Bucer (pp. 102, 167, 235).

Em seguida, o fato de se ter publicado o *Defensio Regia* "a expensas reais" é usado para insultar Salmásio como um mercenário cuja defesa do poder real e a de Antônio "brotam da mesma nascente" (pp. 76, 123). Assim como em *A tenência*, Milton também impugna a masculinidade de seu oponente, Salmásio é apresentado como um "eunuco" terenciano (p. 77) que por uma metamorfose ovidiana se transforma na ninfa "Salmacis" (p. 79), e finalmente cai vítima da encantadora homérica Circe; "acostumado à mais vergonhosa escravidão" sob uma mulher, ele "não tem nenhum gosto à virtude e à liberdade que dela nasce" (p. 311). Esse quadro da servidão doméstica mina a credibilidade de Salmásio como o porta-voz do patriarcalismo. Contribui ainda para um recorrente contraste entre sua abjeta devoção à causa da tirania e o envolvimento virtuoso e – o que para Milton, como para Cícero, equivale a uma tautologia – viril dos regicidas com a liberdade.

Milton também conta com a incompetência retórica de Salmásio. Mesmo sua modéstia ao admitir que não aspira à eloqüência ciceroniana volta-se contra ele (pp. 88-9). Ele é um mero "gramático" cujos solecismos Milton infalivelmente expõe ao ridículo (pp. 77-8). Isso redunda na asserção de que, apesar de toda a sua erudição, Salmásio não conseguiu compreender os escritos clássicos que leu ou editou (p. 103). Depois de mostrar desprezo pelas habilidades de seu oponente, Milton se volta para as questões de interpretação de texto, que formam o campo de batalha dos capítulos II-V.

Em seu segundo capítulo, Salmásio havia enfileirado os textos emblemáticos do Antigo Testamento em apoio à sua opinião de que os reis são *legibus solutus*. A resposta de Milton consiste em adotar conscientemente os métodos e os maneirismos do exegeta humanista, buscando explicar o significado dessas passagens segundo seu contexto histórico e bíblico, e mostrar que, quando adequadamente compreendidas, as lições que permitem extrair são contrárias às sugeridas por Salmásio. Por exemplo, Milton compila provas para mostrar que Deus, ao aceder ao desejo dos israelitas de terem um rei (Dt 17.14), não o fez de bom grado; assim, longe de indicar aprovação ao desejo deles de se deixarem subjugar por governantes livres de todas as leis, oferece Seu "testemunho" divino de que a "decisão" sobre a "forma de república" a escolher "sempre esteve em poder de todos os povos e nações" (p. 108).

Mas o ceticismo que Milton também revela quanto ao valor dessas lições evidentemente contraria o esforço exegético necessário para produzi-las. Embora tal ceticismo às vezes adquira a forma que tinha em *A tenência* – isto é, a de uma aversão racionalista aos termos empíricos –, outras vezes vem expresso em termos teológicos. Do capítulo II em diante, Milton invariavelmente responde à afirmação de que os reis são ordenados por Deus argumentando que existe um sentido no qual tudo em geral, e por isso nada em particular, é ordenado similarmente – os direitos do povo, por exemplo, tanto quanto (ou tão pouco quanto) os direitos dos reis. Essa idéia depreciada da nomeação divina tem o efeito de estabelecer a estrita demarcação entre casos como, digamos, o de Moisés, que sem dúvida tinha meios de remeter as questões diretamente a Deus, e os demais, em que não há nenhum "sinal visível de Deus" (pp. 124-7). No fim das contas, é irrelevante saber "que espécie de rei os israelistas queriam", uma vez que os ingleses haviam originalmente exercido "o direito das nações, sem que a ordem ou a proibição de Deus" tivesse algum papel na sua escolha (pp. 112, 120-1).

O capítulo III trata o Novo Testamento de maneira muito semelhante. Agora, é preciso reconstruir "a proclamação divina de liberdade", cujo sentido Salmásio distorcera ao desenvolver a noção espúria de "obrigação religiosa" (pp. 141-2). Por exemplo, é necessário compreender que a advertência política dos apóstolos fora dirigida exclusivamente a pessoas privadas, não a "senadores" e "magistrados". Disso não se pode inferir nenhuma obrigação da parte dos últimos a não resistir ao tirano, e tampouco a intenção do apóstolo foi a de inculcar obediência aos tiranos, uma vez que o imperador à época não era Nero, como alegou Salmásio, mas Cláudio, "um príncipe honesto" (pp. 150, 155). Mais uma vez, porém, Milton não procura derivar nenhum preceito específico das Escrituras. Exceto por um floreio irônico em que volta contra Salmásio seu próprio argumento de que os súditos sempre devem obedecer aos poderes que existem (o que exigiria a obediência concienciosa à República), Milton se limita a mostrar que o evangelho proporciona um significado consistente apenas quando interpretado à luz do princípio de liberdade que o intérprete confere ao texto.

Milton inicia o capítulo IV adotando o axioma de que os homens não podem se submeter por lei a um governante que esteja acima de toda lei, mas ainda assim aceita "renovar o combate contra os precedentes" (pp. 173-4). Com isso, para rebater a afirmação de que em nenhum momento da história judaica se encontra algo correspondente ao regicídio, ele reproduz sua discussão sobre Ehud e Eglom, concluindo que "Se Ehud assassinou Eglom justamente, nós punimos Carlos justamente" (pp. 174-5). Mas Milton está menos preocupado em erigir esse paralelo em precedente do que em revelar o princípio subjacente de justiça que torna o paralelo válido. E novamente emprega o exemplo de Jeú para sublinhar sua posição: "o assassínio do tirano não era bom e justo porque Deus assim o ordenou, mas, ao contrário, Deus o ordenou porque era bom e justo" (p. 181).

O capítulo V abre com uma variação sobre esse mesmo tema. Salmásio não pode ter a expectativa de levar adiante seu argumento refugiando-se na lei de natureza, diz Milton, porque "a lei de Deus concorda exatamente com a lei de natureza", de modo que demonstrar uma proposição com base na lei de Deus significa já ter mostrado "o que é mais conforme à lei de natureza" (p. 198). Isso não deve implicar que a relação entre as duas deva ser exatamente simétrica, pois o que Milton afirma é compatível com a idéia de que a lei de natureza não apenas é mais abrangente que os preceitos da lei divina positiva, como ainda os compreende. No entanto, mesmo que os capítulos precedentes tenham, desse ponto de vista, tornado a tarefa redundante, Milton concorda em examinar as fontes clássicas, e o restante do capítulo V se mostra então uma vitrina para seus talentos humanistas.

Nos dois capítulos seguintes, Salmásio havia investido diretamente contra as fundações do novo regime: a teoria da soberania popular. Em primeiro lugar, afirmara que, ao instituir um governante, o povo não pode simplesmente delegar sua soberania original; é preciso que a aliene. Salmásio entende com isso uma transferência plena, incondicional e irrevogável, de tal modo que (na frase recolhida por Milton) "o poder do povo deixa de existir quando o poder dos reis principia" (p. 241). Como Salmásio não tinha problemas com a idéia de indivíduos que ingressam numa servidão voluntária, simplesmente a estendeu às comunidades como um todo, sendo um dos modelos desse tipo de contrato a *Lex Regia*, por meio da qual o povo romano conferiu poder ao imperador.

Defrontado com esses lugares-comuns absolutistas, a resposta de Milton nos capítulos VI e VII consiste em reiterar que o poder político se define melhor como uma relação de confiança. Ele já havia estabelecido no capítulo III que, no caso do indivíduo, a escravidão voluntária é impossível, pois, como sua liberdade não lhe pertence incondicionalmente, não pode renunciar a ela: visto que "nós pertencemos a Deus", seria "o maior dos sacrilégios" "entregarmo-nos como escravos a César" (pp. 144-5). Do mesmo modo, assinala Milton, uma vez que o rei não possui incondicionalmente uma propriedade – ele "nem sequer pode liquidar a herança da Coroa" –, é impossível a ele agir como um senhor que detém controle absoluto sobre seus escravos (p. 244). E, quanto ao povo, mesmo que esses direitos não fossem inalienáveis, instituir um governante "de outra maneira que não em confiança seria o cúmulo da loucura" (p. 242). Assim, seria "sensato" interpretar a *Lex Regia* como uma transação envolvendo "um poder legítimo e revogável, não um poder tirânico e insensato" (p. 244). A verdade é que, quando "o bem-estar público" exige, o povo pode revogar um poder que ele mesmo detém "virtualmente" (pp. 244, 251).

Ora, Salmásio também afirmara que as tipologias habituais estavam fora de questão, uma vez que a República representava uma espécie de governo sem precedentes: o mando militar. A despeito de suas pretensões democráticas, o regime consistia essencialmente de um Conselho de Estado dominado por oficiais. Este Conselho exercia um poder despótico sobre aquilo que era, desde a abolição da Câmara dos Lordes, uma massa informe que deveria ser considerada não como o povo, mas como mera populaça.

Era natural que Milton se preocupasse em rechaçar a alegação de que se subvertera a ordem social e política das coisas. Mas era difícil saber como reconciliar a defesa dos atos revolucionários com a afirmação de que o resultado desses atos era, ainda assim, socialmente conservador. O final de *A tenência* apresentava as implausíveis reivindicações do indivíduo *e* do magistrado. A solução em *Defesa* consiste em definir "o povo" de uma maneira que impeça a identificação com um e outro. Por isso, no Prefácio Milton insiste em que um Estado armado se justifica quando cuida da "parte íntegra e sã" em detrimento da parte descontente, "sejam eles plebeus ou aristocratas", embora no capítulo I ele aplauda a "parte mais sã" por ter convidado o Exército a agir (pp. 84, 97). Aliás, nos capítulos VI e VII ele dá um passo adiante e emprega os termos "parte melhor" (*pars potior*) e "parte mais sã" (*pars sanior*) para indicar os homens cujas ações são "o ato do povo", e que na verdade "representam o povo inteiro" (pp. 240, 254-5).

Algumas vezes se afirma – a exemplo do que fizera em 1652 um dos primeiros e mais contundentes críticos de Milton, Sir Robert Filmer, em suas *Observações* (uma crítica a Hobbes, Milton e Grócio, respectivamente) – que esse foi um erro crasso, pois a um só tempo expôs a fragilidade do apoio ao regime e a preocupação fundamentalmente apolítica de Milton com os interesses de uma elite espiritual. De fato, a capacidade de cidadania, mesmo dos devotos, é socialmente definida, e supõe-se que derive do fato de não poderem eles se desviar da trilha da "virtude" seja por meio da "luxúria e opulência", seja da "pobreza e carência" (p. 256). Além disso, o vocabulário de Milton é inteiramente convencional. Como Marsílio de Pádua, que enfatizou o papel da "parte mais valorosa" (*pars valentior*) do povo, mais tarde muitos advogados da soberania popular freqüentemente falaram do "povo" em termos qualitativos. Mesmo Buchanan, cujo compromisso com o populismo radical está fora de dúvida, insiste no primado dos que revelam virtudes cívicas. Sob esse aspecto, portanto, a *Defesa* não constitui exceção, e seu uso marca pouco mais que um deslocamento dos direitos do povo considerado separadamente (legitimando a ação individual contra o Longo Parlamento) para uma ênfase 'nos direitos do povo considerado coletivamente (corporificado no Rabo). Com efeito, Milton se alinha com os votos dos Comuns de 4 de janeiro de 1649.

Os capítulos VII a XII tratam então de conferir substância histórica a uma visão da constituição inglesa com, *mutatis mutandis*, o *Rabo* no centro da cena. Abandonando a opinião que partilhara com Buchanan, segundo a qual os governantes seriam escolhidos originalmente pelo povo, Milton afirma agora que o povo primeiro "delegou" seu poder a uma assembléia popular que então criou reis (pp. 281-2). Como os bispos e os lordes foram acréscimos posteriores a esse corpo, e não partes constituintes dele, não importa que agora tenham sido excluídos. E a objeção de que não havia menção a um "parlamento" antes da Conquista é rejeitada como sofisma, uma vez que "a coisa sempre existiu" (p. 270). Aliás, quanto a essa questão, sustenta Milton, jamais houve uma Conquista: Guilherme confirmou as leis de Eduardo, o Confessor, mantendo assim a continuidade da antiga constituição (p. 279).

Milton parece adotar como modelo dessa explicação o *Francogallia* (1573) de Hofman, cujas principais alegações – de que a monarquia seria eletiva, os reis estariam obrigados pelos juramentos de coroação e as assembléias populares não apenas detinham o poder de eleger como também de depor os reis – ele havia anteriormente endossado (p. 196). Armado dessa análise, Milton tem condições de opor os argumentos históricos de Salmásio (não menos tendenciosos) e afirmar a legitimidade de todos os atos revolucionários realizados desde o expurgo.

É verdade que isso ainda representa algo como uma mudança de maré: enquanto *A tenência* atingira altitudes radicais por meio de uma crítica ao constitucionalismo, a *Defesa* termina em harmonia com um de seus textos clássicos. Apesar de toda invectiva agressiva, a postura subjacente é de moderação estudada, e nisso reside a chave do sucesso da obra. Um *ethos* impecavelmente ciceroniano, um compromisso não doutrinário com a República, simplesmente por ser o melhor arranjo que as circunstâncias proporcionaram, o repúdio a qualquer hostilidade à monarquia enquanto tal, e a rejeição à resistência, exceto nos casos mais graves, tudo isso se combina para formar o quadro de um sóbrio autodomínio que afasta toda suspeita de fanatismo.

Mas seria um equívoco supor que todos os vestígios de radicalismo foram varridos do texto. Muitos de seus leitores do século XVII certamente não pensavam assim. Em 1657, William Wallen, autor de *Killing Noe Murder* [Matar não é assassinar], apresentou argumentos favoráveis ao assassinato de Cromwell que trazem todos os sinais de serem extraídos da *Defesa*. É também significativo que a *Defesa* apareça na lista de livros de John Locke a partir 1667 (ele também possuía uma cópia da versão de *A tenência* publicada em 1689). Pois não é a menor das semelhanças entre Locke e Milton sua adoção de uma perspectiva estóica que lhes permita afirmar, com o mínimo de qualificação, o direito do povo, e mesmo dos indivíduos, a resistir a seus governantes tirânicos.

Principais acontecimentos na vida de Milton

1608. *Dezembro:* nasce, no dia 9, na Bread St., Londres.
1620. Ingressa na St. Paul's School, Londres.
1625. *Fevereiro* (12): admitido no Christ's College, Cambridge.
1629. *Março* (26): torna-se bacharel.
1632. *Julho* (3): torna-se mestre e então vai para Horton fazer estudos privados.
   Setembro: no dia 29 sua peça *Comus* é encenada no Castelo de Ludlow (publicada três anos depois).
1638. *Maio:* parte para a França e visita Grócio em Paris.
   Junho a setembro: viaja para o sul através da Itália para residir em Florença por dois meses. Visita Galileu.
   Outubro a dezembro: vai a Roma (onde visita a Biblioteca do Vaticano, e comparece a uma recepção oferecida pelo cardeal Barberini) e depois para Nápoles.
1639. *Janeiro a maio:* desiste de visitar a Sicília e a Grécia, e regressa através da Itália, com estadas em Florença e Veneza.
   Junho: visita o teólogo John Diodati em Genebra.
   Julho: retorna à Inglaterra.
   Maio: publica *Of Reformation Touching Church-Discipline*, primeiro de cinco tratados antiepiscopais.
   Junho a julho: publica *Of Prelatical Episcopacy* e *Animadversions upon the Remonstrants Defence, Against Smectymnuus.*
1642. *Janeiro ou fevereiro:* publica *The Reason of Church-Government.*

Abril: publica *An Apology Against a Pamphlet*.
Por volta de Pentecostes se casa com Mary Powell.

1643. *Agosto*: é publicado, no dia 1º, *The Doctrine and Discipline of Divorce*, o primeiro de quatro tratados advogando o divórcio por consentimento.
Fevereiro: aparece (no dia 2) uma segunda edição, bastante ampliada, de *Doctrine and Discipline*.
Junho: publicado (no dia 5) o tratado *Of Education*.
Agosto: no dia 6, publica *The Judgement of Martin Bucer, Concerning Divorce*. No dia 13, suas obras sobre o divórcio são atacadas num sermão perante o Parlamento, e em 26 e 28 os livreiros entram com uma petição contra elas.
Novembro: no dia 23, é publicado o *Aeropagitica*.
Dezembro: no dia 28, é convocado pela Câmara dos Lordes para interrogatório.

1645. *Março*: no dia 4, publica os últimos tratados sobre o divórcio, *Tetrachordon* e *Colasterion*. Aparentemente, evitará todas as controvérsias públicas pelos próximos quatro anos.
Janeiro: aparecem *Poems of Mr. John Milton* (dia 2).

1649. *Janeiro*: Carlos I é executado no dia 30.
Fevereiro: publicada, no dia 13, *A tenência de reis e magistrados*.
Março: no dia 13, Milton é convidado pelo Conselho de Estado a ser secretário para Línguas Estrangeiras, e no dia 15 assume o cargo. Mandam-no (em 26 e 28) "fazer algumas observações" sobre *Englands new chains discovered*, de John Lilburne, e sobre papéis relativos a "maquinadores contra a paz da República" na Irlanda.
Maio: publica, no dia 16, *Observations upon the Articles of Peace*.
Outubro: a segunda edição de *A tenência* está provavelmente no prelo. Publica, no dia 6, o *Eikonoklastes*, a resposta oficial ao *Eikon Basilike* (propositadamente atribuído a Carlos I, mas escrito de fato por John Gauden).

Novembro: O *Defensa Regia* de Salmásio é publicado em meados do mês.

1650. *Janeiro*: no dia 8, o Conselho de Estado encomenda-lhe a resposta a Salmásio.

1651. *Fevereiro*: publicado, no dia 24, *Pro Populo Anglicano Defensio*.
Março: em 17, atua como licenciador do *Mercurius Pragmaticus* (até janeiro seguinte).

1652. *Fevereiro*: o primeiro de uma série de desastres pessoais surpreende Milton ao se tornar totalmente cego (sua visão já vinha se debilitando desde 1644). Publicação (segunda edição) de *Observations Concerning the Originall of Government, Upon Mr. Hobs Leviathan, Mr. Milton Against Salmásio, H. Grotius De Jure Belli*, de Sir Robert Filmer.
Abril: no dia 2, um comitê relata aos Comuns sua "investigação" para aprovar a publicação de um manifesto sociniano – o catecismo racoviano –, que é condenado como blasfemo.
Maio: no dia 5, morre sua mulher, três dias depois do nascimento de sua terceira filha, Deborah.
Junho: seu filho John morre com um ano de idade.

1654. *Maio*: publica, em 30, *Pro Populo Anglicano Defensio Secunda*, uma resposta ao *Regii sanguinis clamor* (1652), de Pierre du Moulin. Milton dizia que o mandaram escrever o livro, embora não exista nenhum registro oficial.

1655. *Abril*: seu salário é reduzido a uma pensão vitalícia, e o autorizam a ser substituído no secretariado.
Agosto: publicado, no dia 8, *Pro Se Defensio*.
Novembro: casa-se com Katherine Woodcock no dia 12.

1658. *Fevereiro*: no dia 3, morre sua mulher; a filha deles, Katherine, morre no mês seguinte.
Maio (?): publica *The Cabinet-Council*, com base num manuscrito que Milton acredita (equivocadamente) ser de Sir Walter Raleigh.

Setembro: Cromwell morre no dia 3 e é sucedido como Protetor por seu filho Richard.
Outubro: publica a segunda edição, ampliada, da primeira *Defensio*.

1659. *Fevereiro*: publica *A Treatise of Civil Power in Ecclesiastical causes*.
Agosto: publica *Considerations Touching the Likeliest Means to Remove Hirelings out ot the church*.

1660. *Fevereiro*: a primeira edição de *The Readie & Easie Way to Establish a Free Commonwealth* é publicada no final do mês.
Abril: a segunda edição, revisada e ampliada, de *The Readie & Easie Way* é publicada na primeira semana, e poucos dias mais tarde são publicadas as *Brief Notes Upon a Late Sermon*.
Maio: Carlos II é proclamado rei (dia 8), regressa do exílio (dia 25), e entra em Londres (dia 29). Milton se esconde.
Junho: os Comuns ordenam a prisão de Milton (dia 16) e solicitam uma proclamação real para tirar de circulação o *Eikonoklastes* e a primeira *Defensio*. Nos debates posteriores sobre a lei de indenização, seu nome é proposto, mas não aprovado, como o dos últimos a serem excluídos do perdão.
Agosto: é lançada uma proclamação (dia 13) retirando as duas obras, cujas cópias são queimadas pelo carrasco (dia 28).
Outubro (?): é detido e preso.
Dezembro: os Comuns ordenam sua soltura.

1663. *Fevereiro*: casa-se, no dia 24, com Elizabeth Minshull.

1667. *Agosto* (?): é publicado *Paraíso perdido*.
Junho: é publicada a *Accedence Commenc't Grammar*.
Novembro (?): publica *The History of Britain*.
Publica *Paraíso reconquistado* e *Sansão agonístico*.
Maio (?): é publicada *Artis Logicae Plenior Institutio*.
Maio (?): é publicada *Of True Religion, Haeresie, Schism, Toleration*.

Novembro (?): publica *Poems*.
Maio: publicados *Epistolarum Familiarum Liber Unus* e *Prolusiones*.
Julho: publica a segunda edição revisada de *Paraíso Perdido*, e *A Declaration, or Letters Patents of the Election of this Present King of Poland John the Third*.
Novembro: morre no dia 8 (?) e é enterrado no dia 12 em St. Gilles, Cripplegate.

1676. *Setembro a outubro*: é publicada em Amsterdam a correspondência oficial redigida por Milton durante o interregno.

1681. *Abril* (?): é publicada a digressão retirada de *History of Britain*, de Milton, como *The Character of the Long Parliament*.

1682. *Fevereiro* (?): é publicada *A Brief History of Moscovia*.

1825. Dois anos após a descoberta do manuscrito, é publicada *De Doctrina Christiana*, de Milton.

Nota bibliográfica

Biografia

Os relatos clássicos são *Milton: A Biography*, 2 vols., de W. R. Parker (Oxford, 1968) e, mais discursivamente, *The Life of Milton: Narrated in Connexion with the Literary, Historical, and Political Events of his Time*, 7 vols., de David Masson (Londres, 1859-80). Quase todos os fatos conhecidos estão documentados por J. M. French, *The Life Records of John Milton*, 5 vols. (New Brunswick, N.J., 1949-58).

O ambiente intelectual

A mais completa investigação dos escritos sobre a resistência do século XVI aos quais Milton estava respondendo é a de Q. Skinner, *The Foundations of Modern Political Thought*, 2 vols. (Cambridge, 1978). (Sobre o direito de punir, veja-se, entretanto, J. H. Burns, "*Jus Gladii* and *Jurisdictio*: Jacques Almain and John Locke", *Historical Journal*, 26 (1983), pp. 369-74). Seleções dos principais textos são apresentadas por J. H. Franklin, *Constitutionalism and Resistance in the Sixteenth Century* (Nova York, 1969). Dois estudos que levam adiante a história são o de J. H. M. Salmon, *The French Religious Wars in English Political Thought* (Oxford, 1959), e F. Oakley, "On the Road from Constance to 1688: the Political Thought of John Major and George Buchanan", *Journal of British Studies*, 2 (1962), pp. 1-31. Ver também Harro Höpfl e Martyn P. Thompson, "The History of Contract as a Motif in Political Thought", *American Historical Review*, 84 (1979), pp. 919-44. Sobre os temas centrais no século XVII, ver Richard Tuck, *Natural Rights Theories: Their Origin and Development* (Cambridge, 1979); J. G. A. Pocock, *The Ancient Constitution and the Feudal Law*, reedição (Cambridge, 1987); e David Wooton, "Introduction" a *Divine Right and Democracy* (Harmondsworth, 1986).

O ambiente político

Pride's Purge: Politics in the Puritan Revolution (Oxford, 1971), de David Underdown, e *The Rump Parliament, 1648-1653* (Cambridge, 1974), de Blair Worden, são indispensáveis. A respeito da evolução do regime de interregno e seu fracasso, ver especialmente Austin Woorych, *Commonwealth to Protectorate* (Oxford, 1982) e sua "Historical Introduction" ao volume VII, *Complete Prose Works of John Milton* (New Haven, 1980).

Estudos gerais sobre o pensamento político de Milton, 1649-51

O mais importante estudo é o de Ernest Sirluck, "Milton's Political Thought: The First Circle", *Modern Philology*, 61 (1964), 209-24. A abordagem de P. Zagorin no Capítulo IX de *A History of Political Thought in the English Revolution* (Londres, 1954) – assim como a Parte III de *Milton and the English Revolution* (Londres, 1977), de Christopher Hill – é um pouco superficial. Michael Fixler lança luz sobre suas tendências "aristocráticas" no Capítulo IV de *Milton and the Kingdoms of*

God (Northwestern UP, 1964). A tese relacionada de Z. S. Fink em *The Classical Republicans* (Evanston, 1945) é mais convincente no que se refere aos últimos panfletos. O mais recente estudo se encontra no Capítulo VI de *"But the People's Creatures": the philosophical basis of the English Civil War* (Manchester, 1989), de John B. Sanderson. Em *Natural Law and the History of Society, 1500-1800*, trad. Ernest Baker (Cambridge, 1958), Otto von Gierke faz uma interessante tentativa de alinhar as posições de Milton às de escritores mais sistemáticos.

Aspectos específicos de A tenência *e* Defesa

Com relação à retórica de Milton, ver o excelente artigo de Diane Parkin Speer, "Milton's *Defensia Prima: Ethos* and Vituperation in a Polemic Engagement", *Quarterly Journal of Speech*, 56 (1970), pp. 277-83, e, mais genericamente, J. A. Wittreich, "'The Crown of Eloquence': The Figure of the Orator in Milton's Prose Works", in *Achievements of the Left Hand*, ed. Michael Lieb e J. T. Shawcross (Amherst, Mass., 1974), pp. 3-54. Quanto ao tratamento que dedica Milton às suas fontes, ver Merrit Y. Hughes, "Milton's Treatment of Reformation History in *The Tenure of Kings and Magistrates*", Capítulo IX de seu *Ten Perspectives on Milton* (New Haven, 1965); Ruth Mohl, *John Milton and His Commonplace Book* (Nova York, 1969); M. Dzelzainis, "Milton, *Macbeth*, and Buchanan", *The Seventeenth Century*, 4 (1989), pp. 55-66; e J. Greenberg, "The Confessor's Laws and the Radical Face of the Ancient Constitution", *English Historical Review*, 104 (1989), pp. 611-37.

Nota da tradutora

São raros os casos de autores da política que se tornaram poetas e é menos freqüente ainda bons autores da política terem-se revelado grandes poetas. John Milton foi uma dessas exceções. A princípio seu percurso intelectual se assemelha ao de muitos letrados de seu tempo. De acadêmico *cambridgiano* por formação e humanista por gosto, passa naturalmente a polemista, numa época em que proliferam os panfletos e nasce, já em agitação, a imprensa britânica. Os primeiros poemas de Milton surgem em 1646, depois de ele ter publicado importantes tratados sobre o divórcio, a disciplina eclesiástica e a liberdade de imprensa. Entretanto, o autor da obra épica mais importante em língua inglesa só se manifesta após emprestar sua pena à República (1649-53) e ao Protetorado (1653-58), aliás de acordo com o ideal de cidadania humanista, e sobretudo após o fracasso da experiência republicana na Inglaterra, com a subseqüente Restauração Monárquica de 1660. Somente então, quase cego, Milton escreve seus poemas maiores: *Paraíso perdido*, *Paraíso reconquistado* e *Sansão agonista*.

Na densa atmosfera política, intelectual e social de todo o século XVII, o autor político John Milton não se destacaria se seus escritos já não permitissem entrever o poeta – e possivelmente seus poemas não seriam grandiosos se não contivessem muito do cidadão a serviço de seu país. A prosa política de Milton, de fato, não se confunde com a de outros panfletistas da época, alguns dos quais autores de influentes opúsculos políticos, como Anthony Ascham, Merchamont Nedham, Richard Overton, John Lilburne e William Walwyn. A de Milton é, evidentemente, uma prosa mais literária que a destes. Por outro lado, a política de Milton nunca teve, nem pretendeu ter, o fôlego filosófico de Thomas Hobbes ou James Harrington, igualmente seus contemporâneos e autores de obras fundamentais da política moderna. Nesse sentido, e só nesse sentido, Milton escreveu tratados políticos menos inovadores.

Mesmo assim, não seria errôneo afirmar que Milton produziu um gênero singular de prosa, cuja força se revela exemplarmente em *The Tenure of Kings and Magistrates* (traduzido nesta edição por *A tenência de reis e magistrados*). Aqui, não estamos diante de um tratado filosófico, nem de mero panfleto casuísta. Estamos, sim, diante de algo que é panfleto político para justificar o regicídio, e, ao mesmo tempo, assume a forma de uma narrativa épica sobre a virtude e a determinação dos ingleses de se livrarem de um tirano, Carlos I, e lutarem contra os inimigos de Deus, os realistas e os falsos cristãos, os presbiterianos. No centro dessa prosa política única, ressalta a ambivalência criada entre os valores republicanos aos quais Milton se devota e os nítidos ecos do protestantismo em que foi nutrido. Enquanto escreve em defesa da liberdade do povo inglês, Milton é cidadão e é santo.

Estes *Escritos* são inegavelmente, portanto, um empreendimento retórico. Decerto por essa razão, a prosa de Milton adquire um caráter fluido, flutuante, em que o alvo é menos uma verdade demonstrativa do que a persuasão e a ação política. Importa sempre comover o leitor, suscitar-lhe as paixões, levá-lo a tomar o partido da causa defendida. Neste caso, em particular, não só a *forma* narrativa retórica é indissociável do *conteúdo* subversivo do escrito, como ainda a própria linguagem de que se serve Milton se mostra instável, revolucionária. Os termos de conotação moral adquirem distintos significados; proliferam as metáforas, os trocadilhos, as figuras de linguagem. A cada momento o leitor se sente convidado, junto com o autor, a rever conceitos básicos da política, como contrato, monarquia, Estado, e a dar assentimento a definições diversas. É como se, em face do desafio cívico e moral de conquistar e manter livre a república inglesa contra a ameaça da obscura tirania, o vocabulário inconstante pretendesse demolir, num piscar de olhos, as crenças dos leitores que antes amparavam a monarquia tirânica.

Essa estratégia de seguidamente firmar um pacto com o leitor quanto ao sentido das palavras visa, de acordo com Victoria Kahn, a mostrar que nenhuma interpretação – seja das Escrituras, dos precedentes, das leis, das autoridades religiosas – pode ser coercitiva; nenhum significado pode ser literal[1]. Ao contrário, o leitor, que pertence ao povo e nessa qualidade é detentor original e perpétuo do poder, precisa a todo momento consultar seus elevados interesses, além das razões de Estado, para somente então escolher dentre vários sentidos latentes um sentido adequado, porém provisório, para os termos políticos e morais. Exemplo disso, como nota ainda Victoria Kahn, ocorre com o termo "rei", definido como "relativo" do súdito (pp. 38-40), ou, entre tantas hipóteses de leitura, como alguém que só pode ser entendido numa relação com outro, não existindo sozinho, absolutamente[2].

Enobrecendo o texto original e destacando-o dentre a torrente de panfletos políticos da época, a notável estratégia retórica de Milton ato contínuo monta uma armadilha para o tradutor contemporâneo. A prova mais contundente disso se

....

1. Apesar de não mencionado na Nota bibliográfica, é necessário recomendar intensamente o excelente artigo de Victoria Kahn, "The Methaforical Contract in Milton's *Tenure of Kings and Magistrates*", in: *Milton and Republicanism,* ed. D. Armitage, A. Himy and Q. Skinner, Cambridge University Press, 1998.

2. Victoria Kahn, op. cit., pp. 99-100.

encontra no título do primeiro desses escritos, *The Tenure of Kings and Magistrates*. No inglês do século XVII, "tenure" é uma palavra impregnada de sentidos, mas de uso relativamente comum. Segundo o Oxford English Dictionary (OED) pode significar: 1) o ato de deter um bem; 2) o ato de possuir algo material ou imaterial, de manter alguma coisa, um domínio ou ocupação; 3) a condição de serviço sob a qual se mantém o domínio de um superior; o título de posse de uma propriedade; as relações, direitos e deveres do rendeiro para com o proprietário; 4) título, autoridade, controle, domínio. É provável que em português nenhuma palavra correspondente consiga reunir tantas conotações, e só por isso a tradução do título do livro já reduz a ampla perspectiva que Milton contemplava.

Talvez as palavras "posse" e "domínio", de uso mais comum hoje, se aproximassem mais do apelo à primeira vista popular visado por Milton. Traduzir "tenure" por "posse", como terá acontecido em alguma passagem do texto, implica ressaltar que reis e magistrados não são os verdadeiros proprietários do poder; ao contrário, são apenas seus ocupantes temporários, inquilinos, por assim dizer (daí se afirmar, hoje, que o governante toma posse do cargo). E quando se traduz "tenure" por "domínio" conserva-se melhor o sentido eminentemente político do termo. Ter domínio, como se sabe, é ter autoridade e poder. Nessa hipótese, seria preservada a ambigüidade claramente intencionada por Milton, a saber: quem tem domínio sobre reis e magistrados? que autoridade têm reis e magistrados, se o poder é domínio do povo? Entretanto é possível que tal tradução não chamasse a atenção, por outro lado, para a importante conotação jurídica e econômica do termo "tenure", por mais que "domínio" provenha do latim *dominium* e signifique também "propriedade de bens imobiliários".

Na tentativa de preservar os vários sentidos desse termo esquivo, optei por traduzir "tenure" por "tenência". É verdade que em português, e em especial no do Brasil, esta palavra é pouco corrente, utilizando-se mais no espanhol. Além disso, é

Nota da tradutora

ainda definida, de acordo com o dicionário Caldas Aulete, como "prudência, precaução, cautela; vigor, firmeza; costume, hábito, jeito". Salvo engano, estes últimos sentidos não estão conotados no original em inglês, o que criaria uma falsa ambigüidade no título em português. Porém, sem prejuízo disso, "tenure" e "tenência" remetem ao mesmo radical latino: *tenere* – ato de ter. No português contemporâneo, a palavra "tenente" é a expressão mais familiar dessa proximidade. O tenente, com efeito, é o que supre o lugar de um chefe, e comanda na sua ausência. Importa notar que no tempo de Milton ainda era usual referir-se ao monarca como o lugar-tenente de Deus.

Só a intensidade desta última imagem talvez justifique traduzir "tenure" por "tenência". É bastante provável que, ao definir como representante de Deus na terra, não o monarca, mas o povo, Milton esteja promovendo a subversão do conceito de lugar-tenente de Deus. Agora, o rei e outros magistrados seriam meros delegados e seu cargo estaria ao dispor do povo, verdadeiro dono do poder. Essa migração de significado equivale, durante o processo revolucionário, à migração do poder do rei para o povo, ou para os delegados deste.

Esse é um exemplo, talvez o mais expressivo, dos recursos retóricos empregados por Milton e da dimensão figurativa e metafórica que alcança sua prosa política. Esse é um exemplo, também, das dificuldades inerentes à tradução de uma prosa constituída por um léxico tão móvel. Ao escolher uma palavra em detrimento de outras, o tradutor se arrisca a estagnar o texto; ao impor um sentido de preferência a outros, o tradutor pode se converter, para falar metaforicamente, em monarca do texto – e nada há de mais avesso a Milton do que a monarquia, não raro identificada à tirania, à luxúria, ao capricho, à volubilidade, à servidão, ao desperdício, ao entorpecimento, ao interesse pessoal contrário ao interesse público.

Algumas vezes, quando nem sequer uma pequena variação de significado pôde ser sugerida na tradução, não houve alternativa senão introduzir pequenas notas. De qualquer modo, com a ameaça da tirania sempre presente no horizonte, procurei, tanto quanto possível, intervir pouco na edição e deixar o leitor livre para interpretar o texto por si só. O mais das vezes, ainda que tenha sido forte a tentação hobbesiana de fixar um sentido e uma definição única para as palavras, busquei preservar o espírito republicano de Milton.

Abreviações

Todas as obras são de Milton, exceto quando indicado. As referências nas notas de rodapé dizem respeito à edição de Yale de *Complete Prose Works of John Milton*, seguidas no número do volume.

A   Primeira edição de *A tenência de reis e magistrados*
AR   *Aeropagitica*
C   *Colasterion*
CB   *Commonplace Book*
DDD *The Doctrine and Discipline of Divorce*
DR   *Defensio Regia* (Salmásio)
DS   *Pro Populo Anglicano Defensio Secunda*
E   *Eikonoklastes*
HB   *History of Britain*
M.   Milton
NPN *A Select Library of the Nicene and Post-Nicene Fathers of the Christian Church* (Primeira série, ed. P. Schaff)
O   *Observations upon the Articles of Peace*
PSD *Pro Se Defensio*
R   *Of Reformation*
S.   Salmásio
T   *Tetrachordon*

ESCRITOS POLÍTICOS

A tenência de reis e magistrados: Provando

Que é e sempre foi lícito ao longo de todas as épocas, a quem detenha o poder, pedir contas ao tirano ou REI iníquo e depois da devida condenação o depor e executar, quando o MAGISTRADO comum houver desatendido ou se recusado a fazer isso.

E que promoveram a deposição estes mesmos homens que ultimamente tanto a censuram.

Publicado agora pela segunda vez com alguns acréscimos, contando ainda com muitos testemunhos extraídos dos melhores e mais eruditos teólogos protestantes que confirmam a posição deste livro.

O Autor, J. M.

LONDRES,
Impresso por Matthew Simmons, vizinho ao Gil-Lyon
na Aldergate Street, 1650.

A tenência de reis e magistrados

Se dentro de si os homens desejassem se governar pela razão e em geral não abandonassem o entendimento a uma dupla tirania, a do costume externo e a dos cegos afetos internos, eles discerniriam melhor o que é favorecer e amparar o tirano de uma nação. Mas, como sejam escravos portas adentro, não admira se empenharem tanto em fazer o estado público se governar de acordo com a viciosa regra interior mediante a qual governam a si mesmos. Na verdade, só os homens de bem podem amar vigorosamente a liberdade; os demais amam, não a liberdade, mas a licença[1], que sob os tiranos goza de irrestrito alcance e inteira indulgência. Dos maus, os tiranos raras vezes esperam agressão ou mesmo suspeitam, sendo todos naturalmente servis. Por outro lado, àqueles em quem a virtude e o verdadeiro valor é o mais eminente têm um temor sincero e contra eles, por direito seus senhores, voltam todo o seu ódio e suspeita[2]. É por isso que os maus não apenas não odeiam os tiranos, como ainda estão sempre prontos a tingir com os nomes

....

1. A distinção entre liberdade e licença era um lugar-comum clássico: e.g., Cícero, *De doma sua*, LI, 113; Lívio, *Ab urbe condita*, III, 37, 34. Quanto a M., ver Sonnet 12, II; *DDD*, II, 225; *HB*, V, 131.

2. Cf. Salústio, *Bellum Catilinae*, VIII, 2: "Nam regibus boni quam mali suspectiores sunt semperque eis aliena virtus fomidulosa est." M. colocou esse epigrama de Salústio (seu historiador favorito) no frontispício de *E*.

falsificados de *lealdade* e *obediência* suas torpes condescendências. Embora gostem de parecer bons patriotas, às vezes, e de se aliar à melhor causa por pudor e quando sobrevêm os próprios agravos, sobretudo os do bolso, quando outros, investidos de fortitude e de virtude heróica para nada temer na libertação do país a não ser a maldição escrita contra *Aqueles que fazem a obra do Senhor negligentemente*[3], procedem a remover as calamidades, o cativeiro de um povo, e também as raízes e causas de que brotam – retos, estes homens, e ajudantes certos em tempos difíceis – eles, como se odiassem apenas as misérias e não os males, depois de trapacearem e ludibriarem o mundo, altercarem e empunharem armas contra seu rei, despojarem-no, desungirem-no*, mais ainda, amaldiçoarem-no em todos os púlpitos e panfletos, comprometendo homens sinceros e verdadeiros além do que é possível ou honesto recuar, não só renegam os únicos princípios que de início podiam movê-los, como ainda atribuem o desdouro de deslealdade, e pior, a procedimentos que são a conseqüência necessária das próprias ações passadas e por si sós nada repulsivos, se conduzidos para a completa vantagem de sua própria facção. Nem levam em conta o tempo em que ele, a quem gabaram sua nova fidelidade, tinha-nos por subordinados e pelo que já haviam praticado os sentenciaria à morte dos traidores, conforme as provisões e leis que com tanta impotência eles bradam contra outros. Certo é que por um lampejo cálido e ativo muitos tendem fortemente às guerras civis e às comoções, como a uma novidade; mas por indolência ou inconstância, fraqueza de espírito languescente, antes de alcançarem metade de suas pretensões, ainda que jamais fossem tão justas, traem – com freqüência para sua própria destruição – os da mais nobre

---

3. A referência que M. faz à margem a Jr 48.19 está errada (A corretamente fornece o versículo 10): "Maldito seja aquele que faz a obra do Senhor fraudulentamente". A AV sugere "negligentemente" como alternativa.

* Em inglês, "[after they have] disannointed him". (N. da T.)

têmpera que a eles se associaram em causas para as quais em seu temerário entendimento não eram capazes[4].

Se Deus e uma boa causa lhes conferem a vitória, cuja realização o mais das vezes inevitavelmente traz no bojo a alteração das leis, a mudança de governo, a queda dos príncipes junto com suas famílias, então se impõe como tarefa aos honrados, que são a alma desse empreendimento, suar e laborar em meio ao ajuntamento e burburinho dos homens vulgares e irracionais. Alguns altercam por privilégios, costumes, formalidades e o antigo emaranhado de iniqüidade – suas leis desconexas, posto que a insígnia de sua antiga escravidão[5]. Outros, que foram os mais ferozes contra seu príncipe, tratando-o com o nome de tirano, e não haviam sido baços incendiários da guerra contra ele, quando Deus, por Sua providência e elevada disposição, entregou-o nas mãos de seus irmãos, subitamente, num novo garbo de fidelidade que seus atos de há muito já destruíram, suplicam por ele, apiedam-se dele, exaltam-no, protestam contra os que falam em submetê-lo ao julgamento da Justiça, que é o gládio de Deus, superior a todas as coisas mortais, e em cujas mãos, seja por que sinais manifestos for, Sua vontade declarada é colocá-lo. Ora, decerto se considerarmos quem e o que são eles, de repente tão piedosos, concluiremos que sua piedade não pode ser verdadeira, não é cristã sua comiseração; antes, é leviandade e frivolidade de espírito, ou então admiração carnal pela pompa e grandeza mundana de onde o vêem decaído; talvez, por fim, piedade dissimulada e sediciosa, exultante com a diligência de causar novas discórdias[6]. Quanto à compaixão, se for para com um tirano, nome com que eles mesmos o citaram tantas vezes ao

....

4. A: "das quais em seu temerário entendimento não eram capazes".

5. M. reproduz a retórica antinormanda que havia expressado a hostilidade dos *levellers* em relação à *common law*. Mas, como agora se opunham ao julgamento do rei com base em argumentos legais, M. (como outros independentes) emprega tais frases *contra* eles.

6. A: "comoções" em lugar de "discórdias".

ouvido de Deus, dos anjos e de toda a sagrada Igreja reunida, acusando-o de derramar muito mais sangue inocente do que Nero[7] jamais derramou, certamente a compaixão que afetam é a compaixão dos iníquos, e a compaixão destes, como lemos, é crueldade[8]: arriscaram o bem-estar de toda uma nação para salvar um só, a quem tantas vezes chamaram de Agag[9], e aviltaram o sangue de inúmeros Jônatas que haviam salvo Israel[10], insistindo com muita sutileza na mais desnecessária das cláusulas de seu Pacto[11] [distorcido], na qual foram enredados por seu medo à mudança e pela absurda contradição de uma lisonjeira hostilidade, sem no entanto ter escrúpulos de ofertar como mimo, a uma implacável vingança, as cabeças de milhares de outros cristãos.

Outra espécie há que, chegando no curso desses negócios para ter seu quinhão nas grandes ações, acima das formalidades da lei e do costume, ao menos para mostrar sua voz e aprovação, principia a oscilar, quase a tremer, perante a majestade e a grandeza de algum nobre feito, como se acabasse de iniciar-se num grande pecado. Estes disputam por precedentes, formalidades e circunstâncias, quando a República quase perece por falta de atos concretos, realizados com justa e exata prontidão. A eles eu desejo melhor instrução, além de virtude igual à sua vocação. A primeira destas, isto é, a instrução, tratarei de prestar-lhes, como é meu dever, exortando-os a não

....
7. Imperador romano de 54 a 68, famoso por sua crueldade. Quanto aos paralelos de M. entre Nero e Carlos I, conferir pp. 233, 315.
8. M., à margem, menciona Pr 12.10.
9. Rei amalequita assassinado por Samuel. 1Sm 15.33-4.
10. Ver 1 Sm 19.1-45.
11. O Artigo III da Liga e Pacto Solenes (25 de setembro de 1643) assegurava que os parlamentos da Inglaterra e Escócia deveriam "preservar e defender a Majestade e a autoridade da pessoa do Rei, na conservação e defesa da verdadeira religião e das liberdades dos reinos". Quanto à discussão de M. dessa cláusula ambivalente, ver *O* e *E*, III, 324-5, 493-7, 593-6, e *infra* pp. 38-43.

se afastarem da justa e zelosa resolução de aderir, com toda a sua [força e] ajuda, ao presente Parlamento e Exército, no glorioso caminho em que a Justiça e a Vitória os colocaram – ao longo de todas as eras, as únicas justificativas, depois da revelação imediata, para exercer o poder supremo nos procedimentos que até aqui parecem iguais aos praticados com justeza ou magnanimidade, em qualquer época ou nação. E que não se desencorajem ou se detenham diante dos novos espantalhos apóstatas que, aparentando aconselhar, emitem latidos de monitório e *memento*[12], vazios de tudo o mais, exceto da bílis de uma facção frustrada. Pois como poderia esse pretenso conselho ser judicioso e exato, quando os que o dão não vêem, por força da loucura e da vexação de seus fins perdidos, que as provisões e as Escrituras, cujo sentido eles falsa e escandalosamente deturpam em prejuízo de seus amigos e associados, cairiam, pela sentença do adversário comum, primeiro e com muito mais peso sobre suas próprias cabeças? Tampouco que se deixem as plácidas e brandas disposições se refrear tolamente de seu dever e perseverança com a emasculada retórica de algum sacerdote ou capelão choramingas[13], proferida como uma amigável carta de advertência, à feição de carta privada, imediatamente publicada pelo próprio remetente[14], para que possamos ver o quanto se mostrara amigo ao fomentar uma odiosa inveja entre aqueles a quem pretensamente fora enviado em caridade. E que nenhum homem se deixe iludir pela igno-

....

12. M. alude a William Prynne, *A Brief Memento to the Present Unparliamentary junto* (4 de janeiro de 1649), e a John Gauden, *The Religious & Loyal Protestation* (10 de janeiro de 1649), p. 11, em que Gauden refere-se a si mesmo como "Vosso fiel Monitório".

13. Gauden (p. 11) incitou o Exército a demonstrar "Piedade, não a piedade tola e *feminina*, que considero indigna de vós, mas a piedade *masculina*, heróica, verdadeiramente cristã e divina".

14. Na página de rosto a obra de Gauden trazia como título *enviada a um coronel, para ser apresentada ao lorde Fairfax e seu conselho geral de oficiais* em 5 de janeiro de 1649. Henry Hammond enviou seu *Humilde Ofício* a Fairfax em 15 de janeiro de 1649. Ver *E*, III, 548-53 e *infra*, p. 103.

rância ou pela notória hipocrisia e inconsistência de nossos religiosos saltimbancos[15], que têm a consciência e a ousadia de trazer na boca a Escritura, glosada e adequada a seus propósitos com um sentido duplamente contraditório, transformando a sagrada verdade de Deus num ídolo de duas faces que a um só tempo olha em duas direções distintas: as mesmas citações com que acusam outros lhes serviram, no mesmo caso, para justificar a si mesmos. Enquanto se deixaram levar pela esperança de criar lordes classistas ou provinciais[16], enquanto se sujaram grosso e gordo nas pluralidades[17], para vergonha e escândalo da religião, muito mais do que todas as seitas e heresias contra as quais vociferam, lutar contra a pessoa do rei, e não menos que formar um partido de seus Lordes e Comuns, ou execer pressão sobre as duas Câmaras, era bom, era lícito, não era resistência a poderes superiores – apenas eles eram os poderes a que não se podia resistir, eram os que compensavam o bem e puniam o mal. Mas agora que não se permite mais aos censórios prepotentes serem universais, que a verdade e a consciência se libertaram, que não existem mais dízimos e pluralidades – embora se tenham provido de uma polpuda pensão e da ardente experiência de volumosos presentes, sendo eles tão bons que os aceitam – agora, porém, excluir e prender os membros impedidos[18], submeter, sem nenhuma dispensa, os membros de-

....

15. M. se refere ao mais influente dos tratados presbiterianos, *A Serious and Faithfull Representation of the Judgments of Ministers of the Gospell within the Province of London* (18 de janeiro de 1649). Ver p. 66.

16. A Igreja Presbiteriana se organizava em *classes* (ou grupos de paróquias), assembléias provinciais (para cada condado e para Londres) e um sínodo nacional.

17. Ou seja, múltiplos benefícios eclesiásticos.

18. Em 15 de junho de 1647, o Exército promoveu, nos "Tópicos de Acusação", o *impeachment* de onze parlamentares presbiterianos. No dia 25 desse mês, os comuns se recusaram a suspendê-los, mas eles se retiraram voluntariamente. As acusações foram formalmente apresentadas em 6 de julho, e em 7 de setembro os dois parlamentares que ainda não haviam fugido foram enviados à Torre.

linqüentes* a um tribunal justo em virtude da lei comum nacional contra o homicídio, é não ser menos do que um Coré, um Datã e um Abirão[19]. Quem um instante atrás era nos púlpitos um maldito tirano, um inimigo de Deus e dos Santos, tendo o encargo de todo o sangue inocente derramado em três reinos, alguém que por isso era preciso combater, é agora, ainda que não mostre nenhuma contrição nem divergência de seus primeiros princípios, um magistrado legítimo, o senhor soberano, o ungido do Senhor que não deve ser tocado, mesmo que eles mesmos o tenham prendido – como se só fosse obediência conservar o mero vulto inútil de sua pessoa, e isto só na prisão, não no campo de batalha, e desobedecer a suas ordens, negar-lhe a dignidade e o cargo, sempre resistir a seu poder, mas somente enquanto eles pensarem que esse poder sobrevive unicamente em sua facção.

Ora, num discurso geral não é possível determinar quem em particular é o tirano[20], a não ser por suposição; devem determiná-lo sua acusação específica e a prova suficiente desta. Deixo todavia aos magistrados, pelo menos aos mais honrados dentre eles e dentre o povo, nos quais prevaleceu menos a facção sobre a lei de natureza e da reta razão, decidir como julgarem por bem. Como parte de meu dever, porém, ouso advertir que, se existir alguém que tenha ordenado o massacre completo[21] dos leais súditos; que tenha oferecido suas províncias em penhor ou por alienação[22] como paga daqueles a quem solicitou viessem e destruíssem cidades e regiões inteiras, seja ele o

....
* *Delinquents*, no original. Nome pejorativo dado por parlamentaristas a cortesãos, realistas e ao clero anglicano desde o início da guerra civil, em 1642. (N. da T.)

19. Rebeldes contrários a Moisés e Aarão em Nm 16.1-33.

20. M. evita chamar Carlos I diretamente pelo nome.

21. A estimativa de M. sobre o número de protestantes massacrados em Ulster em 1641 varia. Ver *O.* e *E*, III, 301, 470 e *infra*, pp. 315-6.

22. Isto é, a oferta de cinco e quatro condados aos irlandeses e escoceses, respectivamente, em troca de auxílio militar. Ver *E*, III, 385, 475.

rei, o tirano ou o imperador, está sobre ele o gládio da justiça, em cujas mãos, quaisquer que sejam, encontra-se poder suficiente para vingar a efusão e tão grande dilúvio de sangue inocente. Pois, se todo o poder humano de executar, não acidentalmente, mas intencionalmente, a ira de Deus sobre todos os malfeitores, sem exceção, pertencer a Deus, então esse poder, quer ordinário, quer, se este faltar, extraordinário, ao executar a intenção de Deus, é lícito e não se lhe deve resistir. Mas, para explicar toda essa questão mais à larga, embora com toda a expediente brevidade, tratarei de estabelecer, desde os seus mais remotos princípios, a origem dos reis, como e por que alcançam essa dignidade sobre seus irmãos, e mostrar daí como, convertendo-se em tiranos, podem ser tão licitamente depostos e punidos como foram de início eleitos. Isto farei por intermédio de autoridades e raciocínios, não aprendidos nos cantos entre cismas e heresias, como nossos dúplices teólogos estão prontos a caluniar, mas extraídos dentre os mais seletos e mais autênticos letrados, autores não-proibidos, não em sua maioria os pagãos, mas os autores mosaicos [23], cristãos, ortodoxos, e que necessariamente são mais convincentes a nossos adversários, os presbiteriais [24].

Mesmo um homem que nada saiba jamais será tão estúpido para negar que todos os homens nasceram naturalmente livres, feitos à imagem e semelhança do próprio Deus, e pelo privilégio sobre as outras criaturas nasceram para mandar, não para obedecer [25]. E assim viveram, até que, como fruto da transgressão de Adão, ao incorrerem na prática do mal e da violência, e preverem que esses rumos necessariamente levariam à destruição de todos eles, concordaram por aliança comum em obrigar-se uns aos outros contra a agressão recíproca, e a se defender em conjunto de qualquer um que perturbasse ou se

---

23. Isto é, relativos às leis de Moisés.
24. Essa frase marca a transição do exórdio para a narração.
25. Ver Gn 1.26.

opusesse a tal acordo. Daí vieram as vilas, cidades e repúblicas. E porque não considerassem suficientemente obrigatória a boa-fé de todos, julgaram necessário dispor alguma autoridade que pudesse refrear pela força e pela punição toda violação da paz e do direito comum. Como essa autoridade e esse poder de autodefesa e conservação residiam originalmente e por natureza em cada um deles, e conjuntamente em todos eles, para sossego, ordem e sob pena de que cada homem fosse juiz parcial de si mesmo, eles os transmitiram e atribuíram a um único homem, a quem preferiram a outros pela eminência de sua sabedoria e integridade, ou a mais de um, aos quais julgaram de igual merecimento. Ao primeiro chamaram Rei; aos outros, Magistrados. Não que os chamassem assim para se tornarem seus senhores e mestres (embora mais tarde esses nomes viessem a ser voluntariamente conferidos, em alguns lugares, aos autores de um bem inestimável ao povo), mas para serem seus representantes e delegados, para executarem, em virtude do poder que lhes fora confiado, a justiça que do contrário cada homem, pelo elo de natureza e do pacto, precisava executar por si mesmo[26] e por outro. Ninguém que queira bem considerar por que entre pessoas livres um homem, por direito civil, detém autoridade e jurisdição sobre um outro poderá imaginar outra finalidade ou razão. Por algum tempo, eles governaram bem e com muita eqüidade decidiram todas as coisas segundo seu arbítrio, até que por fim a tentação de um tal poder absoluto deixado em suas mãos os perverteu, levando-os a ser injustos e parciais. Então, os que por experiência descobriram o perigo e os inconvenientes de confiar o poder arbitrário a qualquer um inventaram as leis, fossem elas formuladas, fossem aprovadas por todos, que deveriam confinar e limitar a autoridade dos que eles escolheram para governá-los, de modo que sobre eles pudesse exercer o mando não mais o homem de cujo fracasso eles haviam tido provas, mas a lei e

....

26. Cf. Grócio, *De iure belli*, I. IV. II.I.

a razão abstraídas, tanto quanto possível, dos erros e das fraquezas pessoais. [Assim como o Magistrado antes se pusera acima do povo, agora a lei se punha acima do Magistrado.][27] Quando nem mesmo isso se cumpriu, pois ou não se executava a lei ou dela mau uso se fazia, viram-se constrangidos – única solução que lhes restou – a daí por diante estabelecer condições ou exigir que todos os reis e magistrados, no ato da posse, proferissem juramentos de praticar a justiça imparcial por intermédio da lei, e nesses termos, e apenas nesses termos, reis e magistrados receberam a fidelidade do povo, ou seja, o vínculo ou o pacto de obedecê-los na execução das leis que o próprio povo criara ou às quais assentira. Muitas vezes, isso se fez com a expressa advertência de que, se o rei ou o Magistrado se mostrasse indigno dessa confiança, o povo estaria desobrigado da obediência. Também acrescentaram conselheiros e parlamentos, não para permanecerem às suas ordens, mas para estarem com ele ou sem ele, em tempos designados, ou a todo tempo, quando algum perigo ameaçasse tomar conta da segurança pública. Por isso é que Claude Sesell, estadista francês, diz que *O Parlamento foi colocado como uma brida sobre o Rei*[28], exemplo que cito [não porque nossos juristas ingleses já não tenham dito o mesmo há muito tempo, mas] porque todos reconhecem que essa monarquia [francesa] é de longe muito mais absoluta do que a nossa. Que isto e o restante do que venho de dizer não é senão a verdade poderiam evidenciar copiosamente todas as histórias pagãs e cristãs, mesmo das nações em que, com suas invasões e usurpações, reis e imperadores buscaram meios de abolir toda a antiga memória do direito do povo. Mas poupo as longas inserções, reportando [às conhecidas constituições de dois dos últimos impérios cristãos na Europa,

....

27. Cf. Cícero, *De legibus,* III, I: "ut enim magistratibus leges, ita populo praesunt magistratus". Ver *infra*, p. 152.

28. A referência de M. (*CB*, I, 458) à obra *La grand monarchie de France* (1519), de Claude de Seyssell, parafraseia uma edição da tradução latina de Johann Sleidan: e.g., *De republica Galliae* (Estrasburgo, 1548), fo. 10 a-b.

o grego[29] e] o germânico[30], [além das histórias francesas[31], italianas, aragonesas[32], inglesas], e não menos às escocesas[33], não esquecendo apenas, diga-se de passagem, que Guilherme, o Normando, embora conquistador, não se retratando em sua coroação, foi constrangido pela segunda vez a prestar juramento em St. Albans[34], antes que o povo fosse levado a render obediência.

Sendo então manifesto que o poder de reis e magistrados é algo tão-só derivativo, transferido e transmitido em confiança a eles pelo povo, para o bem comum de todos aqueles em quem o poder ainda permanece fundamentalmente, não podendo ser-lhes tomado sem violação de seu direito de nascença natural, e considerando que em razão disso Aristóteles[35] e os melhores dentre os escritores políticos definiram rei como o que governa para o bem e proveito de seu povo, e não para fins próprios, segue-se de causas necessárias que os títulos de senhor soberano, senhor natural e outros semelhantes são soberba ou lisonja, não aceitas por imperadores e reis de boa nomeada, e vistas com maus olhos pela Igreja dos Judeus, Is

....

29. Isto é, o império bizantino. Ver *CB,* I, 436, em que M. sublinha as condições que o imperador aceitava.

30. Ver que em *CB,* I, 436 há uma observação semelhante de Johann Sleidan, *De statu religionies et republicae, Carolo Quinto, Caesare, commentarii* (Estrasburgo, 1555), fos. 15a, 16a.

31. A observação de M. (*CB,* I, 461), de que a França constituía "um reino eletivo, tanto para eleger como para depor", vem de Bernard de Girard, seigneur du Haillan, *L' histoire de France* (Paris, 1576), pp. 19, 123, 129.

32. M. (*CB,* I, 461) observa, com base em Guicciardini, *Historia d'Italia* (Florença, 1636), p. 347, que os reis de Aragão não possuíam autoridade absoluta.

33. Principalmente Buchanan, *Rerum Scoticarum historia* (Edimburgo, 1582).

34. M. (*CB,* I, 427) se reporta a Holinshed, *Chronicles* (Londres, 1587), III, 10. Ver abaixo, pp. 265, 279.

35. M. (*CB,* I, 443) observa a distinção entre o rei e o tirano na *Ética a Nicômaco,* 1160b 1-5, de Aristóteles. Em relação à familiaridade de M. com a *Ética,* ver *DDD, T* e *C,* II, 291-2, 346, 646, 745. Ver *infra,* p. 314.

26.13³⁶, pelos antigos cristãos, como mostram Tertuliano³⁷ e outros. Apesar disso, autores sábios notam que em geral o povo da Ásia, assim como também os judeus, especialmente a partir do momento em que elegeram um rei contra o aviso e o conselho de Deus³⁸, inclinam-se sobremaneira à escravidão³⁹.

Em segundo lugar, afirmar, como é usual, que o rei possui tão justo título à sua coroa e posição como qualquer homem à sua herança⁴⁰, é tornar o súdito uma espécie de escravo do rei, haver ou posse que pode ser comprada e vendida. Certo é que, se alguém investigasse suficientemente o título hereditário, haveria de descobrir-lhe nas fundações nada mais senão⁴¹ a cortesia ou a conveniência. Mas imaginemos que por direito tal título seja hereditário. Mediante lei, o súdito que pratica certos crimes tem confiscada de si e de sua posteridade toda a herança em benefício do rei, de modo que nada mais justo e lícito que confiscar ao rei, por crimes proporcionais, todo o título e herança em benefício do povo, salvo se se pensa que o povo inteiro foi criado para ele, e não ele para o povo, e que todos se reúnem num corpo inferior ao rei isolado⁴², coisa que constituiria uma espécie de traição contra a dignidade humana afirmar.

....

36. Is 26.13: "Ó SENHOR nosso Deus, outros senhores têm tido domínio sobre nós, mas, por ti só, nos lembramos de teu nome".

37. Com base em Tertuliano, *Apologetium*, in *Opera* (Paris, 1634; 1641), p. 31, M. (*CB*, I, 433) nota a relutância do imperador Augusto em ser chamado de "senhor". Ver adiante, p. 164.

38. Ver pp. 107, 136.

39. I.e., Aristóteles, *Política*, VII, 7 (1327b); Cícero, *De Provinciis*, V, 10. Sobre a crença de M. na influência do clima e da geografia sobre o temperamento, ver *AR*, II, 490; *HB*, V, 451.

40. M. (*CB*, I, 441) observa, com base em Jacques-Auguste de Thou (Thuanus), *Historiarum sui temporis* (Genebra, 1620; 1626), III, 186, que o rei é meramente o usufrutuário e não o inequívoco proprietário do reino em sua posse. Cf. *O*, III, 306.

41. A: "senão quer".

42. Alusão à máxima segundo a qual o rei é *major singulis, universis minor* ("maior do que qualquer indivíduo isoladamente, mas inferior ao povo como um todo").

Em terceiro lugar se segue que considerar os reis responsáveis unicamente perante Deus constitui subversão de toda a lei e de todo governo. Caso possam se recusar a prestar contas de seus atos, serão vãos todos os pactos celebrados com eles durante a coroação, todos os juramentos não passarão de mofa, e feitas sem nenhum propósito todas as leis que juram observar. Se o rei não é temente a Deus – e quantos não o temem? –, conservaremos nossas vidas e bens pelo domínio* de sua mera graça e mercê, como se fossem devidas a um Deus, e não a um magistrado mortal, posição que ninguém senão os parasitas da Corte ou homens entorpecidos poderia sustentar. [É por isso que Aristóteles, em quem comumente reconhecemos um dos melhores intérpretes da natureza e da moralidade, escreve no Quarto Livro de sua *Política*, cap. 10, que a monarquia irresponsável é a pior espécie de tirania, e de todas elas a que um homem nascido livre menos suporta.][43] E [certamente] nenhum príncipe cristão, tirante o embriagado de presunção, mais orgulhoso do que os Césares pagãos que deificaram a si mesmos, arrogar-se-ia tão insensatamente acima da condição humana ou detrairia de maneira tão vil a nação inteira de homens, seus irmãos, como se existissem apenas para ele, para servir à sua glória, avaliando em comparação com sua vontade bruta e seu prazer, como bandos de animais ou insetos sob seus pés que existem não para raciocinar, mas para que os esmague[44], milhares de homens voltados à sabedoria, à virtude, à nobreza de espírito e a todos os outros aspectos, menos à fortuna de sua dignidade, que está muito acima dele. No entanto, alguns querem nos convencer de que o rei Davi tinha essa opinião absurda, uma vez que no Salmo 51 ele grita a Deus *Contra ti somente pequei*[45], como se Davi ima-

....

* No original, *tenure*. (N. da T.)
43. Aristóteles, *Política*, 1295a, 19-21.
44. A: "para que os machuque" em lugar de "para que os esmague".
45. Sl 51.4.

ginasse que assassinar Urias e tornar adúltera sua mulher[46] não houvesse constituído pecado contra seu semelhante, quando a lei de Moisés era a de que o rei expressamente, Dt 17, não se elevasse acima de seus irmãos[47]. Assim, com essas palavras Davi apenas pretendia dizer que a profundeza de sua culpa era só conhecida por Deus, ou por alguns poucos que não tinham nem vontade nem poder de questioná-lo, ou então que o pecado contra Deus era incomparavelmente maior do que o pecado contra *Urias*. Seja o que for que pretendesse, qualquer sábio verá que as patéticas palavras de um Salmo não podem ser o critério certo de uma questão que possui uma profusão de regras pelas quais se guiar. O rei gentio Demofonte, na tragédia de Eurípides, falou com sensatez muito superior à que esses intérpretes querem atribuir ao rei *Davi*: *Não governo meu povo pela tirania, como se governasse bárbaros; pelo contrário, estou sujeito a sofrer justamente se eu agir injustamente*[48]. Não foi diverso o discurso de Trajano[49], ilustre imperador, àquele a quem nomeou general de suas tropas pretorianas. Toma essa espada desembainhada, disse ele, e a usa por mim se eu reinar bem, se não, usa-a contra mim. Eis o relato de Díon[50]. E não apenas Trajano. Teodósio, o Jovem, imperador cristão, aliás dos melhores, fez promulgar como norma incontestável, própria do reconhecimento de todos os reis e imperadores, que um príncipe está obrigado às leis; que da autoridade da lei depende a autoridade do príncipe, e às leis deve se submeter[51].

....

46. 2 Sm 11.2-7.
47. Dt 17.20.
48. Eurípides, *Heraclidae*, 423-4. Ver p. 218.
49. Imperador romano, 98-117.
50. Ver (em grego) Díon Cássio, *História romana*, LXVIII, 16, ou (em latim) Aurélio Vítor, *De caesaribus*, XIII, 9. A história era freqüentemente utilizada, por exemplo, "Stephanus Junius Brutus", *Vindiciae contra Tyrannos* ("Edinburgh", 1579), p. 201. Ver p. 249.
51. Publicada em Ravena por Teodósio II e Valentiniano III em junho de 429: "Digna vox maiestate regnantis legibus alligatum se principem profiteri: adeo de auctoritate iuris nostra pendet auctoritas. et re vera maius imperio est

Esse edito ainda subsiste[52] no *Código* de Justiniano, l. I, *tit.* 24[53] como constituição sagrada para todos os imperadores ulteriores. De que modo então qualquer rei na Europa pode sustentar e declarar-se responsável apenas perante Deus, quando nas próprias provisões imperiais os imperadores se declaram e decretam responsáveis perante a lei? Senão, onde não se teme tal responsabilidade, quem dá ordens a um homem, reinando sobre ele acima da lei, pode também dar ordens a um animal selvagem.

Disso resulta, por fim, que se a autoridade do rei ou magistrado provém originalmente e por natureza do povo – em primeiro lugar para o bem do povo, e não para seu próprio bem –, então o povo poderá, tantas vezes quantas julgar melhor, elegê-lo ou rejeitá-lo, mantê-lo ou o depor mesmo sem ser tirano, unicamente pela liberdade e pelo direito que homens nascidos livres têm de se governar como melhor entenderem. Isso, que somente pode concordar com a manifesta razão, também as Escrituras corroboram. *Dt 17.14. Quando entrares na terra que o Senhor teu Deus te dá, e disseres: Porei sobre mim um rei, como todas as nações que me cercam.* Essas palavras confirmam-nos que o direito de escolher, sim, de mudar o governo, reside por concessão do próprio Deus no

---

submittere legibus principatum. et oraculo praesentis edicti quod nobis licere non patimur indicamus", *Codex Iustinianus* (Berlim, 1877), p. 103. (É legislação digna da majestade de um príncipe reinante que ele se declare sujeito às leis, pois nossa autoridade depende da autoridade da lei. E, na verdade, o maior atributo do poder imperial é o soberano estar sujeito às leis e proibirmos aos outros o que não nos permitimos fazer senão nos termos do presente edito", *The Civil Law* (Cincinnati, 1932), vol. XII, p. 86). A "Digna Vox" era freqüentemente citada nos tratados sobre a resistência. Por exemplo, Bucer, *In sacra quatuor evangelia, enarrationes perpetuae* (Genebra, 1553), fo. 55a; *Vindiciae,* sig. A2; Buchanan, *De iure regni apud Scotos* (Edimburgo, 1579), p. 92. As frases de M. e as correspondências entre Trajano e Teodósio remetem a Buchanan, *Historia*, fo. 243a. Cf. *E*, III, 590-1, e ver *infra* p. 224.

52. A: "ainda não foi revogado".
53. Erro: M. cita corretamente abaixo, p. 224.

povo⁵⁴. Portanto, quando o povo pediu um rei, ainda que na ocasião estivesse em vigor outra forma de governo e ainda que a mudança desagradasse ao rei rejeitado, este não ofereceu nenhum empecilho às pretensões do povo – tirante pela persuasão –, que pôde então agir conforme julgou melhor (1 Sm 8). Ocorre apenas que Deus reservou para si a nominação de quem reinaria. Isso, porém, não isenta o rei, como se ele unicamente fosse responsável perante Deus, posto que ungido por seu especial comando. Assim *Davi primeiro fez um pacto com os anciãos de Israel, e foi então por eles ungido Rei* [2 Sm 5.3] 1 Cr 11⁵⁵. E Jeoiada, o sacerdote, tornando Joás rei, fez um pacto entre ele e o povo (2 Rs 11.17)⁵⁶. Ouvi, pois, a resposta dos israelitas a Roboão quando, tão logo ascendeu à coroa, rejeitou as condições a ele apresentadas: *Que parte temos nós com Davi ou herança no filho de Jessé? Cuida da tua casa, ó Davi*⁵⁷. E, antes desse tempo, por idênticas condições que não foram cumpridas, todo o Israel depôs Samuel, não por culpa dele mesmo, mas pelo desgoverno de seus filhos. Ora, alguém dirá sobre esses dois exemplos: agiram mal. Respondo: não no segundo, porque a lei lhes assegurou expressamente que instituíssem um rei, se o desejassem, e o próprio Deus se juntou a eles nessa obra, embora de algum modo isso O desagradasse naquele momento, pois o velho Samuel os havia governado com retidão. Daí Lívio elogiar os romanos, que se valeram de Tarquínio, príncipe iníquo, para conquistar a liberdade que não teria sido oportuno extorquir – diz ele – de Numa ou de algum dos bons reis que o antecederam⁵⁸. Tampouco

....

54. Ver p. 108.
55. 1 Cr 11.3. A Bíblia de Genebra (1560) traz, coerentemente, "pacto" no lugar em que AV traz "aliança".
56. "E Jeoiada fez um pacto entre o SENHOR e o rei e o povo, que seriam o povo do SENHOR; entre o rei e também o povo". M. reduz o pacto duplo a um pacto único.
57. 1 Rs 12.16.
58. Lívio, *Ab urbe condita*, II, I.

agiram ilicitamente no primeiro exemplo. Quando Roboão já havia preparado um imenso exército para subjugar os israelistas, o profeta o proibiu (1Rs 12.24): *Assim diz o Senhor: Não subireis, nem pelejareis contra vossos irmãos, pois eu é que fiz essa obra.* Ele os chama de irmãos, não de rebeldes, e proíbe que se proceda contra eles, cabendo-lhe a obra, não por simples providência, mas por aprovação, e não apenas do ato, como no outro exemplo, mas também do momento oportuno: não foi de outra maneira, aliás, que Ele proibiu de molestá-los. E os graves e sábios conselheiros com quem Roboão primeiro foi ter não falaram nada do que nossos velhos aduladores grisalhos agora costumam falar – obstinai-vos em vosso direito de nascença, desdenhai transigir, é de Deus, não[59] deles, que o detendes –, pois ignoravam esse assunto, salvo condicionalmente, dando-lhe conselhos políticos como numa transação civil[60]. Por isso o reino e a magistratura, quer suprema ou subordinada, é chamada [sem distinção] de *ordenação humana*, 1 Pe 2.13 ss., e lá aprendemos que é à vontade de Deus que devemos [igualmente] nos submeter, em vista da punição aos que praticam o mal e o estímulo aos que fazem o bem. *Sujeitai-vos*, diz ele, *como homens livres*[61]. [Mas a um poder civil irresponsável, irrespondível e a que não se deve resistir, nem em face de sua iniqüidade e suas ações violentas, como nos sujeitarmos na qualidade de homens livres?] *Não*[62] *há poder que não venha de Deus*, diz Paulo, Rm 13[63], o que equivale a dizer: Deus deixou ao coração do homem descobrir de início o meio para alcançar a paz e a conservação comum, aprovando-lhe o exercício. Do contrário, essa passagem contradiria *Pedro*, que denomina a mesma autoridade de ordenação

....

59. A: "e não".
60. Quanto ao conselho dado a Roboão (1 Rs 12.6-11), ver pp. 178-80.
61. 1 Pe 2.13, 16.
62. A: "E *não*".
63. Rm 13.1.

humana. Deve-se ainda compreender que se trata de poder justo e lícito, ou então leremos que foi concedido ao Diabo um grande poder nos negócios e reinos do mundo. Pois disse ele a Cristo, Lc 4.6, *Dar-te-ei todo este poder e a glória destes reinos, pois a mim me foi entregue, e o dou a quem eu quiser.* O Diabo não mentiu, nem Cristo contestou essa afirmação, pois no capítulo 13 do Apocalipse[64] vemos como o dragão deu à besta *seu poder, o seu trono e grande autoridade* – e isso esclarece que a autorização à besta são os poderes e reinos tirânicos da Terra. Portanto, no capítulo supracitado São Paulo[65] nos diz que os magistrados aos quais se refere, que são um terror para os maus, não para os bons, são os que não empunham a espada em vão; ao contrário, punem os ofensores e estimulam os bons. Se unicamente estes são mencionados aqui como os poderes a obedecer, e apenas a eles for exigida nossa submissão, certamente então os poderes que fazem o oposto não são os poderes ordenados de Deus e por conseqüência não nos foi imposta nenhuma obrigação de obedecer e não lhes resistir. Ao darem esse preceito, como se pode muito bem observar, esses dois apóstolos expressam-no em termos *abstratos*, não *concretos*, como costumam dizer os lógicos, ou seja, eles mencionam antes a ordenação, o poder, a autoridade, que as pessoas que a executam. E descrevem exatamente que poder é esse, salvo se quisermos nos enganar. Assim, se o poder não for esse, ou se a pessoa não executar esse poder, nem um nem a outra vem de Deus, mas do Diabo, e por conseguinte a ele se deve resistir. Ainda a respeito da mesma passagem, Crisóstomo não dissente dessa exposição, explicando que tais palavras não foram escritas em defesa de um tirano[66]. E isso é confirmado por *Davi*, ele mesmo rei, e muito provavelmente autor do Salmo 94.20, que diz: *Pode acaso as-*

---

64. Ap 13.2.
65. Rm 13.3-4.
66. Crisóstomo, *Homilias* (23, sobre Romanos), *NPX*, xi, 512-3.

sociar-se contigo o trono da iniqüidade? E como [naqueles tempos] os reis, servindo-se das Escrituras, se vangloriassem da justeza de títulos que teriam recebido imediatamente de Deus, embora não possam indicar a época em que Deus colocou-os ou a seus antepassados no trono, mas apenas quando o povo os escolheu, vale a pena perguntar por que não se deveria considerar, pela mesma razão, tão lícito e igualmente proveniente de Deus destituir os príncipes do trono, uma vez que Deus do mesmo modo atribui isso a Si, ainda que a ninguém mais se veja fazê-lo, salvo o povo e por justas causas? Pois, se é necessariamente pecado depor, pode ser idêntico pecado eleger. E, inversamente, se um rei pleitear o ato do povo na eleição como o ato de Deus e o mais justo título para o entronizar, por que não se poderia também pleitear o ato do povo na rejeição como o ato de Deus e a mais justa razão para o depor?[67] Isso nos mostra que nas Escrituras o título e o justo direito de reinar e depor, com respeito a Deus, são uma e mesma coisa: visível apenas no povo e dependente tão-só da justiça e do demérito. Até aqui se considerou, brevemente, o poder de reis e magistrados, como pertenceu e originalmente pertence ao povo, sendo outorgado apenas em confiança para se obter paz e benefício comum, de modo que o povo conserva a liberdade e retém o direito de reassumi-lo se for violado por reis ou magistrados, ou de dispor dele mediante alguma alteração, conforme julgar mais conducente ao bem público[68].

Isso nos permite determinar com mais facilidade e rigor argumentativo o que é o tirano e o que o povo pode fazer contra ele. O tirano, quer ascenda à coroa por crime ou direito, é aquele que, ignorando a lei ou o bem comum, reina unicamente para si e sua facção. É assim que São Basílio, dentre

....

67. Ver pp. 126-7, 179-80.
68. Esta sentença marca a transição da narração para a confirmação.

outros, o define⁶⁹. E pela grandeza de seu poder, vastidão e exorbitância de sua vontade, cuja satisfação muitas vezes vem acompanhada de inumeráveis males e opressões ao povo, massacres assassinos, estupros, adultérios, desolação e subversão de cidades e províncias inteiras, vemos o grande bem e felicidade que é o rei justo e o grande ultraje que é o tirano: aquele é o pai público de seu país; este, seu inimigo comum. Para se orientar quanto ao que pode o povo fazer licitamente contra ele, como faria contra uma peste comum capaz de destruir a humanidade, a única coisa de que carece um homem de juízo perfeito são os princípios mesmos da natureza que traz consigo. Mas como é insensatez vulgar dos homens desertar da própria razão e fechar os olhos por pensarem que enxergam melhor com os olhos de outros, mostrarei por exemplos que mais peso deveriam ter entre nós o que se fez nesse caso antes disso. Os *gregos* e romanos, como testemunham seus principais autores, consideravam façanha não apenas lícita, como ainda gloriosa e heróica, recompensada publicamente com estátuas e grinaldas⁷⁰, matar o infame tirano a qualquer tempo, sem julgamento. A um homem que havia espezinhado todas as leis, raciocinavam eles, não se deveria conceder o benefício da lei. Desse modo é que Sêneca, o trágico, apresenta Hércules como o grande supressor de tiranos, assim falando⁷¹:

—— —— *Victima haud ulla amplior*
Potest, magisque opima mactari Jovi
Quam Rex iniquus —— ——
—— —— Nenhuma morte,
Nenhum sacrifício a Deus é mais aceitável
Do que o de um rei injusto e iníquo —— ——

....
69. M. (*CB*, I, 453) observa a distinção entre o rei e o tirano feita por São Basílio no comentário aos provérbios de Salomão em *Opera omnia* (Paris, 1618), I, 456.
70. E.g., Xenofonte, *Hiero*, IV, 5; Cícero, *Pro Milone*, XXIX, 80. Ver pp. 215-6.
71. Sêneca, *Hercules furens*, 922-4. Ver p. 226.

No entanto, para não objetarem que eram todos pagãos, não citarei mais nenhum destes. Prefiro antes mostrar uma outra espécie de homens que conheciam a verdadeira religião. Entre os judeus, o costume de matar tiranos não era incomum. Primeiro, Ehud, homem a quem Deus incitara a libertar Israel de Eglom, rei de Moab, que havia conquistado esse povo e sobre ele reinava fazia dezoito anos, sendo-lhe enviado como embaixador e portador de um presente, assassinou-o em sua própria casa[72]. Ora, mas Eglom era um príncipe estrangeiro, um inimigo, e além disso Ehud recebera uma ordem especial de Deus. Quanto à primeira questão, não importa se é estrangeiro ou nativo. Nenhum príncipe é nativo se não professa governar-se pela lei. Quando ele mesmo subverte as leis, violando todos os pactos e juramentos que lhe davam direito a sua dignidade e eram o laço e aliança entre ele e seu povo, o que o difere de um rei forasteiro ou de um inimigo? Pois então considerai que o direito do rei da Espanha a nos governar a todos é o mesmo direito que tem o rei da Inglaterra a nos governar tiranicamente. Se o primeiro, embora não esteja comprometido conosco em virtude de alguma liga, vindo em pessoa da Espanha para nos subjugar ou destruir, poderia ser licitamente morto em batalha ou condenado à morte no cativeiro pelo povo da Inglaterra, o que pode alegar um rei nativo, comprometido por inúmeros pactos, benefícios e honras ao bem-estar de seu povo? Por que ele, em desprezo a todas as leis e a todos os Parlamentos – o único elo de nossa obediência para consigo –, em atenção à sua própria vontade e jactanciosa prerrogativa irresponsável, após sete anos guerreando e destruindo seus melhores súditos, derrotado e tomado como prisioneiro, pensaria evadir-se sem interrogatório, como ser divino que não presta conta dos milhares de cristãos destruídos, cujas carcaças poluem a terra inteira, e que clamam por

....

72. Jz 3.12-23. Cf. *An Abridgment of the Late Remonstrance of the Army, with Some Marginall Attestations (27 Dec. 1648)*, sig. BIV.

vingança contra a criatura que lhes deveria ter feito justiça? Quem não sabe que em toda parte do mundo existe um mútuo vínculo de amizade e fraternidade entre cada homem[73], e não será o Mar Inglês que nos apartará desse dever e dessa relação, havendo um vínculo ainda mais estreito entre concidadãos, vizinhos e amigos? Mas, quando alguns destes faz ao outro o que a hostilidade não faria pior, sanciona-os a lei menos do que a inimigos manifestos e invasores? Ou, se ausente ou demasiado impotente a lei, ela não nos garantirá ao menos a defesa individual ou a guerra civil? Desse momento em diante a lei da guerra civil defensiva em nada difere da lei da hostilidade estrangeira. Tampouco é a distância do lugar que cria a inimizade, mas inimizade que cria a distância. Portanto, no que se refere a todos os ofícios civis e humanos, quem respeita a paz comigo, seja próximo ou remoto ou de que nação for, é para mim um inglês e um vizinho; mas se um inglês, esquecido de todas as leis humanas, civis ou religiosas, ofender a vida e a liberdade, para aquele que foi ofendido e para a lei em sua defesa, ainda que nascido do mesmo ventre, ele não é melhor do que um turco, um sarraceno, um pagão. Este é o Evangelho, e esta sempre foi lei entre os iguais – tanto mais em vigor então contra um rei qualquer, que se admite inferior e não igual ao povo. Distinguir o tirano por um forasteiro ou alguém do próprio país é, assim, frágil subterfúgio. Quanto à segunda questão, a saber, que ele* era um inimigo, respondo: que tirano não o é? No entanto, os judeus reconheciam Eglom como soberano: serviram-lhe por dezoito anos, quase tanto tempo quanto nós servimos a Guilherme, o Conquistador, e durante todo esse tempo ele não poderia ser um estadista tão insensato que não lhes tenha falado de juramentos de fidelidade e lealdade mediante os quais eles se tornaram seus ver-

---

73. Cf. Cícero, *De natura deorum*, I, ii, 3-4; *De legibus*, I, x, 28-9; *De amicitia*, v, 20.

* Eglom. (N. da T.)

dadeiros súditos, como comprovam a homenagem e os presentes enviados por Ehud. A terceira questão, de que ele recebera uma ordem especial para matar Eglom daquela maneira, não é ponto pacífico, porque nada há de definido. Está claro que Deus o promoveu a libertador e que ele procedeu com base em princípios justos, como os que então eram e sempre serão considerados admissíveis: dar esse tratamento a um tirano que não[74] poderia ser tratado de outro modo. Tampouco Samuel, embora profeta, absteve-se de colocar suas mãos em Agag, sem dúvida inimigo estrangeiro. Mas atentai para a razão: *Porque a tua espada desfilhou mulheres*[75] – causa que, pela sentença da própria lei, anula todas as relações. E se existe lei entre irmão e irmão, pai e filho, senhor e servo, por que não existiria entre rei, ou antes, tirano e o povo? E ainda que Jeú tivesse uma ordem especial para matar Jorão[76], tirano hereditário e por sucessão, isso não parece torná-lo menos digno de imitação, pois uma coisa tão arraigada na razão natural, a que se venha acrescentar uma ordem de Deus, só poderá mesmo instituir a licitude de tal ato. Por outro lado, dispondo de meios tão diversos para punir a casa de Acabe, é improvável que Deus enviasse um súdito contra seu príncipe, se o próprio fato, praticado contra um tirano, fosse um mau exemplo. E se Davi se recusou a levantar as mãos contra o ungido de Deus[77], a questão entre eles era de inimizade privada, não de tirania, e Davi, como indivíduo particular, era seu próprio vingador, não tanto o do povo[78]. Quando algum tirano conse-

....
74. A: "nem".
75. 1 Sm 15.33.
76. 2 Rs 9.1-2.
77. 1 Sm 24.6, 26.9.
78. O comentário de M. sobre a recusa de Davi a matar Saul tem várias fontes prováveis, como por exemplo as anotações marginais a 1 Sm 24.6 [24.5 em AV] e 26.9 na Bíblia de Genebra; Christopher Goodman, *How Superior Powers Ought to be Obeyed by Their Subjects* (Genebra, 1558), pp. 138-9, 140; *An Abridgment of the Late Remonstrance*, sig. Biv. Cf. *E*, III, 587.

guir demonstrar, nos dias de hoje, que é o ungido de Deus, única razão citada de por que Davi conteve sua mão, então e somente então ele poderá tirar partido de idêntico privilégio.

Podemos passar, portanto, à era cristã. E primeiro o nosso próprio Salvador, por mais que favorecesse os tiranos e pretendesse que eles fossem encontrados e honrados entre os cristãos, expressa sua opinião sem obscuridade: tem a autoridade absoluta destes em tão boa conta como ao gentilismo, ainda que ostentassem por toda a parte o esplêndido nome de benfeitores[79]; incumbe os que quisessem ser seus discípulos de não usurpar esse domínio, ao contrário, que se considerassem ministros e servidores do público os que dentre eles tivessem mais autoridade. Mt 20.25: *Os príncipes dos gentios exercem a autoridade sobre eles*, e Mc 10.42. *Os que parecem governar*, disse ele, desdenhoso, ou não os considerando legítimos governantes. *Mas entre vós não será assim; antes, o maior dentre vós deverá ser o que vos sirva*[80]. E embora fosse ele brandíssimo e viesse à Terra para assim ser, não o ouvimos falar ao tirano sequer uma palavra humilde. Ao contrário: *Ide dizer àquela raposa* (Lc 13[81]). [Não devemos pensar que neste momento Cristo e seu Evangelho se transformaram num santuário onde se refugiam da justiça os tiranos – eles, a quem sua lei jamais antes ofereceu tal proteção.] E por que sua mãe, a Virgem Maria, louva a Deus em seu cântico profético por ter agora, à vinda de Cristo, deposto *do trono os dinastas e os monarcas soberbos*[82], se a Igreja, quando Deus manifesta nela Seu poder de agir assim, antes escolhe toda desgraça e vassalagem de servir-lhes e os deixa tranqüilos em seus potentes assentos para serem adorados ao praticarem o mal? Certamente não é sem razão que os tiranos, por uma espécie de instinto natural, a

....
79. Lc 22.25.
80. Mc 10.43-4; Lc 22.26.
81. Lc 13.32.
82. Lc 1.52 (*Magnificat*).

um só tempo odeiam e temem apenas a verdadeira Igreja e os Santos de Deus, que são os mais perigosos inimigos e subversores da monarquia, embora de fato da tirania. Não tem sido essa a perpétua lamúria de cortesãos e do prelado da corte? A causa mais provável disso é terem eles bem percebido o espírito e os princípios dos mais devotos e zelosos homens, e na verdade a disciplina mesma da Igreja, tendente à dissolução da tirania. Não estranha então que, aceita a fé em Cristo, em épocas mais puras ou impuras, se considere a deposição e condenação de um rei à morte por tirania tão justa e necessária que reis vizinhos tenham apoiado a ação e participado dela com os súditos. Ludovico Pio[83], ele próprio imperador e filho de Carlos Magno, sendo constituído juiz – Du Haillan é meu autor[84] – entre Milegast, rei dos vultsos, e os súditos que o haviam deposto, deu seu veredito em favor dos súditos e daquele que estes escolheram em seu lugar. Observai aqui que o direito de eleger a quem desejasse reside, com base no testemunho imparcial de um imperador, no povo. Disse ele: *um príncipe justo deve ser preferido a um injusto, e a finalidade do governo deve ser preferida à prerrogativa.* Constantino Leo[85], outro imperador, afirma nas *Leis Bizantinas*: *a finalidade de um rei visa ao bem geral e se ele deixar de cumpri-la será apenas o simulacro de um rei*[86]. E para provar que alguns de nossos próprios monarcas reconheceram que seu alto cargo não os isen-

....

83. Luís, o Pio, sacro imperador romano, 814-40.

84. M. (*CB*, I, 454-5) retira a história (porém não a citação) de Girard, *L'histoire*, p. 248: "qu'un Prince iuste doit estre preferé à un qui ne l'est pas, & que plus doit servir l'integrité d'un homme au commandement d'un Estat, que la prerogative".

85. Leo III, imperador bizantino, 714-41.

86. Johann Leunclavius, *Juri Graeco-Romani* (Frankfurt, 1596), II, 83 (segunda paginação): "Finibus Principi propositus est omnibus benefacere, quapropter & benefactoris nomine ornatur. Ita ut si quando de beneficentia quippiam remiserit, ex antiquorum sententia, adulterari videatur Principis nota & character."

tava de punição, eles tinham diante de si a espada de Santo Eduardo[87] empunhada por um funcionário chamado Conde do Palácio, mesmo nas épocas de sua maior pompa e solenidade, para lembrar-lhes, diz Matthew Paris[88], o melhor de nossos historiadores, que a espada teria poder para os coibir caso errassem. E se algum cético duvidar[89] da coação que afinal pode exercer uma espada com lâmina e ponta, que o deixem senti-la. Também se afirma, com base em diligente pesquisa feita em nossos antigos livros de direito[90], que os pares e barões da Inglaterra possuíam o direito legal a julgar o rei, razão pela qual, muito provavelmente – por certo não haveria de ser uma razão insignificante –, eram chamados seus pares ou iguais. Isto todavia pode permanecer impassível enquanto o homem tiver de tratar com alguém que não seja melhor que o próprio homem: se nossa lei julgar todos os homens, até os mais baixos, deverá com toda justiça também ascender e julgar os mais altos. E por encontrar em nossa história e na história estrangeira que ao princípio duques, condes e marqueses não eram títulos hereditários, títulos vazios e fátuos, mas nomes de confiança, de cargos[91] que chegavam a termo, sou induzido a pensar que todo homem digno no Parlamento (pois o termo barão não quer dizer outra coisa) podia, em nome do bem público, achar-se par e juiz competente do rei, e não cogitar dos insignificantes embargos e circunstâncias – principais impedi-

....
87. M. (*CB*, I, 447) nota, com base na *Histoire*, de Speed (Londres, 1623), que a espada do rei Eduardo, o Confessor (1042-1066), se chamava Curtana. Ver p. 279.
88. M. refere-se diretamente a Matthew Paris (fonte de Holinshed e Speed), *Historia major* (Londres, 1640), p. 421: "in signum quod... si oberret, habeat de jure potestatem cohibenti". Ver p. 279.
89. A: "quiser necessariamente duvidar".
90. É provável que M. tenha em mente Andrew Horne, *La somme appelle mirroir des iustice: vel speculum iusticiariorum* (Londres, 1642), p. 9 (capítulo I, seção 2).
91. M. (*CB*, I, 473) extrai essa passagem de Girard, *L'histoire*, pp. 163, 316.

mentos nos assuntos elevados – a que sempre se dedicam mais os cerimoniosos. Decerto daí por que nossos ancestrais, sem ignorar os direitos com os quais a natureza ou a Antiga Constituição os contemplara, não consideravam o julgamento e condenação à morte de seus reis tiranos expediente ilegal se não mais servissem os juramentos proferidos quando da coroação e renovados no Parlamento. Tanto assim que o Parlamento redigiu uma acusação contra Ricardo II [92] e os Comuns requiseram sua condenação para evitar que o reino corresse perigo. E Pedro Mártir, teólogo de renomada posição, a respeito do terceiro dos Juízes [93], aprova suas ações. Sir Thomas Smith, também protestante e estadista, em seu Commonwealth of England [94], à questão sobre se é lícito revoltar-se contra um tirano, responde que o vulgo a julga de acordo com o caso e os doutos a julgam de acordo com o propósito dos que praticam esse ato. Mas muito antes dessa época, Gildas, o mais antigo de todos os nossos historiadores, falando dos tempos em que o Império Romano, decadente, abriu mão e desistiu de todo direito que por conquista tinha sobre esta ilha [95], e renunciou a ele em nome do povo, declara que por volta do ano 446 o povo assim reinvestido de seu próprio direito original elegeu como reis aqueles a quem considerou os melhores (os primeiros reis cristãos britânicos a reinar aqui desde os romanos), e pelo mesmo direito, quando viu causa, comumente os depôs e condenou à morte [96]. Esta é a mais fundamental e an-

....

92. M. (*CB*, I, 455) se refere a Holinshed, *Chronicles,* III, 512.

93. M. (*CB*, I, 455-6) cita com base numa discussão (suscitada pela história de Ehud) sobre se é lícito os súditos se revoltarem contra seus príncipes, em Pedro Mártir, *In librum iudicum D. Petri Martyris Vermilii commentarii doctissimi,* publicado pela primeira vez em 1561 (Genebra, 1565, fo. 60b).

94. M. (*CB*, I, 454) cita a relevante passagem de Sir Thomas Smith, *The Commonwealth of England* (1583, e muitas edições subseqüentes), Livro I, Cap. 5. Ver p. 261.

95. Cf. *HB*, V, 126-7.

96. Cf. *HB*, V, 140.

tiga posse que um rei da Inglaterra pode alegar e reivindicar – comparados a ela, todos os outros títulos e pleitos surgiram há pouco. Se alguém objetar que Gildas condena os bretões por agirem assim, a resposta será presta: ele os condena por agirem assim, do mesmo modo que os condenara antes por elegerem tais reis. Diz ele: *Eles os ungiram reis, não de Deus, mas os que fossem os mais sanguinários dentre todos os restantes.* Depois ele não os condena, de modo algum, por os deporem e condenarem à morte, mas por o fazerem de maneira inteiramente precipitada, sem julgamento ou o devido exame do processo[97], e por elegerem outros ainda piores em seu lugar. Temos, pois, exemplos internos e antiquíssimos de que o povo bretão depôs e condenou à morte seus reis nesses primitivos tempos do cristianismo. E para conjugar a razão ao exemplo, se em todas as épocas a Igreja – primitiva, romana ou protestante – considerou não menos seu dever do que o poder de suas chaves, embora sem ordem expressa das Escrituras, submeter indistintamente o rei e o camponês ao mais extremo rigor de seus cânones e censuras eclesiásticas, castigando-os mesmo com a excomunhão final se eles continuassem impenitentes, o que impede a lei temporal, embora sem um texto especial ou precedente, de poder e dever segurar a espada civil com a mesma indiferença para decepar, sem eximir, quem pratica crime capital? Ora, a justiça e a religião provêm do mesmo Deus e não raro são as obras da justiça mais aceitáveis. No entanto, como ultimamente alguns, com as línguas e os argumentos dos apóstatas, escreveram que os procedimentos do presente Parlamento contra o rei não têm precedente em nenhum Estado ou reino protestante[98], os exemplos

....

97. M. leu *De excidio & conquestu Britannieae epistola*, de Gildas, na edição de Jerome Commelin, *Rerum Britannicarum* (Heidelberg, 1587), p. 11 [9]: "Ungebantur reges non per Deum, sed qui ceteris crudeliores extarent: & paulo post ab unctoribus non pro veri examinatione trucidabantur."

98. Ver p. 66.

a seguir deverão ser todos protestantes e principalmente presbiterianos[99].

Ano de 1546. O Duque da Saxônia[100], Lantgrave de Hessen[101] e a liga inteira protestante incitam guerra declarada contra Carlos V, seu imperador, desafiando-o, renunciando a toda fé e fidelidade para com ele e debatendo longamente no Conselho se lhe deveriam conceder algo como o título de César. *Sleidan, l.* 17[102]. Deixo a cada um julgar o que mais falta para a deposição ou morte, senão o poder para fazê-lo.

Ano de 1559. Os protestantes escoceses, ao exigirem de sua Rainha Regente[103] que cumpra a promessa de permitir liberdade de consciência, e ela respondendo que não se deve exigir dos príncipes mais do que lhes é cômodo ceder, dizem-lhe cara a cara, no Parlamento então reunido em Sterling, que nesse caso eles renunciavam à obediência. Logo depois pegaram em armas. *Buchanan Hist. l.* 16[104]. Não resta dúvida de que a hora da renúncia à fidelidade é de fato o momento exato da deposição do rei ou da rainha.

Ano de 1564. John Knox, celebérrimo teólogo e reformador da Escócia na disciplina presbiteriana, numa assembléia geral sustentou abertamente, em discussão contra Lethington[105], secretário de Estado, que os súditos poderiam e deveriam exe-

---

99. Essa frase marca a transição da confirmação para a refutação.

100. Duque Maurício da Saxônia (1521-53).

101. Felipe, Landgrave de Hesse (1504-67).

102. M. (*CB*, I, 499) resume o acontecimento com base em Sleidan, *Commentarii,* fo. 296b.

103. Maria de Guise, viúva de Jaime V e mãe de Maria, a Rainha dos Escoceses.

104. Buchanan, *Historia,* fo. 190b: "Cum illi subiicerent supplices, ut que saepenumero promisisset, in memoriam revocaret: respondit fidem promissorum a principibus exigendam, quatenus eam praestare eis videretur. Ad haec, illi subiecerunt, se ergo omne obsequium, & parendi necessitatem ei renunciare."

105. William Maitland de Lethington (c. 1528-73), embora protestante, permaneceu leal a Maria.

cutar os julgamentos de Deus sobre seu rei; que o ato de Jeú e outros contra o rei, tendo como fundamento a ordem comum de Deus para condenar à morte tais e tais ofensores, não fora extraordinário – pelo contrário, deveria ser imitado por todos os que preferissem a honra a Deus às afeições da carne e aos príncipes iníquos[106]; que os reis, se praticassem ofensa, não teriam mais privilégio de isentarem-se da punição da lei do que qualquer outro súdito; assim, se o rei fosse um assassino, adúltero ou idólatra, ele deveria sofrer, não como rei, mas como ofensor[107]; e essa tese ele repete várias e várias vezes diante deles. Correspondente era a opinião de John Craig, outro erudito teólogo, e mantinha ainda que a posteridade poderia revogar as leis feitas pela tirania dos príncipes ou pela negligência do povo e reformar todas as coisas de acordo com a instituição original das repúblicas[108]. Quando a nobreza ordenou-lhe que escrevesse a Calvino e outros eruditos para consultá-los sobre esse ponto, Knox se recusou, alegando não apenas que ele se achava inteiramente esclarecido em sua consciência, como também já lhes ouvira os pareceres e guardava a mesma opinião redigida de próprio punho por vários dos homens mais religiosos e eruditos que ele conhecera na Europa, de modo que se voltasse a lhes propor a mesma questão apenas estaria dando provas de sua desmemória ou inconstância[109]. Tudo isso se encontra com muito mais largueza na *História eclesiástica da Escócia, l.* 4, juntamente com várias outras passagens de mesmo sentido ao longo de todo o livro, realçadas com diligência por escoceses que, no início destas perturbações, gozavam de excelente reputação dentre eles, como se houvessem se empenhado para nos informar sobre o que deveríamos fazer e o que intentavam em semelhante ocasião.

....

106. M. parafraseia bem de perto John Knox, *The Historie of the Reformation of the Church of Scotland; Containing Five Books* (Londres, 1644), p. 390.
107. Knox, *Historie*, p. 392.
108. Knox, *Historie*, pp. 395-6.
109. Knox, *Historie*, p. 397.

E para que o mundo saiba que nos tempos mais puros da Reforma toda a Igreja e todo o Estado protestante da Escócia partilhavam a mesma crença, três anos depois eles encontraram no campo de batalha Maria, sua legítima e hereditária rainha, que, tendo já se rendido antes da luta, foi tomada prisioneira, mandada para a prisão e no mesmo ano deposta. *Buchan. Hist. l.* 18[110].

E quatro anos depois disso, a fim de justificar a deposição da rainha Maria, os escoceses enviaram embaixadores à rainha Isabel e numa declaração escrita argumentaram ter usado de mais clemência do que ela merecia; que seus ancestrais haviam até então punido os reis com a morte ou o exílio; que os escoceses eram uma nação livre: tornavam rei a quem livremente escolhiam e com a mesma liberdade o destronavam se vissem motivo, com base no direito garantido por antigas leis e cerimônias ainda remanescentes, e antigos costumes ainda em vigor entre os Highlanders* quando da escolha do chefe de seus clãs ou famílias. Todos esses argumentos, além de muitos outros, atestam que o poder real nada mais é senão um pacto ou estipulação mútua entre o rei e o povo. *Buch. Hist., l.* 20[111]. Ora, esses homens eram escoceses e presbiterianos. Então que regra para julgar essa liberdade menos conveniente a nós do que a eles nos apresentaram nestes últimos tempos, quando se atreveram a determinar como nosso senhor alguém a quem sua lei dificilmente permitiria fosse seu igual? Portanto, se agora os ouvimos falar num tom distinto do usado antes,

---

110. Ver Buchanan, *Historia*, fos. 221b, 22[2]b-223a.

* Habitantes das regiões montanhosas da Escócia. (N. da T.)

111. *Historia*, fo. 243a: "Nam tot Reges a nostris maioribus morte, vinculis, exilio punitos enumerare nihil est opus... Gens enim Scotorum cum ab initio libera esset, Reges eo iure sibi creavit, ut imperium populi suffragiis eis mandatum, si res posceret, eisdem suffragiis adimere possent. Eius legis multa ad nostram usque aetatem remanserunt vestigia. Nam & in circumiectis insulis, & in plaerisque continentis locis, in quibus fermo priscus, & instituta haeserunt, is mos in phylarchis creandis adhuc servatur ... ex quibus facile apparet, regnum nihil aliud esse, quand mutuam inter populos, & Reges stipulationem."

nas épocas mais puras de sua Igreja, podemos estar certos de que é a voz da facção falando através deles, não a voz da verdade e da Reforma. [Na Inglaterra como na Escócia esta voz falou claramente, pelas bocas dessas fiéis testemunhas comumente chamadas de puritanos e não-conformistas, para abater os reis e até mesmo dar-lhes punição capital, como se pode ler em vários de seus tratados, desde o início do reinado de Isabel até hoje. Tanto assim que um deles, cujo nome era Gibson, vaticinou ao rei Jaime que ele seria exterminado e sua linhagem encerrada caso insistisse em apoiar bispos[112]. E a própria inscrição cunhada nas primeiras moedas quando da coroação – u'a mão que segura uma espada desembainhada, com os seguintes dizeres: *Si mereor in me, Contra mim, se eu merecer*[113] – não apenas evidencia o julgamento desse Estado, mas parece também pressagiar nesse caso a sentença da justiça divina sobre seu filho[114].]

Ano de 1581. Os Estados da Holanda, numa assembléia geral em Haia, repudiam toda obediência e sujeição a Felipe, rei da Espanha, e numa Declaração[115] justificam sua atitude dizendo que, por seu governo tirânico contrário à palavra tantas vezes[116] empenhada e violada, ele perdera o direito a todas as Províncias Belgas; que portanto eles o depunham e declaravam lícito eleger outro em seu lugar. *Thuan. l.* 74[117]. Desde

---

112. A advertência a Jaime VI da Escócia (mais tarde Jaime I da Inglaterra) foi feita em 1586. O que M. diz é tomado de uma anotação marginal a "A Survey of Presbitery", anexada a *A remonstrance, against presbitery* (n.p., 1641), sig. I4, de Thomas Aston: "*Gibson* ameaçou o rei *Jaime*, dizendo-lhe que, assim como *Joroboão*, ele seria extirpado e sua linhagem encerrada, caso apoiasse os bispos."

113. Ver p. 18.

114. Isto é, Carlos I.

115. Ou seja, o *Edito dos Estados Gerais* de julho de 1581, renunciando à fidelidade a Felipe II da Espanha.

116. A: "tão freqüentemente".

117. M. (*CB*, I, 455) resume esses acontecimentos com base em *Historiarum*, III, 513, de Thou.

aquele tempo até hoje, nenhum Estado ou reino no mundo igualou-se em prosperidade. Que se lembrem, todavia, de não olhar com olho mau e nocivo os vizinhos que seguem a mesma praxe[118].

Mas qual a necessidade desses exemplos para os presbiterianos, ou seja, para esses homens a quem nos últimos tempos a deposição parece abominar tanto, embora a toda a cristandade tenham oferecido o mais recente e vivo exemplo dessa prática? Não questiono a legitimidade de fazer guerra a um tirano em defesa da religião ou da liberdade civil, pois a Igreja protestante, desde os primeiros valdenses[119] de Lyon e Languedoc até os dias de hoje, nada fez senão estar à volta disso e sustentar sua legitimidade. Entretanto, não receio afirmar que os presbiterianos, os quais agora tanto condenam a deposição, foram precisamente homens que depuseram o rei e não podem, apesar de todo o seu ardil e relapsia, lavar a culpa das próprias mãos. Foram eles mesmos que tornaram culpáveis seus últimos feitos e converteram em rebelião suas ações justificáveis.

Nada realmente conforma mais ao rei da Inglaterra do que a posse legítima e a supremacia *em todas as causas civis e eclesiásticas*; e nada realmente conforma mais ao súdito da Inglaterra do que observar *sem equívoco e restrição mental*[120] os dois Juramentos de Fidelidade e Supremacia. Não resta dúvida então de que, quando o rei ordenar coisas já constituídas na Igreja ou no Estado, a obediência é a verdadeira essência do súdito; ele deve fazê-las, se lícito for, ou, se considerá-las ilícitas, sujeitar-se à punição que a lei impõe, enquanto quiser viver como súdito. Portanto, quando o povo ou alguma parte dele se sublevar contra o rei e sua autoridade para executar a lei

---

118. Fim da refutação, início da peroração.

119. A fonte de informação de M. (*CB*, I, 379) sobre a Igreja valdense era *Histoire ecclesiastique des eglises reformees* (Genebra, 1644), de Peter Gilles. Cf. *Sonnet* 15; *E*, III, 513-4; *Likeliest Means*, VII, 291.

120. Retirado do juramento redigido por Jaime I e incluído na "Lei para melhor descobrir e reprimir os recusantes papistas" (1606).

em qualquer matéria instituída, civil ou eclesiástica, não digo se tratar de rebelião se a coisa ordenada, malgrado instituída, for ilícita e se primeiro se houver buscado todos os meios devidos de reparação (e nenhum homem está mais sujeito à lei). Digo, sim, que se trata de uma renúncia absoluta tanto à Supremacia como à Fidelidade; numa palavra: trata-se da verdadeira e total deposição do rei, e o estabelecimento de uma outra autoridade suprema. E se os presbiterianos não tiverem feito isso e muito mais, serei obrigado, suponho eu, a contar sete anos de uma história ainda fresca na memória de todos os homens. Não violaram eles inteiramente o Juramento de Fidelidade ao rejeitar a ordem e a autoridade que o rei lhes enviava de todas as regiões do reino, fosse em coisas lícitas ou ilícitas? Não abjuraram eles ao Juramento de Supremacia quando reuniram o Parlamento sem a presença do rei, supremo a toda a sua obediência, e embora sua promessa e seu pacto os obrigassem em geral ao Parlamento*, tendo por vezes ainda aderido à parte menor dos Lordes e Comuns que permaneciam leais – como a qualificam –, e mesmo alguns deles ora aos Comuns sem os Lordes, ora aos Lordes sem os Comuns?[121] Não manifestaram ainda eles sua intenção, sem lhes pesar o Juramento, de reputar supremo unicamente quem considerassem mais transigente a qualquer tempo com suas petições? Uma vez rompidos e anulados esses dois Juramentos, os mais estreitos vínculos de um súdito inglês para com o rei, segue-se inegavelmente que daí em diante o rei fora de fato deposto por eles

....

* Milton se refere à doutrina do rei no Parlamento, muito em voga entre os parlamentaristas e presbiterianos no início da década de 1640 para defender a soberania do Parlamento. Segundo essa doutrina, o poder legislativo somente existe quando os três estados (reis, lordes e comuns) se reúnem no Parlamento. Não há, portanto, supremacia de um estado, se ausentes os outros ou um deles. A esse respeito, ver de J. G. A. Pocock, *The Machiavellian Moment*, Princeton University Press, 1975. (N. da T.)

121. M. recorda aos presbiterianos sua disposição de por vezes votar com os Independentes em cada uma das Câmaras, de janeiro a outubro de 1648.

e eles na realidade não mais deviam ser tidos por seus súditos, a despeito de uma cláusula sutil no pacto para preservar sua pessoa, coroa e dignidade, incluída ali por algum casuísta velhaco com mais astúcia que sinceridade para mitigar o problema em caso de fracasso, e que suponho não poderia ser levada a sério por nenhum homem honesto, salvo como condição subordinada a cada ínfima partícula que pudesse concernir mais a religião, liberdade ou a paz pública. Mas, para provar ainda mais claramente que eles são os homens que depuseram o rei, sustento o seguinte: Sabemos que rei e súdito são relativos, e os relativos somente podem existir na relação; a relação entre rei e súdito não pode ser outra senão a da autoridade real e sujeição. Disso infiro, deixando-os indefensáveis, que se o súdito, um dos relativos, suprimir a relação, forçosamente suprimirá também o outro relativo. Ora, os presbiterianos, um dos relativos – isto é, os súditos –, nestes sete anos suprimiram a relação – ou seja, a autoridade do rei e sua sujeição a esta; portanto nestes sete anos os presbiterianos removeram e extinguiram o outro relativo – isto é, o rei – ou, para falar mais brevemente, depuseram-no, não apenas o destituindo da execução de sua autoridade, mas também a conferindo a outros. Se em termos expressos a quebra dos juramentos de sujeição, a obediência a uma nova supremacia, a celebração de novos juramentos e pactos, apesar de frívolas evasivas, desinvestiram o rei, então estes sete anos de guerra muito mais que o depuseram: proscreveram-no, confrontaram-no como a um estranho, um rebelde para a lei, um inimigo do Estado. É necessário ficar claro a qualquer homem não avesso à razão que hostilidade e sujeição são dois contrários diretos e categóricos, e não podem num súdito estar juntos em relação a um rei, assim como uma pessoa não pode estar ao mesmo tempo em dois lugares distantes. Por conseguinte, em relação àquele contra o qual o súdito está em ato de hostilidade – e disso podemos estar certos – não há sujeição; e para aquele em quem a hostilidade toma o lugar da sujeição, pois de modo algum estas coexistem juntas, o rei pode não apenas ser um não-rei, mas também um inimigo. Por causa disso não precisamos discutir se eles o depuseram, ou de que o defraudaram como não-rei, mas mostrar manifestamente quanto fizeram para o matar. Não iniciaram todas estas guerras contra ele, quer ofensivas ou defensivas[122] (pois a defesa na guerra igualmente fere e, com extremada prudência, de antemão), e deram ordem de assassinar, quando sabiam que sua pessoa não poderia se livrar do perigo? E se o acaso ou a fuga não o salvassem, quantas vezes o teriam matado ao apontarem sem vergonha ou proibição sua artilharia exatamente para o lugar onde o viam postar-se? Não [o seqüestraram, ajuizaram e desajuizaram, e] converteram sua renda a outros usos, retirando-lhe[123] [como a um delinqüente-mor] todos os meios de subsistência, de modo que para eles já havia muito ele poderia ter sucumbido ou morrido de fome? Não o caçaram e perseguiram por quase todo o reino com espada e fogo? Não se recusaram de início a tratar com ele[124], e seus agora contritos ministros não pregaram contra ele, qual réprobo incurável, inimigo de Deus e da Igreja marcado para a destruição, portanto alguém com quem não se deveria tratar? Não o sitiaram e tanto quanto puderam lhe proibiram água e fogo, exceto o que desferissem contra ele, colocando sua vida em risco? Todavia, enquanto assim a ameaçavam e arriscavam com atos hostis, juravam em palavras defendê-la com sua coroa e dignidade, não visando, como parece agora, a uma paz sólida e duradoura ou ao arrependimento dele depois de toda essa matança, mas simplesmente

....

122. Nos primeiros estágios da Guerra Civil os casuístas parlamentaristas repudiavam o direito a depor o rei ou mesmo a resistir-lhe (seus conselheiros malignos eram uma outra questão), e diziam que sua campanha era defensiva, e não ofensiva.

123. A: "e retiraram-lhe".

124. I.e., na resolução de "não mais entregar ofícios ou solicitações ao rei" ou nada receber do que os Comuns e Lordes tenham aprovado entre 3 e 15 de janeiro de 1648.

sem consideração nenhuma, sem remorso ou apreço comparável por todas as desgraças e calamidades que o pobre povo sofrera, ou viria a sofrer daí em diante por causa de sua teimosia e impenitência. Nenhum homem sensato ignora que os pactos são sempre celebrados de acordo com a situação presente das pessoas e coisas, e sempre encerram leis mais gerais da natureza e da razão, ainda que não expressas[125]. Se eu celebrar um pacto voluntário com um homem no intento de fazer-lhe o bem e mais tarde ele se mostrar um monstro comigo, devo conceber a desobrigação. Se pactuo para não ferir um inimigo, por boa vontade, clemência e esperança na sua correção, e ele, depois disso, causa-me dez vezes mais danos e males do que causara quando eu assim pactuei, e mais ainda esteja tramando que possa levar à minha destruição, não resta dúvida de que sua ação posterior me exonera. Tampouco conheço pacto tão sagrado que me impeça de exigir justiça. De qualquer maneira, não houvessem predominado sua falta de confiança numa boa causa e as leviandades de seus teólogos tergiversadores, certamente teria sido melhor não inserir num pacto obrigações desnecessárias, e palavras, não obras, de uma supererrogatória fidelidade para com seu inimigo, de modo algum vantajosa a eles caso o rei vencesse – e o custo disso muitos deles teriam sentido –, mas cheias de ciladas e confusão para nossos amigos, úteis apenas, como agora sabemos, para os nossos adversários, que sob a latitude e o abrigo de interpretação ambígua estiveram desde então conspirando e planejando novas oportunidades para a tudo perturbar novamente. Teria sido muito melhor, e de resto mais conveniente a uma virtude indômita, declarar aberta e intrepidamente quem e que poder o povo devia considerar supremo, a exemplo do que fizeram no passado os protestantes em ocasiões semelhantes, e agora, no presente, inúmeros homens consciencio-

....

125. Quanto a uma atitude semelhante em relação aos pactos, ver *DDD*, II, 245.

sos mais de uma vez rogaram ao Parlamento fazer, para que pudessem prosseguir com base em fundamentos firmes, e não ter à boca um pacto enigmático, parecendo jurar furtivamente, quase ao mesmo tempo, fidelidade e infidelidade. Sem dúvida, isso teria dissuadido de se aliarem a eles todos os homens sinceros, caso estes não discernissem nas ações daqueles muito mais a deposição do que nas suas palavras a permanência dele. Tais palavras, que agora se tornavam objeto de cavilosas interpretações, sempre foram no pacto, segundo a opinião de gente mais astuta, prova de seu medo, não de sua lealdade. O que eu deveria voltar a dizer sobre as tentativas de tirar a vida do rei, das quais ele próprio muitas vezes acusou os presbiterianos, quando, bem pesadas as coisas, seria possível afirmar sem falácia que eles praticaram o ato cabalmente? Quem não sabe que "rei" é o nome de um título e cargo, não de uma pessoa? Logo, quem mata um rei deve matá-lo enquanto ele é rei. É certo portanto dizer que, se ao destituírem-no já desde muito lhe haviam tirado a vida de um rei, seu cargo e seu título, então no sentido mais verdadeiro eles mataram o rei não apenas quando o depuseram e declararam guerra contra ele, o que, além do perigo à sua vida pessoal, lançou-o para a mais remota e oposta extremidade de qualquer função vital de rei, mas também quando o mantiveram na prisão[126], derrotado e subjugado a seu poder absoluto e *despótico*, submetido assim à mais baixa degradação e incapacidade do nome régio. Não falo por aqueles cujo incomparável valor[127] é imediatamente inferior a Deus, sob pena de a história da ingratidão – até aqui – daqueles outros me desviar de meu propósito em marcha, qual seja, convencê-los de que foram eles, repito novamente, que no sentido mais verdadeiro mataram o rei, não somente da maneira como já se provou antes, mas por rebaixarem a ele, seu rei, a uma posição muito inferior à de súdito, à condição

....

126. Carlos se rendeu aos escoceses em maio de 1646.
127. Isto é, o Exército.

de cativo, sem intenção de restaurá-lo, como num discurso em Newcastle lhe falou claramente o Chanceler da Escócia[128], exceto se atendesse integralmente a todas as suas exigências, o que sabiam ele jamais pretendeu fazer. Tampouco trataram ou pensaram tratar com ele, até que os seus transportes de ódio pelo Exército, não seu amor ou seu dever para com o rei, levaram-nos a se unir secretamente a homens que suas próprias bocas tantas vezes condenaram como réprobos, por cuja sutil inspiração enlouqueceram a respeito de um morosíssimo e inadequado Tratado[129]. Por outro lado, se todas as suas ações não tendiam a atingir o próprio rei, mas [somente] seus maus conselheiros[130], conforme eles achavam e publicavam, por que durante todo esse tempo em que ele esteve sob seu poder, e eles próprios foram seus conselheiros mais próximos, não o restauraram à verdadeira vida de um rei, seu cargo, sua coroa e dignidade? A verdade, portanto, é que a um só tempo não queriam e de fato não podiam fazer isso sem provocar a própria e infalível destruição, pois o desfiladeiro final a que o compeliram era mesmo a morte e o sepultamento de tudo o que nele existia de régio, lugar de onde jamais um rei da Inglaterra reviveu, tirante por um novo fortalecimento de seu partido, o que significou uma espécie de ressurreição para ele. Assim, depois de quase extinguirem tudo o que poderia nele existir de um rei e, a partir da total privação, vestirem-no, como outra coisa específica, com formas e hábitos destrutivos da anterior, deixaram em sua pessoa, morta para a lei e todos os direitos civis de rei ou de súdito, somente a vida de prisioneiro, cativo e malfeitor. Quando enfim o braço equitativo e imparcial da justiça o alcançou, não devia poupá-lo mais que a um homem comum qualquer, não só tornado obnóxio ao julga-

....

128. John Campbell, primeiro conde de Loudon (1598-1663).
129. O Tratado de Newport, entre Carlos e os comissários parlamentares na Ilha de Wight, em setembro-novembro de 1648.
130. A: "mau conselho".

mento da lei por causa de uma acusação mais de uma vez redigida contra ele e de seu reconhecimento ao primeiro artigo em Newport[131], mas sobretudo intimado e denunciado à vista de Deus e Seu Povo, amaldiçoado e devotado a uma perdição pior do que a de qualquer Acabe[132] ou Antíoco[133], graças à exortação para amaldiçoar em nome de Deus todos os que não fizessem guerra contra ele – amaldiçoados tão asperamente como fora Meroz[134] – e que não se empenhassem contra um rei cananeu, em quase todos os sermões, preces e fulminações proferidas nestes sete anos por essas línguas fendidas de falsidade e dissensão. Todavia o inocentam quando uma nova discórdia irrompe e contra a própria disciplina, que se jactam de ser o trono e o cetro de Cristo, absolvem-no, retiram-lhe o estigma, ainda que se mantenha irredento, impenitente e insensível a todos os seus preciosos santos e mártires cujo sangue derramado eles tantas vezes lançaram sobre suas costas, sangue que agora mais uma vez, com uma nova unção soberana, podem limpar por completo, como se fosse tão vil e insignificante como o sangue de inúmeros cães em tempo de pestilência: dando a mais opróbria jazida a todos os que, tomados de zelo, durante todos estes anos encheram-lhe as barrigas e os engordaram do povo tolo. Ministros da sedição, não do Evangelho. Enquanto a viram manifestamente tender para a guerra civil e a carnificina, jamais deixaram de exasperar o povo contra ele e, agora que a vêem provavelmente fomentar uma nova comoção, não param de incitar outros contra o povo que o salvou dele, como se a sedição fosse seu único desígnio, quer

....

131. Em 25 de setembro de 1648, Carlos retirou provisoriamente sua objeção ao preâmbulo do tratado, segundo o qual o Parlamento fora forçado a "empreender uma guerra em sua justa e legítima defesa". Cf. *E*, III, 451; *Readie & Easie Way* e *Brief Notes*, VII, 417, 481.

132. 1 Rs 16.29-33.

133. Ver Mc 1-6, nos Livros Apócrifos de Antíoco IV Epifanes, destronado por Matatias e seu filho Judas Macabeus.

134. Jz 5.23.

contra ele ou em nome dele. Mas temos motivos para acreditar que Deus instilará outros pensamentos no povo, impedindo-o de dar ouvidos e atenção a essas matracas mercenárias[135], de cujas fúria e falsas profecias já tivemos suficiente experiência, e a partir dos murmúrios de uma nova discórdia o inclinará a escutar, indubitavelmente com espírito elevado, a voz de nosso Supremo Magistrado, convocando-nos à liberdade e às prósperas façanhas de uma república reformada, com a esperança de que, assim como Deus outrora zangou-se com os judeus que rejeitaram a Ele e à sua forma de governo para escolher um rei, agora Ele abençoará e será propício a nós, que rejeitamos um rei para torná-Lo nosso único líder e governante supremo, na maior conformidade possível com Seu antigo governo – mas isso caso tenhamos ao menos e somente tanto valor para entreter o sentido de nossa felicidade futura e a coragem para receber o que Deus nos concede, como temos a honra de preceder outras nações que neste momento se esforçam para nos seguir. Quanto à questão de que se trata agora, a saber, o que o povo por seu justo direito pode fazer na mudança de governo ou de governante, vemos que foi suficientemente esclarecida, além de copiosa autoridade retirada da boca dos próprios príncipes. E certamente os que se orgulharem, como nós nos orgulhamos, de ser uma nação livre, e não lhes pertencer o poder de remover ou de abolir nas urgências algum governante supremo ou subordinado, juntamente com o próprio governo, poderão deleitar sua imaginação com uma ridícula e pintada liberdade, própria para enganar bebês, pois que de fato estão submetidos à tirania e à servidão: falta-lhes o poder, que é a raiz e fonte de toda a liberdade, de dispor e *economizar** da terra que Deus lhes deu, como chefes de fa-

....

135. A: "impedindo-o de atentar para esses incendiários".

* No original, "... to dispose and *oeconomize* in the Land which God hath given them". Milton se serve do conceito greco-latino de economia (*oîkos+nómos*) para compor, pela primeira vez em língua inglesa, segundo o Ox-

mília em sua própria casa e livre herança. Sem esse poder natural e essencial de nação livre, ainda que mantenham as cabeças erguidas, em boa conta eles nada mais são que escravos e vassalos por nascimento, em posse e ocupação de um outro senhor herdeiro, cujo governo, ainda que não seja ilegal ou intolerável, paira sobre eles como um flagelo do Senhor, não como um governo livre, a ser portanto revogado[136]. Com muito mais justiça então eles podem renegar a tirania ou os tiranos que, uma vez depostos, não passam de indivíduos privados, tão sujeitos à esfera da justiça e à citação como outros transgressores quaisquer. Ora, se é certo que os homens, sem falar dos pagãos, tanto sábios como religiosos, justiçaram incontinenti os tiranos, muito mais suave e humano então será dar-lhes um julgamento honesto e aberto, para ensinar os monarcas fora-da-lei e todos os que tanto os adoram que a única e verdadeira majestade soberana e suprema sobre a Terra não é um homem mortal nem sua vontade imperiosa, mas a justiça. Que portanto os homens cessem, por facção ou hipocrisia, de fazer gritaria e coisas horríveis de coisas tão justas e honrosas. [Contudo talvez até hoje não se possa citar nenhum Estado ou reino protestante que tenha condenado seu rei à morte publicamente, como alguns recentemente escreveram[137] e lhe imputaram essa grande glória, equivocando-se sobre essa questão.

....

ford English Dictionary, o verbo *economizar*, que aqui significa agir como o governante da casa. (N. da T.)

136. Cf. Cícero, *Filípicas*, VIII, iv, 12: "Quae causa iustor est belli gerendi quam servitutis depusio? in qua etiamsi non sit molestus dominus, tamen est miserrimum posse, si velit."

137. Possivelmente uma referência a S., *DR*, p. 15: "Sed quis unquam audivit, quis legit, haereditarium regem legitimum, regunm possidentem, Christianum, Reformatum, accusatum a suis subjectis, causam capitis dicere coactum, condemnatum, securi percussum?" Mesmo se estiver correta a hipótese de Shawcross, de acordo com a qual a segunda edição de *Posse* foi impressa em outubro de 1649, não fica excluída a possibilidade de que M. houvesse examinado *DR*, cuja publicação não é *posterior* a meados de novembro de 1649. Ver p. 93.

Não é, nem deveria ser, a glória de um Estado protestante jamais condenar seu rei à morte; a glória de um rei protestante é, sim, jamais ter merecido a morte.] E se o Parlamento e o Conselho Militar fazem o que fazem sem precedente, se assim lhes parece seu dever, manifesta mais sabedoria, virtude e magnanimidade o se saberem capazes de ser um precedente para outros. Talvez num tempo futuro, caso não se revelem por demais degenerados, estes outros venham a contemplar com honra os exemplares e inigualáveis feitos de seus antecessores, e a aspirar a eles como ao mais elevado ponto de sua glória e emulação civil – que até aqui, na busca de fama e domínio externo, dissipou-se vangloriosamente no estrangeiro, mas doravante poderá aprender melhor fortitude para ousar aplicar a mais alta justiça àqueles que se empenharem, pela força das armas, em oprimir e esbulhar a religião e a liberdade no próprio país, de modo que, salvo para lamentar o futuro, nenhum potentado ou tirano sem peias possa presumir tão altiva e irresponsável licença sobre a humanidade a ponto de devastar e virar de ponta-cabeça reinos inteiros de homens, como se para sua perversa vontade eles não passassem de uma nação de formigas. Quanto ao partido chamado presbiteriano, do qual inúmeros, creio eu, são bons e fiéis cristãos, embora iludidos por alguns de espírito turbulento, desejo-lhe sincera e serenamente que não abandonem seus primeiros princípios, nem afetem rigor e superioridade sobre homens que não estão abaixo deles; nem coajam, sobretudo em religião, à prática de coisas facultativas, que se convertem em pecado se não forem voluntárias; nem assistam ao clamor e aos impulsos maliciosos daqueles a quem eles mesmos julgaram os piores dentre os homens, obtusos inimigos de Deus e de Sua Igreja; nem atirem contra as ações de seus irmãos, por falta de outro argumento, essas leis e Escrituras distorcidas, lançadas pelo Prelado e pelos Malignos* contra seus flancos e que, mesmo não

....

* O Prelado é o alto clero da Igreja anglicana, acusado de papista pelos presbiterianos; Malignos (*Malignants*, no original), como *delinquents*, são os

causando ferimento, se tomadas por eles para condenar as próprias ações, escandalizam a todos os homens e desvelam-lhes extrema paixão ou apostasia. Que não se oponham a seus melhores amigos e associados, os quais não os molestam de modo algum, não infringem minimamente suas liberdades – exceto se obrigar a consciência de outros homens for o que denominarem de sua liberdade –, e ainda buscam viver em paz e em acordo fraterno com eles. Que se acautelem de um antigo e rematado inimigo, que, posto ao semear a discórdia acalentasse a esperança de fazer deles seus instrumentos, é incapaz de esperar sequer por um minuto a ostensiva ameaça de sua fadada vingança sobre eles, quando tiverem servido a seus propósitos. Se forem sensatos, que eles temam, portanto, não o que já fizeram, mas o que resta por fazer, e sejam advertidos em tempo a não confiar nos príncipes[138] a quem provocaram, sob pena de irem se somar aos exemplos dos que miseravelmente sabem ao desfecho. As histórias podem informá-los como há pouco mais de cem anos Christiern II, rei da Dinamarca, expulso pelos seus súditos e depois novamente aceito com base em novos juramentos e condições, sacrificou todos à sua mais sangrenta vingança, assassinando seus principais opositores na ocasião oportuna: tanto estes como seus filhos foram convidados a uma festa com esse propósito. Como Maximiliano procedeu com os de Bruges[139], ainda que a mediação

....

cortesãos, conselheiros e partidários do rei, no vocabulário cunhado pelos parlamentaristas e presbiterianos. (N. da T.)

138. Sl 146.3: "Não confieis em príncipes." A Bíblia de Genebra traz o mesmo texto, mas acrescenta à margem: "Para que Deus seja inteiramente louvado. Por isso Ele proíbe toda vã confiança."

139. M. (*CB*, I, 457) anotou o axioma segundo o qual jamais é possível confiar novamente nos governantes que perderam o poder a partir de uma detalhada discussão de Thou (*Historiarum*, III, 423-4), a respeito dos casos de Cristiano II da Dinamarca (1513-23), Maximiliano I, Sacro Imperador Romano (1493-1519) e Carlos IX da França (1560-74). Maximiliano foi humilhado quando os cidadãos de Bruges se revoltaram em 1485, mas voltou a submetê-los em 1490.

dos príncipes germânicos promovesse a reconciliação por intermédio de documentos solenes e públicos, redigidos e selados. Como o massacre em Paris[140] resultou do crédulo tratado de paz que os protestantes franceses fizeram com Carlos IX, seu rei; e a principal e evidente causa pela qual até hoje a Holanda se salva da completa ruína se deve ao fato de não terem acreditado na pérfida crueldade que, como máxima invariável de Estado, foi empregada pelos reis espanhóis sobre os súditos que pegaram em armas e mais tarde confiaram neles – como as épocas posteriores somente poderão testemunhar o que sucedeu na própria Bélgica antes disso, e neste mesmo ano em Nápoles[141]. E para concluir com uma única exceção passada, embora muito mais antiga, Davi [, cuja santificada prudência bastaria por si só, não apenas para nos justificar, mas também para nos instruir,] tão logo[142] pegou em armas nunca mais voltou a confiar em Saul, ainda que por duas vezes, às lágrimas e muito compadecido, prometesse não feri-lo[143]. Esses exemplos, poucos dentre muitos, poderiam admoestar ingleses e escoceses a não permitir que suas finalidades peculiares e os impulsos de uma facção induzam-nos cegamente para as armadilhas dos inimigos cuja vingança os encara como os homens que iniciaram, fomentaram e levaram adiante, para além da cura proporcionada por alguma acomodação saudável ou segura, todo mal que desde então inevitavelmente se abateu sobre eles e seu rei.

Tenho ainda algo a dizer aos clérigos, embora mais breve do que seria necessário: não perturbem os negócios civis, que se encontram em mãos mais hábeis e capazes de administrá-

---

140. M. (*CB*, I, 466) observa, com base em Thou (*Historiarum*, II, 805, 806), como o almirante Coligny, principal porta-voz dos huguenotes, iludiu-se no prelúdio ao Massacre da Noite de São Bartolomeu, em 24 de agosto de 1572.

141. A rebelião napolitana contra o governo espanhol em 1647 foi esmagada em abril de 1648.

142. A: "depois que".

143. 1 Sm 19.6, 26.21.

los; estudem mais e dediquem-se ao ofício de bons pastores, sabendo que aquele cujo rebanho é o menor dentre eles possui um terrível encargo, do qual não é possível se desempenhar simplesmente subindo duas vezes na cadeira com um sermão formal amontoado nas horas vagas de toda uma semana de vadiagem, mas mediante incessantes labores e vigílias *a tempo e fora de tempo*[144], *de casa em casa*[145] sobre as almas daqueles a quem precisam apascentar. Ora, se alguma vez bem considerassem isso, quanto tempo livre teriam para ser os mais pragmáticos acólitos de todo tumulto e sedição popular? E tudo isso enquanto deveriam aprender qual a verdadeira finalidade e razão do Evangelho que ensinam, e quanta diferença há entre isso e o severo e arrogante mando sobre a consciência. Também seria bom se seu modo de vida conseguisse persuadir o povo de que odeiam a cobiça, e pior que a heresia é a idolatria; que odeiam as pluralidades e as simonias de todas as espécies; que cessaram de errar de benefício em benefício, como lobos vorazes à cata da maior coisa que puderem devorar. Se disso não forem culpados alguns que desde o início estiveram satisfatória e calidamente assentados, seria bom que não mantivessem conversação com os que o são: deixem-nos lamentar que, tendo sido convocados a se reunir[146] para tratar da reforma da Igreja, eles se pusessem a mendigar e implorar ao Parlamento, embora houvessem renunciado ao nome de padres, por um novo estabelecimento de dízimos e oblações, e se forrassem duplamente de postos espirituais cômodos, fora do possível cumprimento de seu dever. Que se reúnam no Consistório com seus presbíteros e diáconos, de acordo com a

----

144. 2 Tm 4.2.
145. At 20.20.
146. A Assembléia dos Eclesiásticos de Westminster (composta de 121 clérigos, 10 pares, 20 membros do Parlamento e comissários escoceses) inicialmente se reuniu para formular um acordo sobre a Igreja em 1º de julho de 1643.

antiga regra eclesiástica, para preservar a disciplina religiosa, cada um em sua respectiva freguesia, em vez da malta de clérigos sozinhos a se empanturrar no presunçoso Sion[147], ou a promover intrigas, a insultar e lograr os meramente laicos e instigar tumultos, como fizeram os prelados, para a manutenção de seu orgulho e avareza. Se observarem essas coisas e aguardarem com paciência, não resta dúvida de que tudo caminhará bem sem as suas impertinências e exclamações – e as letras impressas que enviam subscritas com a ostentação de letras maiúsculas[148] e relevância minúscula seriam mais notáveis do que agora são. Mas se eles forem os ministros de Mammon*, e não os de Cristo, e escandalizarem sua Igreja com o torpe amor ao lucro, aspirando ainda a se sentar o mais próximo e lúgubre possível de todos os tiranos, sobre a consciência, e incorrerem notoriamente nos mesmos pecados dos quais há pouco acusaram com alarido os prelados, assim como Deus erradicou estes [iníquos] antes, também erradicará os seus imitadores; e para vindicar Sua glória e religião Ele há de desvelar-lhes a hipocrisia para todo o mundo e castigará suas cabeças aquele *amaldiçoai* Meroz, justamente o *motto* de seus púlpitos, com o qual tantas vezes, não como Meroz, mas mais como os ateus, eles blasfemaram[149] a vingança de Deus e [difamaram] o zelo de Seu povo.[150] [E para provar que não são o que simulam ser, isto é, verdadeiros ministros da doutrina protestante, ensinada por aqueles famosos e religiosos estrangeiros que fizeram a primeira Reforma na Igreja, ou por aqueles não menos zelosos que se opuseram à corrupção e aos bispos aqui, no país, estigmatizados com o nome de Puritanos e não-

....

147. De 1647 a 1659 a assembléia provincial dos presbiterianos de Londres se reuniu em Sion College, na rua Cripplegate.

148. Vale dizer, no frontispício de seus opúsculos.

* Falso deus ou ídolo da riqueza, cobiça e avareza. (N. da T.)

149. A: "zombaram".

150. A terminava aqui. Quanto aos comentários de M. sobre o que ele acrescentou, ver *DS*, IV, 661-2.

conformistas, daremos abundantes testemunhos, de modo que as pessoas possam conhecer ainda mais plenamente a diferença entre o clero protestante e esses incendiários de púlpito.

Lutero.
Lib. contra Rusticos apud Sleidan. L. 5.[151]

Is est hodie rerum status, &c. *Tal é o estado das coisas hoje, que os homens nem podem, nem querem, nem de fato devem tolerar mais a vossa dominação, Príncipes.*
Neque vero Caeserem, &c. *Nem César há de fazer guerra como cabeça da cristandade, protetor da Igreja, defensor da fé; esses títulos são falsos e ventosos, sendo a maioria dos reis os mais acerbos inimigos da religião. Lib: De bello contra Turcas. Apud Sleid., l. 14*[152]. O que nos impede então de os destituir e punir?

Também Cochlaeus, nas suas *Miscelâneas*, declara serem essas as palavras de Lutero, ou de algum outro eminente teólogo na *Alemanha* quando os protestantes celebraram um pacto solene em *Smalcadia*[153]. Ut ora ijs obturem &c. *Para que eu possa calar as suas bocas, o Papa e o Imperador não nascem mas se elegem, e podem também ser depostos, como muitas vezes tem acontecido*[154]. Quem quer que pensasse as-

....

151. M. cita do livro V, "Contra os camponeses", no *Commentarii*, do. 75a, de Sleidan: "Is autem est hodie rerum status, ut hunc dominatum homines ne possint nec velin, neque sane debeant ferre diutius."
152. Extraído do Livro 14, "Da guerra contra os turcos", em *Commentarii*, fos. 225a-b: "Neque vero Caeserem his verbis ad bellum excitandum esse, tanquam sit orbis Christiani caput, ecclesiae protector, fideique defensor: nam eiusmodi titulos esse falsos atque ventosos ... quod plaerique reges ac principes, verae doctrinae sint hostes acerbissimi."
153. A Liga Schmalkaldica foi uma aliança de governantes e cidades protestantes formada em 1531.
154. Johann Cochlaeus, *In causa religionis miscellaneorum* (Ingolstadt, 1545), fo. 49b: "Atque ut ora eis obturem ex iure ipsorum saeculari, Papa & Caesar non nati sed electi sunt Principes, qui possunt deponi, id quod propter eorum malefacta saepe factum est."

sim, se Lutero ou outro, ele não poderia permanecer lá, pois o direito de nascença ou sucessão não pode ser um privilégio da natureza que permita a um tirano sentar-se irremovível sobre uma nação nascida livre, sem converter essa nação, da natureza e condição de homens nascidos livres, em escravos naturais, hereditários e sucessivos. Portanto ele disse ainda: *Remover e derrubar esse extorsionário, esse Fálaris, esse Nero, é obra que bastante agrada a Deus*[155], a saber, por ser assim, o que é uma razão moral. Deverá um motivo tão superficial como este – ser por casualidade, não simplesmente eletivo, mas por nascimento, que é mero acidente – sobrepujar o motivo moral, e tornar desagradável a Deus o que do contrário o teria agradado tanto? Certamente não. Pois, se a questão for corretamente demonstrada, a eleição, muito mais do que o acaso, obriga um homem a se contentar com o que sofre por causa de sua má escolha – embora nem uma nem outro realmente obriguem qualquer homem, muito menos um povo, a suportar ofensas e ultrajes que lhe foram concedidas capacidade e força suficiente para eliminar.

Zwinglio, tom, I, articul. 42.

Quando vero perfidè, &c. *Quando os reis governam perfidamente e contra o preceito de Cristo, de acordo com a palavra de Deus eles podem ser depostos*[156].

....

155. Cochlaeus, *Miscellaneorum*, fo. 49a: "Hunc ergo Moab, Agag, Achab, Phalarim ac Neronem ex sedibus deturbare, summun est beneplacitum Deo." O semifictício Fálaris, tirano de Acragas (Agrigento), c. 570-554 a.C., executava suas vítimas num touro oco de bronze, onde mais tarde ele próprio encontrou seu destino final. Cf. *PSD,* IV, ii, 795.

156. O título do Artigo 42 de *Opus articulorum sive conclusionum,* em *Operum D. Huldrichi Zwingli* (Zurique, 1581), fo. 84a, de Huldreich Zwingli: "Quando vero perfide & extra regulam Christi egerint, possunt cum deo deponi."

Mihi ergo compertum non est, &c. *Ignoro como os reis governam por sucessão, se não for com o consentimento de todo o povo.* Ibid[157].

Quum vero consensu, &c: *Mas quando por sufrágio ou consenso de todo o povo, ou a porção superior deste, um tirano é deposto ou condenado à morte, Deus é o principal comandante dessa ação.* Ibid[158].

Nunc cum tam tepidi sumus, &c. *Agora que nos tornamos tão tépidos para manter a justiça pública, suportamos os vícios dos tiranos que hoje reinam com impunidade; é justo portanto que eles nos esmaguem e que por fim devamos ser punidos com eles. E todavia não nos faltam meios para remover os tiranos: o que nos falta é justiça pública.* Ibid[159].

Cavete vobis ô tyranni. *Alerta, tiranos, pois agora o Evangelho de Jesus Cristo, propalando-se por toda parte, reavivará a vida de muitos para amar a inocência e a justiça. Se vós fizéreis o mesmo, sereis honrado. Mas se continuardes a vos enfurecer e praticar violência, sereis pisados por todos os homens*[160].

Romanum imperium imò quodq; &c. *Quando o Império Romano ou outro qualquer começar a oprimir a religião, e nós negligentemente o permitirmos, não seremos menos culpa-*

157. Zwinglio, *Operum*, I, fo. 84b: "Miho ergo compertum non est, unde hoc cit, ut regna per sucessiones & quasi per manus posteris tradantur, nisi hoc publico totius populi consensu fiat."

158. Zwingli, *Operum*, I, fo. 85a: "Quum vero consensu & suffragiis totius, aut certe portioris partis multitudinis tyrannyus tollitur, deo fit auspice."

159. Zwinglio, *Operum*, I, fo. 85a: "Nunc quum tam tepidi sumus in tuenda iustitia publica, sinimus ut impune vitia tyrannorum hodie regnent. Merito ergo ab illis conterimur, & tandem cum illis luimus. Non ergo desunt viae per quas tyranni tollantur, sed deest publica iustitia."

160. Zwinglio, *Operum*, I, fo. 85a: "Cavete vobis, o tyranni, Evangelium enim Iesu Christi late sparsum vitam multorum innovabit, ut innocentiae & iustitiae plurimi studeant. Cui si & vos studueritis, summo honore vos prosequentur: si furere & vim facere perrexeritis, omnium pedibus conculcabimini."

dos de violar a religião do que os próprios opressores. Idem. Epist. ad Conrad. Somium[161].

Calvino a respeito de Daniel, c. 4. v. 25

Hodie Monarchae semper in suis titulis, &c. *Hoje em dia os monarcas sempre se pretendem em seus títulos reis pela graça de Deus. Mas quantos dentre eles têm essa pretensão apenas com a finalidade de reinarem sem controle? Com que propósito se menciona a graça de Deus no título dos reis, senão para que eles não reconheçam nenhum superior? Enquanto isso Deus, cujo nome eles usam para se defender, seria esmagado sob seus pés de bom grado. Portanto, não passa de mero embuste quando se vangloriam de reinar pela graça de Deus*[162].

Abdicant se terreni principes, &c. Os *príncipes terrenos abdicam quando se insurgem contra Deus; mais ainda, são indignos de se contarem entre os homens. A nós compete mais cuspir em suas cabeças do que lhes obedecer. Em Dan: c. 6. v. 22*[163].

....

161. Zwinglio para Conrad Sam e Simpert Schenk, 18 de agosto de 1530, em *Operum*, I, fo. 413b: "Romanum imperium, imo quodque imperium, ibi religionem sinceram opprimere coeperit, & nos illud negligentes patimur, iam negatae aut contemptae religiones non minus rei erimus, quam ill ipsi oppressores." Sam (ou Som) e Schenk eram partidários de Zwinglio em Ulm e Memmingen.

162. Jean Calvino, *Praelectiones in librum prophetiarum Danielis* (Genebra, 1561), fo. 51a: "Hodie Monarchae semper in suis titulis hoc obtendunt, se esse Reges & Duces, & Comites Dei Gratia: sed quam multi falso nomen Dei praeterunt in hunc finem, ut sibi asserant summum imperium? Quid enim valet saepe in Regum & Principium titulis Dei gratia? Nempe ne agnoscant superiorem, quemadmodum dicunt. Interea libenter Deum, cuius clypeo se protegunt, calcarent pedibus: tantum abest, ut serio reputet se habere eius beneficio ut regnent."

163. Calvino, *Praelectiones*, fo. 78a: "Abdicant enim se potestate terreni Principes dum insurgunt contra Deum,: imo indigni sunt qui censeatur in hominum numero. Potius ergo conspuere oportet in ipsorum capita, quam illis parere."

Bucer a respeito de Mat. c. 5.

Si principes superior, &c. *Se um príncipe soberano se empenha pela força das armas em defender os transgressores e subverter as coisas ensinadas na palavra de Deus, os que detêm autoridade abaixo dele devem, primeiro, dissuadi-lo; se não conseguirem, agora que ele se comporta não como príncipe, mas como inimigo, e busca violar privilégios e direitos assegurados a magistrados inferiores e comunidades, cumpre aos devotos magistrados, implorando primeiro o auxílio de Deus, antes tentar todos os caminhos e meios que trair o rebanho de Cristo a tal inimigo de Deus; pois também para este fim foram ordenados: para que possam defender o povo de Deus e conservar as coisas boas e justas. Portanto ter o poder supremo não diminui o mal cometido por esse poder, ao contrário, torna-o menos tolerável, na medida em que em geral é mais danoso*[164]. Logo, certamente quanto menos tolerável, mais imperdoavelmente deve ser punido.

....

164. Comentário de Bucer sobre Mateus 5.39 ("Eu, porém, vos digo: Não resistais ao homem mau"), *Enarrationes*, fo. 55a: "Et si principes superior haec armis exigat, & evertare quae iuxta Dei verbum docentur & instituta sunt, conetur, debent illum, exponendo quam simplicissime veritatis causam, orandoque ne a Christo velit depellere, quos adducere illi eum deceat, a proposito suo impio avocare. Sique nihil effecerint, & ille iam non principem, sed hostem, & quidem Dei sese exhibet, contraque ab ipso rite concessa confirmataque inferioribus principibus, & Rebuspublicis iura grassari quaerit: pii principis & magistratus partes erunt, invocato in primis consilio & auxilio Dei, omnia tentare prius, quam huiuscemodi hosti Dei, prodere gregem Christi, adeo ut citius animam suam, quam filios Dei illi cedant. Sunt enim & ipsi in hoc constituti, ut mala a populo Dei depellant, & quae bona ac salutaria sunt, defendant. Tum suprema potestate fungi, adeo non elevat mala, quae ab illa designatur, ut hoc ipso nulla sint minus ferenda, quia nulla nocentiora."

De Pedro Mártir já falamos antes[165].

Paraeus em Romanos 13.

Quorum est constituere Magistratus, &c. *Aqueles cuja tarefa é constituir magistrados podem também refreá-los de atos ultrajantes, ou humilhá-los; mas todos os magistrados são constituídos pelo Parlamento, por eleitores ou outros magistrados. Portanto, quem os exaltou pode legitimamente os degradar e punir*[166].

Dos teólogos escoceses, não preciso mencionar outros além dos mais famosos dentre eles: Knox e seus colaboradores na reforma da Escócia, cujos extensos tratados sobre esse assunto defendem a mesma opinião. Citá-los adequadamente seria inserir seus livros inteiros, escritos de propósito sobre esse debate: o *Apelo* de Knox, e "Ao Leitor", onde ele promete num pós-escrito[167] que o livro que pretendia publicar, chamado *O segundo estrondo da trombeta*, deveria sustentar com mais detalhe que os mesmos homens podem, com toda justiça, depor e punir aquele a quem inadvertidamente elegeram, malgrado o nascimento, a sucessão, ou qualquer juramento de fidelidade. Entre os nossos próprios teólogos, Cartwright e Fenner, dois dos mais eruditos, provam-nos sensatamente o que afirmam os restantes. Segundo argumenta Fenner em seu livro de *Teologia*, *os que têm o poder, ou seja, o Parlamento, podem*

....

165. Ver p. 31.

166. M. cita com base em David Paraeus, *In divinam ad romanos S. Pauli apostoli epistolam, commentarius,* em *Operum theologicorum* (Frankfurt, 1628), II: "Quorum est constituere magistratus, eorum etiam est enormiter grassatores cohercere, aut tollare, si non desistant grassari contra Deum, & contra rempublicam. Constituuntur autem vel per senatum, vel per alios magistratus. Eergo hi recte faciunt, cum cohercent aut tollunt grassatores." Na mesma página, Paraeus argumenta que não existe uma diferença real entre tiranos estrangeiros e do próprio país.

167. Ver "Iohn Knoxe to the Reader" ["John Knox ao Leitor"], em Knox, *Appelation* (Genebra, 1558), pp. 77b-78a.

sem violência ou pelo uso da força depor um tirano, a quem ele define como o homem que intencionalmente viola todas ou as principais condições estabelecidas entre ele e a república. *Fen. Sac: Theolog. c.* 13[168], e Cartwright, numa epístola[169] acrescentada como prefácio, testemunha sua aprovação ao livro inteiro.

Gilby, de obedientia, p. 25. & 105[170].

Os reis recebem a sua autoridade do povo, que pode ocasionalmente retomá-la para si.

O Protesto da Inglaterra contra os cânones.

O povo pode matar príncipes maus como monstros e animais cruéis.

Christopher Goodman, da obediência[171].

Quando os reis ou os governantes se tornam blasfemadores de Deus, opressores e assassinos de seus súditos, não mais devem ser considerados reis ou magistrados legítimos, e sim indivíduos privados a ser interrogados, acusados, condenados

....

168. No capítulo 13 de *Sacra Theologia* (1585), depois de definir o tirano sem título, Dudley Fenner passa a definir o tirano pelo exercício (p. 186); "Exercitio tyrannus est qui consulte, pacta reipub. omnia, vel praecipua pessundat. Hunc tollunt vel pacifice vel cum bello, quia ea potestate donati sunt, ut regni Ephori, vel omnium ordinum conventus publicus."

169. A Epístola de Thomas Cartwright relativa ao prefácio (sem numeração de página) saúda Fenner como "ornatissimo & charissimo".

170. M. acompanha Aston, em *Remonstrances*, que equivocadamente atribui as duas próximas referências truncadas a "Gilby" e a "Protesto da Inglaterra", quando na verdade são retiradas de *Short Treatise of Politike Power* (1556), de John Ponet. Ver S. Miller, "Two references in Milton's *Tenure of Kings*", *Journal of English and Germanic Philology*, 50 (1951), pp. 329-5.

171. M. cita corretamente com base na edição genebrina de 1558 de *Superior powers*, de Goodman.

e punidos pela lei de Deus; e ser sentenciado e punido por essa lei não é ato do homem, mas de Deus. *C.* 10. p. 139.

Pelas leis civis, um lunático ou idiota de nascimento, e que venha a se comportar como tal, deverá perder as terras e heranças onde nasceu, porque não é capaz de usá-las corretamente. Sobretudo, em hipótese nenhuma se deve permitir que detenha o governo de toda uma nação. Ora, os lunáticos e idiotas nunca causarão à república um mal tão grande como o provocado pela raiva e fúria de governantes ímpios. Portanto, os que não possuem Deus não devem exercer autoridade sobre o povo de Deus, que mediante Seu Verbo exige o contrário. *C.* 11. p. 143, 144.

Seja rei, rainha ou imperador, ninguém está, pela lei de Deus, isento desta punição: sofrer a morte. Pois Deus não os colocou acima de outros para transgredirem Suas leis a belprazer, mas para se sujeitarem a elas como os outros. E se estão sujeitos às Suas leis, também estão sujeitos à Sua punição, tanto mais porque seu exemplo é mais perigoso. *C.* 13. p. 184.

Quando os magistrados deixam de cumprir seu dever, o povo fica por assim dizer sem magistrado, ou pior ainda. Então Deus passa a espada para as mãos do povo, e Ele mesmo se torna imediatamente Seu chefe. p. 185.

Se os príncipes agem corretamente e mantêm a palavra convosco, deveis a eles toda a humilde obediência; se não, estais desobrigados, e nesse caso deveis diligenciar um modo de depor e punir de acordo com a lei esses rebeldes contra Deus e opressores de seu país. p. 190.

Esse Goodman era ministro da Igreja Anglicana em Genebra, assim como Dudley Fenner também era em Middleburrough ou outro lugar dessa região. Os dois foram pastores dos santos e confessores que, fugindo da sangrenta perseguição da rainha Maria[172], afinal reuniram os membros espalhados nas

....

172. Maria Tudor, rainha da Inglaterra de 1553 a 1558, em cujo governo ocorreu uma reação católica que lhe rendeu o título de "Maria Sanguinária" ["Bloody Mary"].

várias congregações, alguns dos quais na Alta Alemanha, outros na Baixa Alemanha, e parte deles se estabeleceu em Genebra, onde esse autor[173], por pregar sobre esse assunto e conquistar grande simpatia de certos homens eruditos e religiosos que o ouviam, foi por estes inúmeras vezes e com muita insistência solicitado a escrever mais detalhadamente a tal respeito. Ele então empreendeu a tarefa e, depois de consultar os mais eruditos daquelas regiões (entre os quais Calvino, que na época morava na mesma cidade), obteve sua especial aprovação para publicar esse tratado, cuja principal finalidade, como comprova Whittingham no Prefácio, era persuadir seus irmãos da Inglaterra, os protestantes, da verdade da doutrina relativa à obediência aos magistrados. Whittingham no Pref.

Esses eram os verdadeiros teólogos protestantes da Inglaterra, nossos pais na fé que professamos; esse, o parecer deles, que, trabalhando sob o prelado, em meio a toda espécie de tumulto e perseguição, impediram a religião de se extinguir e a transmitiram pura a nós, até surgir uma geração cúpida e ambiciosa de religiosos (pois religiosos se autodenominam) que, passando-se subitamente por recém-convertidos e prosélitos do episcopado, sob o qual durante muito tempo transigiram, afinal abriram a boca em alarde contra o acúmulo de benefícios e o prelado, mas com a intenção de engolir ambos, e devorar qual harpias[174] os cargos e promoções simoníacos de seus predecessores expulsos, como as presas que estiveram a caçar, não para a pluralidade apenas, mas para a multiplicidade*. Foi para possuir isso que acusaram a eles, seus irmãos, aspirando sob outro título à mesma autoridade e usurpação sobre a consciência de todos os homens.

....

173. O restante do parágrafo parafraseia o prefácio de William Whittingham a *Superior Powers*, pp. 4-5.

174. Monstros fabulosos com o rosto e corpo de mulher, garras e asas de pássaro [abutre].

* Milton faz trocadilho com os termos "pluralities" (que se traduz como acúmulo de benefícios eclesiásticos, mas também por pluralidades) e "multiplicities" (multiplicidades). (N. da T.)

Dessa facção diversos reverendos e eruditos religiosos, como são denominados no filactério[175] da própria página de rosto em que pleiteiam a legitimidade da tomada de armas defensivas contra seu rei, num tratado intitulado *Escritura e razão*[176], parecem em palavras repudiar inteiramente a deposição dos reis. Mas tanto as Escrituras como as razões empregadas por eles arrastam consigo conseqüências que, sem sua ordem, concluem pela legitimidade da deposição. Pois, se pelas Escrituras, sobretudo a passagem aos Romanos em que mais insistem, é possível resistir aos reis que fazem o contrário da definição de magistrados fornecida por São Paulo, muito mais forçosamente se conclui que é possível até mesmo os depor ou punir. E se pela razão a injusta autoridade dos reis *pode ser em parte desapossada, e seu poder em parte retomado pelo Parlamento ou povo, dado o caso em jogo e a presente necessidade*, como afirmam na página 34, não há maneira de alegar as Escrituras, nem fornecer uma razão concebível pela qual, persistindo a necessidade – como sempre pode ocorrer e eles com toda prudência e no cumprimento de seu dever podem tomar a seu cargo prever –, nesse caso não lhes é possível afinal punir com a perda de seu reino aquele cuja emenda não podem esperar. E se a persistência de uma ação iníqua contra a religião, as leis e liberdades pode nos assegurar essa medida parcial, por que quarenta vezes a tirania praticada por ele não nos assegura continuar restringindo-o, até que a restrição se torne total? Com efeito, os expedientes da justiça são as mais exatas proporções: se para cada transgressão do rei é necessário tanto de remédio e reparação, então para crimes vinte vezes mais hediondos exige-se do rei vinte vezes mais, e assim pro-

....

175. O filactério é uma pequena caixa de pergaminho contendo quatro trechos retirados do Deuteronômio e Êxodo utilizados pelos judeus na oração da manhã como sinal de estrita obediência.

176. *Scripture and Reason Pleaded for Defensive Armes: or, the Whole Controversie about Subjects Taking up Armes* (14 de abril de 1643).

porcionalmente, até chegar ao que é máximo entre os homens. Se nesses procedimentos contra seu rei eles não pudessem terminar pelos cursos habituais da justiça o que começaram, então não poderiam em absoluto começar licitamente. Segundo essa regra de ouro[177] da justiça e moralidade, bem como da aritmética, dos três termos que eles admitem, é certo e inevitável resultar o quarto, a exemplo de qualquer problema que Euclides[178] ou Apolônio[179] já provaram por demonstração.

E se é possível ao Parlamento, que somente pode ser deposto por si, como se afirma nas páginas 37, 38, retirar todo poder, autoridade e o gládio das mãos do rei pelo resto de sua vida, o que na prática consiste em desmagistralizá-lo, por que não poderiam esses membros, sendo os únicos magistrados em vigor, passar a punir este que, depois de licitamente privado de todas as coisas que definem um magistrado, já não é magistrado passível de se degradar ainda mais, mas um ofensor a se punir? Por fim, a quem podem desafiar e encontrar no campo de batalha, por que não podem também processar pela justiça? Pois a guerra lícita é tão-só a execução da justiça contra aqueles que recusam a lei. Para estes, se for lícito (como não negam, p. 19, 20) matar o próprio rei que se arrisca na frente de batalha, por que não pode a justiça fazer intencionalmente o que a contingência de uma guerra defensiva faria, sem culpa, casualmente, mais ainda, propositalmente, se lá o apanha em meio aos demais? Perguntam eles, p. 19: *Que regra da consciência ou de Deus obriga o Estado a sacrificar a religião, as leis e liberdades, em vez do príncipe que arrisca sua*

---

177. M. alude tanto a uma regra aritmética que permite encontrar o quarto termo de uma proposição como a um preceito bíblico: "como vós quereis que os homens vos façam, da mesma maneira fazei-lhes vós também" (Lc 6.31).

178. As proposições geométricas de Euclides (328-283 a.C.) eram consideradas exemplos clássicos da demonstrabilidade lógica.

179. Apolônio de Perga (*c.* 262-190 a.C.), conhecido como "o grande geômetra".

vida para defender os que as subvertem? E pergunto eu: que consciência, divindade, lei ou razão obriga o Estado a abandonar todas essas sagradas preocupações ao risco perpétuo e ao cúmulo do perigo, em vez de exterminar um príncipe iníquo, que só faz tramar noite e dia para subvertê-las? Eles nos dizem que a lei de natureza autoriza qualquer homem a se defender, mesmo do próprio rei. Que nos mostrem então por que a mesma lei não autoriza muito mais o Estado ou o povo inteiro a infligir justiça àquele de quem todo indivíduo privado pode legitimamente se defender, já que toda espécie de justiça infligida é uma defesa para os bons, assim como uma punição aos maus, e a justiça infligida ao tirano nada mais é senão a defesa necessária de toda uma república. Fazer guerra a um rei, a fim de que seus instrumentos recebam uma punição condigna, e em seguida punir a eles, os instrumentos, e não somente poupar, mas defender e honrar a ele, o autor, é a mais estranha peça de justiça a ser chamada de cristã e a mais estranha obra da razão a ser chamada de humana a que homens de reverência e erudição, como lhes convém distinguir-se, jamais deram vazão. Sustentam na terceira e quarta seções[180] que um juiz ou magistrado inferior é ungido de Deus, é Seu ministro, segura a espada em suas mãos, deve ser obedecido por causa da regra de São Pedro[181], bem como ao supremo, não havendo divergência expressa em algum lugar. E ainda querem-nos lutando contra o magistrado supremo até que ele remova e puna os magistrados inferiores (pois eram estes os maiores delinqüentes), quando segundo a Escritura e segundo a razão não revela mais autoridade resistir a um do que a outros, e é inteiramente igual tanto punir ou depor o magistrado supremo como fazer-lhe guerra, até que ele puna ou entregue seus magistrados inferiores, a quem nos mesmos termos mandam-nos obedecer, e não resistir. Assim, enquanto

....

180. *Scripture and Reason*, pp. [33] – 4, 36-7.
181. 1 Pd 2.13-14.

eles, em uma ou duas linhas cautelosas socadas aqui e acolá, são apenas verbais contra a derrubada ou punição dos tiranos, toda Escritura e razão que aduzem permitem, em cada folha, inferir direta e racionalmente que isso é tão legítimo como resistir-lhes. E entretanto em todos os seus sermões, como outros já bem notaram, foram muito além disso. Se observarmos os religiosos, a habilidade e variedade com que adquirem certas posturas e certos movimentos não são inferiores às dos que exercitam manobras no campo de artilharia. Às vezes parecem avançar furiosamente e em seguida marcham na direção oposta; logo param e então batem em retirada ou, se necessário for, podem dar meia-volta ou fazer uma conversão em todo regimento com astúcia e destreza quase imperceptíveis a fim de se evadirem, deslocando-se para posições mais vantajosas*. E só a Providência deve ser o rufo do tambor, só a Providência a voz de comando que os chama de cima, sempre para um benefício mais dilatado, ou os dirige para tais e tais números, e promoções**. Não há homem mais ágil em giros*** e dobrados, à direita ou à esquerda, porque é a suas inclinações**** que

....

* Esta última frase, que no original é "to winde themselves by shifting ground into places of more advantage", é toda ambígua. O verbo "to winde" também significa "insinuar-se", bem como "usar de rodeios"; "to shift ground" é também "tergiversar" e a expressão "places of more advantage" também poderia ser traduzida como "cargos mais lucrativos". (N. da T.)

** No original, "or acts them into such or such figures, and promotions". Também aqui Milton usa a ambigüidade para ironizar a hipocrisia dos presbiterianos ingleses, misturando imagens relacionadas a cenas militares, teatro e interesse material cúpido. "To act" também é "desempenhar um papel", "representar", ou mesmo "fingir"; "figures" podem ser ainda "contas", "cifras", "preços", "valores", "quantias", bem como "personagens", "figuras", "representações". Por fim, a palavra "promotions" também significa "criação" e "progresso". (N. da T.)

*** No original, "turnes", que significa também "torneios", "fraseado" e "propósitos", como logo abaixo. Vários críticos dos presbiterianos apontaram o quanto havia de teatral no palavreado, na fisionomia e gesticulação destes ao púlpito. (N. da T.)

**** No original, "turnes", novamente.

basicamente servem – e nisso são únicos, pois com eles não existe mão direita ou esquerda definidas, e sim o que sua comodidade julgar melhor chamar. Porém, se há uma verdade a ser defendida, que para eles e seu interesse neste mundo não parece tão proveitosa, súbito esses lépidos movediços mal se seguram nas pernas e não têm mais utilidade para a reforma realizada inteiramente, e de modo não superficial, ou para o avanço da Verdade (que entre os homens mortais está sempre em progresso), como se de repente se achassem mutilados e coxos. E para disfarçarem melhor ou expressarem melhor isso por meio de uma conformidade geral à própria coxeadura, querem ter a *Escritura*, querem ter também a *razão* como companhia a claudicar junto deles, e querem se desembaraçar de nós com imponentes conclusões, mais defeituosas e frágeis que as premissas. Nessa postura parecem agüentar-se com grande zelo e confiança junto aos muros de *Sion*, mas como jebuseus[182], não como israelitas ou levitas: cegos e coxos, não distinguem Davi de Adoni-Bezeque[183], porém o louvam como o ungido de Deus, cujos polegares das mãos e dos pés não faz muito cortaram nas almofadas de seus púlpitos. Portanto, aquele que é o nosso único rei, o rebento de Davi, e cujo reino é eterna retidão, com todos os que guerreiam sob ele, cuja felicidade e derradeiras esperanças estão depositadas no único reino justo e reto (que oramos incessantemente possa vir em breve, e nessa oração desejamos a rápida ruína e destruição de todos os tiranos), mesmo ele, nosso rei imortal, e todos os que o amam necessariamente abominarão esses cegos e coxos defensores de Jerusalém, assim como a alma de Davi os odiou e proibiu-lhes a entrada na casa de Deus, e na sua própria. Mas, quanto aos que vieram antes deles e que mencionei primeiro (com base numa pesquisa simples, porque muitos

---

182. Ver 2 Sm 5.6.
183. Jz 1.6: "Adoni-Bezeque fugiu, mas o perseguiram, e o prenderam, e cortaram-lhe os polegares das mãos e dos pés."

mais poderiam ser incluídos), assim como estão, sem mais nem menos, podemos segui-los como guias fiéis e sem dúvida podemos aceitá-los como copiosas testemunhas do que afirmo aqui a respeito dos tiranos, pois são os melhores e principais teólogos protestantes. De fato vejo em geral que é esta a clara e positiva determinação de todos eles (não prelaciais ou desta última facção subprelacial) que escreveram sobre esse argumento: submeter à justiça um rei legítimo é, para um indivíduo privado, ilícito e, para um magistrado inferior, lícito. Se manifestaram opinião diversa, não é possível apresentar nenhum que seja mais importante do que os citados aqui, ou que tivesse mais autoridade na Igreja. Caso alguém tente trazer outros testemunhos para desqualificar estes, ou fazer que estes se contradigam em outras passagens mencionadas de seus livros, não apenas não conseguirá corroborar a falsa e impudente asserção desses ministros amotinados, segundo a qual a deposição e punição de um rei ou tirano *é contrária ao firme julgamento de todos os teólogos protestantes*[184], sendo aliás exatamente o contrário, mas em vez disso provará, talvez sem querer, que o julgamento dos teólogos, caso seja tão desencontrado e inconstante, ou não será relevante ou simplesmente não deverá ser levado em conta. Antes que se admita isso, o que espero jamais aconteça, esses assertores ignorantes na própria mestria se terão revelado mais e mais, não teólogos protestantes, cujo firme julgamento nesse ponto eles tão audaciosamente incharam. Terão, sim, se revelado um bando de lobos

---

184. M. edita a afirmação dos ministros em *A Serious and Faithfull Representation*, p. 11: "E consoante ao teor das Escrituras aqui mencionadas tem sido sempre o firme julgamento e a doutrina dos teólogos protestantes no país e no exterior, julgamentos com os quais concordamos inteiramente, repudiando, execrando e abominando os princípios e as práticas perversas e sangrentas de jesuítas (os piores dentre os papistas), a propósito da oposição a magistrados lícitos por parte de pessoas privadas, e o assassínio de reis por qualquer um, ainda que sob os mais especiosos e ilusórios pretextos."

eclesiásticos famintos que, nas pegadas do Mago Simão[185], seu pai, farejando o rasto quente de duplos benefícios e cargos, advocações, donativos, iniciações, aumentos, embora importunos ao rebanho de Cristo, mas pela mera sugestão de seus ventres, como os sacerdotes de Bel[186], cujo logro Daniel descobriu, tomaram posse ou antes se apoderaram do púlpito, como a cidadela e fortaleza de sua sedição e rebelião contra o magistrado civil. Entretanto, a mão amiga e vitoriosa deste, depois de os libertar dos bispos, seus insultantes senhores, alimentá-los fartamente, tanto em público como em privado, criá-los elevados e ricos de pobres e mesquinhos, só não permitiu que sua cupidez e ambição feroz, sempre insondáveis e ilimitadas como o poço de onde subiram seus confrades, os gafanhotos[187], interpusessem em todas as coisas, e sobre todas as pessoas, sua impetuosa ignorância e importunidade.]

....

185. At 8.9-25.
186. M. se refere aos sacerdotes que enganam os devotos no Livro Apócrifo *Bel e o Dragão*.
187. Ver Ap 9.2-3, e o comentário marginal na Bíblia de Genebra: "Gafanhotos são os falsos professores, heréticos e os astutos prelados terrenos... que renunciam a Cristo para sustentar falsas doutrinas."

Joannis Miltoni
ANGLI
PRO
Populo Anglicano
DEFENSIO
Contra *Claudii Anonymi*, aliàs
SALMASII
DEFENSIONEM REGIAM.

Editio correctior & auctior, ab Autore denuo recognita.

LONDINI,
Typis Neucombianis, Anno Dom. 1658.

DEFESA DO POVO INGLÊS,
por JOHN MILTON,
inglês, em resposta à DEFESA DO REI,
por Cláudio Anônimo, vulgo SALMÁSIO

Prefácio

Receio vir a ser tão pródigo de palavras mas vazio de assunto ao defender o povo inglês, como muitos julgaram ter sido Salmásio em sua defesa do rei, que pareça merecer a alcunha do mais verborrágico e ao mesmo tempo o mais absurdo dos defensores. Mesmo assim, ninguém julga que se deva ser tão açodado ao ocupar-se de algum assunto banal que não se tenha o hábito de usar uma introdução minimamente apropriada à dignidade da tarefa que se empreende. De minha parte, se eu não omitir a introdução ao falar de uma questão que é quase a mais importante de todas, ou relanceá-la com demasiada brevidade, espero alcançar mais ou menos dois objetivos, coisa que desejo imensamente. O primeiro é que eu de modo algum falte, tanto quanto me permitam minhas forças, a esta tão célebre causa, a mais digna de ser lembrada por todos os tempos. A segunda é que, conquanto critique a vacuidade e o excesso de meu oponente, eu seja todavia julgado por as evitar.

Com efeito, narrarei coisas que não são nem triviais nem comuns: como um rei poderosíssimo, que esmagara as leis, arrasara a religião e governava de acordo com seu capricho, foi finalmente vencido numa guerra por seu próprio povo, o qual havia cumprido um longo período de escravidão; depois, como ele foi detido, e então, quando mostrou absolutamente, por palavras e atos, não existir nenhuma razão para terem esperança na sua melhora, foi afinal condenado à morte pelo mais supremo conselho do reino e golpeado pelo machado exatamente defronte às portas do palácio[1]. Também narrarei (algo que será de muita serventia para iluminar as mentes dos homens de grande superstição) em virtude de que lei, particularmente da Inglaterra, proferiu-se e executou-se tal julgamento. Será bastante fácil defender meus bravos e honestos concidadãos – cujos feitos os tornaram eminentemente dignos de todos os cidadãos e povos do mundo – das mais malévolas calúnias lançadas por difamadores de nosso país e do estrangeiro, e em especial das difamações desse sofista muitíssimo vão que se comporta como o líder e chefe dos demais. Quando a majestade de um rei instalado nesse grandioso trono terá reluzido com o mesmo brilho com que cintilou a do povo inglês no momento em que sacudiu a velha superstição, triunfante durante muito tempo, e enredou nas suas leis e encharcou sob uma torrente de julgamento o próprio rei (ou, antes, o homem que se havia convertido de rei em seu inimigo), único entre os mortais a reivindicar impunidade para si mediante direito divino, e não temeu infligir-lhe, depois de considerá-lo culpado, a mesma punição que ele teria infligido a qualquer outra pessoa?

Mas por que proclamo esses feitos como praticados pelo povo, se eles quase falam por si mesmos, e em toda parte testemunham a presença de Deus? É quando mais apraz Sua infinita sabedoria que Ele geralmente abate os reis orgulhosos e desbridados que se elevam acima de limites humanos, e não raro os depõe completamente junto com toda a sua linhagem. Foi a Seu claro comando que despertamos para recuperar a segurança e a liberdade quase perdidas; foi Ele o líder que seguimos e foi em respeito a Suas pegadas divinas, impressas em todos os lugares ao longo da jornada, que adentramos uma senda que não era escura, mas radiante, nitidamente exposta e aberta para nós por Sua orientação.

....
1. Ou seja, da Sala de Banquetes de Whitehall.

Eu estaria bastante equivocado se me supusesse capaz, apenas por minha humilde diligência e tão-só por minhas forças, de explicar todas essas coisas de um modo suficientemente digno, e legá-las como registros que todas as gerações e nações talvez lessem. Pois que discurso poderia ser tão majestático e esplêndido, que talento tão excepcional para estar à altura de empreender esse encargo? Quando em várias gerações mal se encontra um homem que consiga descrever com excelência as ações de homens ou Estados, é crível que ele consiga, por suas palavras ou estilo, compreender esses gloriosos e maravilhosos feitos – feitos não dos homens, mas claramente de um Deus Todo-Poderoso?

Os mais eminentes homens de nossa república fizeram, por sua influência, que eu empreendesse essa obrigação, e decidiram que esta tarefa (cuja importância é apenas secundária) deveria me ser concedida: defender com outra espécie de arma os atos que eles realizaram com grande glória, sob a liderança de Deus, contra a inveja e calúnia sobre as quais a adaga e a maquinaria de guerra não têm poder. Sua decisão me parece de fato uma grande honra: seria *eu,* em detrimento dos demais[2], o homem que, por seus votos, deveria realizar essa ditosa tarefa para os libertadores excepcionalmente bravos de meu país. Mas, além disso, desde a minha mais tenra juventude eu mesmo me senti inflamado por esses entusiasmos que seguiram me exortando, se não a *praticar* os melhores feitos, pelo menos a *louvá-los*[3].

Desconfiando todavia desses esteios, recorro ao auxílio divino. Invoco a Deus, melhor e maior, doador de todas as dá-

---

2. Isto é, o Conselho de Estado, 8 de janeiro de 1650. Correram rumores de que John Selden havia preparado uma resposta por sua própria conta. Ver Gui Patin a dr. Charles Spon, maio de 1650, *Lettres de Gui Patin* (1846), II, 17-18, e Henry Hammond a Gilbert Sheldon, janeiro de 1651, em "Illustrations of the State of the Church during the Great Rebellion", *The Theologian and Ecclesiastic*, VII (1849), p. 147.

3. Cf. *Church-Government*, I, 812.

divas, para que eu consiga agora, com o mesmo êxito e devoção de nossos mais eminentes guias para a liberdade ao dominarem, na batalha, a insolência e a tirania descontroladas, extinguindo-as afinal por intermédio de uma punição memorável, e com mesmo reduzido trabalho que eu recentemente tive – um entre muitos – para refutar e dar fim ao próprio rei quando ele novamente se ergueu, por assim dizer, dentre os mortos, e tentou se vender ao povo com novas sutilezas e truques verbais artificiosos naquele livro publicado após sua morte[4], eu consiga, dizia, com o mesmo êxito anular e dispersar verdadeiramente a impudência e as mentiras desse renunciador estrangeiro.

Como ele *é* estrangeiro e, embora o negue milhares de vezes, gramático, não se contenta com os salários que ganha a esse título, preferindo ser um grande abelhudo. Não foi somente com toda uma república que ele ousou se intrometer: meteu-se também com uma república estrangeira, ainda que não traga à questão nem discernimento nem juízo, nem nada mais que um juiz tão importante certamente deveria trazer, afora sua arrogância e sua gramática. E sem dúvida se ele houvesse produzido essas coisas que agora escreveu em latim, com toda a sua impropriedade, entre os ingleses e em nossa língua, creio que não haveria praticamente ninguém que julgasse o esforço merecedor de resposta. Ao contrário, em parte as desdenharia como triviais, por ora demolidas com repetidas refutações, e em parte as rejeitaria como tão tirânicas e abomináveis que sequer as suportaria mesmo o mais indigno dos escravos, posto que ele próprio estivesse do lado dos realistas. Mas agora que nosso oponente incha-se com essa enorme página entre os estrangeiros, bastante ignorantes em nossos negócios, eles, que estão recebendo uma interpretação errada de nossos negócios, devem ser de fato absolutamente informados. Ele deveria ser tratado à sua própria maneira (já que é

....
4. I.e., *Eikon Basilike*.

motivado por tamanho desejo de falar mal dos outros), à sua maneira e método, digo.

Se alguém porventura se perguntasse por que, então, toleramos que ele pairasse por tanto tempo incólume, exultante e inflado pelo silêncio de todos nós, certamente não posso responder por outros, mas, quanto a mim, atrevo-me a afirmar que eu não precisaria de muito tempo para buscar ou apanhar palavras ou argumentos com os quais eu pudesse defender uma causa tão boa, tivesse eu tão-só ócio e saúde que de fato me permitissem suportar o trabalho de escrever. Mesmo agora minhas forças são bastante limitadas, e sou obrigado a me dedicar a isto pouco a pouco, com dificuldade, e parar quase toda hora, quando é assunto que deveria perseguir com composição e atenção ininterruptas.

Por essa razão, se não me for concedida suficiente capacidade para celebrar meus mais notáveis compatriotas, preservadores da terra de seus pais, com uma proclamação digna de seus elogios, cujos feitos imortais já brilham por todo o mundo, espero ainda assim não ser difícil defendê-los e livrá-los da insolência desse aborrecido gramático e dos disparates de sua língua professoral. Pois a natureza e as leis estariam muito mal se a escravidão fosse ruidosa e a liberdade muda, e se os tiranos tivessem o povo para falar por si, enquanto os que podem derrotar os tiranos não tivessem a ninguém. Seria triste se essa mesma razão, que possuímos pela graça de Deus, não fornecesse muito mais argumentos para a conservação dos homens, liberação e, até onde alcança a natureza, igualdade mútua, do que para sua opressão e completa ruína sob o mando de um homem. Assim, abordemos essa nobilíssima causa, felizes na inquebrantável confiança de que do outro lado estão a impostura, o logro, a ignorância e o barbarismo, e deste lado estão conosco a luz, a verdade, a razão e o estudo e a sabedoria de todas as melhores épocas.

Pois bem, basta à guisa de introdução, e, como nosso negócio é com os críticos, vejamos primeiro o que se apresenta pelo título de tão elegante livro: "Defesa do rei, por Carlos I a Carlos II"[5]. Trata-se realmente de considerável tarefa esta de que te encarregas, seja lá quem fores – defender o pai para o filho: seria espantoso se não ganhasses tua demanda! Mas eu te convoco, embora mintas escondido – antes sob um nome falso, agora sob nome nenhum –, Salmásio, a um outro tribunal e outros juízes, onde talvez não ouvirás aqueles "Bravos", "Muito bem" que de hábito persegues tão desesperadamente em teu próprio terreno literário.

Ora, por que essa defesa real ao filho que é agora rei? Não há necessidade de um torturador, já temos a confissão do acusado: ele diz "a expensas reais"[6]. Oh, orador mercenário e dispendioso! Então não escreverias a defesa de Carlos pai, que na tua opinião era um excelente rei, para Carlos filho, que é o mais pobre, salvo a expensas reais? Porém tu, velha raposa que és, não desejavas ser também objeto de ridículo ao afirmar "a defesa do rei"; pois, como a vendeste, não mais te pertence, mas de direito é agora "a defesa do rei" – inegavelmente comprada por cem jacobos[7], preço elevado, de um rei absolutamente destituído. Não é de assuntos desconhecidos que falo. Bem sei quem trouxe essas peças de ouro para tua casa, quem chegou com a pequena bolsa de dinheiro bordada com contas coloridas; conheço quem te viu a esfregar as mãos ávidas, aparentando de fato abraçar o capelão do rei[8] enviado com o presente, mas abraçando realmente o próprio presente; e só de receber esses honorários já praticamente esvaziou o tesouro do rei.

....

5. Salmasius, *Defensio regia, pro Carolo I. ad serenissimum Magnae Britanniae regem Carolum II. filium natu majorem, heredem & successorem legitimum. Sumptibus Regiis* (1649).

6. I.e., *Sumptibus Regiis*.

7. *Jacobuses*: o soberano, moeda cunhada pela primeira vez durante o reino de Jaime I e desde então conhecida como jacobo.

8. I.e., dr. George Morley (1597-1684), primeiro bispo de Worcester e depois de Winchester.

Mas olhemos para o próprio homem; as portas rangem, o ator surge no palco:

> Presta atenção e observa em silêncio
> E assim poderás saber o que o Eunuco quer para si[9]

Pois, seja lá o que for, ele entra com uma atitude mais elevada que a usual. "Uma horrível mensagem recentemente causou uma terrível ferida em nossos ouvidos, mas mais ainda em nossas mentes, a respeito de um parricídio cometido na Inglaterra na pessoa de um rei por uma perversa conspiração de sacrílegos." Certamente essa nossa horrível mensagem teve uma espada muito mais comprida do que a estendida por Pedro[10], ou então os teus ouvidos são de asno, se conseguiu causar-lhes uma ferida a tal distância, pois sequer poderia ferir ouvidos que não fossem obtusos. Que dano se faz a teu povo, qual de vós é ferido, se punimos com a morte nossos inimigos e oponentes, sejam eles homens comuns, nobres ou reis?

Ora, Salmásio, desiste de assuntos que não te dizem respeito. Também eu tenho uma 'horrível mensagem' para te enviar, e ficarei estupefacto se ela não provocar uma ferida ainda mais terrível nos ouvidos de todos os gramáticos e críticos, desde que sejam ouvidos mais refinados e instruídos: é a mensagem "de um parricídio cometido" na Holanda "na pessoa" de Aristarco[11] pelo "iníquo" barbarismo de Salmásio, pois que tu, verdadeiramente grande crítico, contratado "a expensas do rei" para escrever a defesa real, com um exórdio extremamente fastidioso, mais parecido às bobagens e às nênias carpideiras contratadas para um funeral, não só provocaste piedade apenas no espírito de um tolo, como logo no final da primeira fra-

....

9. Terêncio, *Eunuchus*, Prólogo, 44-5.
10. Quando Cristo foi preso: Mt 26.51. Mc 14.47. Lc 22.50. Jo 18.10.
11. Aristarco de Samotrace (*c.* 217-215 a 145-143 a.C.), professor literário da escola de Alexandria, conhecido como *grammatikotatos*.

se arrancaste risos dos que mal a puderam ler por causa de tuas numerosas impropriedades de discurso. Qual realmente, pergunto, é o significado de "cometer parricídio na pessoa de um rei"? Qual é o significado de "na pessoa de um rei"?[12] Que estilo de latim jamais empregou tal expressão, se não nos estiveres por acaso falando de um pseudo-Felipe[13] que assumiu a personalidade de rei para cometer algum parricídio? Acho que essa palavra saiu de tua boca com maior verdade do que imaginas. Pois um tirano, exatamente como um ator que faz o papel de rei, por ser apenas o espectro e a máscara de um rei, não é um rei verdadeiro.

Seja como for, serás punido por erros de franco-latim dessa espécie, dos quais abundas em toda parte, não tanto por mim (pois não tenho tempo), mas por teus próprios companheiros gramáticos. Deixo-te a eles para que te ridicularizem e açoitem.

Muito mais terrível é este fato: o que foi decretado por nossos mais supremos magistrados a respeito do rei dizes ter sido cometido por "uma iníqua conspiração de sacrílegos". Patife! É assim que chamas os atos e decretos de um reino recentemente poderosíssimo, que é agora uma república ainda mais poderosa? Acerca desses feitos, nem mesmo um rei poderia ser levado, até este momento, a pronunciar ou publicar por escrito algo mais grave.

Merecidamente, portanto, os importantíssimos Estados da Holanda, verdadeiros rebentos dos que foram um dia os libertadores de seu país, condenaram à escuridão por meio de edito essa defesa da tirania[14], demasiado destrutiva da liberdade

---

12. Em latim, *in persona Regis*. M. explora os possíveis sentidos de *persona*: de "máscara" a "indivíduo".

13. I.e., Andriscus, embusteiro que reivindicou ser Felipe, filho de Perseus (rei da Macedônia, 179-168 a.C.), desmascarado finalmente em 148 a.C.

14. A Holanda e a Frísia Ocidental lançaram um edito suprimindo *DR* em 17 de janeiro de 1650.

de todos os povos. E quanto ao seu verdadeiro autor, todo Estado livre deveria impedir-lhe a entrada em seus territórios ou bani-lo, sobretudo o que mantém por meio de pagamentos um inimigo tão ingrato e ofensivo da república. Dessa república, assim como da nossa, ele ataca os próprios fundamentos e causas; mais ainda, no mesmo golpe ele tenta enfraquecer e subverter ambas, ele dilacera com abusos os mais notáveis defensores da liberdade lá sob o abrigo de nossos nomes. Refleti agora entre vós, mui ilustres Estados Gerais das Uniões Neerlandesas, e considerai no seu íntimo quem instou esse advogado do poder real a escrever, quem recentemente começou a atuar como rei entre vós, que planos, que tentativas, que distúrbios por fim redundaram em toda a Holanda, o que seria hoje – como a escravidão e um novo senhor foram preparados para vós e para vossa liberdade, defendida pelas armas e fainas de tantos anos –, como isso estaria quase obliterado entre vós, não fosse novamente insuflado pela morte muito oportuna e recente de um jovem temerário[15].

Mas esse vosso companheiro continua com sua linguagem bombástica e inventa tragédias fantásticas: "Todos a quem esse indizível discurso alcançou" (sem dúvida, as notícias do barbarismo parricida de Salmásio) súbito sentiram "arrepiar-lhes de horror os cabelos e a voz engasgar-lhes na garganta" – exatamente do mesmo modo como se houvessem sido atingidos por um raio. Os filósofos da natureza podem ouvir isso e aprender agora pela primeira vez: os cabelos arrepiam quando são atingidos por um raio! Ora, quem não sabe que espíritos fracos e covardes se espantam com façanhas e discursos grandiosos, quando então muitos se revelam os idiotas que sempre foram? Alguns "não conseguiram conter as lágrimas" – creio que fossem "damas da corte" ou outras mais delicadas do que estas, entre as quais o próprio Salmásio, que se tornou Sálmacis por

....

15. I.e., Guilherme II, Estatuder de Orange (e genro de Carlos I); morreu em 6 de novembro de 1650, aos 24 anos.

meio de alguma metamorfose moderna, e com essa sua fonte artificial de lágrimas, montada à noite, procura enternecer corações viris. Por isso advirto e recomendo cuidado

> – para que a indecorosa Sálmacis não despertasse ninguém com ondas de poder malévolo.
> Para que, quando venha como homem, não deixe efeminados e subitamente enternecidos ao toque das ondas.[16]

"Com efeito, os de espírito mais bravio" (suponho que ele não consiga sequer nomear os bravos e intrépidos exceto com repugnada afetação) "se inflamaram de tanta indignação que mal conseguiam se controlar". Não nos importamos nem um pouco com esses malucos. Acostumamo-nos a rechaçar e pôr para correr esses teus homens ameaçadores com a verdadeira coragem que exerce controle sobre si. "Sem dúvida ninguém deixou de invocar maldições sobre os instigadores de tal crime." Mas acabaras de dizer que a voz lhes "engasgou na garganta"; e gostaria que continuasse engasgada lá até hoje, se desejas que isso se aplique simplesmente a nossos exilados – e também sabemos de fonte limpa que nada é mais freqüente em suas bocas do que maldições e pragas, que certamente todos os homens de bem devem abominar, porém não temer. Quanto aos outros, custa acreditar que, ao chegarem por lá as notícias de que se executara o rei, houvesse uma só pessoa, especialmente entre um povo livre, nascida de tal modo para a escravidão que nos prejudicasse em palavras ou considerasse nossa façanha como crime. Ao contrário, todos os homens corretos só tiveram boas palavras sobre isso, ou, antes, deram graças a Deus por terem oferecido tão glorioso e notável exemplo de justiça, exemplo que poderia ser bastante salutar para os demais reis.

....

16. Ovídio, *Metamorfoses*, IV, 285-6, 385-6. Sálmacis, ninfa da fonte cariana, uniu-se num só corpo com Hermafrodita, filho de Hermes e Afrodite.

E quanto àquele povo "selvagem e inflexível"[17] que lamenta "a deplorável e assombrosa chacina" (de uma pessoa ou outra) junto com seu aliterante porta-voz, o mais friamente tedioso "desde que o nome rei se formou e afamou no mundo", ordeno-lhe que se lamente cada vez mais. Mas, enquanto isso, que garoto recém-saído da escola ou jovem irmão saído de qualquer mosteiro que quiseres citar não teria declamado essa queda do rei com muito mais fluência, ou antes em melhor latim, do que seu orador real? Seria porém demasiado absurdo se eu me pusesse a procurar meticulosamente pelos inarticulados disparates cometidos por esse homem ao longo do livro inteiro. Ainda assim, eu faria isso com prazer (uma vez que seu orgulho e arrogância, como dizem, estão inflados além da conta), se ele não se protegesse atrás de um livro de volume tão imenso, desajeitado, desordenado, e, como aquele soldado em Terêncio, se emboscasse atrás das fileiras anteriores[18]; plano perspicaz, sem dúvida, porque mesmo a pessoa mais determinada se fatigaria de reparar em todos os detalhes e estaria liqüidada pelo tédio antes que conseguisse desmenti-los. Mas neste ponto eu gostaria de dar alguns de seus exemplos, ao menos neste prelúdio, por assim dizer, e oferecer ao leitor a degustação do homem desde o início, de modo que neste *hors d'oeuvre* consistindo de uma única página nós possamos provar quão elegante e suntuosamente ele nos receberá com os demais pratos; ver quantas absurdas infantilidades ele terá empilhado ao longo de toda obra, quando já as depositou densamente no lugar menos apropriado – no próprio título.

Daqui por diante será fácil passar por alto todas as bobagens que ele matraqueia e as arengas colocadas no papel destinado a embrulhar cavalas[19]. Por mais que os nossos assun-

....

17. Cf. Tibulo, *Elegias*, I, 10, 2.
18. Terêncio, *Eunuchus*, 781. Quanto à justificativa de M. para essa mudança de rumo, ver *PSD*, IV, II, 726.
19. No latim, *scombris* (*scomber*, sing.) era um insulto tradicional entre os poetas romanos. Cf. *DS*, IV, 580.

tos sejam concernidos, não tenho nenhuma dúvida de que tudo quanto se publicou e proclamou a respeito da autoridade do Parlamento terá mais peso para os povos estrangeiros que sejam corretos e sensatos do que as calúnias e mentiras de um pequeno homem totalmente desavergonhado, contratado a dinheiro pelos exilados de nosso país, inimigos de nossa terra nativa, e que não hesitou em juntar e lançar penosamente no papel cada rematada falsidade que escuta toda vez que um desses a quem ele vendeu seus serviços dita ou espalha mexericos fúteis.

E para que todos possam compreender claramente como ele não tem escrúpulos quanto ao que escreve, verdadeiro ou falso, sagrado ou ímpio, não precisarei convocar nenhuma outra testemunha além do próprio Salmásio. Ele escreve em seu *Apparatus contra primatu papae* que:

> há razões muito importantes pelas quais a Igreja deveria reverter do episcopado para a instituição apostólica *dos presbíteros*[20]; do episcopado foi levado para a Igreja um mal muito superior ao dos cismas que no início se temiam; a praga que procedeu dele para invadir as igrejas imergiu todo o conjunto da Igreja sob a deplorável tirania; ou, antes, coloca os próprios reis e príncipes sob o jugo; um benefício maior refluiria para a Igreja com a abolição de toda hierarquia, e não só de seu chefe, o papa, p. 196[21]. O episcopado junto com o papado seriam suprimidos para grande benefício da Igreja. Com a supressão do episcopado, o próprio papado ruiria, na medida em que se baseia naquele, p. 171. Há razões específicas pelas quais deveria ser suprimido nos reinos que já renunciaram ao papado.

....

20. No latim, *ad Apostolicam* presbyterorum *institutionem*: M. insere "presbyterorum" (também acrescentando as ênfases) nessa citação retirada de S., *Librorum de primatu papae, pars prima, cum apparatu accedere de eodem primatu Nili & Barlaami tractatus* (Leyden, 1645), p. 169.

21. p. 196: 1658. 1651Q e 1651F fornecem a referência correta.

Ele não compreende:

> por que lá o episcopado deveria ser mantido. Não parece completa a reforma que ficou inacabada nesse aspecto. Não se pode aduzir razão ou causa provável pela qual, tendo-se acabado com a supremacia papal, o episcopado deva ou possa ser mantido, p. 197.

Embora ele tenha escrito isso e muito mais quatro anos antes, agora ele é tão falso e despudorado que nesse livro ousa acusar seriamente o Parlamento da Inglaterra de ter "votado que o episcopado não apenas deveria ser expulso da Câmara dos Lordes, mas ainda inteiramente rejeitado"[22]. Sim, e ele até mesmo aconselha e defende o próprio episcopado, empregando as mesmas provas e razões que em seu livro anterior ele havia refutado com grande vigor, a saber: "os bispos são necessários e devem ser mantidos a todo custo para a eventualidade de milhares de seitas e heresias destrutivas virem a germinar na Inglaterra". Oh, vira-casacas dissimulado! És tão desavergonhado que ages levianamente mesmo em questões religiosas e – eu quase dissera – trais a Igreja, cujas mais sagradas ordenações pareces ter defendido com todo aquele barulho, de modo que quando foi conveniente a ti pudeste ridicularizar e subverter ainda mais essas mesmas instituições?

Não é segredo para ninguém que, quando as Câmaras do Parlamento ardiam de desejo de reformar nossa Igreja conforme o exemplo de outras Igrejas, e haviam decidido pela total abolição do episcopado, o rei primeiro interveio e depois declarou-nos guerra basicamente por essa razão; ao fim e ao cabo, isso resultou em sua própria destruição. Vangloria-te agora de ser o defensor de um rei, justamente tu que, a fim de

---

22. Carlos I consentiu com o projeto de lei excluindo os bispos da Câmara dos Lordes em 13 de fevereiro de 1642; a ordenação abolindo arcebispos e bispos foi aprovada em 9 de outubro de 1646.

defender com mais zelo o rei, claramente agora trais e atacas a causa da Igreja que antes empreendeste. Deveriam reservar-te a mais severa reprimenda.

Mas vamos à constituição de nossa república. Considerando que tu, insignificante professor estrangeiro, guardaste abarrotados de tolices baús e arcas que devias ter posto em ordem, e preferiste causar alvoroço num país estrangeiro e se tornar odioso, faço esta breve resposta a ti, ou antes a alguém mais sensato do que ti: esta constituição é o que nosso tempo e nossas desavenças permitem ser; não é a que desejamos, mas é a que as insistentes discórdias de cidadãos iníquos permitem ser. Ora, uma república que está em dificuldades com suas facções e se protege com armas, preocupando-se apenas com a parte íntegra e sã[23], e negligenciando ou excluindo os restantes, sejam eles plebeus ou aristocratas, é sem dúvida suficientemente justa; muito embora se tenha recusado a continuar a tratar com o rei e nobres, aprendeu com seus próprios sofrimentos.

Mas ralhar com esse "conselho supremo" e mesmo com o "presidente do conselho"? Ora, és verdadeiramente ridículo! Pois esse conselho, que é uma fantasia dos teus sonhos, não é supremo. Ao contrário, foi instituído pela autoridade do Parlamento apenas por um prazo determinado; consiste de cerca de quarenta de seus membros, e dele qualquer um pode ser presidente pelo voto dos demais[24]. Mais ainda, tem sido prática bastante comum o Parlamento, que é o nosso senado, indicar um pequeno grupo escolhido dentre os próprios membros tantas vezes quantas julgar conveniente. É exatamente a essas pessoas a que não raro são submetidas e confiadas as mais sérias questões, a fim de que possam ser resolvidas mais rapidamente e com mais tranquilidade: o cuidado e a responsabilidade sobre a frota, o exército, o tesouro, em suma, todas as

---

23. Em latim, *sanae et integrae... partis*.
24. M. resume as cláusulas da Lei pela Constituição de um Conselho de Estado para a República da Inglaterra, 13 de fevereiro de 1649.

funções da paz ou da guerra. Quer seja chamado de 'conselho' ou de qualquer outra coisa, talvez seja recente como termo, mas é antigo na realidade, e sem isso nenhuma república pode ser corretamente administrada.

No que diz respeito à execução do rei e à revolução[25] entre nós, pára de gritar, pára de vomitar o veneno de tua amargura[26], até que eu possa mostrar em capítulos distintos "em virtude de que lei, em virtude de que direito, em virtude de que julgamento" tais ações foram tomadas e vieram a ser luta de corpo a corpo. Se entretanto insistires em "que direito, que lei", direi: em virtude da lei que o próprio Deus e a natureza tornaram inviolável, de modo que todas as coisas feitas em nome da segurança da república deveriam ser consideradas lícitas e justas[27]. Essa foi a resposta que no passado os sábios deram a gente como tu.

Acusa-nos de "abolir leis que haviam sido consolidadas ao longo de muitos anos". Não dizes se elas eram boas ou más; tampouco se o dissesses merecerias atenção, pois o que tuas leis, Olo[28], têm a ver conosco? Por mim, poderiam ter abolido mais leis e mais desses juristas meticulosos. Assim teriam levado em conta mais corretamente os interesses de cristãos e do povo. Rilhas os dentes porque os "Manii[29], os filhos da terra, que nem sequer eram nobres entre os seus, nem sequer eram conhecidos de seus concidadãos, deveriam ter acreditado que eles poderiam praticar tais ações". Devias te ter lembrado o que não apenas as Escrituras como ainda o poeta lírico te ensinam:

....

25. No latim, *conversione: conversio* ("conversão", "revolução") não tinha exatamente o sentido moderno, referindo-se a qualquer mudança – sobretudo cíclica: a restauração de Carlos II em 1660 também foi, sem nenhum paradoxo, uma "revolução". Cf. *AR*, II, 493, 539; *HB*, V, I.

26. Cf. Cícero, *De amicitia*, xxiii, 87.

27. Variação da famosa máxima *salus populis suprema lex esto*. Ver Cícero, *De legibus*, III, iii, 8.

28. Cf. Marçal, *Epigramas*, VII, 10.

29. Cf. Pérsio, *Sátiras*, VI, 56 ss.

Deus tem o poder de mudar as posições dos mais baixos
e dos mais altos e destruir o afamado,
parindo o invisível...[30]

Pensa ainda nisto: entre os que são, segundo tu, "sequer nobres", alguns não cedem a nenhum do teu lado ou espécie em nobreza; outros, que são os ancestrais destes por seu árduo trabalho e virtude, trilham o caminho da verdadeira nobreza e podem ser comparados a qualquer um dentre os mais nobres de todos. E mais preferem ser chamados de "filhos da terra" (ao menos a terra é deles) e obrar energicamente em sua casa a ficar sem terra e sem casa, vendendo fumaça como tu, homem sem substância, cavalheiro de vento, que passa fome numa terra estrangeira, às ordens e em paga de senhores. Acredita-me, devias interromper essa tua viagem pelo exterior e retornar para junto de teus parentes e de tua família, se não entendesses unicamente disto: sabes executar a toque de caixa certos discursos e literatices imprestáveis que se vendem a bom preço entre estrangeiros.

Censuras o fato de que nossos magistrados "recebem a escória de todas as seitas". E por que não a receberiam? Aqueles a quem está no direito da Igreja expulsar da companhia dos fiéis não está no direito dos magistrados excluir do Estado, caso não tenham pecado contra as leis civis[31]. Primeiro os homens se reuniram para formar um Estado, e assim levar uma vida segura e livre, sem sofrer violência ou danos; reuniram-se para formar uma Igreja, e assim viver pia e religiosamente. As leis da primeira instituição e os ensinamentos da segunda são bastante distintos. Daí em todo o mundo cristão, durante tantos séculos, colher-se a guerra das sementes da guerra – porque a magistratura e a Igreja confundem os deveres uma da

....
30. Horácio, *Odes*, I, 34.
31. Opinião constante de M., discutida mais detalhadamente em *A Treatise of Civil Power*.

outra. É também por causa disso que não suportamos o papismo de modo algum. Com efeito, percebemos que não é tanto uma religião, mas uma tirania clerical disfarçada de religião, adornada de todos os emolumentos do poder civil que ela tomou para si contrariamente ao ensinamento do próprio Cristo.

Quanto aos "Independentes" – essa gente que existe somente na tua imaginação –, nenhum deles jamais foi visto entre nós. Vimos apenas os que, por não admitirem a existência de assembléias e sínodos acima de cada igreja particular, acham como tu que todo membro da hierarquia, ou mesmo o próprio tronco, deveria ser erradicado. Por isso o nome de Independentes preponderou entre o povo comum.

Quanto ao futuro, vejo-te agir para incitar contra nós não somente o ódio de todos os reis e monarcas, mas também a mais selvagem guerra. Certa vez o rei Mitridates, embora por uma razão diferente, tentou incitar todos os reis contra os romanos, fazendo praticamente as mesmas falsas acusações: que os romanos teriam um plano para derrubar todos os reinos, que nada divino ou humano ficaria em seu caminho, que no início nada conseguiram que não fosse conquistado pelas armas, que eles eram ladrões, particularmente inimigos dos reinos. Foram essas coisas que o rei Mitridates escreveu ao rei Arsaces[32].

Mas pergunto a ti, que discursas com a mais infantil retórica nessa tua sala de aula: que exagerada confiança elevou tua auto-estima tão alto, a ponto de imaginares que poderias incitar um rei, mesmo um rei ainda menino, a guerrear por causa de tuas exortações e, embora não desejes ser visto nisso, "por soar o aviso da batalha em tua trombeta" – sobretudo porque essa tua boca é tão frágil e desagradável que, acredito eu, nem sequer o camudongo de Homero[33], se fosses tu o

....

32. Mitridates VI, Eupator Dionísio. A carta está anexada às *Histórias*, de Salústio.

33. M. se refere à *Batrachomyomachia*, um épico-cômico sobre uma batalha entre sapos e camundongos, atribuída no passado a Homero. Ver *C*, II, 757.

trombeteiro, jamais teria declarado guerra aos girinos? Estou muito longe de temer alguma guerra ou algum perigo para nós, homem extremamente covarde, que possas inflamar entre reis estrangeiros com essa tua eloqüência delirante e ao mesmo tempo tola – tu que, certamente como pilhéria, acusa-nos diante deles de "tratarmos as cabeças dos reis" como "bolas, brincarmos com coroas como argolas, importarmo-nos tanto com os cetros imperiais quanto os cajados dos bobos da corte coroados de cabeças". Mas, enquanto isso, cabeça tolíssima, tu é que és digno de usar um chapéu de bobo – tu, que imaginas persuadir reis e príncipes a irem à guerra com argumentos tão infantis.

Em seguida bradas a todos os povos, que jamais ouvirão o que dizes, sei disso muito bem. Chegas mesmo a convocar essa perversa e bárbara escória de irlandeses a prestar auxílio ao partido do rei – e isso pode ser tomado como uma indicação de como és perverso, como és louco, como excedes quase todos os outros mortais em impiedade, descaramento e frenesi, já que não titubeias em implorar a lealdade e o auxílio de uma gente desgraçada[34], de cuja ímpia companhia, encharcada com o sangue de milhares de cidadãos completamente inocentes, mesmo o próprio rei se retira horrorizado – ou fingindo-se horrorizado. E a traição, a crueldade que ele lutou com grande esforço para ocultar o mais possível e afastar de si, tu, a mais indigna das criaturas de duas pernas, não temes Deus nem os homens ao advogá-la abertamente por tua própria conta. Vem então, prepara-te agora para defender o rei tendo os irlandeses como partidários e aliados.

Cuida de início (precaução necessária, palavra!) para que ninguém suspeite de que vais surrupiar toda a eloqüência exigida para o encômio de um Túlio ou talvez de um Demóstenes. Além disso, anuncias no prefácio que "não julgas conve-

....

34. Quanto às referências de M. aos irlandeses como assassinos e bárbaros, ver *Church-Government*, I, 798; *O e E*, III, 308, 580.

niente comportar-se à maneira de um orador'. Sem dúvida não és estupidamente sagaz – não pensas que deves fazer o que não és capaz de fazer. Ora, comportar-te como orador (quem te conhece bem algum dia esperou isso?), tu, que não podes dar nem de fato dás à luz nada de trabalhoso, nada de claro, nada que saiba à sabedoria! Ao contrário, como um segundo Crispino ou o pequeno grego Tzetzes[35], não te preocupas se estás certo, contanto que escrevas bastante; e nem mesmo que te dês ao trabalho não terás o poder de realizá-lo.

"Este caso", dizes, "será julgado e todo o mundo prestará atenção, e, por assim dizer, participará do julgamento". Isso de tal modo nos é tão agradável que gostaríamos que nos fosse concedido um oponente, não um estouvado e inábil como tu, mas um oponente sagaz e inteligente.

És bem dramático na conclusão – és o próprio Ajax, o Castigador[36]: "Clamarei à terra e ao céu contra a injustiça, impiedade, traição, crueldade desses homens: os autores eu entregarei condenados à posteridade, os acusados perseguirei até o fim." Florezinhas de retórica! Então tu, homem sem engenho, sem talento, um choramingas, um meticuloso que nasceu apenas para criticar ou transcrever bons escritores, imaginaste capaz de produzir algo teu que vá sobreviver, tu, a quem a idade provecta arrastará e fará cair no esquecimento, junto com teus escritos completamente inúteis? Talvez isso aconteça se essa tua defesa régia vier a dever algo à própria réplica, de modo que depois de muito tempo negligenciada e adormecida ela possa encarregar-se de alguma coisa. E aos ilustríssimos

---

35. Plotius Crispino, de cuja loquacidade Horácio zomba em *Sátiras*, I, i, 20; Johannes Tzetzes (século XII), erudito bizantino capcioso e copioso.

36. Em latim, *Ajax ipse Lorarius*: M. se refere basicamente ao desastrado Ajax de Sófocles (*Ajax*, I-133), que, ao apanhar algumas ovelhas para Agamemnon e seus homens, matou-as com seu chicote. Mas em 1646 S. usou a mesma história em *Grallae*, p. 150, para ridicularizar um oponente de Nicholas Vedelius, e depois dedicou todo o primeiro capítulo de *Grallator furens* (1647) para elaborá-la. Ver, porém, *C*, II, 729.

Estados da Holanda eu pediria que a deixem ser imediatamente despachada da tesouraria – pois que não é nenhum tesouro – e vá perambular por onde quiser. Se eu tornar claro a todos de quanta preguiça, ignorância e falsidade ela está recheada, quanto mais se espalhar, mais severamente em minha opinião ela será contida. Agora vejamos como ele "perseguirá os acusados até o fim".

Capítulo I

Salmásio, seu falastrão fátuo, tu adquiriste muito orgulho e talvez muita arrogância por ser o rei da Grã-Bretanha o defensor da fé e tu, o defensor do rei. Quanto a mim, concederei os títulos supramencionados respectivamente ao rei e a ti por igual direito e merecimento: o rei defendeu sinceramente a fé e tu defendeste o rei, de modo que cada um de vós parece antes ter derrotado a própria causa. É isso o que mostrarei ao longo de tudo o que virá a seguir, mais particularmente neste primeiro capítulo.

Na verdade, tu disseste na página 12 de teu prefácio que "uma causa tão boa e justa não deveria ser adornada de tons retóricos, pois contar simplesmente a história, tal como sucedeu, é defender o rei". Assim, como nesse capítulo inteiro em que tinhas prometido uma narração simples tu nem contas simplesmente a história como ela sucedeu, nem se priva de adorná-la de tons retóricos, a nos fiarmos na tua palavra a causa certamente não será nem boa nem justa. Entretanto, deves precaver-te para não tomares para ti algo que ninguém te concede – a habilidade de contar qualquer história à maneira da oratória –, porque ao fazeres isso tu não consegues sustentar nem o papel do orador, nem o de historiador, nem sequer o de advogado. Ao contrário, como um mascate com habilidade para anunciar mercadorias na praça, tu persistes em atrair grandes expectativas sobre ti mesmo na Introdução, como se fosse um anúncio para o dia seguinte – não que desse modo tu poderias enfim contar a história prometida, mas conseguirias vender esses insignificantes corantes e potes cheios de carmim para o maior número de leitores possível.

De fato, quando estás "prestes a falar sobre o ato, tu te sentes cercado e aterrorizado por tantos prodígios de inovação, que não sabes o que relatar primeiro, o que vem em seguida e o que vem por último". Essa é uma narrativa simples? Vou dizer-te de que se trata. Primeiro te sentes aterrorizado pelos inúmeros prodígios de tuas próprias mentiras, em seguida sentes essa tua cabeça completamente oca não apenas "cercada", mas a dar várias voltas por causa de tamanhas insignificâncias e absurdos que aquilo que em algum momento deveria ser dito "primeiro, em seguida e por último" não apenas desconheces agora, como jamais conheceste antes. "Entre as dificuldades que ocorrem ao expressar a enormidade de um crime tão inacreditável, uma coisa se mostra muito fácil de dizer e deve ser repetida várias vezes", a saber, "que o próprio sol nunca presenciou ato mais atroz". O sol presenciou muitas coisas, bom professor, que Bernardo nunca viu[1]. Ora, podes trazer o sol à baila várias vezes e certamente em tua sabedoria terás feito algo que a frieza de tua defesa, não nossos crimes, exigirá com violência.

"A origem dos reis", afirmas tu, "remonta ao novo sol". Que os deuses e as deusas, Damásipo[2], concedam-te um solstício em que possas te aquecer, já que não consegues mover um dedo sem o sol. Tomara ninguém diga talvez que tu és um doutor que fica na sombra. Mas, palavra!, continuas na escuridão porque não distingues o direito de pai do direito de rei. E quando tu chamas os reis de pais de seu país, crês ter imedia-

....

1. São Bernardo (1091-1153), abade de Clairvaux, era conhecido por sua sabedoria, e daí o provérbio a que M. se refere: *Bonus Bernardus non videt omnia*.
2. Ver Horácio, *Sátiras*, II, 3, 16.

tamente persuadido as pessoas por meio dessa metáfora: tudo o que eu admitisse em relação a um pai eu aceitaria sem demora ser verdadeiro em relação a um rei. Porém, pai e rei são coisas muito diferentes. O pai nos gerou; mas o rei não nos criou, nós é que criamos o rei. A natureza deu um pai ao povo, mas o próprio povo se deu um rei; assim, o povo não existe por causa do rei, mas o rei existe por causa do povo. Nós aturamos um pai, mesmo um pai impaciente e ríspido; aturamos um rei também. No entanto, nós tampouco aturamos um pai que é um tirano. Se um pai mata o filho, ele pagará o crime com a vida. Por que então não estaria o rei sujeito também à mesma justíssima lei se destruísse o povo, isto é, os próprios filhos? Sobretudo se levarmos em conta que, enquanto um pai não pode deixar de ser pai, um rei pode facilmente deixar de ser pai ou rei. Mas se for "em razão da natureza do ato", como tu dizes, que se deve proferir o julgamento, eu digo a tu, estrangeiro completamente alheio a nossas questões, eu, testemunha ocular e natural deste país, digo-te que "removemos de nosso seio" um rei que não era nem "bom", nem "justo", nem "misericordioso", nem "reverencioso", nem "cumpridor de seus deveres", nem "pacífico". Ao contrário, fora inimigo por quase dez anos; não era o pai do país, mas seu destruidor.

"Isso acontece com freqüência", admites – pois não ousarias negá-lo –, "porém não é prática de protestantes contra um rei protestante"[3]. Sim, se de fato pudermos chamar de protestante um rei que em carta se dirige ao papa como "Padre Santíssimo"[4], e que sempre se portou melhor com os papistas do que com os ortodoxos. E nessa qualidade nem mesmo dentre a própria família ele foi o primeiro a ser removido "de nosso seio" por protestantes. Como? Por acaso sua avó Maria não foi arrancada do reino, depois obrigada a se exilar e por fim de-

....

3. Ver pp. XXIV, 46.
4. Essa foi a forma de saudação empregada por Carlos ao responder uma carta do papa Gregório XV, datada de 20 de abril de 1643.

capitada por protestantes, sem sequer os protestantes escoceses reagirem desfavoravelmente?[5] Aliás, se eu dissesse que eles apoiaram a execução eu não estaria mentindo.

Mas numa época em que há tal escassez de reis protestantes, não temos razão para admirar que nada dessa espécie tenha ocorrido, isto é, que um deles tenha sido condenado à morte. Ora, não ouses negar que alguém possa expulsar um rei iníquo ou tirano de seu reino e puni-lo com qualquer pena conforme a seus merecimentos (isso está de acordo até mesmo com a opinião dos mais eminentes teólogos que foram os próprios fundadores da reforma da Igreja)!

Admites que inúmeros reis pereceram por morte sangrenta, este "pela espada", aquele "por veneno", um outro na imundície "de uma prisão" ou "numa cilada". Mas, dentre todas essas maneiras, parece-te extremamente deplorável e monstruoso que um rei tenha sido levado a julgamento, "constrangido a confessar-se culpado de crime capital, condenado e executado pelo machado". Dize-me, completo idiota, se não é mais humano, mais justo, mais adequado às leis de todos os Estados indiciar o réu por qualquer acusação em julgamento, dar-lhe a oportunidade de se defender, uma vez condenado por lei, executá-lo à morte que mereceu, a fim de ter o condenado tempo de se arrepender ou se preparar, do que imediatamente depois aprisioná-lo, sem que se tenham ouvido as alegações, matá-lo como a uma ovelha? Haverá acusado que, tendo o direito de escolher, não prefira a primeira à segunda punição?

Assim, se esse método de punição é considerado mais moderado quando empregado por um rei contra seu povo, por que não se crê que o mesmo método seja mais moderado quando empregado por um povo contra seu rei, e mesmo mais bem acolhido pelo próprio rei? Tu preferias que o rei fosse morto secretamente e sem testemunhas, de modo que não res-

5. Ver pp. 32-6, 299.

tasse lembrança alguma da natureza salutar desse bom exemplo ou de modo que a consciência desse feito glorioso tivesse evitado a luz e não tivesse para ampará-lo nenhuma lei ou justiça.

Então tu exageras a questão afirmando que não foi em meio ao tumulto ou ao antagonismo faccioso de nobres, em meio ao arrebatamento dos rebeldes, dos soldados ou do povo, nem por ódio, medo, avidez para mandar, nem por impulso cego da mente, mas depois de tramarem e planejarem que executaram o crime longamente meditado. Ah, sem dúvida mereceste converter-te de advogado em gramático! Com efeito, por contingências do processo, como se diz, que em si mesmas não têm validade, tu principias repreendendo sem antes ter provado se o fato deve ser julgado culpado ou louvável. Agora vê como te ataco com facilidade: se o ato foi imparcial e adequado, os autores deveriam ser mais ainda louvados, já que não foram dominados por nenhum sentimento, agindo unicamente em nome da virtude. Se a tarefa foi difícil e custosa, mais ainda deveriam ser louvados, já que não agiram movidos por impulso cego, mas depois de tramarem e planejarem. Não obstante, acreditaria antes que essas coisas tenham sido realizadas por instigação divina, pois sempre me recordo do repentino ânimo, do firme acordo com que todo o exército, no qual ingressara uma grande parte da populaça de quase todos os condados do reino, a uma só voz[6] exigiu punição ao próprio rei, autor de todos os seus males. De qualquer modo, quer consideres a magistratura ou o povo, nunca se empreendeu com espírito mais elevado e calmo (coisa que inclusive os adversários admitem) um feito tão destacado que fosse digno até mesmo das épocas heróicas. E graças a esse

---

6. M. é enfático a respeito do alcance do apoio popular em *DS*, IV, 633-4. As petições apresentadas pelos regimentos e outros primeiro alcançaram o ápice em meados de novembro de 1648, com uma outra onda após o Expurgo.

feito eles tornaram famosas não apenas as leis e a jurisdição que daí em diante foram restauradas aos mortais em condições mais honestas, mas a própria justiça, e após esse ilustre julgamento a tornaram mais gloriosa daí por diante e mais magnífica do que antes.

Já esgotamos praticamente a terceira página de seu capítulo e a história clara que ele prometera não apareceu em lugar algum. Ele se queixa de inculcarmos que "sempre quando um rei governar de maneira opressiva e odiosa, poderão impunemente expulsá-lo de seu reino. Eles deduziram dessa doutrina", afirma ele, "que se tivessem um rei melhor em centenas de outros aspectos não teriam salvo a sua vida". Vejam a astúcia do homem. Na verdade, estou ansioso para saber de ti como uma coisa se segue de outra, salvo se tu admitires a nós que um rei melhor do que o nosso em centenas de outros aspectos governaria de maneira opressiva e odiosa. Aqui te rebaixaste a uma posição na qual tornas o homem que defendes centenas de vezes pior do que os reis que governam de maneira opressiva e odiosa, isto é, talvez o mais selvagem de todos os tiranos. Boa sorte para vós reis, com um defensor tão vigoroso!

Agora ele principia sua narrativa. "Eles o torturaram com uma variedade de tormentos." Nomeia-os. "Eles o transferiram de uma prisão a outra." E podiam fazer isso livremente, uma vez que de tirano se havia tornado inimigo capturado em guerra. "Freqüentemente mudavam seus guardas" – para que estes não mudassem de lado. "Por vezes davam-lhe esperança de que o libertariam, às vezes até mesmo de que o restaurariam por meio de um acordo." Vejam como não foi um ato premeditado o nosso, como não havíamos desde muito antes aproveitado "as oportunidades e as formas" de repudiar o rei. As coisas que exigimos dele muito antes, quando ele era quase um vitorioso – e, exceto se nos fossem concedidas, o povo não poderia esperar nenhuma liberdade, nenhuma segurança –, essas mesmas coisas requeremos dele como cativo, humildemente, não uma vez apenas, mas três vezes ou mais[7] – e todas essas vezes só recebemos negativas. Quando nada mais se esperava do rei, aprovou-se o nobre decreto do Parlamento, segundo o qual não se enviariam mais exigências ao rei daí por diante[8] – que entrou em vigor não no tempo em que o rei começou a ser tirano, mas no tempo em que ele se tornou incurável.

Mais tarde, porém, alguns dentre os parlamentares fizeram novos planos para si próprios e, beneficiando-se de uma ocasião conveniente, tomaram providências para que as propostas fossem novamente enviadas ao rei[9] com a mesma perversidade e loucura que certa vez demonstrou o senado romano quando tomou providências para enviar embaixadores a Antônio, embora fosse veementemente contestado por Marco Túlio e todos os homens honestos[10]. E seria esse exatamente o desfecho, não houvesse Deus imortal decidido entregá-*los* à escravidão, enquanto *nos* concedia a liberdade. Pois, quando o rei nada cedera além do que já antes poderia levar realmente a um sólido acordo de paz, eles mantiveram a resolução de que estavam convencidos pelo rei. E então a parte mais sã[11], vendo a si e à república traídas, implorou a lealdade do exército que é o mais bravo e fiel da república. Em tal situação só me ocorre algo que eu não gostaria de dizer: nossas tropas mostraram-se mais sensatas que nossos parlamentares[12], e ga-

....

7. I.e., em Newcastle (julho de 1646) e Hampton Court (agosto de 1647), e nos Quatro Projetos de Lei enviados à Ilha de Wight (dezembro de 1647). Cf. *E*, III, 527.

8. I.e., o Voto de Não-Ofícios. Ver pp. 40-1.

9. Em maio-julho de 1648.

10. M. se refere aos debates no Senado em janeiro de 43 a.C., tratados por Cícero na quinta e sexta *Filípicas*.

11. Em latim, *Pars itaque sanior*.

12. Em latim, *patres conscriptos*. A expressão *patres (et) conscripti* se referia à lista oficial de senadores, e portanto ao senado como um todo, ou à união de duas espécies de senadores – patrícios e plebeus.

rantiram a segurança da república por meio de suas armas, quando os outros quase já a tinham condenado por seus votos.

E então ele relata uma longa história em termos lúgubres, mas de maneira tão tosca que mais parece suplicar do que suscitar piedade. Aflige-o que "o rei devesse sofrer pena de morte, como rei algum jamais sofreu", ainda que ele afirme várias vezes que nenhum rei jamais sofreu pena de morte. Hein, tolo, costumas comparar método com método quando não tens fato para comparar com fato? "Ele sofreu pena de morte", disse ele, "como um ladrão, como um assassino, como um parricida, como um traidor, como um tirano." É isso defender o rei, ou não resulta na verdade em proferir sobre o rei um julgamento mais severo do que fizemos nós? Quem repentinamente te seduziu para declarares que estás do nosso lado? Ele se queixa de que "carrascos mascarados cortaram a cabeça do rei". O que fazer com esse homem? Antes ele se queixara "de um parricídio cometido na pessoa do rei", agora ele se queixa de ter sido cometido na máscara do carrasco![13]

Não vejo razão para passar pelo resto. Algumas coisas são completamente falsas, algumas são insignificâncias "sobre brigas e pontapés" de soldados rasos, e de como a licença "para ver o cadáver foi vendida a 4 pence" – histórias que manifestam a ignorância e estreiteza de espírito de nosso friamente tedioso gramático. Certamente elas não deixarão o leitor nem um pouquinho mais triste. Palavra de honra, seria preferível que Carlos, o filho, tivesse contratado alguém dentre o bando de bufões para entoar suas tristes canções à multidão nas encruzilhadas, a empregar esse orador (como o chamarei: choroso ou extremamente ridículo?) para lamentar o infortúnio de seu pai; um orador tão frívolo e sensaborão que de suas lágrimas nem sequer se pode extrair um grão de sal.

....
13. Em latim, *in persona carnificis*. M. prossegue com o jogo de palavras sobre *persona*.

Nesse momento ele pára de relatar a história e o que faz em seguida é muito difícil de dizer, tão turvo e irregular é o fluxo de sua prosa: ele ora vocifera, ora se embasbaca, não utiliza método algum em sua volubilidade, e repete dez vezes a mesma coisa que já seria ignóbil se dita apenas uma vez. Considero seu escrito tão indigno de uma resposta séria, que não sei se não seria mais digno escrever sobre o papel algumas tolices não ensaiadas ditas por um tagarela, de pé, como as que ele por acaso despejasse em versinhos.

Omito o fato de que ele louva como "protetor da religião" um rei que declarou guerra à Igreja para nela manter os bispos, tiranos e inimigos da religião. Mas como poderia conservar "a pureza da religião" o mesmo homem que se deixou escravizar pelas mais impuras tradições e cerimônias dos bispos? Gostaria que enumerasses os erros 'das seitas' em relação à verdade, às quais "se concede licença para realizar suas reuniões sacrílegas", coisa que nem a Holanda faz. Entretanto, ninguém é mais sacrílego do que tu, pois assumes a pior de todas as liberdades, a da calúnia perpétua. "Não havia como prejudicar mais a república, senão eliminando seu senhor". Aprende, escravo, aprende, canalha, que, se não eliminares o senhor, eliminarás a república: são as coisas privadas, não as do público, que têm um dono[14]. "Eles perseguem com extrema injustiça os pastores que abominam seu ato." Caso alguém não saiba que espécie de pastores são eles, eu contarei brevemente. São eles os homens que pregaram de viva voz e por escrito a necessidade de resistir ao rei por meio de guerra; que não deixaram de amaldiçoar incessantemente, como fizera Meroz[15], todos os que não forneceram a esta guerra armas, dinheiro ou tropas; que bramiram em encontros sagrados que não se empreende-

---

14. *Privata res est, non publica quae dominum habet.* M. explora o sentido original de *respublica* como "coisas do público", não sujeitas à propriedade individual (*dominium*).

15. Ver p. 51.

ra a guerra contra um rei, mas contra um tirano pior do que qualquer Saul ou Ahab, um Nero que superou o próprio Nero em ruindade. Após o afastarem os bispos e padres a quem costumavam insultar violentamente com o nome de pluralistas e absenteístas, atiraram-se aos mais eminentes benefícios deles, alguns a dois, outros a três, o mais rápido possível. Por isso não há quem não veja quanto esses merecidamente egrégios pastores negligenciam seus próprios rebanhos de maneira vergonhosa[16]. Nenhuma restrição, nenhum respeito pela religião conseguiu detê-los, loucos que estavam de lascívia e frenesi, até que diante da Igreja, o pior lugar para a notoriedade, eles próprios foram marcados a ferro com a mesma infâmia que haviam pouco antes usado para estigmatizar os padres. Como sua cupidez ainda não se saciou, porque a ambição tornou seu espírito infatigável, acostumado a incitar multidões e odiar a paz, não cessam de pregar a sedição contra os magistrados de hoje – algo que fizeram antes contra o rei –, afirmando agora que um rei piedoso foi cruelmente deposto, o mesmo homem que ainda há pouco eles próprios entregaram, abominavelmente amaldiçoado, às mãos do Parlamento, para que o despisse de toda autoridade real e o perseguisse uma guerra santa, como se fosse essa a vontade de Deus. Agora dizem que na realidade as seitas não foram extirpadas. Certamente se trata da coisa mais absurda que se pode pedir aos magistrados, que até o momento nunca tiveram, por nenhum meio ou método, o poder de arrancar a cupidez e a ambição (as duas mais ruinosas heresias da Igreja) dentre a ordem e o grupo dos próprios pastores.

As seitas deste país que eles insultam são obscuras, bem sei; as que eles seguem são notórias e muito mais perigosas à Igreja de Deus – os líderes delas foram Simão Mago e Diótre-

---

16. Em latim, *suos greges quam turpiter negligant pastores isti merito egregii*. M. faz trocadilho com as palavras *grex* (rebanho) e *egregius* (distinto do rebanho, notável).

fes[17]. Todavia, estamos tão longe de perseguir esses homens, apesar de absolutamente iníquos, que ao contrário somos demasiado indulgente com eles, embora estejam envolvidos em facções e tramem golpes todos os dias.

Sendo francês e vagabundo, ofende-te agora que os ingleses sejam "mais ferozes que sua matilha"[18], de acordo com tua eloqüência canina, e não manifestem nenhuma preocupação pelo "legítimo sucessor e herdeiro" do reino, nem pelo "filho mais jovem", nem pela "rainha da Boêmia"[19]. Quem deve responder és tu, não eu. "Quando se faz o regime de uma república mudar de monarquia para outra coisa, a sucessão não está assegurada entre os guardiães do governo modificado", *Apparat. de primatu*[20]. "Uma fração diminuta de um reino", afirmas tu, "produziu todas essas mudanças nos três reinos" – e, se isso não fosse verdade, o poder sobre os demais seria merecido, assim como o é o poder dos homens sobre as mulheres. "São esses os homens que se atreveram a transformar o antigo regime do reino em outro que pertence a muitos tiranos" – na verdade, de maneira correta e igualmente exitosa. Não consegues censurá-los sem ser ao mesmo tempo ignominiosamente bárbaro e solecista não apenas em moral, mas também em sintaxe[21], tu, a vergonha entre os gramáticos!

"Os ingleses jamais apagarão essa nódoa." És tu que, embora sejas a mácula e a verdadeira nódoa de todos os erudi-

....

17. Ver At 8.9, sobre Simão que "enfeitiçou" as pessoas, levando-as a pensar que ele fosse "alguém importante", e 3 Jo 9, que gostava de exercer "a primazia".
18. A primeira das várias alusões de S. aos ingleses como a matilha "molossiana". Ver Lucrécio, *De rerum natura*, V, 1063.
19. I.e., Isabel, filha de Jaime I, que se casou com Frederico V, Eleitor Palatino, em 1613.
20. S., *De primatu*, p. 127.
21. S., *DR*, p. 23, escreveu "regimen regni antiquum in alium qui...", deixando de fazer a concordância entre o pronome neutro e os substantivos masculinos.

tos, jamais terás o poder de enodoar a fama e a glória eterna dos ingleses. Com grandeza de espírito jamais anotada em nenhum registro, eles combateram e venceram não apenas inimigos armados, mas sobretudo as internamente hostis – isto é, supersticiosas – opiniões da turba, e daí em diante criaram para si, em conjunto, o título de Libertadores de todos os povos, depois de ousarem, como povo, praticar um ato que outras nações consideram surgir unicamente da virtude heróica.

Para não laborar em teu erro de sobrepujar em loquacidade todos os ociosos e batuses[22], mais tarde te direi, quando discutir contigo o caso no lugar apropriado, o que "os protestantes e antigos cristãos" fizeram ou teriam feito nesse momento crítico. Pergunta-te como responder "aos jesuítas" sobre nosso caso. Mete-te com a tua própria vida, desertor; envergonha-te de teus próprios atos, já que a Igreja se envergonha de ti – com efeito, depois de ter recentemente atacado com tanta jactância e ferocidade a supremacia do papa e dos bispos, agora te transformas no sicofanta dos bispos. Confessas que "alguns protestantes", a quem tu não nomeias (nomeá-los-ei eu mesmo, pois dizes que "eles são muito piores do que os jesuítas": Lutero, certamente, Zwinglio, Calvino, Buccer, Paraeus, entre muitos outros), asseveraram que um tirano "deve ser eliminado". "Mas para saber quem é o tirano devemos nos reportar ao julgamento dos sábios e letrados. Ora, quem de fato seriam esses homens? Seriam eles sábios, letrados ou renomados por virtude, ou notáveis por sua nobreza?" Peço que um povo que sentir o jugo da escravidão pesando sobre suas cabeças possa ser tão sábio, tão letrado e tão nobre a ponto de saber o que deve fazer aos seus tiranos, ainda que não ponha em discussão estrangeiros ou gramáticos. Ora, não apenas os Parlamentos da Inglaterra e Escócia declararam nas mais expressivas palavras

....

22. Ver Ovídio, *Metamorfoses*, II, 688, a história de Batus, que virou pedra por não conseguir manter em segredo o roubo, praticado por Mercúrio, do gado de Apolo.

e ações, mas quase todo o povo de ambos os reinos concordou que esse homem era um tirano, até que em razão das artimanhas e fraudes dos bispos eles se dividiram em duas facções. E se for do agrado de Deus que, tal como os que se tornam parceiros na luz do evangelho, também os que cumprem Seus decretos contra os mais poderosos reis deste mundo sejam os inúmeros sábios, letrados, poderosos ou nobres? Assim, por meio dos que não são, Ele pode destruir os que são, e carne nenhuma pode se jactar em Sua presença[23].

E quem és tu para ralhar com isso? Um erudito? Tu, que pareces ter gasto as páginas das compilações, léxicos e glossários que remontam à antiguidade, em vez de ler bons autores com discernimento ou benefício, de modo que deblateras sobre nada além de manuscritos e leituras variantes, passagens deslocadas e incompletas; tu, que revelas não ter extraído nem mesmo uma minúscula gota de erudição substancial. És tu um sábio? Tu, que estás acostumado a discutir sobre o mais detalhado dos detalhes e travar uma guerra deplorável; tu, que ora insulta astrônomos, ora doutores, em cujo exercício do ofício próprio se deveria confiar, pois tu mesmo és inábil e ignorante nessas profissões; tu que, se alguém tentasse impedir-te de alcançar a glória trivial de restaurar uma única palavra ou letra numa cópia, impor-lhe-ia a proibição de usar fogo e água, se pudesses. E contudo te zangas e rosnas porque todos te chamam de gramático. Em algum livro insignificante, chamas o dr. Hammond, que até há pouco foi o principal e mais querido capelão desse rei, de "nulidade", só porque ele te havia chamado de gramático[24]. Creio que terias lançado idêntico insulto

....

23. Cf. 1 Co 1.26-9.
24. Em latim, *in libro quodam nebulonem appellas, quod is te Grammaticum appellavisset*. Henry Hammond havia chamado S. de "aquele erudito gramático" em *Of the power of the keyes: or of binding and loosing* (Londres, 1647), pp. 21 ss. S. redarguiu chamando Hammond de *nebulo in Specimen confutationis animadversionum Desiderii Heraldi* (Leyden, 1648), p. 19. Ver L. Miller, "Milton, Salmasius and Hammond: the history of an insult", *Renaissance & Reformation*, IX (1973), pp. 108-15.

ao próprio rei e recusado toda essa defesa, se soubesses que ele aprovava a opinião de seu capelão sobre ti.

Vês como eu, um desses ingleses a quem tu freqüentemente te atreves a chamar de "exaltado, iletrado, desconhecido e iníquo", zombo e escarneço de ti. Pois seria muito indigno deles se a nação inglesa viesse a ter notícias públicas de ti, seu verme. Embora tu te contorças, vires para cima, para baixo ou em qualquer direção, não és nada, só gramático. É como se tivesses revelado a algum deus ou a qualquer outro um desejo mais estúpido do que o do próprio Midas[25]: tudo o que tocas, exceto quando cometes erros gramaticais, é gramática. Qualquer um "dentre o rebotalho do povo comum" a quem importunas (porque sinceramente não desonrarei os aristocratas de teu país, de cuja sabedoria, virtude e nobreza seus célebres feitos são testemunha, comparando-te com eles ou eles contigo) – qualquer um, como eu dizia, dentre o rebotalho do povo comum só se persuadiu de ter nascido, não para o benefício do rei, mas para Deus e seu país, e por isso deveria realmente considerar-se muito mais erudito do que tu, muito mais sábio, muito mais honesto e útil para toda a vida. Ele é erudito sem ter letras e tu és letrado sem ter erudição – tu, que entendes tantas línguas, percorres tantos livros, escreves tantas coisas e ainda assim não passas de uma ovelha.

....
25. Midas era um rei frígio legendário; Dionísio concedeu-lhe o desejo de que tudo o que tocasse viraria ouro.

Capítulo II

Ao concluir o capítulo acima, Salmásio afirmou ser "indiscutível" o argumento segundo o qual "uma coisa é realmente o que se acredita quando todos os homens, sem exceção, têm a mesma opinião sobre ela". Essa afirmação, porém, é absolutamente falsa quando se refere a uma "questão de fato". Mas, como estou prestes a discutir o direito dos reis, serei capaz de extrair dela toda a verdade.

Ele define rei como "aquele que exerce o poder supremo sobre o reino, que é responsável apenas perante Deus, que pode fazer tudo o que lhe apraz, que está livre das restrições impostas em leis" (caso realmente se possa afirmar que algo infinito sobre a Terra é passível de definição). Provarei o exato contrário, empregando não somente meus testemunhos e meu raciocínio, mas também isto: nenhuma raça ou povo que tenha de fato alguma importância (visto não ser necessário escrutinar as regiões bárbaras), nenhuma raça, dizia eu, jamais concedeu lei nem poder dessa espécie a seu rei, para "que ele estivesse livre das restrições impostas em leis, pudesse fazer o que lhe apraz, julgasse a todos e não fosse julgado por ninguém".

E sem dúvida não penso que alguém, seja de que raça for (à exceção apenas de Salmásio), jamais tenha demonstrado espírito tão servil a ponto de sustentar que todos os crimes desumanos dos tiranos são direitos dos reis. A maioria daqueles dentre nós que apoiaram veementemente o rei sempre abominou essa crença infame. Aliás, é fácil descobrir que, antes de se deixar corromper por subornos, Salmásio pensava exatamente o contrário sobre essas questões, como se pode ver por seus escritos anteriores. Essas palavras são tão servis em natureza e espírito que não parecem ter sido escritas por um homem livre, num Estado livre – certamente não na ilustríssima república e célebre academia da Holanda[1], porém em algum asilo de pobres ou leilão de escravos em praça pública.

Pois, se o que apraz ao rei é permitido pelo direito dos reis (coisa em que o completamente hediondo Antonino Caracala, embora persuadido por Júlia, sua madrasta, por meio de incesto[2], não se atrevia a acreditar), na verdade não existe, nem jamais existiu, quem devesse se intitular tirano. Muito embora ele viole todos os direitos divinos e humanos, ainda assim, como rei, ficará inocente em virtude do direito dos reis. Ora, que pecado cometeu esse homem tão justo? Ele usou seu direito contra os súditos. Por horrível, cruel e demente que seja o erro cometido pelo rei contra seus súditos, ninguém pode se queixar ou reclamar de que ele excede os limites do direito dos reis.

Julgas que "o direito dos reis se origina no direito das nações, ou mesmo no direito de natureza", tu, animal? Por que eu deveria te chamar de homem se és tão ímprobo e desumano com todas as raças de homens, e se tentas tão obstinadamente degradar e rebaixar toda a raça humana feita à semelhança de Deus, afirmando que os selvagens e ásperos senhores que num momento o fanatismo, noutro o crime ou a ignorância de certas pessoas, ou por fim a traição impõe sobre as raças teriam sido instituídos e impostos pela mãe-natureza, que é tão bondosa? Tendo-os agora tornado muito mais ferozes por meio dessa ímpia doutrina, não apenas os instigas a pisar

....

1. I.e., a Universidade de Leyden. Ver *CB*, I, 380.
2. Marco Aurélio Antonino, conhecido como Caracala, foi imperador de 211 até seu assassinato em 217. Quanto a essa anedota apócrifa, ver Espartiano, "Vita Caracalli", *Historia Augusta*, X, 2.

todos os mortais e em seguida esmagá-los de maneira ainda mais deplorável, mas te empenhas, pelo direito de natureza, pelo direito dos reis, mesmo pelas próprias leis do povo, em armá-los contra o povo. Nada pode ser ao mesmo tempo mais estúpido e mais iníquo do que isso. És realmente meritório: ao contrário do Dionísio da Antiguidade[3], tu te transformaste de gramático em tirano. Não que assim hajas assegurado a liberdade real de praticar o mal contra alguém, mas aquele outro direito – o de acabar mal. Apenas desse modo, como o célebre Tibério confinado em Capri[4], destruído pelo próprio punho, podes todo dia sentir que estás morrendo.

Mas examinemos mais miudamente o que é esse direito dos reis. "Assim resolveu todo o Oriente", afirmas tu, "e assim resolveu o Ocidente". Não deverei repetir a ti o que Aristóteles e Marcos Cícero, os mais sagazes autores que já existiram, escreveram – o primeiro na *Política*, o segundo no discurso *De Provinciis* –, a saber: os povos da Ásia facilmente toleram a servidão, se bem que os judeus e sírios nasceram para isso[5]. Admito que poucos são os povos que desejam sua liberdade ou são capazes de fazer uso dela; poucos são verdadeiramente sábios e de espírito elevado. A imensa maioria prefere senhores honestos – senhores, de fato, mas honestos. Quanto a suportar senhores injustos e intoleráveis, jamais Deus foi tão hostil à humanidade, nem tampouco povo algum jamais foi inteiramente abandonado por toda esperança e conselho, que tenha de bel-grado imposto essa necessidade e a mais severa de todas as leis sobre si e seus descendentes.

....

3. Dionísio I, tirano de Siracusa (*c*. 430-367 a.C.), conhecido por usar incorretamente as palavras e ter pretensões literárias. Cf. a alusão de M. em "Of that sort of Dramatic Poem which is called Tragedy", acrescentado a *Samson Agonistes*, e *AR*, II, 495.

4. Tibério, imperador romano, 14-37. Exilou-se em Capri em 26, para nunca mais retornar a Roma. Cf. a descrição que faz Satã do exílio de Tibério em *Paradise Regained*, IV, 90-97.

5. Ver p. 16.

Apresentas primeiro "as palavras do rei, em Eclesiastes, célebre por sua sabedoria"[6]. Por isso nós também recorremos à lei de Deus. Consideraremos a questão do rei mais tarde, pois a partir disto entenderemos melhor sua opinião. Ouçamos o próprio Deus, Deuteronômio 17: "quando entrares na terra que o Senhor teu Deus te dá, e a possuíres, e nela habitares, e disseres: Porei sobre mim um rei, como todas as nações que me cercam"[7] – sobre essa passagem, eu gostaria que todos os povos observassem uma vez mais, no testemunho do próprio Deus, que sempre esteve em poder de todos os povos e nações a decisão de empregar a forma da república que escolhessem, ou mudá-la para outro regime. Deus claramente diz isso a respeito dos hebreus; a respeito de outras nações, Ele não o nega. Assim, levando em conta a condição humana, Deus decidiu que a forma da república é mais perfeita que a da monarquia e mais benéfica para Seu próprio povo, pois Ele mesmo instituiu essa forma de governo. Apenas mais tarde Ele aceitou a monarquia, atendendo a pedido, e não espontaneamente. Mas, se Seu povo queria claramente um rei, então Deus, mostrando deixar o povo livre para escolher se a república seria administrada por uma ou mais pessoas – desde que fosse administrada com justiça –, instituiu também leis para o futuro rei, nas quais este foi advertido a não "adquirir grande número de cavalos, mulheres e riquezas", ficando compreendido que ele não teria nenhum poder sobre os outros, já que nada poderia decidir sobre si mesmo além dos limites da lei. E assim ele recebeu ordem de copiar integralmente e de próprio punho "todos os preceitos dessa lei", e depois de copiadas ele deveria "guardar todas as palavras dessa lei, para que seu coração não se eleve sobre os seus irmãos". Fica manifesto, portanto, que o rei, como o povo, estava obrigado por tais leis.

....

6. I.e., Salomão.
7. Dt 17.14.

Os escritos de Josefo têm muito desse teor. Ele foi um intérprete competente das leis de seu país, extremamente versado na forma de governo de sua nação, e preferível a milhares de outros rabinos vigaristas, *Antiquitat*. L. 4: Ἀριστοκρατία μὲν οὖν κρατιστον etc. "A aristocracia", diz ele, "é a melhor forma de governo; e não busques outra forma de governo, pois é suficiente ter Deus sobre ti. Mas se fores tomado por um desejo de rei muito grande, pelo menos que este dê mais valor às leis e a Deus do que à própria sabedoria; e que seja impedido, caso ansie por se tornar mais poderoso do que vantajoso para teu Estado"[8]. Foi isso e muito mais o que escreveu Josefo sobre essa passagem no Deuteronômio.

Outra autoridade é Filo Judeu, importante autor, contemporâneo de Josefo e muito erudito na lei de Moisés, sobre cuja totalidade escreveu um extenso comentário. Ao comentar esse capítulo da lei em seu livro a respeito da criação do príncipe[9], ele libera o rei das leis com base nas mesmas condições pelas quais se pode afirmar que um inimigo fica liberado das restrições das leis. τοὺς ἐπὶ λύμῃ καὶ ζημίᾳ τῶν ὑπηκόων etc. "Os que adquirem", diz ele, "um grande poder para si com vistas à destruição e ruína do povo deveriam ser chamados, não de reis, mas de inimigos, pois eles fazem as mesmas coisas que fariam inimigos incapazes de se conciliar por meio da paz. Além disso, os que ferem sob a capa de governarem são piores do que inimigos declarados. É, de fato, mais fácil rechaçar os últimos, ao passo que a perversidade dos primeiros não é fácil de descobrir".

Ora, uma vez descobertos, o que impede de tratá-los como inimigos? Daí ele afirmar, no segundo livro de *Alegorias da lei*, que "um rei e um tirano são opostos", e por isso "o rei ordena, mas também obedece"[10].

---

8. Josefo, *Antiguidades judaicas*, IV, 223. É falsa a oposição de M. entre Josefo e os rabinos, já que Josefo incorpora elementos rabínicos em sua obra.
9. Filo Judeu, *De specialibus legibus*, IV, 185.
10. Filo Judeu, *Legum allegoria*, III (não II), 79-80.

Alguém poderá dizer que esses pontos são verdadeiros: um rei deveria realmente observar as leis com absoluto cuidado. Mas, se ele pratica o ultraje, em virtude de que lei será punido? Pela mesma lei, digo eu, que os demais – pois não encontro nenhuma exceção. Não existe nenhuma lei escrita sobre a punição aos padres, nem sobre a punição dos magistrados mais inferiores. Como não se redigiu lei alguma contra a sua punição, certamente todos eles poderiam, com igual direito e razão, reivindicar impunidade para todos os seus crimes; no entanto, nenhum deles jamais fez isso, nem imagino que alguém a recebesse com base nesses fundamentos.

Até aqui, já aprendemos pela verdadeira lei de Deus que um rei deveria obedecer às leis, e não se elevar sobre os outros, que também são seus irmãos. Vejamos agora se o Eclesiastes nos oferece alguma outra advertência, cap. 8, vers. I etc.: "Observa o mandamento do rei; ou pelo menos, em consideração para com o juramento de Deus, não te apresses a sair da presença dele em desassossego; não persista numa causa má, pois ele faz tudo o que quer. Onde estiver a palavra de Deus lá estará o poder e quem lhe dirá: 'Que fazes?'" É bem sabido que nessa passagem Eclesiastes está oferecendo preceitos, não ao sinédrio ou ao senado, mas a cada cidadão privado[11]. Ele lhe ordena respeitar os mandamentos do rei, ao menos por causa do juramento de Deus. Mas quem jura obedecer a um rei, a não ser que o rei, em contrapartida, tenha jurado obedecer às leis de Deus e de sua terra natal? Por isso, os rubenitas e gaditas prometeram obediência a Josué, Js 1: "como somos obedientes à palavra de Moisés, assim seremos a ti, enquanto o Senhor esteja contigo, como estava com Moisés"[12]. Vejam a condição expressa. Ouçam o próprio Eclesiastes em

---

11. Em latim, *privato*. M. quase invariavelmente emprega o termo *privatus* referindo-se ao cidadão ou indivíduo privado, para distingui-lo do magistrado.

12. Js 1.17.

outra passagem, cap. 9: "As palavras dos sábios devem em silêncio ser ouvidas, mais do que o clamor do que domina sobre os tolos." Que outra advertência oferece? "Não persistas numa causa má, pois ele faz tudo o que quer; ele certamente agirá contra os homens maus que persistem numa causa má, já que está armado da autoridade das leis; pois ele pode agir com leniência ou severidade, como quiser. Nada aqui soa tirânico, nada que um homem bom possa temer. "Onde estiver a palavra de Deus lá estará o poder e quem lhe dirá: 'Que fazes?'"[13] E no entanto lemos que um certo homem disse ao rei não apenas "Que fizestes?", mas até mesmo "Procedeste nesciamente"[14]. Ora, Samuel é fora do comum. Replico-te com tua própria afirmação feita acima, p. 49: 'O que havia de fora do comum em Saul ou Davi?" Do mesmo modo pergunto: o que havia em Samuel? Era um profeta, e profeta são hoje os que agem pelo seu exemplo, pois eles agem pela vontade de Deus, quer "expressa", quer "inata", como tu mesmo concedes abaixo, p. 50.

Assim, Eclesiaste sabiamente nessa passagem adverte os cidadãos privados a não altercarem com o rei, pois de hábito um conflito com um homem rico, com alguém poderoso, é prejudicial. Como então? Toda vez que o rei quiser tresvariar, deverá a aristocracia, deverão todos os outros magistrados, deverá o povo inteiro sequer ousar abrir a boca? Devem todos sair da frente de um homem bruto, iníquo, enfurecido, que trama a ruína de todos os homens bons, não devem eles confrontá-lo, sob pena de que ele primeiro destrua todas as coisas humanas e divinas, sob pena de que ele conluie com saques, incêndios e assassinatos por todas as terras do reino, já que está "tão livre das restrições da lei que pode fazer o que lhe apraz"? Oh, cavaleiro dos leilões de escravos da Capadócia![15] Toda na-

---

13. Ecl 9.17; 8.3-4.
14. 1 Sm 13.13.
15. Cf. Marcial, *Epigramas*, X, 76, 5.

ção livre (se é que depois disso terás algum dia o atrevimento de pôr os pés numa nação livre) deveria te mandar para o fim do mundo como uma monstruosidade que precisa ser expulsa, ou entregue como aspirante à escravidão no moinho, mediante o compromisso solene de que se te libertassem de lá deveriam penar em teu lugar sob algum tirano[16], um tirano que fosse um completo néscio, aliás. De fato, o que se poderia dizer ou tomar a outros de tão selvagem ou ridículo que não se aplicasse a ti?

Mas prossigamos: "Quando pediram um rei a Deus, os israelitas afirmaram desejar ser governados por este pelo mesmo direito de todas as outras nações que empregavam esse método de governo. No entanto, os reis do Oriente costumavam mandar com direito supremo e poder irrestrito, como testemunha Virgílio:

> Nem o Egito e a grande Lídia,
> Os povos da Pártia e Hidaspes Mediana
> Respeitam o rei."[17]

Em primeiro lugar, o que nos importa a espécie de rei que os israelitas queriam para si? Sobretudo considerando que Deus se zangara, não apenas porque eles queriam um rei à maneira das nações e não segundo Sua própria lei, mas simplesmente por desejarem um rei? Portanto, não é crível que pedissem um rei injusto ou um rei isento das restrições da lei, já que não podiam suportar os filhos de Samuel quando foram restritos pelas leis e buscaram refúgio num rei apenas por ganância. Por fim, o que citaste de Virgílio não prova que os reis do Oriente governam "com poder absoluto". Com efeito, as abelhas, que em Virgílio respeitam mais seus reis do que os egípcios e os medas, segundo o testemunho do mesmo poeta:

---

16. Cf. Terêncio, *Andria*, 199.
17. S., *DR*, pp. 29-30; Virgílio, *Geórgicas*, IV, 210-12.

Passam a vida sob vigorosas leis[18],

portanto não vivem debaixo de reis que são isentos das restrições de todas as leis. Mas vê como é pequena minha má-vontade para contigo. Enquanto muitas pessoas te consideram um desgraçado imprestável, mostrarei que apenas colocaste a máscara emprestada de um imprestável patife. Em teu *Apparatus ad primatum Papae*, dizes que certos doutos do Conselho de Trento[19] se servem do exemplo das abelhas para provar a supremacia papal. Deles tu, com idêntica iniquidade, tomaste esse empréstimo. E por isso a resposta que lhes deste quando eras honesto, agora, que te tornastes um desgraçado imprestável, darás a ti mesmo e com tua própria mão arrancarás a máscara do patife. "Existe comunidade entre as abelhas e assim os filósofos da natureza a qualificam: elas têm um rei, mas um rei inofensivo. Ele é mais um chefe do que um tirano; ele não bate, não cerceia nem mata suas abelhas súditas."[20] Então não admira que elas por sua vez o respeitem. Palavra de honra, em má hora fizeste contato com essas abelhas. Pois embora elas possam ser Tri-dentinas[21], elas mostram que és um zangão.

Todavia Aristóteles, autor bastante cuidadoso em política, afirma que a espécie de monarquia na Ásia, também denominada por ele de bárbara, era κατὰ νόμον, isto é, conforme a lei, *Pol.* 3[22]. Mais ainda, embora enumere cinco tipos de monarquia e escreva que quatro deles eram um governo de acordo com a lei e pelo voto do povo, diz, entretanto, que eram tirânicos porque muito poder lhes era concedido, ainda que fosse pela vontade

---

18. Virgílio, *Geórgicas*, IV, 154.
19. O Conselho de Trento se reuniu para reformar a Igreja, 1545-63.
20. S., *De primatu*, p. 211.
21. Em latim, *Tridentinae*. M. faz trocadilho com Tridentina, como "de Trento" e "de três dentes". Quanto ao uso menos preciso, "Trentina", ver *E*, III, 511.
22. Aristóteles, *Política*, III, 14 (1285a).

do povo. Mas o reino espartano se parece mais propriamente a um reino porque todo poder não residia nas mãos do rei. A quinta forma, que ele chama παμβασιλείαν[23], é a única à qual ele atribui o que descreves como o direito de todos os reis, a saber, que eles governam como querem. Onde no mundo e em que época isso alguma vez foi verdadeiro, ele não o diz, nem parece mencioná-lo por alguma razão senão para mostrar que se trata de um regime tolo, injusto e imensamente tirânico.

Dizes que Samuel, ao dissuadi-los de eleger um rei, expôs "a eles o direito dos reis"[24]. De onde ele o extraiu: da lei de Deus? Mas essa lei evidenciou, como vimos, um direito dos reis muito distinto. Ou terá sido do próprio Deus, falando através de Samuel? Mas ele o desaprovou, censurou, considerou-o um erro. Assim, o profeta expôs, não um direito dos reis assegurado por Deus, mas um modo extremamente vicioso de mandar, de que os reis se apoderam por orgulho e desejo de poder. Não se refere ao que os reis deveriam fazer, mas ao que eles gostariam de fazer, pois ele mostrou ao povo o costume de um rei, da mesma maneira que antes mostrara o costume dos sacerdotes, filhos de Eli, com a mesma palavra (que tu, p. 33, cometendo solecismo mesmo em hebreu, chama משפה)[25]:

....

23. παμβασιλεία: definida por Aristóteles (1285b) como uma forma de mando monárquico em que um homem controla a cidade ou nação como um lar.

24. Em latim, *jus illis regium*. S., *DR*, p. 33, baseia sua explicação sobre o *ius* (direito) dos reis numa descrição, contida em 1 Sm 8.11-18, mais extrema da realeza.

25. Em latim, *Hebraico etiam soloecismo* משפה: a última letra (a partir da direita) deveria ser *tet* e não *tav*. Nos dois casos, a palavra pode ser transliterada como *mishpat*. A discussão de M. – sustentando, contra S., que *mishpat* aqui deveria significar procedimento ou costume (como em 1 Sm 2.13), e não direito – baseia-se em Wilhelm Schickard, *Mishpat, ha-Melekh, Jus Regium Hebraeorum e Tenebris Rabbinicis Erutum & Luci Donatum* (Estrasburgo, 1625), pp. 64-5: "... voculam משפה (vers. 11) non judicium sed *consuetudinem* interpretantur, quo sane significatu saepius etiam reperiri constat, ut I. Sm 2.13".

cap. 2, vers. 13, "O costume desses sacerdotes para com o povo era...". Evidentemente iníquo, odioso e tirânico: portanto esse costume não era de modo algum direito, mas avesso.

Também foi assim que os antigos padres explicaram essa passagem. Um destes me servirá como a imagem de muitos: Sulpício Severo, contemporâneo de Jerônimo e estimado por ele, e, na opinião de Agostinho, um homem de grande erudição e saber. Em sua história sagrada ele afirma que Samuel expõe ao povo o despotismo de reis e o orgulho do poder[26]. Certamente o direito dos reis não é despotismo e orgulho, mas, segundo o testemunho de Salústio, o direito e poder de reis, concedidos para a conservação da liberdade e o avanço da república, convertem-se em orgulho e despotismo[27]. Idêntica interpretação dessa passagem é oferecida por todos os teólogos ortodoxos, juristas e a maioria dos rabinos, conforme poderias ter aprendido em Sicardo[28]. Pois nenhum dos rabinos afirma que essa passagem trata do direito absoluto dos reis. Tu mesmo, mais adiante, cap. 5, p. 160, te queixas de que "não apenas Clemente de Alexandria'[29], mas todos se equivocam nesse ponto", e somente tu dentre todos acertaste na mosca. Ora, há realmente algo de desfaçatez ou burrice converter, em oposição a todos, sobretudo os ortodoxos, os costumes dos reis, completamente condenados pelo próprio Deus, em direito dos reis; e defendê-los sob o honroso pretexto de direito, embora ainda confesses que também esse direito freqüentemente existe nas pilhagens, danos, violência e insultos.

....

26. Sulpício Severo, *Historia sacra* (Leyden, 1635), p. 56 (I, 32); ver M., *CB*, I, 440.

27. Salústio, *Bellum Jugurthinum*, XXXI, 26.

28. Ver Schickard, *Jus Regium*, pp. 54-66 (Teorema VII: "Neque enim legibus omnino solutus erat"), esp. p. 65. Cf. *CB*, I, 460.

29. São Clemente de Alexandria (*c*. 150 a *c*. 211-16) expôs a superioridade da filosofia cristã sobre a grega e pagã.

Ou seria alguém tão *sui juris* que conseguiria capturar, conduzir, destruir e confundir todas as coisas? Teriam os escritores latinos, como afirmas, "sempre sustentado que essas coisas seriam praticadas por qualquer um em virtude de seu próprio direito"? Em Salústio, Caio Mêmio, tribuno do povo, dissera, quando atacou o orgulho e a impunidade dos crimes cometidos pela nobreza: "fazer tudo o que quiseres sem temer punição – isso é ser rei"[30]. Isso te agradou e de imediato tu o contas como lucro, inutilmente, deveras, se estivesses um pouco vigilante. Por acaso ele aqui afirmou o direito dos reis? Não terá ele antes repreendido a apatia do povo, por deixar os nobres dominá-lo sem temor à punição, e por agora, mais uma vez, suportar costumes do rei que, ao exercerem o próprio direito, seus ancestrais haviam rechaçado de seu território juntamente com o rei? Deverias ao menos ter consultado Marco Túlio. Ele te teria ensinado a interpretar Salústio e também Samuel mais corretamente. Em sua oração *Pro Rabinorio* diz que "ninguém ignora os modos costumeiros de reis, cujas ordens são: observa e obedece às minhas palavras". E ele cita ainda outras passagens semelhantes dos poetas no mesmo lugar em que é chamado, não o direito, mas o modo costumeiro dos reis, e ele diz que as deveríamos ler e examinar não "apenas para obtermos prazer, mas também para aprendermos a prestar a atenção neles e nos safarmos"[31]. Vê agora como Salústio te puniu perversamente quando julgaste apresentá-lo, hostil que é aos tiranos, como partidário do direito dos tiranos. Acredita em mim: o direito dos reis parece estar cambaleante e chega mesmo a precipitar a própria queda quando, a exemplo de um afogado, agarra-se como este às mais frágeis palhinhas que existem, e tenta resistir usando de testemunhos e exemplos que levam mais violentamente à destruição quem talvez se afogasse mais tarde de algum outro jeito.

....

30. Salústio, *Bellum Catilinae*, VI, 7.
31. Cícero, *Pro C. Rabinorio Póstumo*, XI, 29.

"O direito supremo", dizes tu, "é o de causar o mal supremo[32]. Isso é particularmente apropriado no caso dos reis que, ao empregarem seu direito supremo, realizaram as ações nas quais consiste o direito dos reis, de acordo com Samuel". Direito deplorável este que, agora que foste levado aos extremos, não podes mais defender sem chamá-lo de mal supremo! Denomina-se direito supremo quando alguém está em busca dos preceitos legais, sobrevive praticamente à base das letras individuais da lei, e não preserva a justiça desta ou interpreta uma lei escrita com demasiada astúcia e malícia, donde Cícero afirma ter surgido esse provérbio bastante conhecido. Mas como é certo que todo direito brota da fonte da justiça, segue-se inevitavelmente que és iníquo quando dizes que é direito do rei, "na qualidade de rei, ser injusto, desonesto, violento, ladrão e tudo o que costumeiramente foram" os piores dentre eles, e é isso o que "o profeta recomendou ao povo". Com efeito, que direito, severo ou brando, escrito ou não-escrito, pode existir para o propósito de cometer crimes?

Caso te venha à mente conceder isso com respeito a outros mas negá-lo com respeito ao rei, tenho alguém com quem te posso confrontar, e um rei, penso eu, que livremente possui o tipo de direito dos reis de que estás falando é odioso tanto a si como a Deus: Sl 94, "Pode acaso associar-se contigo o trono de opressão, que forja o mal tendo por pretexto uma lei?"[33]. Não faças portanto Deus praticar esse medonho mal, afirmando ter Ele ensinado que a iniquidade e as más ações dos reis são direito dos reis, pois Ele ensina que precisamente por essa razão deve-se abominar a associação com reis iníquos, acostumados que estão a criar todos os aborrecimentos e perturbações sob o pretexto do direito dos reis. Não acuses falsamente o profeta de Deus; enquanto julgas tê-lo nessa passagem como instrutor do direito dos reis, não nos apresentas

....
32. A respeito dessa máxima, ver Cícero, *De officiis*, I, X, 33.
33. Sl 94.20.

o verdadeiro Samuel. Ao contrário, como a célebre feiticeira[34], conjuras um espectro vazio – embora eu creia que nem mesmo Samuel do inferno seria tão mentiroso a ponto de não dizer que aquilo que denominaste o direito dos reis era antes falta tirânica de autocontrole.

Lemos sobre um direito concedido ao crime e dizes que "os reis menos bons eram os que costumavam empregar o direito de licença[35] a eles concedido". Ora, já provei que esse direito não foi concedido por Deus, mas introduzido por ti para a destruição da raça humana. Resta mostrar que provém do diabo, o que se tornará mais claro abaixo. Dizes que "essa licença concede o poder, se quiseres", e tua desculpa é a de que tens Cícero como autoridade sobre esse direito. Jamais me arrependo de citar tuas provas, pois mesmo destróis teu pleito por intermédio de tuas próprias testemunhas. Então atenta para as palavras de Cícero em 4. *Filip.*: "Há razão mais justa para se declarar a guerra, senão rechaçar a escravidão? Nessa situação, muito embora o senhor não cause distúrbios, ainda assim é deplorável que ele tenha o poder de ser mau quando quiser."[36] Quer dizer, tenha o poder pela força. Pois Cícero se contradiria se estivesse falando de um direito, e de uma justa razão para a guerra faria uma razão injusta. Portanto o que tu descreves não é o direito dos reis, mas a perniciosidade, força e violência dos reis.

Passas da liberdade dos reis para a dos indivíduos privados: "um cidadão privado pode mentir e ser ingrato". E o mesmo se pode dizer dos reis. O que consegues com isso? Podem então os reis pilhar, assassinar e violentar impunemente? Que diferença faz para a gravidade do dano se um rei, um ladrão ou um inimigo de outro lugar assassina o povo, pilha-o e o es-

---

34. I.e., a feiticeira de En-Dor (1 Sm 28.7-25), que fez subir Samuel dentre os mortos para aconselhar Saul.
35. Em latim, *licentiae jure*. S., *DR*, p. 31.
36. Cícero, *Filípicas*, VIII (não IV), iv, 12. Ver p. 46.

craviza? Em virtude do mesmo direito, certamente, deveríamos expulsar um e outro como inimigos e pragas da sociedade humanas, e puni-los. Ou melhor, com mais justiça o rei, porque foi engrandecido mediante inúmeros favores e honras de nossa parte, e está traindo a segurança pública a ele confiada sob juramento.

Concordas ao menos que "foram concedidas leis a Moisés, pelas quais o rei, a ser escolhido numa ou noutra época, deveria governar, apesar de serem diferentes das que Samuel formulara". Isso se choca duplamente com tua afirmação anterior. Embora houvesses colocado o rei numa posição em que ficava inteiramente irrestrito pelas leis, agora dizes que as leis o restringem. Assim propões que os sistemas de Moisés e Samuel sejam contraditórios, o que é disparatado.

"Mas", diz o profeta[37], "sereis escravos do rei." Mesmo admitindo que eles fossem escravos, não seriam todavia escravos por direito real, mas talvez pela usurpação e injustiça de uma imensa quantidade de coisas. Pois o profeta os advertira de que o pedido obstinado se tornaria sua punição, não pelo direito dos reis, mas por causa de seus próprios merecimentos. Ora, se realmente um rei pode fazer o que quer por não se restringir às leis, então decerto um rei será muito mais que um senhor, e seu povo estará abaixo do mais baixo de todos os servos. Um escravo, com efeito, mesmo quando nascido no estrangeiro, tinha por protetora a lei de Deus contra um senhor nocivo. Um povo inteiro, mais ainda, uma nação livre, não terá protetor nenhum sobre a Terra, nem lei nenhuma em que procurar refúgio quando prejudicado, afligido, pilhado; esse povo se livrou da escravidão sob os reis egípcios apenas a tempo de passar às mãos de um de seus irmãos para ser esmagado por uma escravidão ainda mais sombria, se assim este quisesse. Como isso não está conforme com a lei de Deus, nem com

---

37. 1 Sm 8.17.

a da razão, ninguém pode duvidar de que o profeta expôs os modos, não o direito, dos reis, nem exatamente os modos de todos os reis, mas os da maioria.

Desces aos rabinos, e apresenta dois deles com a mesma má sorte de antes. Pois o capítulo dedicado a um rei no qual o Rabino José afirmou várias vezes que estaria contido o direito dos reis encontra-se, obviamente, no Deuteronômio[38], não em Samuel. Além disso, o Rabino Judá disse com muita propriedade, e contrariamente à tua afirmação, que o capítulo em Samuel interessa apenas na medida em que inspire medo ao povo[39]. Com efeito, é pernicioso intitular e ensinar como direito algo que claramente é uma injustiça, a não ser talvez que se o denomine de direito impropriamente. É a isso também que se refere o versículo 18: "Então naquele dia clamareis por causa do vosso rei, mas o Senhor não vos ouvirá naquele dia." Sem dúvida essa punição estava reservada aos obstinados que desejavam lhes fosse concedido um rei, contrariamente à vontade de Deus.

E contudo essas palavras não os impedem de tentar preces ou qualquer outra coisa. Ora, se o povo podia clamar a Deus contra o rei, certo é que também podia se apossar de todos os outros meios honrosos de se libertar do tirano. De fato, quando oprimido por algum mal, quem clamaria a Deus de tal modo que negligenciasse tudo quanto constitui seu dever, dedicando-se apenas a preces inúteis?

Seja como for, que relação tem isso com o direito dos reis, que relação tem com o nosso direito? Jamais pedimos um rei contra a vontade de Deus, tampouco recebemos um rei como Sua dádiva pessoal. Sem a ordem ou a proibição de Deus, mas

....

38. É S., *DR*, p. 33, quem levanta – embora apenas para descartar – a possibilidade de que o R. José esteja aqui se referindo a uma descrição menos severa da realeza em Dt 17, e M. somente aproveita sua sugestão.

39. M. faz a citação de S. sobre o R. Judá (*DR*, p. 33; também Schickard, *Jus Regium*, p. 64) voltar-se contra o próprio autor.

exercendo o direito das nações, instituímos um rei de acordo com nossas leis. Sendo essas as circunstâncias, não vejo por que não se deveria atribuir a nosso louvor e virtude o fato de termos rejeitado nosso rei, já que se considerou crime dos israelitas pedir um rei. Isso o próprio caso confirmou: quando tínhamos um rei, oramos contra ele e afinal Deus nos ouviu e nos libertou; mas aos que urgentemente solicitaram um rei a Deus, quando ainda não o tinham, Ele ordenou que se tornassem escravos, até que ao regressarem da Babilônia reverteram à sua antiga forma de governo.

Então abres a tua escola de Talmude, mas também isso sucumbe à má sorte. Em teu desejo de mostrar que um rei não deveria ser julgado, apresentas como prova o códice do sinédrio segundo o qual "o rei não é julgado, nem julga"[40]. Mas isso colide com a solicitação desse povo, que continuou a pedir um rei para agir como juiz. Ávido para consertar o erro – em vão –, dizes que isso deveria valer para os reis que governaram depois do cativeiro na Babilônia. Mas olha: aqui tens Maimônides, que "estabelece a distinção entre os reis de Israel e os de Judá, pois os descendentes de Davi julgam e são julgados"[41]. Ele não concede nenhuma das duas funções aos israelitas. Estorvas o próprio caminho, discutes contigo próprio ou com teus rabinos: defendes a minha causa. Isso, dizes tu, "não se aplicava aos primeiros reis", porque se afirma no versículo 17: "Vós sereis seus escravos" – por prática costumeira, decerto, não por direito. Ou, se por direito, como punição por pedirem um rei, ainda que não a sofressem sob este ou aquele rei específico, mas sob a maioria – e isso não nos diz respeito. Ora, não precisas de oponente, sempre és um oponente para ti mesmo. Relatas, em apoio à minha posição, como primeiro Aristóbulo e mais tarde Janaeu, cognominado Alexandre[42], receberam o direito dos reis. Não o receberam do sinédrio, guardião e in-

....

40. Tractate Sanhedrin 19a. M. cita com base em S., *DR*, p. 34.
41. M. cita Maimonides com base em S., *DR*, p. 35.
42. Governantes da Judéia. Ver pp. 184-6.

térprete do direito, mas o foram gradualmente assumindo e o usurparam, embora o senado lutasse contra eles. Para agradá-lo, urdiu-se a encantadora estória de que os líderes do sinédrio haviam sido "espancados até a morte por Gabriel", e confessas[43] que esse esplêndido direito, no qual tu pareces especialmente confiar (ou seja, "um rei não deve ser julgado"), foi erigido numa fábula pior do que a das velhas, a saber, a fábula rabínica.

Por outro lado, Sicardo nos traz farta informação, com base nos livros dos rabinos, de que os reis dos hebreus "podiam ser julgados e mesmo condenados ao açoitamento"[44]. É a ele que deves todos esses pontos, e no entanto não coras ao bradar contra ele. Mais ainda, lemos que o próprio Saul se submeteu ao julgamento de acordo com a sorte, mesmo à morte, junto com seu filho Jônatas, e obedeceu ao próprio edito[45]. Também Uzias, quando os sacerdotes o expulsaram do templo julgando-o leproso, exatamente como se fosse alguém pertencente ao povo comum, submeteu-se e deixou de manter a posse da realeza[46]. O que aconteceria se ele se tivesse recusado a sair do templo, a renunciar à magistratura e a viver separadamente, afirmando que o direito dos reis não está restrito às leis? Achas que os judeus e os sacerdotes permitiram que seu templo se contaminasse, suas leis fossem violadas e todo o povo ficasse ameaçado de infecção? Então as leis têm poder contra um rei que sofre de lepra, porém não contra um tirano? Quem é tão louco ou néscio a ponto de pensar que, embora se tivesse o cuidado e se tomasse providência de acordo com a lei para que um rei doente não causasse dano ao povo pelo contágio, caso um rei

---

43. M. explora a própria admissão de S., *DR*, p. 36: "sed hae nugae sunt & fabulae Rabbinicae".

44. Em latim, *judicari posse, atque etiam ad verbera damnari*. Ver Schickard, *Jus Regium*, p. 56: "sed ajunt ordinario judicio Reges ob transgressionem leges potuisse conveniri, & ad verbera damnari... consensu totius antiquitatis Ebraeae confirmatum fuit".

45. 1 Sm 14.37-45.

46. 2 Rs 15.5.

mau, injusto, cruel pilhasse, torturasse e matasse o povo, e subvertesse o Estado desde as suas fundações, as leis não projetaram nenhuma solução para esses males muito mais graves?

Contudo, "não se pode fornecer nenhum exemplo de rei que tenha sido levado a julgamento e sentenciado à morte". Sicardo responde a isso com muita sensatez, afirmando que tudo se passa como se alguém argumentasse da seguinte maneira: o imperador jamais foi convocado perante um Eleitor; portanto, se o Eleitor Palatino designar um dia para o comparecimento do imperador, este não está obrigado a responder na corte, embora a Bula de Ouro ensine que Carlos IV submeteu a si e a seus sucessores a esse inquérito judicial[47].

Levando em conta o corrupto estado do povo, por que nos admira que se tenha usado de tal condescendência para com o rei, quando tantos cidadãos privados, seja por sua riqueza ou por seu favoritismo, conquistam impunidade mesmo para os crimes de natureza mais grave? E quanto a essa ἀνυπεύθυνον, isto é, "não depender de ninguém, não ser responsável perante nenhum mortal", que consideras muito apropriada à majestade real, Aristóteles, *Pol.* 4, cap. 10, afirma ser inteiramente tirânica e não deve ser de modo algum tolerada numa nação livre[48]. Mas apresentas Antônio, tirano extremamente terrível, destruidor da república romana (autoridade bastante adequada, de fato!) como prova de que não é justo exigir de um rei explicação de suas ações. E no entanto quando se indispôs contra os partas, Antônio convocou Herodes, que fora acusado de assassinato, para fazer sua defesa. Acredita-se que ele teria punido até mesmo o rei, não tivesse o rei o subornado com ouro[49]. Assim, a afirmação de Antônio do poder real e a tua "defesa real" brotam da mesma nascente.

....

47. Schickard, *Jus Regium*, pp. 62-3. A Bula de Ouro foi publicada na Dieta de Metz, em dezembro de 1356.

48. Aristóteles, *Política*, IV, 10 (1295a).

49. Josephus, *Fewish Antiquities*, XIV, 303, 327. Herod the Great (*c.* 73-4 BC) had originally been nominated king of the Jews by Antony. Cf. *Paradise Regained*, II, 423-5.

Todavia, não sem razão afirmas: "os reis detêm a realeza, não por causa de um outro, mas por a terem recebido e derivado unicamente de Deus". Dize quais, por gentileza? Pois eu nego que jamais tenham existido reis dessa espécie. O primeiro rei, Saul, se o povo não houvesse desejado um rei, mesmo apesar da oposição de Deus, nunca teria sido rei; e embora se tenha proclamado rei em Mispa, viveu quase sempre como cidadão privado, seguindo o rebanho de seu pai até o povo o instituir como rei em Gilgal[50]. E quanto a Davi? Embora ungido por Deus, não foi novamente ungido pela tribo de Judá em Hebron, e mais tarde por todos os judeus, mas apenas depois de se celebrar previamente um acordo? 2 Sm 5, 1 Cr 11[51]. Ora, um acordo obriga aos reis e os confina a limites determinados. Salomão assentou-se, dizes tu, "no trono do Senhor, e agradou a todos os homens". 1 Pr 29[52]. Então já foi alguma coisa ter agradado ao povo! Jeoiada fez de Joás rei, mas entrou em acordo ao mesmo tempo com o rei e o povo, 2 Rs 11[53]. Reconheço que esses reis, bem como os demais descendentes de Davi, foram instituídos tanto por Deus como pelo povo. Afirmo que todos os outros, em qualquer lugar do mundo, foram instituídos somente pelo povo; tu deves mostrar que foram instituídos por Deus, tirante naquele único sentido em que se diz que todas as coisas, das maiores às menores, foram realizadas e instituídas por Deus.

E por isso o trono de Davi é, em virtude de algum direito especial, chamado de trono de Jeová; os tronos dos outros reis não pertencem mais a Jeová do que o restante das coisas. Era isso o que deverias ter aprendido no mesmo capítulo, versícu-

---

50. 1 Sm 10.24, 11.15.

51. 2 Sm 5.3; 1 Cr 11.3.

52. Em latim, *super solium Domini, et cuinctis placuit*. Isso difere do texto de Júnio-Tremélio sobre 1 Cr 29.23, mas concorda com a versão Vulgata utilizada por S., *DR*, p. 39.

53. 2 Rs 11.17.

los 11 e 12: "Teu é tudo o que há nos céus e na terra, teu é, Senhor, o reino; riquezas e glória vêm de ti, de tua vista, de tua força, de teu poder etc."[54] E o que se diz com freqüência não é que os reis podem inflar-se de orgulho, mas que eles sejam advertidos, malgrado se julguem deuses, de que existe um Deus acima deles a quem devem todas as suas posses. Isso permite compreender facilmente a doutrina dos essênios[55] e poetas de que reis "existem pela vontade de Deus e são por Jove" [Pois o próprio rei Salomão considera que até os magistrados inferiores, a saber, os juízes, governam pelo mesmo Deus, Pv 8.15-16; e Homero pensa que eles sejam pelo mesmo Jove, Ilíada, α.

—— δικάσπολοι, οἵτε θέμισρτας, juízes, que as leis
Πρὸς Διὸς εἰρύαται —— guardam, vêm de Jove[56].

E][57] todos nós homens viemos igualmente de Deus, e somos a raça de Deus. Assim, esse direito universal de Deus não exclui o direito do povo. Mais ainda, todos os outros reis, que não foram intitulados como tal por Deus, receberam e derivaram sua realeza unicamente do povo, perante quem estão obrigados a prestar contas. E embora a turba comumente lisonjeie seus reis, os próprios reis, sejam bons, como Sarpédon em Homero, ou maus, como os tiranos no Lirista, reconhecem isto:

Γλαῦκε τίη δὴ νῶι τετιμήμεσθα μάλιστα etc.
Glauco, por que somos honrados
em Lícia, e todos nos olham como Deuses?

....

54. 1 Cr 29.11-12.
55. Os essênios, juntamente com os fariseus e saduceus, formavam as três principais seitas judaicas; segundo Josefo, eles eram os mais rigorosamente ascéticos.
56. Homero, *Ilíada*, I, 238-9.
57. 1658.

Ele mesmo responde: "porque ofuscamos os outros em bravura; portanto, lutemos bravamente", diz ele, "para que os lícios não nos acusem de covardia"[58]. Com esse discurso ele sugere ao mesmo tempo que as honras régias são recebidas do povo e que as razões da guerra devem ser prestadas ao povo. Ora, para infundir medo ao povo, os maus reis anunciam publicamente que Deus é o autor do poder real, enquanto em suas preces particulares não respeitem outra divindidade senão a Fortuna. Relevante é aquela célebre passagem de Horácio:

> Vós os brutais dácios, vós os errantes citas temeis,
> e as mães dos reis bárbaros, e
> os tiranos vestidos de púrpura,
> para que não derrubeis com artilharia ilícita
> a firme coluna, para que a massa do povo
> não incite às armas os de lerdos braços
> e rompa seu poder[59].

Portanto, se hoje os reis governam através de Deus, é também através de Deus que o povo reclama sua liberdade, pois todas as coisas se fazem por Deus e através de Deus. As duas coisas as Escrituras testemunham igualmente – tanto que através Dele os reis governam, como através Dele são derrubados de seu trono (embora percebamos que as duas coisas acontecem muito mais freqüentemente por causa do povo do que por causa de Deus). E assim o direito do povo, como o do rei (seja lá o que for), provém de Deus. Toda vez que um povo instituir um rei sem ter recebido um sinal visível de Deus, poderá pelo mesmo direito expulsar o rei. Depor um tirano é claramente uma ação mais divina do que erigi-lo; e mais da divindade de Deus se vê num povo quando este renuncia a um rei injusto, do que num rei que oprime um povo inocente. Antes,

---

58. Homero, *Ilíada*, XII, 310 ss.
59. Horácio, *Odes*, I, 34, 9-17.

o povo julga por meio da autoridade de Deus os reis perniciosos, pois Deus revestiu seus favoritos desta honra: Sl 149, para que, enquanto celebrassem Cristo, seu rei, com preces, aos reis das nações (que são todos os tiranos de acordo com o Evangelho) deveriam "prender com cadeias, para executarem contra eles o juízo escrito"[60], muito embora se jactassem de não se restringirem pelo direito e por todas as leis escritas. Ninguém há de ser tão imbecil ou tão iníquo para acreditar que os reis, quase sempre os mais vis dos mortais, tenham tanto valor aos olhos de Deus que o mundo inteiro penda e se governe por seu nuto, e em seu nome e por sua conta se deva considerar que a raça humana divina, por assim dizer, tem a mesma posição e o mesmo número dos aparvalhados e mais indignos dos animais.

Para evitar que não tenhas nada a dizer, vens agora introduzir em nosso meio Marco Aurélio[61], alegando que ele apóia os tiranos. Mas teria sido melhor não tocares em Marco Aurélio. Não sei se ele disse que apenas Deus é juiz dos príncipes. É certamente Xifilino, a quem citas sobre a ·αυταρχία, quem diz περὶ αὐταρχίας ὁ Θεὸς μόνος κρίνειν δύναται[62]. Todavia, não estou de acordo que αὐταρχίαν seja sinônimo de monarquia – e quanto mais leio o que vem antes menos penso que seja. Na verdade, qualquer leitor imagina como essa estranha opinião, subitamente transplantada, concorda com o restante, ou o que significa; sobretudo porque, de acordo com o relato de Capitolino, Marco Aurélio, o melhor dentre os imperadores, tratou o povo do mesmo modo como este é tratado num Estado livre[63]. Ora, ninguém duvida de que nessa época o direito do povo fosse supremo. O mesmo imperador, no primeiro livro de sua

....
60. Sl 149.8-9.
61. Marco Aurélio Antonino, imperador romano, 161-80.
62. "No que se refere a αὐταρχία, apenas Deus é capaz de julgar". S., *DR*, p. 40, está citando o epítome do século XI, de autoria de Xifilino de Dio Cássio, *História Romana*, LXXII, I, 14. Autarquia (αὐταρχία) comumente significa governo absoluto ou despotismo.
63. Capitolino, "Vita M. Antonini", *Historia Augusta*, XII, I.

autobiografia[64], professa sua reverência a Traséia, Helvídio, Catão, Díon, Brutus[65], que eram todos tiranicidas ou procuraram essa glória, e propôs a si mesmo uma forma de república na qual todos os negócios seriam governados por leis justas e igual direito. E no quarto livro diz que o senhor não era ele, mas a lei. Ele também reconheceu que todas as coisas pertencem ao senado e ao povo: "nós", afirma, "estamos tão longe de possuir algo que nos pertença, que vivemos em nossa casa". É isso o que Xifilino tem a dizer[66]. Tudo menos Marco Aurélio se apropriar de alguma coisa pelo direito dos reis. À beira da morte, recomendou como governante aos romanos seu filho, sob a condição de que fosse digno[67] – e portanto não manifestou o direito absoluto e imaginário de mandar – como que transmitido pelas mãos de Deus – denominado, em suma, αὐταρχία.

Mesmo assim dizes que "todos os anais de gregos e romanos estão repletos de exemplos", que entretanto não se encontram em lugar algum; "repletos também estão os anais dos judeus", e todavia acrescentas que "os judeus eram em geral menos favoráveis ao poder real". Descobriste e descobrirás, em vez disso, que os gregos e romanos eram muito menos favoráveis aos tiranos. E o mesmo vale para os judeus, se o livro de Samuel, em que ele descreveu os direitos da realeza, 1 Sm 10, ainda existisse. Esse livro, conforme relataram os doutores dos hebreus, foi rasgado ou incinerado[68] pelos reis, a fim de exercerem mais impunemente a tirania sobre o seu povo.

....

64. Marco Aurélio, *Meditações*, I, 14.
65. Traséia Peto e seu genro Helvídio Prisco foram célebres republicanos do século I; Catão Uticense (95-46 a.C.) fez oposição a Júlio César; Díon (*c.* 408-354 a.C.) expulsou Dionísio II de Siracusa; Marco Júnio Brutus (85-42 a.C.) liderou a conspiração para assassinar César.
66. Xifilino, "Epítome do Livro LXXII".
67. Díon Cássio, *História romana*, LXXII, 33, 2.
68. "Então Samuel declarou ao povo o costume do reino, e escreveu-o num livro, e o pôs perante o Senhor", 1 Sm 10.25. M. mais uma vez concorda com Schickard, *Jus Regium*, p. 66: "Samuelis tratactus, quem ... de Jure Regio scripsit, adhucdum superesset, facile omnis haec liticula dirimeretur. At putant combustum esse."

Olha em tua volta agora e vê se consegues te agarrar a alguma palhinha. Por fim te ocorreu distorcer as palavras do rei Davi, Sl 17, "Saia a minha sentença de diante de tua presença"[69]; assim, diz Barnachmoni, "ninguém julga um rei, a não ser Deus"[70]. No entanto, parece mais provável que Davi tenha escrito isso quando perseguido por Saul e nem sequer se recusasse a ser julgado por Jônatas, embora nesse momento já estivesse ungido por Deus: "se há injustiça em mim, mata-me tu mesmo", diz ele, 1 Sm 20. Então, como qualquer outra pessoa falsamente acusada pelos homens, ele apela para o julgamento de Deus. Isso transparece pelo que se segue: "Teus olhos vêem o que é certo, pois sondaste meu coração" etc.[71] Que relação tem isso com a sentença do rei ou a do tribunal? Decerto as pessoas solapam e demolem bastante o direito dos reis quando revelam que este se mantém e se ergue sobre fundações tão traiçoeiras.

Contempla ao menos esse argumento gasto, a pérola de nossos cortesãos locais: "Contra ti somente pequei", Sl 51.6[72]. Como se de fato ao dizer isso o rei Davi, cumprindo penitência cheio de pesar e lágrimas, deitado no chão envolto em burel e cinzas, pedindo humildemente a misericórdia de Deus, de algum modo pensasse sobre o direito dos reis, quando julgava que nem sequer fosse digno do direito de um escravo. Será que, comparando-o consigo, julgava todo o povo de Deus, seus próprios irmãos, tão desprezível que não pecava contra ele ao praticar assassinatos, adultérios e roubos? Afasta tal or-

....

69. Sl 17.2.
70. Em relação a Barnachmoni, M. mais uma vez cita com base em S., *DR*, p. 40 (ver também Schickard, *Jus Regium*, p. 65).
71. 1 Sm 20.8.
72. Em latim, *Tibi soli peccavi*, Sl 51.6. O texto e a numeração de M. (51.4, na Versão Autorizada) concordam com a Vulgata tal como fornecida por S., *DR*, p. 40 (e também por Schickard, *Jus Regium*, p. 65, cuja glosa é similarmente duvidosa: "Ergo nemini mortalium rationem reddere debeo, nec contra subditos peccare potero!").

gulho de um rei tão santo – e tal infame ignorância de si ou de seu semelhante. Assim, deve-se entender "Contra ti somente pequei" como "contra ti principalmente". Como quer que seja, sem dúvida as palavras do salmista e expressões carregadas de emoção de maneira alguma são adequadas para explicar o direito, nem deveriam ser introduzidas para esse uso.

Mas "ele não foi convocado ao tribunal nem se declarou culpado de crime capital na presença do sinédrio". Que seja. Pois como é possível descobrir algo que até então se tenha praticado sem testemunhas e em tal sigilo que talvez durante alguns anos (assim são os segredos dos tribunais) dificilmente mais de uma ou duas pessoas tenham travado contato com isso? 2 Sm 12[73]: "Tu o fizeste em oculto." Afinal, e se o sinédrio fosse lento mesmo na punição de cidadãos privados? Alguém apresentaria como prova disso que não fossem punidos? Porém, a razão não é obscura. Ele condenou a si mesmo, v. 5: "Culpado de crime capital é o homem que fez isso." De imediato o profeta se rejubilou: 'Tu és esse homem." Também de acordo com o julgamento do profeta ele era culpado de crime capital. Mas Deus, por Seu próprio direito e com extraordinária misericórdia para com Davi, absolveu o rei tanto desse pecado como da sentença de morte que ele mesmo havia pronunciado contra si, vers. 13: "Não morrerás".

Agora vociferas contra um ou outro advogado sanguinário, e despendes o derradeiro esforço na tarefa de refutar a peroração dele[74]. Deixem-no dizer a si mesmo: estou cumprindo a tarefa que me foi confiada – para concluir com o mínimo de palavras possível. Certas coisas, entretanto, não posso omitir. Primeiro, tuas notáveis contradições. Na página 30, escreves: "os israelitas não imploram por um rei injusto, um homem violento e saqueador, dentre outras qualidades comuns aos piores reis". Mas na página 42 tu te zangas com o advogado por

....
73. 2 Sm 12.12.
74. I.e., John Cook.

ter ele declarado que os israelitas pedem um tirano[75]. "O que eles preferiam", perguntas tu, "atirar-se impetuosamente da frigideira para o fogo – isto é, pôr à prova a selvageria do pior dos tiranos, ou suportar os juízes iníquos a quem então já se haviam acostumado?" Primeiro dizes que os hebreus preferiam tiranos a juízes; agora, que preferiam juízes a tiranos e "tudo o que não queriam era um tirano". Assim, o advogado responderá a ti com base em teu próprio material, pois de acordo contigo todo rei é, por direito dos reis, um tirano.

O que vem em seguida é bom: "a autoridade suprema residia então no povo, porque ele rejeitou os juízes e escolheu um rei"[76]. Tu te lembrarás disso quando eu te perguntar novamente. Negas que 'Deus, em Sua ira, tenha provido os israelitas de um tirano por rei ou punição, mas como algo benéfico e bom'. Isso é fácil refutar. De fato, por que clamariam contra o rei que haviam escolhido, senão porque o poder real é uma coisa ruim – não em si mesma, na verdade, mas porque com muita freqüência, tal como o profeta[77] adverte aqui, redunda em orgulho e dominação? Se isso não te satisfaz, reconhece que o aceitaste por escrito e enrubesce. *Apparat. ad primatum papae*: "Em Sua ira, Deus lhes deu um rei, ofendido pelo pecado de se recusarem a ter Deus como seu rei. Daí a Igreja, como se fora em punição por esse delito que levava ao abandono do puro culto a Deus, renunciou ao mais que real mando de um único monarca mortal"[78]. Caso tua comparação permaneça válida, ou Deus deu um rei aos israelitas como punição e como algo ruim, ou deu um papa à Igreja por seu bem e como coisa boa. Existe algo mais inconstante do que esse homem, algo mais louco? Quem confiaria a esse homem o

....

75. Cook, *King Charls his case*, p. 8.
76. Em latim, *authoritatem in populo maximam tunc fuisse, quod judices repudiarunt, regem optarunt*. M. repetidas vezes retorna a essa passagem, retirada de *DR*, p. 42.
77. I.e., Samuel.
78. S., *De primatu*, p. 230.

menos relevante dos assuntos, se numa questão de monta ele não dá nenhum valor ao que afirma, negando-o mais tarde? Na página 29, afirmas "que o rei não se restringe às leis entre todas as nações; este era o julgamento do Oriente e do Ocidente". Mas, na página 43, "todos os reis do Oriente eram κατὰ νόμον [lícitos] e legítimos; mais ainda, os reis egípcios estavam restritos às leis nos maiores e menores assuntos" – quando no início do capítulo prometeras provar que todos os reis não "se restringem às leis, eles dão leis e não as recebem". De minha parte, não estou zangado contigo, pois ou estás louco ou estás do meu lado. Não resta dúvida de que isso é atacar, não defender; é fazer troça do rei. Se não estás fazendo troça, então por certo a frase de Catulo se adapta perfeitamente a ti[79], mas em sentido inverso: és de todos o pior patrono, assim como qualquer um é o melhor poeta. Seguramente, se o embotamento em que dizes estar "mergulhado" o advogado não te tiver cegado, agora sentirás que tu mesmo te "tornaste estúpido".

Agora confessas que "as leis foram dadas também a todos os reis das nações, embora não para que se restringissem a elas por medo de julgamentos e penas capitais". Não provaste isso com base nas Escrituras, nem em nenhum autor digno de crédito. Então ouve isso em poucas palavras: outorgar leis civis aos que não se restringem às leis é idiota e tolo; punir todos os outros, mas conceder impunidade em todos os crimes somente para um único homem, quando a lei não isenta ninguém, é inteiramente injusto. Essas duas coisas jamais ocorrem aos legisladores sábios, muito menos a Deus. Porém, para que todos possam ver que não provas, de modo nenhum, com base nos escritos dos hebreus o que empreendeste provar nesse capítulo, confessas espontaneamente que entre os professores "há os que negam que outro rei, senão Deus, teria sido admitido por seus ancestrais, sendo-lhes atribuído, ao invés, como punição". Com essa opinião eu concordo.

---

79. Ver Catulo, 49.

De fato, não é próprio nem digno de um homem ser rei, salvo se for muito superior a todos os demais. Quando muitos homens são iguais, como a maioria é em todo Estado, penso que se deveria assegurar o poder em termos iguais e a todos sucessivamente. Ora, quem não julga verdadeiramente indigno todos serem escravos de seu igual, ou de alguém que muitas vezes é inferior a si e muito freqüentemente um néscio? Tampouco "tem o efeito de recomendação do poder real" o fato de Cristo traçar sua origem aos reis, assim como não tem efeito de recomendação dos príncipes extremamente maus o fato de terem Cristo por descendente. "O Messias é rei": reconhecemo-lo, rejubilamo-nos e oramos para que ele possa vir o antes possível, pois ele é digno e ninguém se assemelha a ele ou é capaz de segui-lo. Entretanto o governo real, que foi confiado a gente indigna e desprezível, como muitas vezes acontece, gerou para a raça humana mais mal do que bem, segundo se considera corretamente. Disso não se segue diretamente que todos os reis sejam tiranos. Mas suponhamos que sim: concedo-te isso para que não me julgues demasiado obstinado. Agora faz uso do que te concedi. "Estas duas conseqüências se seguem", tu dizes: "O próprio Deus teria de ser chamado rei dos tiranos e na verdade Ele seria o maior dos tiranos." Se uma dessas duas conseqüências não se segue, certamente não se segue a conseqüência que quase sempre se segue de todo o seu livro – a saber, que tu contradizes perpetuamente não apenas as Escrituras, mas a ti mesmo, pois na sentença imediatamente anterior tu disseras que "um Deus é rei de todas as coisas, que Ele também criou". Ora, Ele também criou tiranos e demônios, e por isso em tua opinião Ele também é rei destes.

Na tua segunda conclusão eu cuspo, fazendo votos de que essa tua boca blasfema seja fechada, pois afirmas que Deus é o maior tirano, se for chamado rei e senhor dos tiranos, como tu mesmo sempre dizes.

Porém tu não ajudas muito mais a causa dos reis quando sublinhas que também Moisés "era um rei dotado de poder supremo". Realmente ele, como qualquer outro, podia ter esse poder, na medida em que ele era um dos que podiam "encaminhar a Deus" nossas questões, como fez Moisés, Êx 18.19. Mas nem mesmo Moisés, embora fosse íntimo de Deus, por assim dizer, tinha permissão para fazer ao povo de Deus o que bem entendesse. O que diz ele? "Esse povo veio a mim", diz ele, "para consultar a Deus" – não, portanto, para receber ordens de Moisés. Então Jetro abordou o assunto: "Representa o povo diante de Deus, e ensina-lhes as leis de Deus[80]." E Moisés, Dt 4.5: "Tenho-vos ensinado estatutos e juízos, como me ordenou Deus." Daí dizer-se que ele fora "fiel em toda a minha casa"[81]. E portanto o rei do povo era Jeová; Moisés era, por assim dizer, somente um intérprete de Jeová, o rei. Por isso, serás iníquo e sacrílego se ousares transferir por tua própria conta esse poder supremo de Deus para o homem, poder este que o próprio Moisés não detinha em supremacia, mas apenas por procuração e como intermediário sob o espírito presidente de Deus. Aqui tua pilha de iniquidade também aumenta ao dizeres que Moisés era rei com poder supremo, embora em *Apparatus ad Primatum*, p. 230, houvesses dito que "juntamente com os setenta presbíteros ele governava o povo; e era o chefe do povo, não seu senhor". Logo, se ele era rei (como certamente ele era, e o melhor dos reis, aliás), e possuía, como tu mesmo reconheces, "um poder claramente supremo e real", sem ser todavia senhor do povo, nem governá-lo sozinho, então não se seguirá necessariamente, segundo tua própria autoridade, que os reis, embora dotados do poder supremo, não são contudo senhores dotados de direito real e supremo, nem devem governar o povo sozinhos, muito menos ainda a seu bel-prazer?

Com que desfaçatez fabricas falsamente uma ordem de Deus "a respeito da indicação de um rei para governá-los tão

---

80. Êx 18.15, 19-20.
81. Nm 12.7.

logo entrassem na terra sagrada" (Dt 17[82])! Espertamente deixas de lado o que vem antes: "quando tu disseres, porei sobre mim um rei". E agora lembra-te, pois vou te pedir de volta, quando disseste, p. 42, que "naquela ocasião o povo dispunha do mais ilimitado poder".

Uma vez mais terás de decidir se quiseste ser destemperado ou ímpio. "Como Deus", dizes tu, "havia determinado muito antes que se deveria instituir o governo monárquico por ser a melhor forma de governo para aquele povo, como sanar essas questões? O profeta se opôs; Deus agiu em conformidade com o profeta, como se Ele não o desejasse." Ele se vê enredado, ele se vê diante de obstáculos; esperem então para ver com que enorme malícia contra o profeta e impiedade para com Deus ele procura remover os empecilhos de seu caminho: "deve-se considerar nessas circunstâncias", diz ele, "que naquele momento eram os filhos de Samuel os juízes do povo, e o povo os rejeitou por causa de seus julgamentos corrompidos. E Samuel não queria que os filhos fossem expulsos pelo povo. Deus, para agradar a seu profeta, sugeriu não estar muito satisfeito com o que o povo desejava". Fala numa palavra, infeliz, o que estás dizendo em circunvoluções. Samuel enganou o povo, e Deus, Samuel. O "perturbado" e "insano", portanto, não é o advogado, mas tu, que, para honrar um rei apenas, desrespeita totalmente a Deus. Parece-te realmente que Samuel colocaria a cobiça e ambição dos filhos acima da segurança ou da boa vontade de seu país; que teria trapaceado o povo quando este buscava um curso reto e benéfico com um conselho tão astuto e matreiro; quem teria dado ensinamentos falsos, no lugar de verdadeiros? Parece-te realmente que Deus procuraria agradar a alguém num assunto tão infame ou agiria de maneira tão insincera para com o povo? Assim, ou o direito dos reis não era o que o profeta expôs ao povo, ou esse direito, pelo testemunho de Deus e do profeta, era mau, opressivo, violen-

---

82. Dt 17.14.

to, inútil e custoso à república; ou finalmente, o que é sacrílego afirmar, tanto Deus como o profeta queriam ludibriar o povo. Em muitas passagens Deus atesta estar deveras muito descontente por ter o povo pedido um rei, vers. 7: "não desdenharam de ti, mas de mim, para eu não reinar sobre eles, julgar conforme todas as obras pelas quais me abandonaram e a outros deuses serviram"[83], claramente como se fosse alguma sorte de idolatria pedir um rei que exige lhe serem prestadas adoração e honra quase divinas. Sem dúvida o homem que põe sobre si um senhor terreno, que paira acima de todas as leis, está a um passo de erigir para si um outro deus, um deus de modo algum o mais das vezes razoável, mas um rei o mais das vezes brutal e animalesco, pois que a razão se corrompeu. Daí 1 Sm 10.19, "vós rejeitastes a vosso Deus, que vos livrou de todos os males e trabalhos, e lhe dissestes: "Põe um rei sobre nós"", e o capítulo 12.12, vós pedistes um rei "muito embora o Senhor vosso Deus fosse o vosso rei"; e vers. 17, "vereis que é grande a vossa maldade que praticastes perante o Senhor, pedindo para vós um rei". E Oséias é insolente ao falar do rei, cap. 13.10-11: "Onde está agora o teu rei, para que te guarde em todas as cidades? Onde estão os teus protetores, dos quais disseste: Dá-me rei e nobres? Dei-te um rei em minha ira." Por isso o herói Gedeão, que era mais do que o rei, disse "Não dominarei sobre vós, nem tampouco meu filho dominará sobre vós; mas o Senhor sobre vós dominará", Jz 8[84] – claramente como se ele estivesse ensinando, ao mesmo tempo, que não é do homem, mas de Deus somente, dominar sobre o homem. É por essa razão que Josefo intitula a república dos hebreus, na qual apenas Deus detém a soberania, de θεοκρατίαν [teocracia], em contraste a Apion, um gra-

---

83. 1 Sm 8.7.
84. Jz 8.23.

mático egípcio bastante abusado, como tu[85]. Ao finalmente recobrar a sensatez, o povo se queixa em Is 26.13 que foi desastroso ter outros senhores que não Deus. Todas essas passagens são a prova de que se concedeu um rei aos israelitas como conseqüência da ira de Deus.

E haverá alguém que tu não faças sacudir de riso ao ouvir-te narrar a história do tirano Abimeleque? Conta-se que foi morto em parte por uma pedra atirada por uma mulher, em parte pela espada de seu escudeiro[86]. "Deus retribuiu a Abimeleque com o mal. Essa história", dizes, "prova categoricamente que apenas Deus é juiz e executor dos reis." Mais precisamente, dos tiranos, homens indignos e bastardos, se o seguinte for verdadeiro: todo aquele que, por direito ou crime, investe-se de tirania, a um só tempo adquirirá régio poder sobre o povo e se furtará à punição; imediatamente, as armas cairão das mãos dos magistrados e daí por diante nem sequer se atreverão a resmungar. Ora, o que aconteceria se um grande ladrão morresse dessa maneira na guerra: seria portanto Deus o grande executor dos ladrões? O que aconteceria se ele houvesse sido condenado de acordo com a lei pelas mãos do carrasco? Teria Deus lhe retribuído menos o mal? Não leste em lugar nenhum que seus juízes também foram processados de acordo com a lei, e no entanto tu admites espontaneamente, p. 4, que "numa aristocracia mesmo o príncipe, se pratica algum mal, pode e deve ser julgado". Por que o mesmo também não poderia suceder a um tirano num reino? Porque Deus retribuiu a Abimeleque com o mal. Mas o mesmo fez a mulher, e o mesmo fez também o escudeiro, e sobre ambos ele dera mostras de deter o régio poder. E se um magistrado houvesse feito isso? Não empunha ele a espada de Deus precisamente com a finalidade de retribuir o mal com o mal?

---

85. Josefo, *Contra Apion*, II, 165.
86. Ver Jz 9.53-4.

Após essa prova "categórica" extraída da morte de Abimeleque, ele se volta, como é seu hábito, para palavras de inventiva. Nada além de "lixo" e "lama" sai de sua boca, e as coisas que ele havia prometido provar não provou, seja com base nos livros sagrados, seja com base nos rabinos. Pois ele nem mostrou que o rei está isento das leis, nem por que, se comete um crime, é o único dos mortais a não ser punido. Em vez disso, ele se emaranha em suas próprias testemunhas e com seus esforços evidencia que a opinião contrária à sua é mais verdadeira.

E como ele avance muito pouco com suas provas, procura suscitar ódio contra nós por meio da mais terrível de todas as acusações, como se o melhor e mais inocente dos reis houvesse sido cruelmente deposto. "Terá sido Salomão", pergunta ele, "um rei melhor do que Carlos I?" Para falar a verdade, já houve quem não hesitasse em relacionar seu pai Jaime a Salomão e de fato preferi-lo por seu ilustre nascimento. Salomão era filho de Davi, e foi primeiro músico de Saul. Jaime era filho do conde de Darnley, que surpreendeu o músico Davi (depois de entrar no quarto de sua mulher, a rainha, à noite) disparando pela porta, e pouco tempo depois o matou, como relata Buchanan[87]. Assim é que Jaime teria sido mais ilustre de nascimento e denominado de segundo Salomão, malgrado a história deixe suspenso no ar, para que os leitores advinhem, se ele era filho de Davi, o músico. Ora, comparar Carlos com Salomão! Não entendo como isso possa ter entrado na tua cabeça. Pois esse Carlos a quem tu exaltas com tantos louvores – sua obstinação, cobiça, crueldade e selvagem dominação de todos os homens bons e honestos, suas guerras, seus incêndios, pilhagens e um sem-número de assassinato de infelizes

---

87. Buchanan, *Historia*, fos 210a-b, conta a história de David Rizzio, secretário de Maria, Rainha dos Escoceses, assassinado pelo Conde de Darnley por causa de seu suposto adultério com ela.

cidadãos – mesmo no momento em que escrevo isto, seu próprio filho Carlos confessa e lamenta naquele local público de penitência na Escócia, em meio ao povo; mais ainda, ele renuncia a esse teu direito régio[88].

Mas se tanto te encantam os paralelos, comparemos Carlos com Salomão. Salomão "iniciou seu reinado" com a execução "de seu digníssimo irmão"; Carlos, com a execução do funeral do pai. Não falo em "assassinato" (embora todos os indícios de veneno fossem observados no corpo de seu pai), pois a suspeita disso recaiu sobre Buckingham[89]. Mesmo assim, embora esse homem fosse o assassino do rei e de seu pai, Carlos não apenas o livrou de toda culpa na presença do mais supremo conselho do reino, como ainda, temendo que o assunto fosse inteiramente subordinado à investigação do Parlamento, dissolveu a sessão[90]. Salomão "oprimiu o povo com o mais elevado dos tributos", mas o gastou no templo de Deus e em edifícios públicos. Carlos gastou em extravagâncias. Salomão foi atraído por um enorme número de esposas ao culto de ídolos; Carlos foi atraído por uma única esposa. Embora Salomão fosse induzido a praticar velhacarias, não consta que tenha induzido outros; Carlos induziu outros não apenas usando as mais ricas recompensas de uma Igreja corrupta, mas obrigou-os por editos e decretos eclesiásticos a erguer altares odiosos a todos os protestantes e a adorar crucifixos pintados na parede, projetando-se sobre os altares. Ora, nem por isso foi "Salomão condenado a morrer pelo povo". Tampouco, digo eu, se segue disso que não deveria ter sido condenado pelo povo. Pois poderiam ter acontecido muitas coisas em razão das

....

88. Em 16 de maio de 1650 Carlos assinou uma humilhante declaração reconhecendo os erros de seus pais.

89. Eram freqüentes as afirmações de que George Villiers, Duque de Buckingham (1592-1628), antigo favorito de Jaime I, o havia envenenado. Cf. *E*, III, 351-2, e Cook, *King Charls*, p. 12.

90. Junho de 1626.

quais isso naquela época não pareceu conveniente ao povo. Pouco depois, o povo certamente revelou por meio de palavras e ações qual era seu direito: quando as dez tribos expulsaram o filho de Salomão[91]. E se ele não houvesse se apressado em fugir, é de acreditar que realmente teriam apedrejado até a morte um rei que tão-só os havia ameaçado.

---

91. I.e., Roboão, ver 1 Rs 12.18, e cf. *E*, III, 382-3.

Capítulo III

Já está suficientemente provado e demonstrado que, por ordem de Deus, depois de Moisés os reis se vincularam, do mesmo modo que o povo, a todas as leis, e que nas Escrituras não se encontra nenhuma isenção às leis. Assim, é falso e carece de autoridade e razão que os reis "podiam fazer impunemente o que queriam" ou que "eles não podiam ser punidos pelo povo" e portanto que "Deus reservara a punição deles a Seu próprio tribunal". Vejamos se o Evangelho aconselha o que a lei não aconselhou e tampouco ordenou. Vejamos se o Evangelho, essa divina proclamação de liberdade, condena-nos à escravidão sob reis e tiranos, de cujo ilegal poder a antiga lei, ainda que também ensinasse alguma espécie de servidão, libertava o povo de Deus.

Retiras tua primeira prova da personalidade de Cristo. Ora, quem não sabe que ele assumiu a personalidade de cidadão privado, mais ainda, de escravo, para que pudéssemos ser livres? Que não se entenda isso, tampouco, apenas em relação à liberdade interna ou à liberdade civil. Seriam estranhas as palavras que Maria, mãe de Cristo, proferiu na profecia de sua vinda – "dispersou os que no coração alimentavam pensamentos soberbos, depôs dos tronos os poderosos, e elevou os humildes"[1] – se sua vinda antes fortalecesse os tiranos no trono e su-

---
1. Lc 1.52.

jeitasse todos os cristãos ao mais selvagem mando destes. Foi ele que ao nascer, servir e sofrer sob os tiranos obteve para nós toda honrosa liberdade. Cristo não só não nos tirou a capacidade de suportar a escravidão com calma se necessário, como também nos deixou a capacidade de aspirar honrosamente à liberdade, se bem que nos tenha assegurado esta última em maior medida. Daí Paulo, 1 Co 7, decidir o seguinte, não apenas a respeito da liberdade evangélica, como também da civil: "Foste chamado, sendo escravo? Não te preocupes com isso; se ainda podes ser livre, aproveita a ocasião. Fostes comprados por bom preço, não sê escravos do homem."[2] Portanto, em vão nos exorta à escravidão pelo exemplo de Cristo, que ao preço da própria servidão fortaleceu a liberdade civil também para nós; e em nosso lugar assumiu a forma de escravo, mas jamais perdeu o coração de libertador. A partir disso te mostrarei que o ensinamento dele sobre a natureza do direito dos reis é muito diferente da doutrina que tu ensinas. Pois tu és um professor (estranho numa república!), não do direito dos reis, mas do direito dos tiranos, e decides que se a uma nação coube o azar de ter um tirano, por hereditariedade, conquista ou acaso, ela fica escravizada não apenas por necessidade, mas também por obrigação religiosa.

Como é praxe, empregarei teus próprios testemunhos contra ti. Cristo perguntou a Pedro, quando certos cobradores de impostos galileus exigiram dele duas dracmas, Mt 17, de quem os reis da terra cobram os tributos ou presentes: dos filhos ou dos estranhos? Pedro respondeu-lhe: "dos estranhos". Então, disse-lhe Cristo, "os filhos estão isentos. Mas, para não os ofendermos, dá-lhes alguma coisa por mim e por ti"[3]. Essa passagem faz os comentadores se envolverem em vários debates relativos a quem foram pagas as duas dracmas. Alguns dizem que aos sacerdotes pelo santuário; outros, a César. Considero

---

2. 1 Cor 7.21-3.
3. Mt 17.24-7.

que foram pagas a Herodes, que se apropriou da receita do templo. Pois Josefo relata que vários impostos cobrados por Herodes e seus filhos foram por fim perdoados por Agripa[4]. Mas esse tributo, embora em si mesmo pequeno, quando somado a muitos outros se tornava oneroso; e aqueles de que Cristo fala aqui devem ter sido onerosos – de resto, mesmo durante a república, os pobres eram contados por cabeça e não sofriam tributação. E foi a partir de então que Cristo aproveitou a oportunidade de acusar a injustiça de Herodes, malgrado estivesse sob seu mando. Os demais reis da terra (se de fato desejam ser chamados de pais de seu país) habitualmente não cobram tributos excessivamente onerosos de seus filhos, isto é, dos próprios cidadãos. Cobram-nos, sim, dos estrangeiros, sobretudo quando estes foram vencidos em guerra. Ora, Herodes, ao contrário, oprimiria seus filhos, não os estrangeiros. Mas, quer concedas que por 'filhos' se entendem aqui os próprios súditos do rei, quer os filhos de Deus[5], isto é, os fiéis e cristãos em geral, como entende Agostinho, é absolutamente certo que, se Pedro era filho e portanto isento, também nós somos livres, de acordo com a autoridade de Cristo, seja como cidadãos, seja como cristãos. Assim, não é direito dos reis cobrar tributos excessivamente onerosos dos filhos e homens livres. Pois Cristo testemunha que ele pagou, não porque tivesse de fazê-lo, mas para que, como cidadão privado, não trouxesse problemas para si ofendendo os que exigiam o pagamento; ele sabia que tinha um dever e um serviço muito distintos para realizar ao longo de sua vida. Logo, embora Cristo negasse que fosse direito dos reis impor tributos excessivamente onerosos sobre os homens livres, sem dúvida ele negava muito mais claramente que fosse direito dos reis praticar pilhagens, destruição, assassinatos e tortura de seus próprios cidadãos e em particular dos cristãos. Como ele parece ter dis-

---

4. Josefo, *Antiguidades judaicas*, XIX, 6. Agripa I, rei da Judéia de 41 a 44.
5. Em latim, *filios Dei*: emprego agostiniano habitual.

cutido o direito dos reis noutro lugar também dessa maneira, certas pessoas começaram a suspeitar que ele não teria considerado a licença dos tiranos como direito dos reis. Não foi, com efeito, por outra razão que os fariseus o puseram à prova com perguntas desse tipo. Quando estavam prestes a interrogá-lo sobre o direito dos reis, disseram que ele não se importava com ninguém e não respeitava a índole dos homens; e não foi sem razão que ele se zangou quando lhe propuseram esse tipo de interrogatório, Mt 22[6]. O que aconteceria se alguém desejasse se aproximar de ti insidiosamente e tomasse tuas palavras para inferir delas algo em teu prejuízo, questionando-te sobre o direito dos reis sob o governo de um rei? Zangar-te-ias com qualquer um que te interrogasse sobre isso? Duvido! Por isso, observa então que a opinião dele sobre o direito dos reis não era conveniente aos reis.

A mesma coisa se deduz ainda mais claramente da resposta na qual ele parece antes repelir do que instruir seus interrogadores. Ele pede a moeda do tributo. Ele diz: "De quem é essa efígie?" "De César." "Dai a César o que é de César e a Deus o que é de Deus." Mais ainda, quem não sabe que as coisas pertencentes ao povo devem ser devolvidas ao povo? Dai a cada um o que deveis, diz Paulo, Rm 13[7]. Portanto, nem todas as coisas são de César. Nossa liberdade não é de César; ao contrário, é um presente de nascimento oferecido a nós pelo próprio Deus. Devolver a um César qualquer o que não recebemos dele seria extremamente torpe e indigno da origem do homem. Com efeito, se ao contemplar o rosto e o semblante de um homem alguém perguntasse de quem é a efígie, não se responderia espontaneamente que é a de Deus? Como então pertencemos a Deus, isto é, somos verdadeiramente livres e nessa qualidade devemos ser dados apenas a Deus, por certo não podemos, sem praticar pecado e de fato o maior dos sa-

....
6. Mt 22.15-21.
7. Rm 13.7.

crilégios, entregar-nos como escravos a César, isto é, a um homem, e sobretudo um homem injusto, iníquo e tirano?

Entretanto, ele deixa em aberto que coisas são de César e que coisas são de Deus. Mas se essa moeda fosse a mesma que os dois dracmas pagos de hábito a Deus, como sem dúvida seria mais tarde durante o governo de Vespasiano[8], então Cristo na realidade não mitigou a controvérsia, mas a tornou mais intrincada, pois é impossível dar a mesma coisa, ao mesmo tempo, a Deus e a César. Mas ele mostrou quais coisas são de César: a moeda com a efígie de César. Pois então o que ganhas com isso, afora um denário, seja para César, seja para ti? Ou Cristo nada deu a César, além do denário, e afirmou que tudo o mais nos pertence, ou se ele deu a César todo dinheiro em que estava inscrito o nome de César, agora em contradição consigo próprio, ele terá dado quase toda nossa propriedade a César, na medida em que ele declarou abertamente, em seu nome e no de Pedro, que eles não pagariam aos reis um único dracma por obrigação. Em suma, o raciocínio em que te fias é frágil, pois as moedas trazem os retratos do príncipe, não para mostrar que são sua propriedade, mas para mostrar que têm valor, e por isso ninguém se atreva a falsificar uma moeda gravada com o retrato do príncipe. Porém, se só uma inscrição tivesse o poder de instituir direito de reis, bastaria aos reis escrever seus nomes na moeda para imediatamente toda a nossa propriedade passar a lhes pertencer[9]. Ou então, se todas as nossas posses já lhes pertencessem, como tu pensas, não se deveria dar essa moeda a César porque traz o nome ou o retrato de César, mas porque de direito já seria de César antes, mesmo que não estivesse gravada com nenhuma efígie. Fica claro, assim, que nessa passagem Cristo pretendia não tanto nos recordar, de maneira tão obscura e ambígua, nosso dever para com os reis ou Césares, como provar a iniqüida-

....

8. Vespasiano, imperador romano, 69-79.
9. Uma exegese semelhante se encontra em *T*, II, 643.

de e malícia dos hipócritas fariseus. Além do mais, quando noutra época os fariseus lhe relataram que Herodes estaria preparando uma emboscada contra sua vida, conseguiram dele uma resposta humilde ou submissa para levar de volta ao tirano? Ao contrário, ele disse "ide dizer àquela raposa"[10], sugerindo que os reis não conspiram contra os próprios cidadãos por direito de realeza, mas à maneira de uma raposa.

"Mas ele aceitou morrer sob um tirano." E como poderia deixar de ser, senão durante o governo de um tirano? "Ele padeceu a morte no governo de um tirano"; logo ele poderia ser testemunha e defensor de todos os atos absolutamente injustos do poder régio! Tu és de fato um extraordinário calculista de moral! E Cristo, muito embora se escravizasse para nos libertar, para não nos submeter ao jugo, comportou-se dessa maneira, e não cedeu ao poder régio nada que não fosse justo e bom.

Tratemos mais longamente de seu ensinamento sobre essa questão. Os filhos de Zebedeu, pretendendo a mais elevada autoridade no reino de Cristo, que, imaginavam eles, logo estaria na Terra, foram assim repreendidos por Cristo, a fim de incutir de imediato em todos os cristãos a espécie de direito dos magistrados e poder civil que ele desejava instituir entre estes. "Bem sabeis", disse ele, "que os príncipes das nações os dominam e que os grandes exercem autoridade sobre eles; porém não será assim entre vós. Pelo contrário, todo aquele que, entre vós, quiser tornar-se grande, seja vosso servo, e quem dentre vós quiser ser o primeiro, seja vosso escravo."[11] A não ser que estejas mentalmente perturbado, és capaz de acreditar que essa passagem ilustra teu lado da história, e que por meio desses argumentos tu nos convences a considerar nossos reis como senhores de tudo? Tomara encontremos na guerra inimigos que tropeçam no campo do inimigo, a exemplo do que te acontece rotineiramente, como se estivessem no próprio

....
10. Lc 13.32.
11. Mt 20.25-27.

campo, cegos e desarmados (embora saibamos muito bem que podemos conquistá-los mesmo quando armados). Na tua loucura tu sempre te acostumaste, como aqui, a narrar o que é mais hostil à tua causa, como se isso lhe conferisse o mais forte apoio. Os israelitas continuaram a pedir um rei "a exemplo do que tinham todas as nações". Deus os advertiu contra isso, usando muitas palavras que Cristo resumiu brevemente neste discurso: "Bem sabeis que os príncipes das nações os dominam." No entanto, quando pediram, Deus lhes deu um rei, ainda que estivesse zangado. Para que o povo cristão de modo algum pedisse um rei por governante, a exemplo de outras nações, Cristo os preveniu com o aviso: "entre vós não será assim". É possível ser mais claro do que isso? Entre vós não haverá esse orgulhoso mando dos reis, muito embora sejam eles chamados pelo plausível título de Euergetes[12] e benfeitores. Mas quem desejar tornar-se grande entre vós (e quem há maior do que o príncipe?), "seja vosso servo", e quem desejar ser "o primeiro" ou "o príncipe" (Lc 22)[13], "seja vosso escravo". Portanto, o advogado que vituperas não estava errado – ao contrário, tinha Cristo como autoridade – quando disse que um rei cristão é servo do povo[14], como todo bom magistrado seguramente é. Ora, ou bem o rei não é de modo algum cristão, ou bem é escravo de todos. Se ele claramente deseja ser senhor, não pode, ao mesmo tempo, ser cristão.

Além disso, mesmo Moisés, que introduziu uma lei autorizando um certo grau de escravidão, não governou orgulhosamente sobre o povo. Pelo contrário, carregou o fardo do povo e o conduziu em seu peito, como a ama leva a criança no colo, Nm 11[15] – e a ama, de resto, é escrava. Platão ensinou que os

....

12. *Euergetae*, em latim: do grego εὐεργέτης (que pratica o bem ou benfeitor), às vezes adotado como título pelos reis helênicos.
13. Lc 22.25.
14. Cook, *King Charls*, p. 24.
15. Nm 11.12.

magistrados não deveriam ser intitulados senhores, mas libertadores e auxiliadores do povo; o povo não deveria ser intitulado escravo, mas esteio dos magistrados, pois é o único que providencia comida e salários para os magistrados, mesmo no governo dos reis[16]. Aos mesmos homens Aristóteles chama guardiães e servidores das leis[17]. Platão os chama tanto servidores como escravos. O apóstolo na verdade os chama de ministros de Deus[18], o que de maneira alguma os impede de ser tanto das leis como do povo. Pois as leis, tanto quanto os magistrados, existem para o bem do povo.

E todavia continuas a apregoar que essa "é a opinião dos rábidos cães da Inglaterra". Eu certamente não consideraria os ingleses como cães, tirante pelo fato de que tu, vira-lata, ladras para eles com esse teu servil latido: o dono de St. Loup[19], se Deus quiser, efetivamente o lobo sagrado, queixa-se de que os cães são rábidos. Há muitos e muitos anos em teu país, S. Germano, cujo companheiro era o famoso S. Loup de Troyes, usou de sua autoridade para destituir do reinado o lascivo rei Vortigern[20]. S. Loup então esperneia como tu, dono não apenas de um lobo sagrado, mas de um lobo faminto e furtivo, mais desprezível que aquele dono das víboras em Marçal[21]. Também tens em casa uma Licisca ladradora[22], que manda em ti de maneira extremamente impiedosa, embora sejas tu o governante do lobo, e faz alarido de teus títulos, opondo-se a ti em voz alta. Portanto não admira que queiras impor a dominação real sobre outros, estando tu mesmo tão servilmente

....

16. Platão, *Leis*, IV, 715.
17. Aristóteles, *Política*, III, 16 (1287a).
18. Rm 13.4.
19. A propriedade de S. ficava em St. Loup, na França [Loup, em francês, significa lobo (N. da T.)].
20. Cf. *HB*, V, 136-41.
21. Marçal, *Epigramas*, I, 41, 7.
22. *Licisca*: nome de uma cadela em Virgílio (*Éclogas*, 3, 18) e Ovídio (*Metamorfoses*, 3, 220).

acostumado a suportar o mando feminino em casa. Assim, quer tu sejas o dono do lobo e tenhas uma loba como dona, quer tu mesmo sejas o lobo ou o lobisomem, asseguro-te que deves ser o esporte dos cães ingleses. Mas agora não tenho tempo para caçar lobos, e depois então de sair das florestas retornemos à estrada do rei.

Tu, que recentemente escreveste contra toda primazia na Igreja, agora "chama Pedro de príncipe da coroa apostólica". Quem pode confiar em ti, homúnculo, se teus princípios são tão fluidos? E quanto a Pedro? "Sujeitai-vos a toda autoridade humana, por causa do Senhor, quer ao rei, como soberano, quer aos governadores como por ele enviados para o castigo dos malfeitores e para o louvor dos que fazem o bem; pois é a vontade de Deus."[23] Pedro escreveu isso não apenas para pessoas privadas, mas também para estrangeiros espalhados e dispersos por boa parte da Ásia Menor, que nos lugares onde viviam não tinham outro direito senão o de hospitalidade. Julgas que convenha a habitantes, homens livres, nobres, reuniões, assembléias e parlamentos de cidadãos nativos no próprio país, a mesma coisa que convém a estrangeiros dispersos numa terra estranha? Ou que a mesma coisa convenha a cidadãos privados em sua própria terra, como convém a senadores e magistrados, sem os quais nem sequer os reis existem? Ora, imagina que essas coisas fossem escritas para nativos, imagina que não fossem escritas para pessoas privadas, mas para o próprio senado romano. O que ganhas com isso, já que comumente nenhum preceito, que esteja atado a uma razão, obriga ou tem a capacidade de obrigar uma pessoa para além da razão do preceito? "Sujeitai-vos", ὑκοτάγητε, isto é, se considerares o sentido original da palavra, subordinai-vos ou legalmente submetei-vos, pois, ἡ γὰρ τάξις νόμος, diz Aristóteles, "lei é ordem"[24]. "Sujeitai-vos por causa do Senhor." Por quê? Porque tanto o rei como o

....

23. 1 Pd 2.13-15.
24. Aristóteles, *Política*, 1287a.

governador são designados por Deus para punir os malfeitores e louvar os que fazem o bem. "Pois é a vontade do Senhor." Ou seja, deveríamos nos submeter aos aqui descritos; não há nenhuma palavra nessa passagem sobre outras pessoas. Vês como está bem fundamentada a razão desse preceito. Ele acrescenta, vers. 16, "como livres" – portanto, não como escravos. O que aconteceria caso as posições se invertessem, e os governantes mandassem usando de tortura e causando a destruição dos bons, a impunidade, louvor e recompensa dos malfeitores? Estaremos sujeitos para sempre, não apenas todas as pessoas privadas, mas a nobreza, todos os magistrados, por fim o próprio Parlamento? Não se afirma que a autoridade é a do homem? Então por que o poder humano teria força para indicar o que é bom e vantajoso aos homens, porém não para remover o que é mal e destrutivo às mesmas pessoas? Mas o rei a quem receberam ordem de se sujeitar era Nero, o tirano de Roma naquela época. Devemos então nos sujeitar mesmo aos tiranos? Entretanto, afirmo que há dúvidas quanto a se o imperador romano naquela época era Nero ou Cláudio[25] e se os que recebem ordem de se sujeitar eram estrangeiros dispersos e cidadãos privados, não os cônsules, pretores do Estado romano.

Agora tratemos de Paulo (pois acreditas que te tenham concedido uma liberdade com relação aos apóstolos que não desejas nos conceder em relação aos reis, de modo que numa hora conferes primazia a Pedro e noutra a arrebatas). Paulo diz aos romanos, cap. 13[26]: "Toda alma esteja sujeita aos poderes superiores, pois não há poder que não venha de Deus. Os poderes que existem foram ordenados por Deus." Ele escreve isso aos romanos, porém não como Pedro escreve aos estrangeiros, que, apesar de dispersos, ainda assim são cidadãos privados e pessoas comuns. Ele também escreve para discursar mais esplendidamente sobre toda a razão, origem e finalidade

---

25. Nero, imperador romano, 54-68; Cláudio, imperador romano, 41-54.
26. Rm 13.1.

de governar uma república. Com isso a verdadeira e distinta razão de nossa obediência também deveria reluzir mais claramente, sem nenhum elo com a escravidão. "Toda alma", isto é, cada homem, "esteja sujeita". Crisóstomo já explicou suficientemente o que o apóstolo propõe nesse capítulo: ποιεῖ τοῦτο δεικνὺς etc., "ele faz isso", afirma, "a fim de mostrar que Cristo não introduziu suas leis para depor o governo comum, mas para conferir-lhe bases mais firmes". Não portanto para que que, colocando Nero ou qualquer outro tirano acima de toda lei e punição, ele pudesse instituir um império demasiado cruel de um homem sobre todos os mortais. "E para que ele pudesse ensinar, ao mesmo tempo, que não devem ser empreendidas guerras supérfluas e inúteis"; logo, ele não condena as guerras empreendidas contra um tirano, que é inimigo interno de seu país e, por essa razão, extremamente perigoso. "Naquele tempo, espalhou-se entre o povo um boato de que os apóstolos seriam rebeldes e insurreitos, como se fizessem e dissessem tudo para destruir as leis comuns. Foi a boca dessa gente que o apóstolo aqui faz calar."[27] Assim, os apóstolos não redigiram defesas para os tiranos, como tu fazes, mas praticaram e ensinaram coisas suspeitas aos olhos de todos os tiranos, coisas que portanto exigiram defesa e algum comentário da parte dos apóstolos.

Vimos, por meio de Crisóstomos, qual era o propósito do apóstolo. Examinemos agora então suas palavras: "Toda alma esteja sujeita aos poderes superiores." Ele não explica, todavia, não explica que poderes são esses, pois não pretendia pôr de lado os direitos e constituições de todas as nações e submeter tudo às inclinações de um único homem. Sem dúvida nenhuma todo bom imperador sempre reconheceu que autoridade das leis e do senado é muito superior à sua própria autoridade. Do mesmo modo, entre todas as nações, salvo as bárbaras, o direito sempre foi considerado absolutamente sagrado.

....

27. Crisóstomo, *Homilias* (23, sobre Romanos), *NPN*, IX, 511.

É por isso que Píndaro, em Heródoto, disse que νόμον πάντων βασιλέα, a lei é uma rainha governando a todos[28]; em seus hinos, Orfeu qualifica-a de rainha, não apenas dos mortais, mas até mesmo dos imortais: "Αθανάτων καλέω καὶ θνητῶν ἁγνὸν ἄνακτα Οὐράνιον νόμον."[29] E ele explica a razão disso: Αὐτὸς λὰρ μοῦνος ζώων οἴηκα κρατύνει, "Pois só a lei detém o governo das criaturas vivas". Nas *Leis*, Platão afirma que τὸ κρατοῦν ἐν ῥῇ πόλει, a lei é aquilo que deveria ter o maior poder num Estado[30]. Nas suas cartas, ele louva em alto grau o Estado em que a lei é governante e rainha dos homens, e os homens não são tiranos acima da lei[31]. Idêntica é a opinião de Aristóteles na *Política* e de Cícero nas *Leis*, a saber, de que as leis governam os magistrados do mesmo modo que os magistrados governam o povo[32]. E como no julgamento dos homens mais sábios e por intermédio das constituições dos Estados mais atilados sempre se considerou a lei o mais elevado e supremo poder, não colidindo o ensinamento do Evangelho com a razão ou com o direito das nações, decerto estará mais verdadeiramente sujeito aos poderes superiores o homem que obedecer com mais sinceridade às leis e os magistrados que governam o Estado de acordo com as leis.

Assim, ele prega essa sujeição não apenas ao povo, mas aos reis também, que de modo algum estão acima das leis. "Pois não há poder que não venha de Deus" – isto é, nenhuma forma de governo, nenhuma maneira legítima de mandar nos homens. As mais antigas leis também foram, no passado, atribuídas à autoridade de Deus; com efeito, a lei, segundo Cícero em *Fil.* 12, "nada mais é senão a justa razão extraída dos poderes dos deuses, ordenando o que é honroso e proibindo

---

28. Heródoto, *Histórias*, III, 38.
29. "Chamo a lei celeste de rainha sagrada dos imortais e dos mortais", *Hinos*, em *Orphica* (Leipzig, 1885), pp. 91-2.
30. Platão, *Leis*, IV, 715.
31. Platão, *Cartas*, VIII, 354c.
32. Aristóteles, *Política*, 1287a; Cícero, *De Legibus*, III, I, 2.

o oposto"³³. Assim, provém de Deus a instituição de magistrados para que, por seu governo, a humanidade possa viver sob leis; mas a liberdade de escolher esta ou aquela forma de governo, estes ou aqueles magistrados, sempre esteve em poder de livres nações de homens. Por isso Pedro intitula tanto os reis como os governantes de ἀνθρωπίνην κτίσιν, criação humana; e Oséias afirma, cap. 8, "Eles fizeram reis, mas não por minha vontade; constituíram príncipes, mas eu não o soube"³⁴. Pois somente no Estado dos hebreus, onde podiam consultar a Deus de vários modos, a indicação de um rei tinha de ser submetida a Deus por lei; todas as outras nações não recebemos de Deus nenhuma ordem dessa espécie. Às vezes mesmo a forma de governo, se for defeituosa, ou os homens que detêm o poder vêm dos homens e do demônio, Lc 4³⁵: "Dar-te-ei todo este poder, pois a mim me foi entregue, e o dou a quem eu quiser." Por isso é chamado de príncipe deste mundo; e Ap 13: a serpente deu à Besta seu poder, seu trono e grande autoridade³⁶. Portanto, é necessário entender que São Paulo não se referiu a quaisquer poderes, mas a poderes legítimos, semelhantes aos descritos abaixo; é necessário entender que ele se referiu aos próprios poderes, nem sempre aos homens que detêm o mando. Daí por que Crisóstomo fala claramente: "O que estais afirmando?", diz ele. "Então todo príncipe foi designado por Deus? Nego-o: porque o apóstolo não fala de um príncipe individual, e sim da posição mesma. Ele não diz que não existe príncipe, senão para Deus, mas que não há nenhum poder."³⁷ Eis Crisóstomo. "Mas os poderes que existem foram ordenados por Deus." Eis que o apóstolo quer que aqui se entendam os poderes legítimos; pois uma coisa má e defei-

---

33. Cícero, *Filípicas*, XI (não XII), xii, 28.
34. Os 8.4.
35. Lc 4.6.
36. Ap 13.2.
37. Crisóstomo, *Homilias* (23, sobre Romanos), *NPN*, XI, 511.

tuosa, por ser desordenada, provavelmente não pode ser ao mesmo tempo ordenada e defeituosa. Estas duas coisas são contrárias: ordem e desordem.

Mas tu interpretas "os poderes que existem" como se fosse "os poderes que agora temos", e assim consegues provar com mais facilidade que os romanos deveriam ter obedecido a Nero que, segundo tu pensas, então "reinava". Evidentemente deves nos perdoar! Podes pensar o que quiseres da república inglesa, mas terás forçosamente de reconhecer que os ingleses devem assentir a ela, já que "agora a temos" e "é ordenada" por Deus, como foi no passado o império de Nero. De fato, como Tibério, Nero havia tomado, "graças à astúcia de sua mãe, um poder que de modo algum lhe pertencia"[38], caso venhas a redargüir que esse poder fora legalmente conquistado. És pois tanto mais iníquo, o revisor de teu próprio ensinamento, quando esperas que os romanos se sujeitassem ao poder que então existia, e os ingleses não se sujeitem ao poder que agora existe. Ora, não há no mundo duas coisas mais diretamente opostas do que quase sempre se opõe a si mesma a tua extrema iniqüidade. O que farás agora, desgraçado? Claramente arruinaste o jovem rei com essa tua argúcia. Servindo-me da tua própria opinião, te torturarei até confessares que hoje vigente na Inglaterra foi ordenado por Deus e por isso todos os ingleses dentro das fronteiras desta mesma república devem se sujeitar a este poder. Então esperai, críticos, não vos intrometeis, essa é uma nova emenda de Salmásio na Epístola aos Romanos; ele descobriu que não se deve interpretá-la como "os poderes que existem", mas como "os poderes que agora temos". Assim, ele conseguiria mostrar que tudo deveria se submeter ao tirano Nero, que naquela época era de fato o imperador.

Ora, meu bom homem, ληκύθιον ἀπώλεσας, destruíste tua própria ânfora[39]. Assim como antes destruíras o rei, agora fa-

---

38. Ver Suetônio, *Nero*, 9.
39. Ver Aristófanes, *As rãs*, 1200 ss.

zes o mesmo com essa bonita emenda. A epístola que dizes ter sido escrita durante o governo de Nero foi escrita no governo de Cláudio, príncipe honesto e não um homem mau: isso os eruditos já provaram cabalmente por meio dos mais seguros argumentos[40]; além disso, cinco anos no governo de Nero foram muito louváveis, donde se descobre que este argumento incutido em nós, presente nas bocas de muitos e já impingido a muitos – segundo o qual se deve obedecer a um tirano porque Paulo exortou os romanos a se sujeitarem a Nero –, é uma ardilosa fabricação de algum ignorante.

"Quem resiste ao poder", isto é, ao poder legal, "resiste à autoridade de Deus". Esse preceito obriga até mesmo aos reis que resistem às leis e ao senado. Mas de fato quem resiste a um poder corrupto, ou resiste a alguém que destrói e depõe um poder que não seja corrupto, seguramente resiste à autoridade de Deus? Acredito que em teu juízo perfeito não dirias isso. O seguinte versículo extinguirá todas as dúvidas de que o apóstolo aqui fala do poder legítimo somente, pois ele explica por definição, caso alguém interprete mal e saia depois à caça de teorias tolas, quem são os magistrados que constituem ministros de seu poder, e por que ele nos exorta à sujeição: "Os magistrados não são um terror para as boas obras, mas para as más; os homens bons terão louvor desse poder; o magistrado é ministro de Deus para nosso bem, pois não traz debalde a espada, agente da ira para castigar o que pratica o mal."[41] Quem se nega, quem se recusa, a não ser os iníquos, a sujeitar-se livremente a um poder ou a um ministro com poder dessa espécie? E isso não apenas para evitar a "ira" e a agressão, ou por medo da punição, mas também "por causa da consciência".

Pois, sem magistrados e governo civil, nenhuma república, nenhuma sociedade humana, nenhuma vida pode existir.

....

40. Ver Louis Cappel, *Historia Apostolica Illustrata* (Genebra, 1634), pp. 76-7.

41. Rm 13.3-4.

No entanto, se qualquer poder ou magistrado age contrariamente a isso, nem os primeiros nem a última foram propriamente ordenados por Deus. Por conseguinte, não se deve nem se prega a sujeição a tal poder ou magistrado, e tampouco somos impedidos de qualquer resistência significativa a eles, pois não estaremos então resistindo ao poder ou ao magistrado, que aqui vem descrito com maestria, mas a um ladrão, a um tirano, a um inimigo. Mas se o intitularmos magistrado simplesmente porque detém o poder, porque ele pode parecer a autoridade ordenada por Deus para nos punir, nessas condições também o diabo será magistrado.

Sem dúvida, uma coisa só admite uma única definição verdadeira. Assim, se aqui Paulo define o magistrado, o que de fato faz com precisão, não poderia com a mesma definição e as mesmas palavras definir o tirano – que é o exato reverso. Por isso, infere-se com certeza que ele desejava nossa submissão apenas ao homem a quem ele mesmo definisse e descrevesse como magistrado, não ao tirano, seu oposto. "Por essa razão também pagais tributos"[42], acrescentando ele um motivo para sua ordem. Por isso Crisóstomo diz: "Por que pagamos tributos ao rei? Não é como se pagássemos um salário para alguém nos vigiar, em nome de nosso cuidado e proteção? Mas não lhe teríamos pago nada, se não soubéssemos desde o início que essa superintendência nos seria útil."[43] Repetirei, portanto, o que disse acima: como não se pede de nós uma sujeição absoluta, mas apenas se houver o acréscimo de uma razão, a razão a acrescentar será a verdadeira regra de nossa sujeição – quando não nos sujeitamos a essa razão, somos rebeldes; quando nos sujeitamos sem essa razão, somos escravos e covardes.

"Os ingleses estão muito longe de ser livres", dizes tu, "porque são homens maus, são criminosos." Não gostaria de men-

---

42. Rm 13.6.
43. Crisóstomo, *Homilias* (23, sobre Romanos), *NPN*, xi, 513.

cionar os defeitos dos franceses, embora eles vivam sob reis, nem apresentar mil desculpas pelos ingleses. Afirmo, contudo, que aprenderam seus atos vergonhosos durante o governo dos reis, por assim dizer, no Egito, e não foram capazes de desaprendê-los de imediato enquanto estavam no deserto, embora sob o mando de Deus. Mas há boas novas vindas da maioria, isso para não principiar aqui um solene encômio daqueles homens excelentes, que são os mais santos e perseguem a verdade. Entre nós, creio eu, encontram-se em número igual ao dos países em que os julgas predominantes. Ora, "colocou-se sobre os ingleses um jugo pesado". E se o tiverem colocado sobre os que se empenhavam em colocar o jugo sobre o restante dos cidadãos, ou sobre os que foram merecidamente subjugados? Quanto aos demais, penso que não consideram mau, agora que o tesouro secou por causa das guerras civis, sustentar sua liberdade a expensas próprias.

Agora ele descamba de novo para seus rabinos que mascateiam ninharias. Ele diz que o rei não está restrito às leis, e no entanto prova com base neles que o rei "pode ser culpado de *lèse-majesté* se permitir que seu direito seja reduzido". O rei então está restrito e não está restrito, é réu e não-réu: ele se acostumou tantas vezes a se contradizer, que a própria contradição parece irmã gêmea desse homem.

Mas Deus, dizes tu, deu muitos reinos em escravidão a Nabucodonosor. Admito que Ele fez isso durante um certo tempo, Jr 27.7. Prova então que Ele entregou os ingleses em escravidão a Carlos Stuart ao menos por meia hora. Eu não negaria que Ele facultou-lhes estar nessa posição, porém jamais tive notícia de que os tenha entregado a tal. Ou, por outra, se Deus dá o povo em escravidão quando um tirano é mais poderoso do que seu povo, por que não poderia Ele igualmente libertá-lo quando o povo fosse mais poderoso do que o tirano? Poderá o tirano reivindicar sua tirania como algo recebido de Deus enquanto nós não poderemos reivindicar nossa liberdade igualmente Dele? Não sucede mal no Estado que Deus não o tenha feito, Amós 3[44]: fome, pestes, sedição, o inimigo – qual desses o Estado não repelirá com toda a sua força? Certamente fará isso se puder, embora saiba que Deus os enviou – salvo se Ele, dos céus, ordene outra coisa. Por que o Estado não poderia, com igual direito, livrar-se dos tiranos, se for mais forte? Devemos então acreditar que Deus enviou o descontrole desse único homem para o prejuízo de todos, porém não enviou o autocontrole do Estado inteiro para o bem de todos? Que se afaste dos Estados, que se afaste de toda assembléia constituída por homens livres a nódoa de uma doutrina tão estúpida e destrutiva, que aniquila completamente toda sociedade civil, e empurra toda a raça humana, por conta de um ou dois tiranos, quase para a condição de animais quadrúpedes; pois os tiranos, se alçados acima de toda lei, deterão igual direito e poder sobre as espécies de animais e homens.

Não faço caso agora daqueles dilemas idiotas, nos quais tu te espojas para forjar a citação de alguém, segundo a qual "essa supremacia significa a do povo", mesmo que eu não hesite em afirmar que toda autoridade de um magistrado começa no povo. Daí dizer Cícero em *Pro Flacco*: "nossos sábios e sagrados ancestrais decidiram que deveriam ser ordenadas e proibidas as coisas que o povo comum aprovasse e o povo ordenasse"[45]. Daí dizer Lúcio Crasso, eminente orador e líder do senado à época, cuja causa então defendia com o povo: "Não permitam que sejamos escravos de outras pessoas além de todos vocês, de quem podemos e devemos ser[46]." Pois embora o senado governasse o povo, o povo havia transmitido ao senado o poder de se dirigir e governar. Por isso lemos que no passado a majestade fora atribuída mais freqüentemente ao povo romano do que aos reis. Do mesmo modo Marco Túlio

....

44. Am 3.6.
45. Cícero, *Pro Flacco*, VII, 15.
46. Lúcio Licínio Crasso, cônsul em 95 a.C., admirado por Cícero como orador e constitucionalista. Ver *De oratore*, I, liii, 225.

em *Pro Plancio*: "É condição de um povo livre, e especialmente deste povo, que é líder e senhor de todas as nações, ser capaz, pelo voto, de dar a alguém ou tirar de alguém o que quiser. Nossa tarefa é suportar calmamente a vontade do povo: se não queremos altas honras, não precisamos servir ao povo; mas se de fato as buscamos não devemos nos cansar de suplicar por elas."[47] Deveria eu temer intitular o rei de escravo de seu povo, quando o senado romano, senhor de tantos reis, professou-se escravo do povo? Isso é verdade, dirás, numa democracia, pois a *Lex Regia* não havia ainda transferido o poder do povo para Augusto e seus sucessores[48]. Sendo assim, olha para Tibério, segundo tu "tirano várias vezes", como ele realmente era. E, no entanto, relata Suetônio, ao ser chamado de senhor por alguém, mesmo após a aprovação da lei régia, Tibério oficialmente declarou que não deveriam mais chamá-lo assim porque era um insulto. Ouviste? O tirano considerava um insulto ser chamado de senhor. Também falou no senado: "eu digo agora e já disse muitas vezes em outras ocasiões, senadores, que um príncipe bom e benéfico, a quem vós dotastes de poder tão grande e livre, deveria servir ao senado e não raro a todos os cidadãos, e mais comumente aos indivíduos também; e não me arrependo de tê-lo dito. Considerei e ainda considero-vos senhores bons, justos e bem-intencionados"[49]. E não tirarás proveito nenhum de dizer que ele inventou essas coisas porque era muito hábil na arte da hipocrisia. E quem deseja parecer o que não deveria ser? Por isso não era costume de Nero apenas, como escreve Tácito, mas também de ou-

---

47. Cícero, *Pro Plancio*, IV, II.

48. Em latim, *nondum enim lex regia potestatem populi in Augustum, et sucessores ejus transtulerat*: a *lex regia* (ou *lex de imperio*) era a lei por meio da qual se investia o imperador com seu *imperium*. O estatuto do único exemplo (parcialmente) remanescente – a assim chamada *lex de imperium Vespasiani* (69) – é obscuro.

49. Suetônio, *Tibério*, 27, 29.

tros imperadores, prestar homenagem ao povo no Circo⁵⁰. Veja-se, a esse respeito, Claudiano, VI *Cons. Honorii*:

> Ah, que poder misterioso a aparição do Império em pessoa conquista sobre o povo, e com que grandeza a dignidade de um restitui a de outro quando a púrpura real presta homenagem à turba aglomerada nas arquibancadas do Circo, e da depressão do vale até o céu ressoa, em uníssono, o alarido da multidão que se sente homenageada!⁵¹

Com essa homenagem, o que mais faziam os imperadores romanos, senão confessar que o povo inteiro, mesmo depois da *Lex Regia*, era seu senhor?

Desde o início suspeitei que tivesses despendido seus esforços mais em revirar glossários e publicar pretensiosamente tediosas bobagens, do que em ler cuidadosa e seriamente os bons autores. Como dos antigos mestres sequer recebeste uma leve tinta de sabedoria, pensas que um assunto perfeitamente conhecido pelas opiniões dos mais destacados filósofos e palavras dos mais sensatos chefes no Estado seja absolutamente inédito, fantasiado apenas "em doidos acessos de entusiasmo". Vamos lá, aceita o sapateiro Martinho e o curtidor Guilherme, a quem tanto desprezas, como teus colegas e iniciadores em ignorância, se bem que eles ainda serão capazes de te ensinar e resolver esses enigmas totalmente idiotas. "Deve o povo ser escravo numa democracia, se o rei for escravo numa monarquia, e em caso positivo seria o povo inteiro ou apenas parte dele?" Assim, depois que eles representarem o papel de Édipo para ti, poderás bancar a Esfinge para eles e te precipitares na desgraça⁵². Do contrário, vejo que não haverá fim para tuas tolices e teus enigmas.

....
50. Tácito, *Anais*, XVI, 4.
51. Claudiano, *De sexto consulatu Honorii*, 611 ss.
52. A Esfinge se suicidou depois que Édipo solucionou o enigma. Ver *E*, III, 413; *Paradise Regained*, IV, 572-5.

Perguntas: "Quando o apóstolo denomina reis, devemos entender por eles o povo?" Paulo instrui que se devem fazer orações para os reis, 1 Tm 2.2; todavia antes instruíra que se fizessem orações para o povo, para quem somos proibidos de orar. Mas há alguns dentre os reis e dentre o povo para quem somos até mesmo proibidos de fazer preces. Não posso eu punir mediante lei um homem para quem não posso fazer preces? O que me impede? Ora, "quando Paulo escreveu isso, os piores homens eram imperadores". Isso também é falso. Ludovico Capelo prova pelos mais infalíveis argumentos que também essa carta foi escrita durante o governo de Cláudio[53]. Quando Paulo menciona Nero, qualifica-o não de rei, mas de "leão", isto é, um animal selvagem, de cuja boca se alegra de se ter livrado[54]. Portanto, é para os reis, não para os animais, "que devemos fazer preces, de modo que possamos levar uma vida pacífica e tranqüila", embora com "toda piedade e respeitabilidade". Nota que não se deve aqui levar em conta tanto os reis, mas também a paz, piedade e a respeitabilidade. Ora, que povo não preferiria levar uma vida "mortificante, inquieta", belicosa, mas honrosa, protegendo a si e a seus filhos (não importa se contra um tirano ou um inimigo), a levar, sob um inimigo ou um tirano, uma vida que não só é igualmente mortificante e inquieta, como também vergonhosa, submissa e desonrosa? Escuta em Lívio a opinião dos samnitas, que experimentaram as duas condições: eles se rebelaram porque a paz era pior para os escravos do que a guerra para os homens livres[55]. Antes, escuta as tuas próprias palavras, pois te convoco como testemunha uma vez mais agora – não para tornar-te importante, mas para que todos possam observar como tu tens duas caras, como tu és autocontraditório, e como não passas do escravo pago de um rei. "Quem", dizes tu, "não preferiria suportar as dissensões que freqüentemente surgem da rivalidade dos nobres numa aristocra-

---

53. Cappel, *Historia*, p. 74.
54. 2 Tm 4.17.
55. Lívio, *Ab urbe condita*, X, 23, 14.

cia, a experimentar a desgraça e as ruínas certas sobrevindas de um único monarca, acostumado a mandar de maneira tirânica. O povo romano antes preferia aquela condição para sua república, por mais que a agitassem as discórdias, ao intolerável jugo dos césares. Um povo que, para evitar a sedição, tenha preferido a condição da monarquia, ao descobrir pela experiência que o mal que pretendia evitar era o menor, muitas vezes busca retornar à sua condição prévia."[56] Essas e muitas outras foram suas próprias palavras na dissertação sobre os bispos apresentada com o suposto nome de Walo Messalino, p. 412, contra Petávio, o jesuíta, embora tu sejas mais jesuíta e o pior desse bando.

Já vimos o que estabelece a sagrada Escritura a esse respeito e não nos arrependemos de tê-lo investigado com toda a diligência. Talvez por isso não valha a pena procurarmos a opinião dos antigos padres nos inúmeros e imensos livros. Se afirmarem algo que não esteja na Escritura, corretamente rejeitaremos sua autoridade, por maior que seja. Ora, a citação de Irineu que tu apresentas – "os reis são designados por uma ordem de Deus apropriada aos que são governados por ele nessa época" – contradiz muito claramente as Escrituras[57]. Pois, embora Deus tenha indicado abertamente que os juízes eram mais apropriados para governar Seu povo do que os reis, Ele deixou essa questão inteiramente à vontade e ao escrutínio do povo, de modo que este poderia, se quisesse, alterar a forma de governo sob os nobres – a mais apropriada a Ele – para uma forma pior, sob os reis. Lemos também que não raro se dava um rei mau ao povo bom e vice-versa um bom rei a um povo mau. Então, pertence aos mais sábios avaliar o que é mais adequado e útil para o povo. Concorda-se, com efeito, que a mesma forma de governo não seja adequada a todo povo, nem ao mesmo povo o tempo inteiro; ao contrário, ora esta forma, ora

....

56. Walo Messalinus (Salmasius), *De episcopis ac presbyteris contra D. Petavium Loiolitam, dissertatio prima* (Leyden, 1641), p. 412. Ver *Church-Government*, I, 781.

57. S. (*DR*, p. 62), cita Irineu, *Contra as heresias*, v, 24, 3.

aquela outra é adequada, conforme a virtude e a indústira dos cidadãos venha às vezes a aumentar e noutras vezes a diminuir[58]. Mas, não resta dúvida, quem arrancar ao povo seu poder de escolher por si mesmo a forma de governo que deseja arrancará aquilo em que a liberdade civil quase inteiramente se enraíza.

Então citas a oferta de aquiescência que Justino Mártir fez aos Antoninos, os melhores dentre todos os imperadores[59]. Quem não a teria oferecido a eles, distintos e moderados como eram? "Mas", afirmas tu, "em que medida hoje somos piores cristãos? Eles toleraram um príncipe de religião diferente." Claro, porque eles eram pessoas privadas e muito inferiores em força. "Agora, de fato, os papistas não toleram um rei protestante", nem "os protestantes um rei papista". Agis realmente com sensatez, mostrando que não és nem papista nem protestante. Também ages com generosidade, pois servilmente nos concede, de própria vontade, o que ainda não havíamos pedido: todos os cristãos hoje claramente concordam nesse assunto a que somente tu te opões com notável ousadia e iniqüidade, coisa também muito estranha aos padres a quem tu louvas. Estes escreveram, em nome dos cristãos, defesas dirigidas aos reis pagãos, enquanto tu, em nome de um rei que fora o mais pervertido papista, fazes defesas dirigidas aos cristãos e protestantes.

Em seguida, citas muitas idéias de Atenágoras[60] e outras tantas de Tertuliano que já haviam sido expostas com muito mais clareza e simplicidade pelos próprios apóstolos. Tertuliano, entretanto, está muito longe de concordar contigo, que desejas um rei por dono – isto tu não sabias ou então perversa-

---

58. Ver *CB*, I, 420.
59. O próprio M. (*CB*, I, 437) citou 'Pro Cristianis Defensio II ad Antoninum Pium' de Justino Mártir, *Opera* (Paris, 1615), p. 64.
60. Atenágoras foi um filósofo grego do século II que se converteu ao cristianismo e se tornou seu apologista.

mente o escondeste. Pois ele, um cristão, ousou escrever a um imperador pagão em seu *Apologeticum* que um imperador não deveria se chamado de senhor. "Augusto", disse ele, "que formou o império, não desejava sequer ser chamado de senhor, pois esse título pertence a Deus. Eu certamente chamarei o imperador de senhor, mas apenas quando eu não for obrigado a chamá-lo de senhor em lugar de Deus. De resto, sou para ele um homem livre; meu senhor é somente Deus etc." E, na mesma obra: "Como é possível que ao mesmo tempo ele seja pai e dono de seu país?"[61] Agora delicia-te com Tertuliano, a quem tu certamente não deverias ter incomodado. "Ora, ele denomina parricidas os que mataram Domiciano." E os denomina assim corretamente, pois foi assassinado por uma conspiração de sua mulher e escravos, por Partênio e por Estéfano, que fora acusado de roubar dinheiro[62]. Mas se o senado e o povo de Roma houvessem julgado Domiciano seu inimigo, como julgaram anteriormente Nero, e o estivessem procurando para condená-lo à morte; se o tivessem punido de acordo com o costume ancestral, pensarias tu que Tertuliano os denominaria parricidas? Se ele tivesse feito isso, ele próprio mereceria a condenação à morte, assim como tu agora mereces ir para as galés. A mesma resposta satisfará tanto Orígenes[63] como Irineu.

Atanásio diz que é ímpio convocar os reis terrenos perante tribunais humanos[64]. Quem disse isso a Atanásio? Eu mesmo não vejo aí nenhuma palavra de Deus. Por isso, a acreditar em Atanásio, prefiro acreditar nos imperadores e reis que confessam a si mesmos que isso é falso. Então introduzes Ambrósio (que se tornou bispo depois de ser procônsul e catecúmeno) e sua ignorante, para não dizer bajuladora, interpretação da-

---

61. Ver p. 16.
62. Domiciano, imperador romano, 81-96. Ver Suetônio, *Domiciano*, p. 17.
63. Orígenes (*c.* 186-253) foi um dos mais eminentes Pais da Igreja.
64. S., *DR*, p. 67, cita Atanásio, *Sermo de Cruce et Passioni Domini*.

quelas palavras de Davi, "contra ti apenas pequei"⁶⁵. Ambrósio queria que todos os outros se sujeitassem ao imperador a fim de que ele mesmo pudesse sujeitar o imperador a si. É realmente do conhecimento de todos a soberba e a imensa presunção papista com que ele tratou o imperador Teodósio em Milão, julgando-o culpado do assassinato em Tessalônica e impedindo sua entrada na igreja; e como então se mostrou um rude iniciante na doutrina evangélica⁶⁶. Quando o imperador se atirou a seus pés, ele ordenou-lhe que deixasse o pórtico da igreja; quando ele finalmente foi restaurado à Igreja, e depois de fazer suas oferendas, estando de pé no altar, expulsou-o da balaustrada com as seguintes palavras: "Imperador, o acesso às áreas internas só é permitido aos padres; os outros não as podem tocar." Era esse o pregador do Evangelho, ou o sacerdote dos ritos judeus? E no entanto ele (assim é a astúcia de quase todos os eclesiásticos) instituiu o imperador como senhor dos demais, para que ele próprio fosse senhor do imperador. E então com estas palavras ele induziu Teodósio, por assim dizer, a ser seu súdito: "és o imperador de seus semelhantes e companheiros escravos. Pois há apenas um senhor, rei e criador de todas as coisas"⁶⁷. Excelente! Essa verdade que a esperteza e a adulação dos bispos deixaram no escuro, o temperamento açodado de um único homem e, para falar com mais delicadeza, seu ignorante desvelo trouxeram a lume.

À ignorância de Ambrósio acrescentas a tua própria ignorância ou heresia, quando negas explicitamente que "sob o antigo pacto havia remissão dos pecados através do sangue de Cristo, numa época em que Davi confessou a Deus que somen-

---

65. S., *DR*, p. 68, cita Ambrósio, *Cartas*, LI, i.

66. Teodósio I (o Grande), imperador do Oriente, 378-95, submeteu-se a Ambrósio (*c.* 340-97), bispo de Milão, em 390. Cf. *CB* e *R*, I, 432, 607; *E*, III, 587.

67. A referência habitual é a Teodoreto, *História Eclesiástica*, V, 17, mas o latim de M. de fato condiz com Epifânio Escolástico, *Historia Ecclesiastica Tripartita*, IX, 30. Sobre uma possível alusão a Epifânio, ver *AR*, II, 518.

te contra Ele pecara", p. 68. A ortodoxia acredita que, exceto pelo sangue do cordeiro abatido, desde o começo do mundo jamais houve outra remissão de pecados. Não sei de quem és discípulo, seu novo herético; sem dúvida o discípulo do grande teólogo a quem criticas violentamente não estava muito longe da verdade quando disse que qualquer um dentre o povo poderia, com o mesmo direito de Davi, ter bradado a Deus com estas palavras: "contra ti somente eu pequei".

Então fazes uma exposição de Agostinho[68], e apresenta alguns antigos clérigos de Hippo. As citações que trazes de Agostinho não representam um obstáculo para nós. De fato, por que não admitiríamos, a exemplo do profeta Daniel[69], que Deus muda as eras, concede e retira reinos, porém por intermédio do homem? Se apenas Deus concedeu um reino a Carlos, Ele também o retirou de Carlos e o deu aos nobres e ao povo. Se afirmas que deveríamos ter prestado obediência a Carlos por essa razão, deves também afirmar que agora a devemos prestar a nossos magistrados. Pois tu mesmo concordas que Deus deu aos nossos magistrados o mesmo poder que dá aos reis maus "para punir os pecados do povo"; e portanto na tua opinião ninguém, senão Deus, pode remover de seus cargos nossos magistrados, que foram igualmente instituídos por Deus. E como é praxe desse modo, apontas contra ti, com tua própria mão, tua própria espada – tu és teu próprio assassino. Não o fazes por mal, já que alcançaste o patamar de iniqüidade e despudor, de estupidez e loucura, quando afirmas que as pessoas nas quais não se pode pôr um dedo, segundo provas por inúmeros argumentos, podem, por outro lado, ser perseguidas na guerra por todos os seus súditos. Dizes que Ismael, o assassino do prefeito Gedalias, foi chamado de parricida por Jerônimo – e merecidamente, pois sem motivo algum ele matou o governante da Judéia, um bom homem[70]. No Eclesiastes,

....

68. Santo Agostinho (354-430), bispo de Hippo.
69. Dn 2.21.
70. Ver Jr 41.2.

o mesmo Jerônimo afirma que o ensinamento de Salomão, "observai a voz do rei", concorda com o ensinamento de Paulo[71]. E de fato ele é digno de louvor, porque expôs essa passagem com mais moderação de espírito que seus demais contemporâneos.

"Não precisarás recorrer à posteridade de Agostinho para investigar a opinião de doutores." No entanto, para todos poderem entender que para ti é mais fácil mentir do que permanecer em silêncio (se é que teu ponto de vista ainda tem partidários), logo após uma frase tu não te contens e recorres a Isidoro de Sevilha, Gregório de Tours, Otto de Friesing[72] – chegando mesmo ao coração do barbarismo. Se tu soubesses quanto vale a autoridade deles a nossos olhos, não terias mentido, mencionando esses obscuros testemunhos.

Vós, leitores, desejais saber por que ele não ousa recorrer ao tempo atual, por que ele se esconde, por que ele subitamente desaparece. Eu vos direi: ele sabe que todos os mais eminentes professores da Igreja protestante serão seus mais implacáveis oponentes. Que ele se ponha à prova para sentir com que facilidade eu o desbarato e destruo – ainda que ele lute e concentre todas as suas forças –, colocando na linha de frente Luteros, Zwinglios, Calvinos, Bucers, Mártires e Paraeus; eu irei te contrapor mesmo a teus amigos de Leyden, cuja universidade, cujo mais próspero Estado, morada um dia da liberdade, em suma, cujo manancial e torrente de uma educação liberal não conseguiria limpar a servil ferrugem e barbarismo inato teus. Como não tens a teu lado um teólogo ortodoxo – podes dar qualquer nome a teu bel-prazer –, e estás privado de todo apoio protestante, não te envergonhas de buscar refú-

....

71. M. faz eco à citação de S., *DR*, p. 71, retirada do comentário de Jerônimo no Eclesiastes.

72. Isidoro Hispalensis, bispo de Sevilha, 602-36; Gregório de Tours, 538-94; Otto, bispo de Friesing, e cronista do século XII de Frederico I (Barbarossa).

gio na Sorbonne, uma facultade que, sabes bastante bem, é totalmente devotada à doutrina papista e não possui nenhuma autoridade entre os ortodoxos. Portanto, entregamos à Sorbonne esse iníquo paladino da tirania para que seja absorvido[73]; não queremos um escravo tão barato como o vosso, que nega "que o povo inteiro seja par do mais preguiçoso rei". Em vão tentas te descarregar, transferindo-o ao papa, daquilo que todas as nações livres, toda religião, todos os ortodoxos tomam para si e assumem como seu. O papa foi, de fato, o criador dessa tua vergonhosa doutrina quando ele e seus bispos eram insignificantes e tinham pouco poder. Usando desses expedientes, ao fim e ao cabo ele conseguiu amealhar grande riqueza e grande poder e ele mesmo acabou por se tornar o maior de todos os tiranos. Porém, atou mais firmemente todos os tiranos a si, quando persuadiu as pessoas, cujos espíritos por longo tempo esmagara sob o peso da superstição, de que elas não poderiam rejeitar o poder dos reis, por pior que fosse, salvo se ele as eximisse do juramento de fidelidade. Ora, tu evitas os escritores ortodoxos e, ao alegar que teria sido introduzida pelo papa uma opinião comum e bem conhecida de todos estes, procura tornar a verdade impopular. Se não fizesses isso astutamente, pareceria que tu não és nem papista, nem protestante, mas uma espécie de Edomita Herodiano meio bárbaro, que cultua e adora qualquer tirano absolutamente furioso[74], como se ele fora o Messias enviado dos Céus.

Tu dizes que "demonstrou isso com base no ensinamento dos padres dos primeiros quatro séculos, os únicos que podem ser considerados evangélicos e cristãos". A vergonha abandonou esse homem! Quantas coisas eles disseram e escreveram que Cristo e os apóstolos não teriam ensinado ou aprovado? Quantas coisas em que todos os protestantes discordam dos

---

73. Em latim, *Sorbonnae igitur absorbendum*: o trocadilho de M. reflete sua duradoura hostilidade para com a Sorbonne.

74. Sobre os 'bajuladores *Herodianos*', ver *T*, II, 644.

padres? Mas o que tu demonstraste com base nos padres – "que também os maus reis são ordenados por Deus?" Supões que eles tenham sido ordenados por Deus, como todos os males de algum modo também o são: "portanto têm apenas Deus por juiz, estão acima das leis, nenhuma lei escrita ou não-escrita, natural ou divina permite levá-los ao julgamento de seus súditos ou perante os próprios súditos". Por quê? Certamente nenhuma lei proíbe isso, nenhuma isenta os reis: toda razão e lei civil e divina exigem que todos os pecadores sejam punidos sem distinção. Então por que os reis não podem também ser punidos? "Porque mesmo os maus são ordenados por Deus." Devo dizer que tu és mais vil do que estúpido e idiota? És muito iníquo para ousar disseminar uma doutrina completamente destrutiva entre o populacho, e muito estúpido para confiar tão fortemente nesse raciocínio tolo. Se Deus disse, Is 54, "Fui eu que criei o assolador, para destruir"[75], logo o assolador está acima das leis. Investiga e vira isso de cabeça para baixo quanto quiseres, pois descobrirás que a conclusão é de qualquer maneira a mesma.

Com efeito, também o papa é ordenado por Deus do mesmo modo que um tirano, e ainda assim está sujeito à punição da Igreja, como mostrei acima, também com base em teus escritos. Entretanto, "como ele alçou seu primado a um intolerável pináculo de poder, distinto de uma tirania", afirmas que "tanto ele como seus bispos devem ser depostos a melhor título do que foram ordenados", *Wal. Mes.*, p. 412. Dizes que o papa e os bispos, embora ordenados por Deus em Sua ira, devem ser afastados da Igreja por serem tiranos; dizes que os tiranos não devem ser afastados da república porque foram ordenados por Deus em Sua Ira. Realmente absurdo e irracional: pois enquanto o papa não pode causar dano à verdadeira consciência (e somente ela é seu reino) de alguém contra a

---

75. Is 54.16.

sua vontade, na verdade quem pode não ser um tirano deve ser, bradas tu, afastado como o mais opressivo dos tiranos. Mas sustentas que o verdadeiro tirano, que detém em seu poder nossa vida e nossa propriedade, deve ser mantido de qualquer maneira na república. Quando comparadas umas às outras, essas tuas afirmações revelam-te tão ignorante e tão infantil, seja tua argumentação verdadeira ou falsa, que doravante não consegues ocultar de ninguém tua volubilidade, ignorância, imprudência e irreflexão.

Porém, uma outra razão se insinua: "Os afazeres humanos ficariam de cabeça para baixo" – tanto melhor, pois não haveria remédio para os afazeres humanos se as questões que estão na pior situação sempre permanecessem no mesmo lugar. Digo melhor, pois a autoridade do rei retornaria ao povo, de cuja vontade e votos se originou e foi conferida a um dentre todos: o poder passaria, em virtude de uma lei muito justa, da parte que praticou o mal para a parte que sofreu o mal, já que uma terceira parte entre os homens poderia não ser adequada – quem, de fato, permitiria que um estrangeiro o julgasse? Todos os homens estariam igualmente obrigados pelas leis, e nada pode ser mais justo do que isso. Não existiria um deus mortal. Quem institui tal divindade entre os homens age iniquamente para com a república e para com a Igreja.

Novamente gostaria de empregar tuas próprias armas contra ti. Dizes que "é a maior heresia acreditar que um homem se sente no trono de Cristo; estas duas são as marcas do anticristo: infalibilidade em questões espirituais e onipotência em questões temporais", *Apparat. ad Primat.*, p. 171. Os reis são infalíveis? Por que então deveriam ser onipotentes? Ou, se são, por que são menos destrutivos aos assuntos civis do que o papa é aos assuntos espirituais? Deus realmente não cuida dos assuntos civis? Se não, certamente não nos impede de cuidar. Se Ele cuida, deseja que suceda na república a mesma reforma sucedida na Igreja, sobretudo se for apurado que a infalibilidade e onipotência atribuídas a um único homem são as mesmas causas de todos os males em ambas. Pois nas questões civis Deus não ensinou que a república deveria suportar com paciência um tirano selvagem, semelhante ao que a Igreja, porém, não deveria suportar. Antes, Ele ensinou o contrário, e não deixou à Igreja outras armas além da paciência, inocência, orações e o ensino do Evangelho. Às mãos da república e dos magistrados ele transmitiu ao mesmo tempo, não paciência, mas leis e uma espada, a vingadora dos crimes e da violência. Por isso a pervertida e absurda natureza desse homem resiste ao espanto ou ao riso: na Igreja ele é Helvídio e Traséia, franco tiranicida; na república é escravo comum e serviçal de todos os tiranos.

Se a opinião dele é verdadeira, rebeldes são não apenas os que rejeitam os reis, como nós, mas todos os protestantes que, contra a vontade de seus reis, rejeitaram o papa como senhor.

Mas agora ele permanecerá abatido pelas próprias armas por um bom tempo. Pois o homem é tal que – a mão do oponente só não pode cair – ele próprio providencia uma enorme quantidade de armas contra si mesmo, ninguém mais sendo capaz de fornecer uma empunhadura tão conveniente para o refutar ou ridicularizar. É mais fácil parar de fustigá-lo por absoluta fadiga do que ele parar de oferecer as costas.

Capítulo IV

Talvez penses, Salmásio, que essa tua defesa régia te conquistou grande estima junto aos reis e agradou a todos os governantes e senhores do mundo. Mas caso eles julgassem suas vantagens e seus interesses pelo critério da verdade, não por tuas lisonjas, odiar-te-iam além do que tudo e te rechaçariam, mantendo-te o mais possível afastado deles. Pois, no mesmo golpe em que elevaste o poder dos reis a uma altura imensurável, recordaste a todas as nações uma escravidão de que não tinham ainda suspeitado. Levaste-as também a safar-se com violência e de súbito da modorra em que elas, ociosamente, costumavam sonhar que eram livres, recordando-lhes algo de que ainda não se haviam dado conta: eram escravas dos reis. E julgarão que o poder dos reis lhes é tanto menos suportável quanto mais exitosamente conseguires persuadi-las de que tal poder ilimitado não cresceu como efeito de sua resignação, tendo já desde o início sua atual natureza e extensão simplesmente por causa do direito dos reis. Portanto daqui por diante tu e essa tua defesa, quer convenças ou não o povo, necessariamente serão destrutivos, mortais e amaldiçoados por todos os reis: caso convenças as pessoas de que o direito dos reis é todo-poderoso, não mais suportarão uma monarquia; caso não as convença, não mais tolerarão reis que obtêm esse poder ilegal como se fosse seu de direito.

Se os reis que não tomaram uma posição sobre esse assunto prestarem atenção a mim e se deixarem restringir pelas leis, então, ao invés do poder incerto, frágil e violento que agora possuem, cheio de cuidados e temores, conservarão para si um poder completamente estável, pacífico e duradouro. Se ignorarem este aviso, tão salutar para si e para seus reinos, simplesmente por causa de seu autor, saibam eles que não sou eu quem o dá, mas um sapientíssimo rei do passado. Licurgo[1], rei espartano nascido de uma antiga linhagem de reis, viu seus vizinhos que governavam Argos e Messena transformarem os respectivos governos em tirania, e que isso não fora menos destrutivo para si do que para seus Estados. Então, a fim de consolidar seu poder, contemplando o bem-estar de seu país e ao mesmo tempo mantendo o cargo de rei na sua própria família o maior tempo possível, ele repartiu seu poder com o senado e fez o poder dos éforos contra o próprio rei ser semelhante ao dos censores. Ao agir assim, ele transmitiu um reino bastante estável a seus descendentes durante muitas gerações. Ou, como outros dizem, tal era a limitação de Teopompo[2], que governou Esparta mais de cem anos após Licurgo, que ele colocou o poder dos éforos acima do próprio. Por esse gesto ele se jactava de ter conferido fundamentos firmes a seu reino e de tê-lo legado a seus filhos muito maior e mais duradouro.

Hoje os reis teriam aqui um exemplo para imitar que certamente não passaria despercebido – exemplo que serviu mesmo de excelente autoridade para uma advertência perfeitamente segura. Com efeito, lei alguma jamais decretou – ou sequer poderia ter decretado – que todos deveriam aceitar como senhor um único homem, que estaria acima das leis. Pois a lei que derruba todas as leis não pode em si mesma ser lei. Assim, quando as leis te rejeitam como subvertor e assassino de todas as leis, tentas nesse capítulo renovar o combate contra

....

1. Licurgo: legislador a quem tradicionalmente se credita a fundação da constituição espartana, possivelmente no século IX a.C.
2. Teopompo: governante de Esparta (século VIII a.C.), às vezes indicado (por exemplo, por Plutarco) como o criador dos éforos.

os precedentes. Coloquemos à prova então os precedentes, já que muitas vezes os precedentes dão instruções mais claras em questões nas quais as leis silenciam, fazendo em seu silêncio apenas insinuações. Começaremos com os judeus, que receberam os melhores avisos sobre a vontade de Deus. "Mais adiante", como tu dizes, "examinaremos os cristãos". Mas nosso começo principiará antes, no tempo em que os israelitas, que de certa forma se tornaram súditos de reis, aliviaram de seus pescoços a canga da escravidão.

O rei de Moab, Eglom, havia vencido os israelitas em guerra[3]. Ele fez de Jericó a sede de seu poder entre eles. Não desprezava o divino, pois quando se mencionava Deus ele se levantava do trono. Os israelitas serviram Eglom por dezoito anos. Enviaram-lhe um presente como se ele fosse, não seu inimigo, mas seu próprio rei. Porém, enquanto publicamente lhe ofereciam um presente como seu rei, assassinaram-no por traição como inimigo.

Na verdade, acredita-se que Ehud, que o matou, tenha-o feito por aviso de Deus. Poderia haver melhor recomendação para um ato dessa natureza? Deus, é certo, comumente incentiva os homens a praticar atos honrosos e louváveis, não atos injustos, traiçoeiros e cruéis. Mas em lugar algum lemos que ele havia recebido uma ordem expressa de Deus. "Os filhos de Israel rogaram a Deus" – e rogamos nós também. O Senhor mandou-lhes um salvador – e mandou a nós também. Eglom de vizinho tornou-se membro de sua família, e de inimigo tornou-se seu rei. Nosso rei se tornou nosso inimigo, portanto não era rei – porque de modo algum é possível que alguém se torne cidadão de um Estado se é seu inimigo. Não se considerava Antônio como cônsul nem Nero como imperador depois de cada um deles ser julgado inimigo pelo Estado. Isso Cícero aponta muito claramente em sua quarta *Filípica* sobre Antônio: "se Antônio é cônsul, Brutus é inimigo; se Brutus é o pre-

---
3. Jz 3.12. Ver pp. 25-7.

servador do Estado, Antônio é inimigo. Quem vê Antônio como cônsul, a não ser os ladrões?"[4].

Por igual justiça, pergunto quem, senão os inimigos do país, pensam que um tirano é rei? Assim, importa muito pouco se Eglom era estrangeiro e Carlos nativo, já que cada um deles era inimigo e tirano. Se Ehud assassinou Eglom justamente, nós punimos Carlos justamente. Sim, e o herói Sansão, embora mesmo seus concidadãos o recriminassem – Jz 15, "Não sabias que os filisteus dominam sobre nós?"[5] –, declarou sozinho guerra contra seus senhores, matando com um só golpe não um, mas muitos dos tiranos de seu país, quer pela instigação de Deus ou por sua própria coragem[6]. E havia clamado antes a Deus para ajudá-lo[7]. Portanto, a Sansão não pareceu ímpio, pelo contrário, foi ímpio matar seus senhores, os tiranos de seu país, quando a maioria dos cidadãos não acedeu ser escravo.

Ora, Davi, rei e profeta, recusou-se a matar Saul, o ungido de Deus. Isso não significa que necessariamente tenhamos de nos recusar a fazer o que Davi não fez. Davi se recusou como pessoa privada. Será necessário que um conselho, um Parlamento, uma nação inteira se recuse a fazer o mesmo de uma vez só? Davi se recusou a matar seu inimigo por traição; deverá então um magistrado se recusar a punir um criminoso por lei? Davi se recusou a matar o rei; deverá então o senado se recusar a punir o tirano? Davi tinha escrúpulos religiosos de matar um ungido de Deus; deverá então uma nação ter escrúpulos de condenar à morte seu próprio ungido, sobretudo tratando-se de alguém que se untou no sangue dos cidadãos e

---

4. Cícero, *Filípicas*, IV, iii, 9; iv, 9.

5. Jz 15.11.

6. No latim, *sive Dei, sive propriae virtutis instinctu occidit*. Uma recusa semelhante de explicitar a motivação se encontra em *Samson Agonistes*, 1545-7, 1637-8.

7. Jz 16.28-30.

manchou a unção, sagrada ou civil, por uma inimizade tão longa? Reconheço como ungidos de Deus os reis a quem Deus ungiu por meio de seus profetas ou escolheu nominalmente para uma tarefa definida, como certa vez Ciro, Is 44[8]; os demais, segundo penso, são ungidos do povo, ou dos soldados ou apenas de sua própria facção. Nunca me induzirás a admitir-te que todos os reis são ungidos do Senhor e afirmar que por essa razão eles estão acima das leis e não deveriam ser punidos por quaisquer crimes. E por quê?

Davi proibiu a si mesmo e a certos indivíduos privados de levantar as mãos contra o ungido de Deus. Ora, o próprio Deus proibiu os reis, Sl 105[9], de tocar em Seu ungido, isto é, Seu povo. Ele colocou a unção de Seu povo antes da unção dos reis, se é que tal coisa existiu. Não será então permitido punir os fiéis se eles cometerem algum crime contra as leis? Quase aconteceu de o rei Salomão condenar à morte o ungido de Deus, o sacerdote Abiatar[10]; e ele não o poupou por ser o ungido de Deus, mas porque havia sido amigo de seu pai. Ora, se a unção religiosa e civil do Senhor não livrou de punição o sumo sacerdote, que é na maior parte das vezes também o magistrado supremo, por que a unção meramente civil deveria livrar um tirano? "Mas Saul também era tirano e merecia a morte." Que seja. Mas disso não se seguirá que Davi era digno ou apropriado para matar o rei Saul, em qualquer lugar, sem a autoridade do povo ou a ordem dos magistrados. Saul era de fato um tirano? Gostaria que perguntasses isso, muito embora tenhas afirmado acima, cap. 2, p. 32, que "ele não era um tirano, mas um rei bom e eleito". Há agora alguma razão para estigmatizar em público um delator ou falsificador enquanto ficas sem a mesma marca infamante, uma vez que eles cos-

---

8. Is 44.28.
9. Sl 105.14-15.
10. 1 Rs 2.26.

tumam realmente praticar seus logros de melhor fé do que costumas escrever e tratar mesmo questões da maior importância? Se isso te convém, então Saul era um bom rei. Mas se te for menos vantajoso, subitamente ele não será um bom rei, mas um tirano. E não admira, sem dúvida. Pois o que mais fazes, enquanto alcovitas impudentemente o poder tirânico, senão transformar todos os bons reis em tiranos? Na verdade, embora Davi não desejasse assassinar o rei, seu sogro, por muitas razões que não têm relação com o teu caso, para se defender ele não hesitou em reunir forças e tomar ou sitiar as cidades de Saul; ele teria até mesmo ocupado com guarnição a cidade de Queila, caso não soubesse que seus habitantes estavam terrivelmente determinados contra si[11]. O que aconteceria se Saul houvesse sitiado a cidade, erguido escadas contra os muros e se apresentado como o primeiro a subi-las – acaso pensas que Davi teria imediatamente deposto as armas e traído todos os seus homens a um inimigo ungido? Creio que não. Por que ele não faria o que nós fizemos? Quando, compelido pela urgência de seus interesses, prometeu abundante auxílio aos filistinos, inimigos de seu país, ele fez contra Saul o que, penso eu, jamais teríamos feito contra nosso tirano. Estou envergonhado e já faz muito me cansei das tuas mentiras. Falsamente dizes que é doutrina dos ingleses "poupar antes os inimigos do que os amigos" e por isso "eles não deveriam ter poupado o rei, porque ele era amigo". Quem já ouviu tal coisa antes de inventá-la tu, o maior mentiroso de todos os homens? No entanto, nós te desculpamos. Sem dúvida, faltava nesse capítulo aquele item muito selecionado (e banal) de teu discurso que agora revela-se cinco vezes (dez vezes, até do fim do livro) de tuas pequenas cânforas e jarros de perfume, a saber, que os ingleses "são mais ferozes do que seus cães de caça". Não é tanto que os ingleses sejam mais ferozes do que

....

11. 1 Sm 23.1-12.

seus cães de caça; és tu, sim, muito mais faminto do que qualquer cachorro louco, pois tuas vísceras rijas conseguem reenviar várias vezes o velho repolho que tantas vezes vomitaste. Davi, finalmente, ordenou que o amalequita fosse condenado à morte como (pois assim reivindicava ele) o assassino de Saul[12]. Aqui não há semelhança alguma quanto à ação e aos atores. Mas, salvo se Davi parecer ter passado para o lado dos filistinos e se juntado a seu exército, esforçando-se assim para afastar de si toda suspeita de apressar a morte do rei, não há razão, pelo menos em minha opinião, para tratar com tanta aspereza o homem que anunciara ter liquidado, com um golpe certeiro, o rei que já agonizava, e agonizava dolorosamente. No caso de Domiciano (que de maneira muito semelhante condenou Epafrodito à morte por ter ajudado Nero a se matar), o mesmo gesto é por todos condenado[13]. Assim, com um novo descaramento – em relação a um homem a quem tu acabaras de chamar de tirano, "perseguido por um espírito maligno", não consideras mais que seja suficiente chamá-lo de ungido de Deus; é preciso chamá-lo "o Cristo do Senhor". Falas o nome de Cristo com tal leviandade, que não temes atribuir um nome tão sagrado como esse mesmo a um tirano possuído pelo demônio.

Chego agora a um exemplo por meio do qual é possível qualificar necessariamente como cego quem não enxergar que o direito do povo é mais antigo do que o direito do rei. Quando Salomão morreu, o povo se reuniu em Siquém para decidir se seu filho se tornaria rei[14]. Roboão partiu para esse local como candidato, de modo que assim não parecesse reivindicar o reino como sua herança, nem possuir um povo livre como se fora o gado de seu pai. O povo apresenta as condições de seu futuro governo. O rei pede que lhe concedam

---

12. 2 Sm 1.13-15.
13. Suetônio, *Domiciano*, 14.
14. 1 Rs 12.1-24.

três dias para considerar o assunto. Ele consulta os anciãos. Estes não lhe dão nenhum conselho sobre o direito régio, mas dizem-lhe para conquistar o povo com indulgência e promessas, já que está em poder do povo torná-lo rei ou preteri-lo. Então consulta seus pares, que haviam sido criados com ele desde a infância. Estes, açulados por algum moscardo como Salmásio, somente trovejam o poder real, ameaçam com castigos e escorpiões. Roboão responde ao povo de acordo com o conselho dos últimos. E assim todo o Israel, vendo que o rei "não lhes prestara ouvidos", sem demora declarou sua liberdade e o direito do povo, abertamente, com voz livre. "Que parte temos nós com Davi? Às tuas tendas, ó Israel. Cuida agora da tua casa, ó Davi." Então, quando Adorão lhes foi enviado pelo rei, eles o apedrejaram e talvez também o punissem para servir de exemplo ao rei, não houvesse este fugido o mais rapidamente possível. Ele reúne um enorme exército para dominar novamente os israelitas. Deus o impede. "Não subireis", diz Ele, "não pelejareis contra vossos irmãos, os filhos de Israel, pois eu é que fiz esta obra". Agora pensa: antes, o povo desejava um rei. Isso desagradou Deus. Agora, o povo não quer Roboão como rei. Deus não apenas permite que esse poder pertença ao povo, mas proíbe e impede o rei de fazer guerra por esse motivo, e ensina que os que se haviam rebelado não deveriam ser por essa razão chamados de rebeldes, mas, não obstante, de irmãos. Agora te arruma com isso.

Todos os reis, dizes tu, provêm de Deus. É por isso que o povo não deveria resistir sequer aos tiranos. Por outro lado, afirmo que as reuniões do povo, eleições, campanhas, votos e decretos provêm igualmente de Deus, por Seu testemunho aqui. Por isso mesmo um rei não deveria, igualmente, resistir ao povo, pela autoridade do mesmíssimo Deus. Com efeito, assim como é certo que hoje os reis provêm de Deus, e como esse fato tem o poder de exercer controle sobre a obediência do povo, também é certo que as livres assembléias do povo hoje igualmente provêm de Deus e isso vale quando se trata de manter os reis na linha ou de se livrar deles. Tampouco devem levar o povo à guerra por essa razão, a exemplo do que fez Roboão. Perguntas por que então os israelitas não se revoltaram contra Salomão. Além de ti, quem mais faria perguntas tão idiotas, se todos concordam que eles se revoltaram sem receber a punição de um tirano? Salomão incorreu em certos vícios, mas ele não se converteu, ato contínuo, em tirano. Ele compensou seus vícios com grandes virtudes e grandes serviços ao Estado. Mas digamos que ele fosse tirano. Não raro, as coisas sucedem de tal modo que o povo não deseja remover um tirano; não raro, as coisas são tais que o povo não pode fazê-lo. Basta que o removessem quando possível. "Porém, sempre se condenou o ato de Jeroboão, se abominou sua deserção da religião, sempre se consideraram como rebeldes seus sucessores." Leio em muitos lugares que ele foi censurado não por desertar de Roboão, mas do verdadeiro culto a Deus[15]; e lembro que de fato freqüentemente se chamam seus sucessores de iníquos, mas jamais de rebeldes. "De algo que se faz contrariamente ao direito e às leis", dizes tu, "não pode originar-se nada direito." O que então será, pergunto eu, do direito dos reis? É assim que sempre refutas a ti mesmo. "Todos os dias", dizes, "impunemente se cometem adultérios, assassinatos e roubos." Não percebes que respondes aqui a tua própria pergunta, a saber, por que os tiranos muitas vezes escapam impunes? "Eram rebeldes aqueles reis, e mesmo assim os profetas não os desencaminharam de sua obediência." Por que, então, falso e iníquo profeta, tentas desencaminhar o povo inglês de seus magistrados, mesmo se em tua opinião são rebeldes? "A facção dos ladrões ingleses", dizes, "alega ter sido conduzida a esse crime, que perpetrou com tamanha impiedade, por não sei que convocação dos céus." Afirmar que os ingleses alguma vez alegaram isso é uma dentre tuas incontáveis mentiras e fantasias. No entanto, continuarei a tratar contigo por intermédio dos precedentes.

....

15. 1 Rs 14.7-16.

Libna, cidade extremamente poderosa, revoltou-se contra o rei Jeorão porque ele abandonou Deus[16]. Portanto, quem se revoltou foi o rei, não a cidade, e a revolta não lançou sobre ela nenhum estigma, pelo contrário, se considerares o motivo aditado, antes parece ter levantado aplausos. "Revoltas desse tipo não deveriam ser empregadas como exemplos." Por que então prometeste com tanta ociosa fanfarronice que ao longo de todo esse capítulo me combateria por meio de precedentes, se não consegues apresentar nenhum exemplo, exceto meras negativas que não valem nada como provas? E por que afirmas que os apresentados por mim, os quais são definitivos e sólidos, não deveriam ser empregados como precedentes? Quem da platéia não te vaiaria depois de argumentares dessa maneira? Desafiaste-nos com precedentes. Apresentamos precedentes. E o que então respondes? Viras as costas e procuras uma saída lateral para fugires.

Prossigo, pois. Jeú matou um rei obedecendo às ordens do profeta. Ele até mesmo assistiu ao assassinato de Acazias, seu rei legítimo[17]. Se Deus não quisesse que um cidadão matasse o tirano, se isso fosse ímpio, um mau precedente, por que ordenaria que se fizesse isso? Se ordenou isso, certamente foi um ato lícito, louvável e glorioso. E, no entanto, o assassínio do tirano não era bom e justo porque Deus assim o ordenou, mas, ao contrário, Deus o ordenou porque era bom e justo.

Embora Atalia já governasse por sete anos, o sacerdote Jeoiada não receou expulsá-la do reino e matá-la[18]. "Mas ela", dizes, "havia se apossado de um reino que não lhe pertencia". Não foi Tibério que muito mais tarde se apossou "de um poder que de modo algum lhe pertencia"?[19]. Ora, acima tu seguis-

....

16. 2 Rs 8.22.
17. 2 Rs 9. 1-27.
18. 2 Rs 11.15-16; 2 Cr 23.14-15.
19. Embora Agripa Póstumo, único neto sobrevivente de Augusto, fosse executado imediatamente após a morte de Augusto em 14 d.C. (possivelmente de acordo com o desejo de Augusto), a sucessão de Tibério foi aparentemente regular. Ver Tácito, *Anais*, I, 3-13.

tes afirmando que, de acordo com o preceito de Cristo, ele e outros tiranos dessa espécie deveriam ser obedecidos. Seria decerto ridículo se fosse lícito matar um rei que houvesse injustamente adquirido o poder régio, porém não um rei que se comportasse de maneira extremamente perversa. Mas pela lei ela não poderia governar, por ser mulher: "porás sobre ti um rei", não uma rainha[20]. Se chegares a esse ponto, então direi: porás sobre ti um rei, não um tirano. Pois há entre rei e tirano uma diferença muito maior do que entre homem e mulher.

Não foram uns poucos conspiradores, mas provavelmente os chefes e o povo que condenaram à morte Amazias, rei covarde e idólatra. Ao fugir de Jerusalém, sem a ajuda de ninguém, perseguiram-no até Laquis. Segundo se conta, decidiram pôr em prática esse plano "depois do tempo em que ele abandonara Deus", e lemos que Azarias, seu filho, não levou adiante nenhuma investigação sobre a morte de seu pai[21]. Para colocar o rei dos judeus acima do sinédrio, novamente citas, com base nos rabinos, uma porção de absurdos. Não consideras as palavras do próprio rei Zedequias, Jr 38: "O rei não tem poder nenhum contra vós."[22] É assim que ele se dirige aos chefes, confessando-se claramente inferior a seu próprio senado. "Talvez", dizes, "por não se atrever a negar-lhes algo, receando uma sedição." Ora, quando vale esse teu "talvez", pergunto eu, se tua mais positiva asserção não vale um fio de cabelo? Deveras, haverá algo mais volúvel e instável do que tu, algo mais inconstante? Quantas vezes já te surpreendi cambiante, furta-cor, em contradição contigo, desencontrado de ti e contestando tua própria opinião?

Mais uma vez fazes comparações entre Carlos e os bons reis de Israel. Primeiro, nomeias Davi como alguém a quem se deve desprezar. "Tomemos Davi", dizes, "culpado a um só tem-

---

20. 1 Sm 8.11.
21. 2 Rs 14.19,21.
22. Jr 38.5.

po de adultério e homicídio: nada disso se passou com Carlos. Salomão, seu filho, foi comumente intitulado sábio". Quem não consideraria inadequado fazer os nomes dos mais importantes e mais sagrados homens passear dessa maneira pela boca de um inútil absolutamente vil e indigno? Tiveste a desfaçatez de comparar Carlos com Davi, um rei supersticioso, mal iniciado na doutrina cristã, com um rei extremamente religioso e profeta; um imbecil com um sábio; um tímido com um homem bastante viril; um totalmente injusto com um totalmente justo? Consegues louvar a decência e o autocontrole de quem, juntamente com o duque de Buckingham, sabemos coberto de toda sorte de crime? Não nos interessa investigar os esconderijos e as fendas de sua vida, se no teatro ao ar livre ele costumava abraçar as mulheres voluptuosamente, beijá-las e apalpar os seios de solteiras e casadas, isso para não falar do resto. Por isso advirto-te, seu pseudo-Plutarco[23], a não mais estabeleceres paralelos tão idiotas como esse, ou do contrário considerarei necessário publicar coisas a respeito de Carlos sobre as quais de bom grado permaneceria em silêncio.

Até aqui, está claro o que o povo tentou ou conseguiu contra os tiranos, e que direito tinha naqueles tempos em que o próprio Deus dirigia a república hebraica pessoalmente, por assim dizer, por meio de Sua vontade e palavra. Os séculos que se seguem não nos guiam por sua própria autoridade, mas, ao orientarem todos os homens pela regra e razão de seus ancestrais, só fazem fortalecer as nossas em imitação às deles. E assim, após o cativeiro da Babilônia, como Deus não lhes dera nenhuma nova ordem sobre a forma de governo, embora a linhagem real não estivesse extinta, eles retornaram à antiga forma mosaica de república. Resistiram a Antíoco, rei da Síria[24],

---

23. As *Vidas*, de Plutarco, consistem em grande medida de pares de biografias, um grego proeminente seguido de uma figura romana proeminente.

24. Antíoco IV (Epífanes), rei selêucida, 175-163 a.C., cuja política de helenização provocou o ressurgimento do nacionalismo judeu e uma revolta encabeçada pelo sacerdote Judas Macabeu. Cf. *Paradise Regained*, III, 160-9.

de quem eram tributários, e seus governadores, porque lhes ordenaram atos ilícitos por intermédio dos Macabeus, seus sacerdotes; uma vez libertos pelas armas, transmitiram o principado ao homem mais digno, até que Hircano[25], filho de Simão, irmão de Judas Macabeu, saqueou o túmulo de Davi, depois começou a manter tropas estrangeiras e acrescentar um certo poder régio ao sacerdócio. Por isso seu filho Aristóbulo[26] foi o primeiro a colocar a coroa em sua cabeça. O povo não incitou ou empreendeu nenhuma ação contra ele; e não admira, porque apenas governou por um ano. Também ele padeceu de uma doença gravíssima, arrependeu-se de seus crimes e não deixou de desejar a morte até soltar seu último suspiro no meio de um pedido dessa natureza. Seu irmão Alexandre[27] foi o próximo governante. "Contra ele", dizes tu, "ninguém se insurgiu, muito embora fosse um tirano". Ah, mentirias impudentemente se Josefo houvesse sucumbido e só restasse teu "Josipo"[28], com base no qual apresentas certos provérbios inúteis dos fariseus. E então a questão fica assim: porque governava mal o Estado tanto na paz como na guerra, ainda que se protegesse com uma grande quadrilha mercenária de pisidas e cilícios, Alexandre não conseguiu impedir o povo de quase esmagá-lo, mesmo no meio de um sacrifício, com copas de palmeiras e citros, por ser indigno desse cargo. Mais tarde, durante seis anos, praticamente a nação inteira lhe fez penosas guerras; e depois de matar milhares de judeus, por fim desejoso de paz, perguntou-lhes o que gostariam que fizesse, e todos responderam em uníssono que ele deveria morrer; e mal conseguiriam perdoá-lo, mesmo após morto. Para evitar por todos os meios essa história que te é tão inconveniente, ocultaste tua vergonhosa ilusão com algumas pequenas máximas

---

25. João Hircano I, sumo-sacerdote e governante, 134-104 a.C.
26. Aristóbulo I assumiu a realeza, 104-103 a.C.
27. Alexandre Janeu governou de 103 a 76 a.C.
28. M. segue Josefo, *Antiguidades Judaicas*, XIII, 372 ss., S., *DR*, p. 83, a crônica de Josipo (Josippon ou Joseph Ben Gorion), do século X.

farisaicas, quando deverias ou ter omitido inteiramente esse exemplo, ou relatado o assunto fielmente, tal como ocorreu. Mas, sendo uma velha raposa ardilosa e evasiva, confiaste muito mais em tuas mentiras do que em tua causa. Mesmo os oitocentos fariseus, a quem ordenou fossem crucificados, estavam entre os que haviam pego em armas contra ele; e estes, juntamente com os restantes, testemunharam a uma só voz que condenariam o rei à morte caso ele fosse derrotado na guerra e caísse sob seu poder. Depois de seu marido Alexandre, Alexandra[29] se apossou do reino, como Atalia[30] antes, não de maneira lícita (pois a legislação não permitia que uma mulher governasse, como tu mesmo acabas de confessar), mas em parte pela força (pois ela liderava um exército de estrangeiros) e em parte por influência, pois ela havia conquistado a simpatia dos fariseus, que possuíam o maior poder entre o povo, por meio desta lei: o título do poder estaria nas mãos dela, enquanto o próprio poder estaria nas mãos deles. Foi exatamente assim que há pouco os presbiterianos escoceses concederam a Carlos o título de rei, ao preço de que pudessem conservar entre si a realeza[31]. Após a morte de Alexandra, seus filhos Hircano e Aristóbulo digladiaram pelo reino. Este último, mais vigoroso em força e indústria, expulsou o irmão mais velho do reino[32]. Quando Pompeu regressava à Síria após a Guerra Mitridática, os judeus, pensando encontrar agora em Pompeu um dos mais justos juízes de sua liberdade, enviaram-lhe um embaixador. Renunciaram a ambos os irmãos como reis; queixaram-se de que os haviam escravizado. Pom-

---

29. Alexandra Salomé, que reinou de 76 a 69 a.C.

30. 2 Rs 11.1-3.

31. M. pode estar se referindo tanto ao "Compromisso" entre Carlos I e os comissários escoceses, em dezembro de 1647, como ao "Tratado" firmado por Carlos II em junho de 1650.

32. Aristobulo expulsou Hircano, que pediu refúgio a Aretas III, da Arábia. Aretas então sitiou Aristobulo em Jerusalém, e foi nesse ponto que Pompeu interveio.

peu despojou Aristobulo de seu reino; deixou o sacerdócio a Hircano e o principado legitimamente sob o costume do reino[33]. Desde então foi chamado de sacerdote e etnarca. Mais uma vez durante o governo de Arquelau, filho de Herodes[34], os judeus enviaram cinqüenta embaixadores a Augusto César e fizeram sérias acusações contra o morto Herodes e Arquelau. Destituíram-no de sua realeza o mais possível e pediram a César que permitisse ao povo judeu viver sem reis. César se deixou comover um pouco por seus pedidos, e o indicou, não como rei, mas simplesmente como etnarca. Novamente, no décimo ano de governo, por intermédio de embaixadores, o povo fez a César acusações de tirania contra ele. César gentilmente ouviu essas acusações, convocou-o a Roma e, uma vez condenado pelo tribunal, despachou-o em exílio para Viena. Agora gostaria que tu me respondesses: com respeito aos que desejavam acusar, condenar e punir seus reis, não teriam eles próprios, caso dispusessem de poder ou se lhes fosse facultada a escolha, não teriam eles, dizia eu, condenado-os no tribunal e os executado à morte? Ora, não negas que o povo e também os nobres tenham com bastante freqüência pego em armas contra os romanos que governassem províncias de maneira ávida e cruel. A teu modo usual, inventas razões muito estúpidas para isso: "eles não se haviam ainda habituado ao jugo". Coisa muitíssimo provável durante o governo de Alexandre, Herodes e seus filhos! Eles não queriam "declarar guerra a" Caio César e Petrônio[35]. Muito sensato da parte deles, de fato: eles não tinham condições de fazer isso. Queres ouvir suas próprias palavras? Πολεμεῖν μὲν οὐ βουλόμενοι διὰ τὸ μηδ'

....

33. Quanto a Pompeu (106-48 a.C.) indicar Hircano, ver Josefo, *Antiguidades Judaicas*, XIV, 73.

34. Arquelaus, filho de Herodes, o grande, governou a Judéia, Samarticis e Iduméia, 4 a.C a 6 d.C.

35. Caio Júlio César Germânico (Calígula), imperador romano, 37-41, ordenou que Públio Petrônio, procônsul da Ásia e legado da Síria, que erguesse uma estátua do imperador no Templo.

ἂν δύνασθαι³⁶. O que eles mesmos confessam ser devido à própria fraqueza tu, hipócrita, atribui a escrúpulos religiosos?

Assim, com um enorme esforço não consegues absolutamente nada quando prova, com base nos padres, o que já antes fizeras de maneira igualmente tediosa: que é preciso rezar pelos reis. Ora, quem nega isso no que se refere aos bons reis? Também pelos maus, enquanto houver esperança; pelos ladrões também e pelos inimigos, não para que assolem nossos campos ou nos matem em carnificinas, mas para que recobrem a lucidez. Rezamos pelas duas coisas, e no entanto o que nos proíbe de punir uma espécie mediante leis e a outra pelas armas? Não dou nada para tuas "liturgias egípcias", mas, na minha opinião, o sacerdote que pediu, como dizes, que "Cômodo³⁷ pudesse suceder ao pai", não estava de modo algum rezando, mas invocando os mais terríveis males sobre o império romano.

Dizes que "não mantivemos a palavra, empenhada mais de uma vez em assembléia solene, de preservar a autoridade e a majestade do rei". Aguardarei para que adiante sejas mais específico em relação a esse assunto; encontro-te lá novamente.

Retornas ao comentário dos padres. Escuta isto brevemente sobre eles: tudo o que tenham dito e não tenham confirmado nos livros sagrados, ou por meio de algum raciocínio suficientemente adequado, tem para mim o mesmo valor do que qualquer outra pessoa comum tenha dito. Primeiro apresentas Tertuliano, um autor não-ortodoxo, notório por inúmeros erros, de modo que se ele fosse da tua opinião isso não significaria nada. Mas o que diz ele? Ele condena insurreições, ele condena rebeliões; também nós as condenamos, porém não desejamos proferir simultaneamente um julgamento prévio sobre

....

36. "Não desejamos guerrear porque não podemos": Josefo, *Antiguidades judaicas*, XVIII, 274.

37. Cômodo, filho mais velho de Marco Aurélio e único imperador, 180-92.

todo o direito dos povos, sobre os privilégios e resoluções do senado, e o poder de todos os demais magistrados à parte o do rei sozinho. Eles tratam de sedições temerariamente inflamadas pela loucura da multidão, não de magistrados, não do senado ou do Parlamento convocando o povo a pegar em armas legítimas contra os tiranos. Daí Ambrósio, a quem citas: "Não rechaçar, chorar, gemer, essas são as defesas de um padre, e haverá quem possa, sozinho ou na companhia de uns poucos, dizer ao imperador 'não aprovo tua lei'? Se não se permite aos padres dizer isso, poderão dizê-lo os leigos?"[38]. Vês agora claramente, então, de quem ele fala aqui: dos padres, dos indivíduos leigos, não dos magistrados. Vês, entretanto, com que raciocínio frágil e vicioso ele carregou essa tocha na dissensão entre leigos e religiosos, também com respeito às leis civis, que ocorreria mais tarde.

Todavia, como pensas que estejamos demasiado pressionados e confusos pelos exemplos dos primeiros cristãos, porque eles, ainda que atormentados de todas as maneiras, "não instigaram a guerra contra os Césares", mostrarei primeiro que não podiam fazê-lo; em seguida, que instigaram as guerras tão logo puderam; por fim, que mesmo se não houvessem instigado quando puderam, essas pessoas, sob outros aspectos, não mereceram que tomássemos exemplos de sua vida e de seus costumes nessas questões vultosas.

Primeiro, como todos sabem, desde o tempo em que não mais existia uma república romana, toda a força do império e o controle dos negócios reverteram unicamente a César, todas as legiões eram pagas unicamente por César, de modo que se o senado inteiro até o último homem, toda ordem eqüestre, e todos os plebeus houvessem tentado um golpe acabariam na verdade por se expor ao assassínio, e mesmo assim nada teriam conseguido para recuperar sua liberdade. Acaso se livras-

---

38. M. funde duas citações que S., *DR*, p. 91, faz de *Oratio in Auxentium de tradendis basilicis* e *Epístola XXXII*, ambos de Ambrósio.

sem do imperador, permaneceria ainda o império. Sinceramente, o que os cristãos poderiam fazer se, embora sendo milhares, ainda estavam dispersos, desarmados e pertenciam aos plebeus – em geral a classe mais baixa? Quantos deles uma única legião poderia facilmente subjugar? Esses pequenos homens, pertencentes em sua maioria ao povo comum, poderiam ter a esperança de alcançar aquilo que os grandes líderes sempre tentaram em vão, ao custo da própria morte e destruição de exércitos veteranos? Cerca de trezentos anos após o nascimento de Cristo, mais ou menos vinte anos antes de Constantino, quando Diocleciano era imperador[39], apenas a legião tebana era formada por cristãos, e exatamente por conta disso foi exterminada pelo restante do exército na Gália, na cidade de Octodorum. "Com Cássio, com Albino, com Níger" não conspiraram[40]; e Tertuliano não deseja que pese em favor deles o fato de não derramarem o próprio sangue por infiéis? É consensual, portanto, que os cristãos não poderiam se livrar do domínio dos imperadores. E não era de modo algum vantajoso aos cristãos conspirar com outros enquanto reinassem imperadores pagãos.

Mostrarei agora, porém, que mais tarde os cristãos declararam guerra aos tiranos, quer defendendo-se com armas, quer muitas vezes vingando os atos iníquos dos tiranos. Antes de mais nada, Constantino, uma vez convertido ao cristianismo, usou a guerra para livrar-se de seu co-imperador Licínio, que oprimia os cristãos orientais[41]. Por meio desse gesto ele

....

39. Diocleciano, imperador do Ocidente de 284 até sua abdicação em 305.

40. Avídio Cássio, governador da Síria durante o governo de Marco Aurélio, foi assassinado em 175, depois de se autoproclamar imperador; Clódio Albino e Pescênio Níger foram proclamados imperadores por seus soldados, mas foram derrotados por Sétimo Severo (imperador romano, 193-211), em Issus (194) e próximo a Lion (197).

41. Licínio (que fora promovido a imperador do Ocidente na Conferência de Carnuntum em 308) começou a reviver a perseguição aos cristãos c. 320. Foi derrotado por Constantino em 323, forçado a abdicar, e executado em 324.

imediatamente declarou que um magistrado poderia infligir punição a outro, pois, em nome dos súditos, condenou à morte Licínio, que governava com base no mesmo direito que ele, não deixando portanto a punição apenas a Deus. Licínio poderia, igualmente, condenar Constantino à morte se este houvesse esmagado dessa maneira o povo que lhe fora confiado. Assim, depois que essa questão foi entregue por Deus aos homens, por que o Parlamento não poderia ser para Carlos o que Constantino fora para Licínio? Os soldados indicaram Constantino, mas nossas leis tornaram o Parlamento igual aos reis, ou até mesmo superior.

Enquanto puderam os bizantinos resistiram a Constâncio, imperador ariano[42], pela força das armas; e quando Hermógenes foi enviado com soldados para expulsar da Igreja Paulo, o bispo ortodoxo, eles o atacaram e rechaçaram, incendiaram a casa a que se havia retirado, e o mataram meio queimado e mutilado. Constanço ameaçou declarar guerra a seu irmão Constâncio caso Paulo e Atanásio não fossem restituídos aos respectivos bispados[43]. Vês como esses santíssimos padres, quando estava em jogo o seu bispado, não se envergonhavam de incitar um irmão a guerrear seu próprio rei? Não muito tempo depois, soldados cristãos, que na época instituíam como imperador a quem queriam, mataram Constanço, filho de Constantino, por governar de maneira dissoluta e arrogante, e transferiram o império a Magnêncio[44]. Devo continuar? Os que

....

42. 1651Q, 1651F, 1658. Após a morte de Constantino, o Grande, em 337, seus três filhos, Constanço (337-50), Constâncio II (337-61) e Constantino II (337-49), herdaram o império. Constâncio era ariano e indispôs-se com seus irmãos pró-nicenos. Ver Theodoret, *História Eclesiástica*, II, 5. O Editor de Yale (IV, 415) inexplicavelmente substitui Constanço e então explica o 'erro' de M. Cf. *R*, I, 557; *HB*, V, 115.

43. Constanço restituiu Atanásio em 346. Ver Sócrates, *História eclesiástica*, II, 16.

44. Constanço morreu na rebelião promovida por Magnêncio em 350. Cf. *HB*, V, 114.

saudaram Juliano[45], que ainda não era apóstata, e sim um rei piedoso e energético, como seu imperador contra a vontade de Constâncio, seu verdadeiro imperador, não se incluem entre os cristãos aos quais colocas diante de nós como exemplo? Quando Constâncio, em carta lida ao povo em voz alta, proibiu terminantemente o gesto, todos clamaram ter feito o que seu governador da província, o exército e a autoridade do Estado determinaram. O mesmo povo declarou guerra a Constâncio, não se cansando até lhe retirar o império e a vida.

O que dizer do povo da Antioquia, homens notavelmente cristãos? Imagino que rezassem por Juliano, agora que ele se tornara apóstata, quando costumavam se aproximar dele ostensivamente e descompô-lo com insultos, zombar de sua longa barba e obrigá-lo a fazer cordas dela. Pensas que derramavam preces pela vida e segurança de um homem e depois, quando chegou a notícia de sua morte, fizeram agradecimentos, festas e comemorações públicas? Devo prosseguir? Eles dizem que esse mesmo homem também foi morto por um soldado cristão. Sozomen, certamente autor de uma história eclesiástica, não o nega; antes, louva a pessoa como se de fato houvesse perpetrado o ato: οὐ γὰρ ἀπεικός τινα τῶν τότε στρατευομένων etc. "Não admira", diz, "que um dos soldados considerasse isso, pois não apenas os gregos, mas todos os homens até o presente século se acostumaram a louvar os tiranicidas que, pela liberdade de todos, não hesitam em encarar a morte; e ninguém deveria criticar esse soldado, tão vigoroso na causa de Deus e da religião."[46] É isso o que diz Sozomen, autor da própria época, homem bom e santo. A partir dele podemos facilmente perceber o que outros homens de bem daquele tempo pensavam sobre esse assunto. O próprio Ambrósio, quando o imperador Valentiniano, o Jovem, ordenou-lhe

---

45. Flávio Cláudio Juliano (Juliano, o Apóstata) foi proclamado imperador em Paris, em 360; morreu em 363.

46. Sozomen, *História eclesiástica*, v, 2.

que deixasse a cidade de Milão[47], recusou-se a obedecer, mas foi cercado pelo povo em armas e defendeu a si e a sua igreja contra os oficiais do imperador, ousando resistir ao poder supremo, contrariamente ao que ele mesmo ensinava. Mais de uma vez em Constantinopla, por causa do exílio de Crisóstomo, principiou uma enorme rebelião contra o imperador Arcádio[48]. E assim acabo de explicar brevemente como os antigos cristãos agiam para com os tiranos, não apenas os soldados, mas o povo e os próprios padres da Igreja, seja resistindo, travando guerra, seja incitando-a até a época de Agostinho, já que não te agrada ir além. Silencio sobre o fato de que Valentiniano, filho de Placídia, foi assassinado por Máximo, um nobre, por causa do adultério cometido com sua esposa[49]; tampouco menciono o imperador Avito[50], que dispensou seus soldados e se entregou à luxúria, sendo de imediato destituído de seu poder pelo senado romano. De fato, essas coisas aconteceram alguns anos depois da morte de Agostinho.

Mas eu te concedo tudo isso. Faze de conta que não apresentei nenhum desses casos. Supõe que os antigos cristãos obedecessem a seus reis em qualquer ocasião, e não tomassem ou desejassem tomar nenhuma medida contra tiranos. Agora te ensinarei no que resta de meu capítulo como, ainda assim, eles não constituíam o povo em cuja autoridade devemos confiar ou que possa nos fornecer exemplos seguros. Já bem antes de Constantino o povo cristão havia perdido muito da primitiva santidade e integridade de sua doutrina, assim como de seus costumes. Tudo começou a se precipitar logo depois que

47. Valentiniano II, imperador do Ocidente, 375-392, apoiou os arianos contra Ambrósio.
48. Arcádio, imperador do Oriente, 383-408, exilou Crisóstomo em 404.
49. Valentiniano III, filho de Gala Placídia e imperador do Ocidente entre 423-55, foi morto por partidários de Aécio; Petrônio Máximo autoproclamou-se imperador e foi assassinado em 455.
50. Flávio Mecílio Eparchius (Avito), imperador do Ocidente, 455-6.

a Igreja, por ele enriquecida de imensa fortuna, apaixonou-se por cargos, mando absoluto e poder civil. Primeiro, luxúria e ócio, em seguida, uma multidão de heresias e vícios se deslocou para a Igreja, como se em algum lugar houvessem aberto as prisões. Desde então transbordava por toda parte inveja, ódio, discórdia; por fim irmãos, nesse mais próximo laço de religião, discordavam um do outro com a amargura dos mais acerbos inimigos. Não restou nenhum pudor, nenhum respeito pelo dever; soldados e comandante das forças agora instituíam quando queriam novos imperadores, agora matavam igualmente os bons e os maus. Que necessidade tenho de mencionar os Vetrônios[51] e Máximos[52], qual a necessidade de mencionar Eugênio[53], de súbito alçado ao poder, ou o excelente imperador Graciano, ou Valentiniano, o Jovem, o pior dentre os piores, todos mortos por eles? Essas foram, é verdade, ações de soldados e vivandeiras, mas também de cristãos nascidos na época que, segundo tu, foi a mais evangélica e a que mais deve ser imitada.

Pois então agora ouve algumas palavras sobre o clero: pastores e bispos, e por vezes os padres a quem admiramos, todos chefes dos próprios rebanhos, costumavam lutar por um bispado como se lutassem por uma tirania. Em toda a cidade, na Igreja, no altar mesmo, sacerdotes e leigos poderiam entrar indiscriminadamente em luta encarniçada, promovendo assassinatos e às vezes causando grande carnificina dos dois

---

51. Vetrônio foi por pouco tempo proclamado imperador quando Magnêncio se rebelou contra Constâncio II.

52. Em 383, Magno Máximo protagonizou uma revolta, na Grã-Bretanha, contra o imperador Graciano (375-83) e foi reconhecido como imperador do Ocidente por Teodósio I (que permitiu a Valenciniano II manter a Itália e a África). Máximo foi derrotado por Teodósio em 388 e condenado à morte. Cf. *HB*, V, 119-20.

53. Quando Valenciniano foi morto na Gália em 392, Eugênio foi instituído como imperador dependente pelos francos apenas para ser derrotado por Teodósio em 394.

lados. Hás de te recordar de Dâmaso e Urcisino⁵⁴, que viveram na época de Ambrósio. Tomaria muito tempo narrar as insurreições em Constantinopla, Antioquia e Alexandria, sobretudo sob a liderança e a paternidade de Cirilo, a quem louvas como o pregador da obediência, quando Orestes, comandante de Teodósio, quase foi morto pelos monges na batalha daquela cidade⁵⁵. Quem não ficaria aturdido com teu descaramento ou negligência? "Até a época de Agostinho e mesmo depois", dizes, "não há registro na história de nenhum indivíduo privado, comandante, ou certo número de conspiradores que tenha assassinado seu rei ou lutado contra ele pelas armas". Citei com base em histórias bastante bem conhecidas pessoas privadas e líderes que assassinaram com as próprias mãos não apenas maus, mas também excelentes reis; exércitos inteiros de cristãos que lutaram contra seu próprio imperador. Mencionas os padres, que persuadem ou se jactam com inúmeras palavras de obediência para com o rei; menciono os mesmos padres e outros também, que por meio de ações em número não inferior recusaram obediência inclusive em questões lícitas, defendendo-se do imperador com armas, outros que provocaram ferimentos usando de armas contra seus representantes, outros que competiram por bispados e lutaram uns contra os outros em guerras civis. Era realmente lícito aos cristãos lutar contra cristãos e cidadãos, e aos cidadãos lutar contra os cidadãos por causa de um bispado, embora fosse ilícito fazer o mesmo contra um tirano por causa da liberdade, dos filhos e das esposas ou por causa da própria vida! Quem não ficaria insatisfeito com padres dessa espécie?

Apresentas Agostinho, para quem "o poder do senhor sobre os escravos e o do rei sobre os súditos" são a mesma coisa. Respondo que, se Agostinho fez tal declaração, [ele disse

....

54. No cisma após a morte do papa Libério, em 366, facções rivais consagraram Dâmaso e Urcísino (Ursino) como papas.
55. Ver Sócrates, *História Eclesiástica*, VII, 14.

coisas que nem Cristo, nem seus apóstolos, jamais disseram. Porém, como ele parece, fundando-se tão-só na autoridade deles, recomendar algo que do contrário seria obviamente falso, então não prejudica minha causa, ainda que faça tal declaração. Pois quando ele assim se expressou sobre o poder do senhor sobre seu escravo, livro 19, cap. 14, *De Civitate Dei*, "na casa do homem justo que vive pela fé, mesmo os que mandam servem àqueles nos quais parecem mandar"[56], e se ele disse a mesma coisa "sobre o poder do rei sobre seus súditos", como afirmas, e não se contradisse, ele declarou que mesmo os reis, sobretudo os bons, realmente servem àqueles nos quais parecem mandar. Entretanto, no que se refere ao poder de um mau rei sobre seus súditos e o de um bandido sobre todos com quem encontra, ele certamente declarou-os idênticos, livro 4, cap. 4, *De Civit. Dei*: "suprimida a justiça, o que são os reinos", senão "grandes convis de bandidos? O que são estes covis de bandidos, senão pequenos reinos?". Vê com que finalidade tu derivaste de Agostinho esse teu magnífico direito, o direito real de fazer o que bem entenderem; esse poder dos reis é igual e idêntico, não ao poder dos pintores e poetas, mas ao dos bandidos.][57]

Que as três ou quatro páginas restantes desse capítulo não passam de puras mentiras ou tediosos escritos repetidos várias vezes, qualquer um é capaz de descobrir por si mesmo, com base nas respostas que já foram preparadas por mim. Quanto ao que diz respeito ao papa, contra quem tu arengas à exaustão sem motivo algum, de bom grado deixo-te esbravejar até ficares rouco. Mas, quanto a acrescentares um argumento tão prolixo para apanhar os ignorantes, dizendo que "todo cristão estava sujeito a reis, fossem justos ou tirânicos, até se começar a admitir que o poder do papa seria tão grande como o do rei, e libertaria os súditos de seu juramento de lealdade", já assina-

---

56. Cf. *CB*, I, 474.
57. 1658.

lei que isso é absolutamente falso, trazendo inúmeros exemplos "de épocas anteriores e posteriores a Agostinho".

No entanto, tampouco o que dizes por último, "que o papa Zacarias absolveu os franceses de seu juramento de fidelidade", parece ser muito mais verdadeiro[58]. François Hotman, francês, advogado e homem eruditíssimo, afirma em sua *Francogallia*, cap. 13[59], que Childerico não foi deposto, nem o reino transferido a Pepino pela autoridade do papa; pelo contrário, ele prova, baseado em crônicas muito antigas dos francos, que todo o negócio se realizou no grande conselho da nação, de acordo com sua autoridade original. Que os franceses tivessem então alguma necessidade de se libertar desse juramento, negam-no os registros dos próprios franceses e também o papa Zacarias. Com efeito, está relatado nos registros dos francos, segundo o testemunho não apenas de Hotman, mas também de Girard[60], renomado escritor da história dessa nação, que os antigos francos haviam reservado para si, desde a antiguidade, todo o direito de escolher e depor seus reis se julgassem adequado; e estavam acostumados a proferir aos reis que instituíam somente o juramento de testemunhar sua lealdade e seu dever para com eles se, em contrapartida, os reis simultaneamente também testemunhassem o que haviam prometido quando fizeram o juramento. Portanto, se os reis fossem os primeiros a quebrar o juramento, governando mal a república que lhes fora confiada, não haveria nenhuma necessidade do papa, na medida em que os próprios reis liberaram o povo do juramento com sua traição. Finalmente, o papa Zacarias, na

---

58. As primeiras opiniões de M. sobre o papel do papa Zacarias no afastamento de Childerico III em 751 (baseadas em Sigonius, *De regno Italiae* (Frankfurt, 1591), p. 74) eram, porém, muito próximas a essa. Ver *CB* e *R*, I, 444, 578.

59. M. (*CB*, I, 459, 461) soube pela primeira vez de Hotman no sumário de Thou, contido em *Historiarum*, II, 969.

60. Ver *CB*, I, 461-2 a respeito dos verbetes sobre Girard, *L'histoire*, pp. 123, 129, 134.

carta aos franceses por ti citada, rejeitou e atribuiu ao povo a autoridade que tu afirmas ter ele reivindicado para si. Pois "se um chefe é responsável pelo povo por intermédio de cujo favor ele detém o reino, se o povo pode instituí-lo e destituí-lo" – palavras do próprio papa –, não é provável que os francos desejassem prejudicar seu antigo direito por meio de algum juramento posterior, ou que jamais se tornassem de tal maneira obrigados que nem sempre pudessem fazer o que seus ancestrais faziam – honrar os bons reis, mas depor os maus –, nem dar testemunho aos tiranos da lealdade que eles julgaram unicamente assegurada aos bons reis. Quando tal juramento cria essa obrigação sobre o povo, um rei convertido em tirano ou corrompido pela covardia o libera por causa de seu perjúrio; a própria justiça libera esse povo, e o mesmo faz a lei de natureza. Por isso é que, de acordo com o julgamento do próprio papa, não havia absolutamente nada para o papa liberar.

Capítulo V

Sou e sempre fui de opinião, Salmásio, de que a lei de Deus concorda exatamente com a lei de natureza, e que portanto se eu mostrasse adequadamente o que prescreveu a lei divina sobre os reis e que ações empreendeu o povo de Deus, tanto judeus como cristãos, eu mostraria ao mesmo tempo e com o mesmo esforço o que é mais conforme à lei de natureza. Todavia, como pensas que nós "seremos vigorosamente refutados pela lei de natureza", confessarei de livre e espontânea vontade que aquilo que até recentemente eu julgava desnecessário é, sem dúvida, necessário. Assim, contrapondo tua opinião, neste capítulo deixarei claro que nada é mais compatível também com as leis de natureza que se punam os tiranos. Caso eu não venha a sustentar minha posição, não me recusarei a admitir-te imediatamente que tampouco podem ser punidos pelas leis de Deus.

Não é minha intenção agora elaborar uma longa explicação sobre a natureza e sobre a origem da vida política. Homens extremamente eruditos já trataram esse assunto à larga tanto em grego como em latim. De minha parte, ponho muito empenho em ser o mais breve possível e me esmero nesse assunto não tanto para te refutar e aniquilar (eu passaria muito bem sem essa tarefa), mas para que faças isso sozinho.

Começarei então com o que assentas e estabelecerei isso como fundamentos desta discussão. "A lei de natureza", dizes:

é um princípio implantado no espírito de todos os homens, em consideração ao bem de todos os povos na medida em que lhes agrada viver juntos em sociedades. Mas por si só não consegue alcançar esse bem comum salvo se, assim como existe o povo que precisa ser governado, também providenciar as pessoas que devem governar.

Na verdade, visa a que o mais forte não oprima o mais fraco e que, desse modo, aqueles a quem a mútua segurança e defesa reuniram num único lugar não sejam, pela violência e dano, separados e obrigados a regressar a uma vida incivilizada. É isso o que queres dizer – mesmo que o tenhas dito com mais verborragia? E então "dentre os que se congregam", afirmas,

> é preciso escolher certas pessoas superiores às outras em sabedoria ou coragem que possam, pela força ou pela persuasão, obrigar os desobedientes a cumprir seu dever. Muitas vezes, uma única pessoa de extraordinárias virtude e prudência poderia realizar essa função. Às vezes, vários poderiam fazer isso por meio de consulta mútua. Porém, como não é possível a um só homem se encarregar e tratar de tudo, é necessário que ele divida seus planos com várias pessoas e admita outros no núcleo do governo. Assim, quer se atribua o poder a um só homem, quer seja delegado ao povo como um todo, considerando que todos não podem dirigir a república ao mesmo tempo, nem um homem pode fazer tudo, na realidade o governo sempre reside, portanto, nas mãos de vários.

E abaixo:

> o princípio de governo, seja ministrado por várias, por poucas, ou por uma só pessoa, é igualmente natural, pois se origina das fundações da própria natureza, que não permite a uma única pessoa governar, de modo que não divida o mando com outros.

Embora fosse possível coligir isso do terceiro livro da *Política* de Aristóteles, preferi transcrever como uma citação tua roubada de Aristóteles, como Prometeu roubou o fogo de Júpiter, a fim de destituir monarcas e causar tua própria destruição. Investiga o quanto quiseres a lei de natureza que tu acabas de formular. Não encontrarás na natureza lugar algum para o poder régio tal como tu o expões, nem sequer vestígios dele. "Ao dispor sobre quem deve governar outros", dizes, "a lei de natureza visou ao bem de todas as pessoas". Portanto, não de uma única pessoa exclusivamente – não do monarca. O rei existe por causa do povo, logo o povo é mais forte e maior do que o rei. E como o povo seja mais forte e maior do que o rei, não pode existir nenhum direito do rei por meio do qual ele, o inferior, prejudique o povo, o superior, ou o mantenha escravo. Como o rei não tem nenhum direito de praticar o mal, o direito do povo permanece supremo por natureza. Assim, pelo direito mediante o qual os homens primeiro compartilharam seus conselhos e sua força em nome de sua mútua defesa antes da instituição dos reis; pelo direito mediante o qual incumbem um ou mais de preservar a segurança comum, paz e liberdade de todos os homens; pelo mesmo direito eles podem corrigir ou depor as mesmas pessoas a quem colocaram, por sua virtude e prudência, à testa dos demais ou quaisquer outras que administrem mal o Estado em razão de covardia, estupidez, desonestidade ou traição; pois que a natureza sempre considerou e continua a considerar, não o poder de um ou poucos homens, mas a segurança de todos [não importa o que aconteça ao poder desse um ou desses poucos][1].

Ora, quem realmente o povo escolhe? Segundo tu, "pessoas superiores às outras em sabedoria ou coragem", as que de fato, por natureza, pareceram mais adequadas para governar, "as de extraordinárias virtude e prudência" para cumprir esse cargo. Assim, não existe direito de sucessão por natureza, não existe rei por natureza, salvo se ele superar os outros em

---

1. 1658: esse acréscimo pode refletir o instável estado de coisas que se seguiu à recente morte de Cromwell.

sabedoria ou coragem. Os restantes são reis pela força ou pela facção contrária à natureza, uma vez que deviam antes ser escravos. Pois a natureza dá ao mais sábio o domínio sobre o menos sábio, não a um homem mau sobre os bons, nem a um tolo sobre sábios. Assim, os que subtraem o domínio a esses homens agem inteiramente de acordo com a lei de natureza. Ouve em tuas próprias palavras a finalidade pela qual a natureza designa como rei de todos o mais sábio – para que "ele possa obrigar a cumprir seu dever os que não obedecem" à natureza ou às leis. Mas é possível que um homem obrigue outros a cumprir seu dever, se ele mesmo negligencia, desconhece ou deturpa o próprio dever?

Fala-me agora de algum ditado da natureza que nos ordene a não observar, ignorar, considerar sem importância as mais sábias coisas nas questões públicas e civis (ainda que nas questões naturais e inanimadas a própria natureza, para não perder de vista sua finalidade, muito freqüentemente produza coisas grandiosas e maravilhosas). Mostra alguma regra da natureza ou da justiça natural mediante a qual acusados de crimes menos graves devem ser punidos, enquanto os reis e príncipes ficam impunes apesar de todos os males praticados, ou, pior, tendo cometido os crimes de natureza mais grave, devam entretanto ser cultuados, reverenciados e colocados perto de Deus. Concedes que "o princípio mesmo de governo, seja ministrado por várias, poucas ou por uma só pessoa, é igualmente natural". Logo, por natureza, o rei não é mais sagrado do que os nobres ou os magistrados do povo, e como acima concedestes que eles podem e precisam ser punidos se pecarem, deves reconhecer o mesmo de reis que foram designados para a mesma finalidade e o mesmo benefício. Com efeito, dizes que "a natureza não permite que o 'eu' de um único homem governe sem ter outras pessoas para dividir o comando". Portanto, não permite a um monarca ou a um só homem governar, mantendo os demais como escravos de seu comando isolado. Se dás ao rei o povo para dividir o comando, "permanecendo o poder sempre em seu poder", dás a ele também companheiros e iguais; incluis os que podem punir e os que podem depor.

Então, como sempre ocorre, tu destróis o poder real mesmo quando já não o exaltas, apenas por estabelecê-lo na natureza. Por isso, penso que nada de mais desastroso poderia acontecer aos reis do que ter a ti para defendê-los. Oh, infeliz e miserável, que bruma no teu espírito te levou a esse engano em que, agora conscientemente e com muito esforço, tu te mostras nu, revelas a todos a desonestidade e ignorância que por muito tempo permaneceram escondidas e virtualmente mascaradas, provocando tu mesmo a tua desgraça ao alugares teu serviço e te dedicares com tamanha diligência a te tornares um traste risível? Que ira dos deuses é responsável, em retribuição a que castigo foste chamado à ribalta, diante da vista de todos, para de maneira tão pomposa defender uma causa tão lamentável com o maior despudor e com a maior estupidez e, ao assim defendê-la, traí-la sem querer e por ignorância? Quem poderia desejar ver-te mais desesperado e mais desgraçado do que já és – pois agora apenas a imprudência, apenas a loucura pode salvar-te de ser o mais desgraçado –, se tornaste os tiranos, cuja causa empreendeste, muito mais odiosos e detestáveis aos olhos de todos por conta de tua inábil e estúpida defesa, contrariando tuas expectativas, já que incitaste inadvertidamente contra eles muitos mais inimigos, ao atribuir-lhes a mais absoluta licença para praticar o mal e dominar impunemente?

Retorno, porém, às tuas contradições. Quando cometeste contra ti próprio o crime gravíssimo de te empenhares em fundar a tirania na natureza, disseste que primeiro fora necessário louvar a monarquia em detrimento de outros métodos de governo. Como de hábito, não consegues te desincumbir disso sem caíres em contradições. Num momento afirmas que "o princípio de governo, seja ministrado por várias, por poucas, ou por uma só pessoa, é igualmente natural"; no momento seguinte já dizes que "dos três, o que é exercido por uma única pessoa é o mais natural" – ou então (como também afirmaste há pouco), que "a natureza não permite a um único homem governar". Agora culpa a quem quiseres pela morte dos tiranos, pois com tua tolice cortaste a garganta de todos os monarcas e também a da própria monarquia. Mas este não é o lugar para discutir qual a melhor forma de governar a república, se por meio de uma ou várias pessoas. Muitos homens célebres de fato louvaram a monarquia, mas desde que o legislador único seja o melhor dentre todos os homens e o mais digno de governar. Se isso não sucede, nenhum outro desliza mais facilmente para a tirania – a pior de todas – do que a monarquia.

Ora, quando dizes que "modela-se segundo o padrão de um único Deus", quem merece deter na terra um poder semelhante ao de Deus, exceto alguém que seja o mais eminente e que seja mesmo muito semelhante a Deus em bondade e sabedoria? E este, pelo menos na minha opinião, só pode ser o Filho de Deus a quem esperamos. Quanto a novamente meteres o "reino" na categoria de família, estabelecendo um elo entre o rei e o chefe da casa: um pai certamente merece deter o mando sobre sua família, pois a todos deu vida ou mantém; nada desse tipo acontece com o rei, ao contrário, claramente sucede o inverso. Então propões-nos imitarmos os animais que vivem em bandos, primeiro os "pássaros" e dentre eles as "abelhas", pois estas são pássaros, de acordo com a tua filosofia natural. "Abelhas têm um rei". As de Trento, claro – não te lembras? Os outros, segundo tua declaração, "têm uma república". Mas pára com essa tolice sobre abelhas; elas pertencem às musas, odeiam insetos como tu e, conforme vês, rejeitam-te. "As codornas vivem sob uma codorna matriarca."[2] Deixa as

....

2. S., *DR*, p. 103. Cf. a observação cética de M. em *DDD*, II, 300: "Deus deu codornas em Sua ira, e reis em Sua ira." [Em inglês, *quail*, o substantivo, significa "codorna" e *to quail*, o verbo, significa "acovardar-se". Há, portanto, um jogo de palavras intraduzível. (N. da T.)

armadilhas para teus pelicanos; nós não somos apanhados por um passarinheiro tão tolo.

Mas agora tratas de algo que é de teu interesse, não do nosso: "*Gallus gallinaceus*, o galo" – dizes – "manda nos machos e nas fêmeas". Como é possível? Tu, que és galês e, segundo dizem, apenas um tanto apavonado, não mandas na tua galinha; é ela quem manda em tu, te tem debaixo de suas ordens! Se o galo é rei de muitas mulheres, então tu és escravo de tua galinha, e por isso não és *gallinaceus*, mas alguma espécie de *Gallus stercorarius* – galo do monte de esterco. No que se refere aos livros, de fato, ninguém publica monturos maiores, e tu a todos aturdes com tua crista. Essa é a única semelhança que tens com um galo. Prometo dar-te muitos grãos de cevada se ao revirar todo o teu monturo mostrares-me uma única jóia. Ora, mas por que eu te daria cevada? Ao fazeres tuas garatujas não pretendias cevada, como o honesto e digno galo de Esopo, mas ouro, como o galo indigno de Plauto[3] – ainda que até este ponto o resultado tenha sido desigual, pois conseguistes cem jacobos de ouro, quando mais merecias ser abatido com o porrete de Euclio, a exemplo do desgraçado pássaro em Plauto.

Prossigamos. "A mesma razão, o benefício e a segurança de todos, exige que se preserve no cargo quem se houver designado para governar." Quem o nega, na medida em que sua preservação for compatível com a segurança de todos? Quem não vê que é absolutamente estranho à natureza um homem ser preservado em detrimento da destruição de todos os outros? Porém, queres a qualquer custo que "um mau rei seja preservado, mais, que o pior de todos seja preservado, porque o dano que ele causa ao governar mal não é tão grande como os desastres resultantes das revoltas suscitadas para removê-lo". Que relação tem isso com o direito natural dos reis? Se a

---

3. Plauto, *Aulularia*, 465.

natureza aconselha-me a deixar que ladrões me roubem de modo que eu possa me resgatar do cativeiro com todos os meus meios, em vez de me obrigar a lutar pela minha vida, instituirás conseqüentemente o direito natural dos ladrões? A natureza persuade as pessoas a cederem por vezes à violência dos tiranos, a ceder aos tempos. Também fundarás um direito natural dos tiranos sobre essa resignação forçada das pessoas? Afirmarás que o mesmo direito de conservação concedido pela natureza às pessoas também foi concedido a um tirano, para que destrua o povo? A natureza ensina que se deve escolher o menor dos males e, enquanto for necessário, suportá-lo. Ora, concluirás então que disso deriva o direito natural do tirano, por ser talvez no momento o menor dos males, a praticar o mal impunemente? Lembra-te ao menos das coisas que tu mesmo escreveste no passado sobre os bispos contra o jesuíta; palavras tuas, absolutamente opostas a essas, foram acima retiradas por mim do capítulo III. Lá afirmas que "sedições, dissensões, discórdias de nobres e do povo são um mal muito mais leve do que a miséria e destruição certas sob o governo de um monarca tirânico". E o que afirmaste é de fato verdadeiro. Ainda não eras louco e, como não havias ainda se dourado com os jacobos de Carlos, não tinhas contraído essa doença real ictérica. Talvez eu devesse dizer, se não fosses quem és, que no fim das contas acabarias por te envergonhares das suas lamentabilíssimas transgressões, mas para ti rebentar é mais fácil do que corar, pois há muitos anos perdeste a modéstia de ganhar dinheiro.

Não te lembraste que os romanos tiveram a mais próspera e gloriosa república após banirem os reis? É possível que te tenhas esquecido dos holandeses? Depois da expulsão do rei da Espanha, depois de longas mas exitosas guerras, a república destes obteve sua liberdade com bravura e glória, sustentando-te com salários, cavaleiro gramaticastro – não o fez, porém, para que a juventude holandesa pudesse aprender contigo, rábula e sofista, a ser tão insensata a ponto de preferir regressar à condição de escravos da Espanha em vez de herdar dos pais a liberdade e a glória. Podes carregar a praga dessa tua doutrina contigo até os Montes Rifeus[4] e o oceano gelado, onde aliás podes ir para o diabo.

Teu último exemplo é o dos ingleses, que depuseram Carlos, o tirano, depois de tomado prisioneiro de guerra e julgado incurável. Eles "estragaram, com suas querelas, uma ilha que vivia feliz sob os reis e transbordava em luxúria". Ao contrário, quando já se achava quase destruída pela luxúria, tornando-se mais paciente à escravidão, eles a libertaram. Olha então o editor de Epicteto com o comentário de Simplício[5], rigorosíssimo estóico, a quem "uma ilha transbordando em luxúria" parece feliz! Sei muito bem que nenhuma lição semelhante a essa procede do pórtico de Zenão[6]. O que isso importa? Deve-se permitir aos reis fazer o que bem querem, de acordo com os teus ensinamentos, e a tu, *seigner du Loup*, não ser permitido tresandar a filosofia toda que quiseres de teu lupanar, como se fora de um novo Liceu?[7]

Agora retoma a tarefa que empreendeste. "Jamais durante o governo de um rei se derramou tanto sangue, tantas famílias ficaram arruinadas." Tudo isso se deve imputar a Carlos, não aos ingleses; foi ele que tomou a iniciativa de recrutar um exército irlandês contra nós, e ordenou a todos os irlandeses que conspirassem contra os ingleses sob sua fiança. Assim ele matou cerca de duzentos mil ingleses apenas no condado de Ulster. Nada digo sobre os demais: ele incitou dois exércitos a des-

---

4. Cadeia de montanhas no norte da Cítia.

5. M. se refere a *Simplicii commentarius in Enchiridion Epicteti*, de S. (Leyden, 1640). Epicteto (*c.* 55-*c.* 135) foi um filósofo estóico cuja doutrina mais tarde influenciou Marco Aurélio.

6. Zenão (335-263 a.C.) fundou a escola estóica.

7. A tradução torna obscuro o trocadilho em que M. associa *lupus* (lobo), *lupanar* (bordel), *lukos* (lobo, em grego) e Liceu (o jardim onde lecionava Aristóteles, assim chamado por causa de *Lukeios*, epíteto grego de Apolo, de cujo templo era vizinho).

truir o Parlamento da Inglaterra e a cidade de Londres; ele havia cometido muitas outras hostilidades antes mesmo que o povo ou os magistrados alistassem um único soldado para defender a república.

Que doutrina, que lei, que religião algum dia instruiu os homens a consultar antes seu lazer e poupar seu dinheiro, sangue e vidas, em vez de partir para enfrentar o inimigo? O que importa se este é estrangeiro ou nativo, se a destruição da república ameaça com igual desastre e amargura, seja como resultado de um ou de outro? Israel inteiro viu que não seria possível vingar a esposa levita, violada e assassinada, sem provocar muito derramamento de sangue[8]. Seguramente não consideraram então que deveriam permanecer quietos ou se refrear de uma guerra civil, que seria extremamente feroz, nem tampouco permitiram que não fosse vingada a morte de uma mulher insignificante? Decerto se a natureza nos instruísse a suportar o despotismo de um rei, mesmo sendo muito mau, para não colocar em risco a segurança de milhares de cidadãos na tentativa de recuperar a liberdade, ela também instruiria não apenas a suportar, como tu ainda sustentas, o único rei a quem se deve suportar, mas também ao poder dos nobres e dos poucos; às vezes, até mesmo a um bando de ladrões e escravos insurretos. Fúlvio ou Rupílio não teriam partido para a guerra contra os escravos após o extermínio dos exércitos pretorinanos, nem Cássio teria ido contra Espártaco depois da destruição do campo consular, nem Pompeu teria guerreado contra os piratas[9]. Os romanos se teriam submetido a escravos ou piratas, para que o sangue de muitos inocentes não fosse derramado – certamente, por exortação da natureza! E assim

....

8. Jz 20.

9. Fúlvio Flaco e Públio Rupílio lutaram na Guerra dos Escravos, na Sicília, que terminou em 131 a.C.; Marco Licínio Crasso, o triúnviro, derrotou Espártaco em 71 a.C.; Pompeu empregou uma força sem precedentes para destruir os piratas em 67 a.C.

em lugar algum mostras que "a natureza tenha imprimido esse sentimento nas nações" ou algum outro do mesmo tipo. E no entanto não paras de profetizar males e denunciar vingança divina sobre nós, que espero Deus possa voltar contra tua profecia e gente como tu. Vingamos o que era rei apenas no nome, mas de fato nosso mais figadal inimigo, com a punição que lhe era devida e reparamos as incontáveis mortes de bons compatriotas com a morte do responsável.

Agora, ficaria provado, segundo tu, que a monarquia é mais natural pelo fato de "mais nações do presente e do passado terem adotado a monarquia do que a aristocracia e a democracia". Respondo, primeiro, que não se fez isso a instâncias de Deus ou da natureza. Foi com muita obstinação que Deus permitiu a Seu povo viver sob o mando de um rei. Percebe-se melhor a que instam a natureza e a reta razão pelas mais prudentes nações. Por sua própria natureza, os gregos, romanos, italianos, cartagineses e muitos outros preferiram, ao mando do rei, o mando dos nobres e do povo, e efetivamente essas nações são um bom exemplo das demais. Daí Sulpício Severo relatar que "o nome de rei sempre foi odioso a quase todas as nações livres"[10].

Mas essas coisas não são relevantes aqui, nem o são as inúmeras questões seguintes, repetidas à exaustão com vã futilidade. Vou direto ao ponto, mostrando agora por meio de exemplos o que já provei por meio de raciocínio: que está muito particularmente conforme à natureza punir de algum modo os tiranos; que reiteradas vezes todas as nações fizeram isso, seguindo o ensinamento da própria natureza. A partir de então, tua desfaçatez deverá ser proclamada e tua infame licença ao mentir será daqui por diante conhecida de todos. Em primeiro lugar, apresentas os egípcios, e quem não enxerga que bancas o gitano do princípio ao fim? "Entre esse povo", dizes, "não há menção de que o povo tenha matado o rei numa in-

---

10. Sulpício Severo, *Historia*, p. 56 (I, 32).

surreição, existido guerra, ou de que o povo tenha tentado detroná-lo". O que me contas então de Osíris[11], talvez o primeiro rei dos egípcios? Ele não foi morto por seu irmão Tífon e vinte e cinco outros conspiradores? E a maioria do povo os acompanhou e travou uma gigantesca batalha com Ísis e Horo, a esposa e o filho do rei? Passo por alto Sesóstris, a quem a traição do irmão quase destruiu[12]; também omito Quêmis e Quéfren[13], contra os quais todo o povo era merecidamente hostil, e a quem o povo ameaçou dilacerar depois de mortos, porque não poderia fazê-lo quando vivos. Pensas que a luz da natureza ou algum escrúpulo religioso impediu os que ousaram matar seus melhores reis de colocar as mãos em seus piores reis? O povo que insistiu na ameaça de arrancar seus reis, mortos e afinal inofensivos, dos túmulos (local em que o corpo do mais miserável dos indigentes costuma ficar inviolável) – temeria esse povo, caso tivesse força, punir de acordo com a lei de natureza reis que estavam vivos e eram extremamente daninhos? Bem sei que ousarias afirmar tais coisas, por tolas que fossem. Mas, para que não ouses afirmá-las, deixar-te-ei mudo.

Fica então sabendo que, muitos séculos antes de Quéfren, Amós reinava entre os egípcios e não era menos tirânico do que o maior dos tiranos. Os egípcios o suportaram pacientemente. Triunfas, era isso o que querias. Mas ouve o resto, ó bom e mui verdadeiro camarada, pois as palavras de Diodoro são as que cito: μέχρι μέν τινος ἐκαρτέρουν οὐ δυνάμενοι etc. "Eles o toleraram por algum tempo, ainda que oprimidos, porque não tinham nenhum meio de resistir aos que eram mais poderosos."[14] Porém, logo que Actisanes, rei da Etiópia, começou a

....

11. Osíris, o principal deus egípcio, foi adorado, a exemplo de Apis, na forma de touro, e assassinado por Tífon, ou Set. Ísis foi a deusa da terra e Horo (Orus), do sol. Cf. *AR*, II, 549.

12. Sesóstris foi um governante e conquistador mítico.

13. Quêmis (Queóps) e Quéfren, famosos como construtores de pirâmides.

14. Diodoro Sículo, I, ix, 2.

guerra contra ele, muitos dentre o povo se rebelaram aproveitando a oportunidade e, depois de facilmente subjugado, o Egito se tornou parte do reino da Etiópia. Como vês, assim que possível os egípcios pegaram em armas contra um tirano, juntaram forças com um rei estrangeiro para excluir do reino o rei e seus descendentes, preferindo um rei como Actisanes, embora estrangeiro, a seu próprio tirano.

Com o mais sincero consentimento de todos, os mesmos egípcios derrotaram Apries, tirano que mandou vir tropas mercenárias numa batalha sob o comando de Amasis, e o estrangularam. Deram o reino a Amasis, homem nobre. Nota isso também: durante algum tempo Amasis zelou honrosamente pelo rei capturado, em seu próprio palácio; por fim, diante da acusação do povo de que ele agira injustamente ao apoiar o inimigo dele e do povo, o rei foi entregue ao povo, que o executou como acima mencionado. É isso o que dizem Heródoto e Dionísio[15]. O que mais queres? Não achas que para um tirano seria melhor terminar a vida pelo machado do que numa cilada? Mais tarde, quando os egípcios foram "subjugados" pelo império persa, dizes, "eles eram leais a este", coisa absolutamente falsa. Eles jamais foram leais aos persas, ao contrário, rebelaram-se quatro anos depois de subjugados por Cambises[16]. Então foram conquistados por Xerxes, porém não muito tempo depois revoltaram-se contra seu filho Artaxerxes e adotaram um certo Inarus como rei[17]. Conquistados junto com

....
15. O faraó Apries (589-570 a.C.) foi derrotado por Amasis (faraó, c. 569-525 a.C.), que havia sido enviado para reprimir uma rebelião, mas, em vez disso, foi ele mesmo alçado ao trono. Ver Heródoto, II, 161-78; Diodoro Sículo, I, 21-4; 53-8.
16. Cambises, filho de Ciro, o Grande, e rei persa de 529 a 521 a.C.; conquistou o Egito em 525 a.C., após a morte de Amasis.
17. Xerxes I, rei persa (486-465 a.C.), reprimiu uma revolta egípcia em 486 a.C.; foi sucedido por Artaxerxes I (465-424 a.C.), que finalmente derrotou a resistência ateniense, apoiada pelos egípcios em 454 a.C. Cf. *Paradise Regained*, IV, 271.

este, depois de novamente se rebelarem e instituírem Tachus como rei, declararam guerra a Artaxerxes Mnemon[18]. No entanto, não mais eram fiéis ao próprio rei, tirando o reino do pai e transmitindo-o ao filho Nectanábis, até que afinal Artaxerxes Ochus[19] estabeleceu o domínio persa novamente sobre eles. Mesmo sob o império macedônio fizeram o possível para mostrar que os tiranos deveriam ser coibidos. Derrubaram as estátuas e imagens de Ptolomeu Physco[20], e todavia não conseguiram matá-lo por causa do enorme poder que lhe conferia seu exército mercenário. Alexandre, seu filho, foi obrigado a se exilar em razão do assassinato de sua mãe numa revolta popular[21]. Do mesmo modo, quando também seu filho Alexandre agiu de maneira insolentemente despótica, o povo de Alexandria o arrastou para fora do palácio e o matou no ginásio público[22]. Por fim, expulsaram Ptolomeu Auletes do reino por causa de seus inúmeros crimes[23]. Um homem douto não pode ignorar fatos bastante conhecidos como esses – não

....

18. Artaxerxes II (Mnemon), rei persa (404-358 a.C.) que fracassou duas vezes ao tentar recuperar o Egito. O governante egípcio, Tachos, foi deposto por seu aliado espartano, Argesilau, que transmitiu a coroa ao último faraó, Nectrareb (Nectanábis).

19. Artaxerxes III (Ochus), rei persa entre 358-338 a.C.; na segunda tentativa, reconquistou o Egito em 343 a.C.

20. Isto é, Ptolomeu VII (Evergeta), rei macedônio do Egito; co-mandatário de 170 a 164 a.C.; governante único entre 164 e 163 a.C., e novamente entre 145-116 a.C. Apesar de uma revolta bem-sucedida contra ele em 132 a.C., reconquistou Alexandria em 127 a.C.

21. Ptolomeu IX (Alexandre I) foi empossado governante por sua mãe em 107 a.C., mas, suspeito de matricídio (101 a.C.), foi deposto por uma revolta militar.

22. Ptolomeu X (Alexandre II) casou-se com sua madrasta Cleópatra Berenice em 80 a.C., e a assassinou pouco depois do casamento; foi morto pelos alexandrinos.

23. Ptolomeu XI (Auletes) ascendeu ao trono em 80 a.C.; foi forçado a fugir de Alexandria em 58 a.C., mas o tribuno Gabínio Aulo o restituiu em 55 a.C.

um homem que professa ensiná-los e exige que se lhe dêem crédito nesses importantes assuntos. Por isso, quem não qualificaria de vergonhoso e degradante ao extremo que esse homem, tão inculto e iletrado, venha a se proclamar vaidosamente, para grande infâmia da erudição, como pessoa mui douta, saindo em busca da paga dos reis e Estados? Se ele é tão iníquo e mentiroso, não deveria ser estigmatizado com alguma ignomínia específica e expulso da comunidade e sociedade de todos os homens eruditos e de bem?

Depois de investigarmos o Egito, examinemos os etíopes, seus vizinhos. Ao rei, eleito por Deus como acreditam, adoram como uma espécie de deus; entretanto, toda vez que os sacerdotes o condenam, ele comete suicídio. É desse modo, segundo testemunha Diodoro[24], que punem todos os outros malfeitores: eles não o condenam à morte pessoalmente, mas enviam um oficial e ordenam que o culpado morra pelas próprias mãos.

Em seguida, tratas dos assírios, medas e persas, que prestam muito respeito a seus reis. Contrariando todos os historiadores, afirmas que "o direito do rei lá é inseparável da maior liberdade de se fazer o que se quiser". Em primeiro lugar, Daniel relata como os homens afastaram Nabucodonosor, que se tornara demasiado presunçoso, e o atiraram aos animais. Não se afirma que o direito pertença aos reis, e sim aos medas e persas, ou seja, é direito do povo e, por ser irrevogável, também obriga aos reis. E por isso Dário, o Meda, não conseguiu arrancar Daniel das mãos dos sátrapas, ainda que o tentasse com muito afinco[25]. "O povo então acreditava", dizes, "que fosse errado repudiar um rei por abusar desse direito". Porém, és tão miseravelmente insensato quando escreves essas palavras que, ao louvares a obediência e o autocontrole desses povos,

---
24. Diodoro, III, 5-6.
25. Dn 5.20-21; 6.8,14.

mencionas por sua própria vontade que o reino foi tirado de Sardanapalo[26] por Arbaces. Ele não agiu sozinho. Foi auxiliado, em parte, pelos sacerdotes – muito versados em leis – e em parte pelo povo, e ambos fizeram isso basicamente em razão de se abusar do direito real, não com crueldade, mas apenas pela luxúria e lassidão. Passa os olhos sobre Heródoto, Ctésias[27], Diodoro: perceberás que aconteceu bem o contrário do que dizes, a saber, "que a maioria desses reinos foi destruída por súditos, não por estrangeiros". Os reis assírios foram destituídos por medas, os medas, pelos persas, e em cada um desses casos, por seus "súditos". Tu mesmo confessas que "Ciro[28] se rebelou e tiranias foram tomadas em vários lugares do império". É isso o que queres dizer com direito régio entre medas e persas, e sua reverência pelos reis, que tu estabeleceste? Que Antícira[29] pode curar esse delírio?

Dizes que "Heródoto deixa claro mediante qual direito os persas governavam". Desejando casar-se com a irmã, Cambises consultou os juízes reais, "homens escolhidos pelo povo", intérpretes das leis, aos quais se costumavam relatar todas as questões. O que disseram eles? Eles disseram que não conseguiram encontrar uma lei mediante a qual se ordena um irmão a se juntar à irmã em matrimônio, mas encontraram uma outra, pela qual o rei da Pérsia pode fazer o que bem entender. Primeiro, se um rei era capaz de fazer tudo em razão de seu direito, que necessidade haveria de um outro intérprete das leis, afora o próprio rei? Esses juízes supérfluos teriam ficado em qualquer outro lugar a não ser no palácio! Logo, se o rei da Pérsia podia fazer o que bem entendesse, não é crível que

---

26. Sardanapalo, último rei assírio, morreu c. 626 a.C.

27. Ctésias foi um historiador do século V a.C., em que se baseou Diodoro.

28. Ciro, o Grande (559-529 a.C.), fundou o império persa depois de derrotar Astíages (seu suserano), o rei Croesus e Nabonidus.

29. Antícira: nome de três antigas cidades conhecidas pela produção de heléboro, remédio para loucura (talvez com um trocadilho: anti-Ciro).

Cambises, ambicioso pelo despotismo, fosse tão ignorante a ponto de indagar aos juízes quanto ao que deveria fazer. E agora? Ou eles desejavam "agradar ao rei", como admites, ou temiam o que ele lhes pudesse fazer, como afirma Heródoto[30], e pretextaram ter descoberto uma lei com a qual conseguiriam lisonjear o rei. Entre os juízes e advogados isso não é novidade, mesmo hoje e neste século. Mas de fato "o persa Artábano disse a Temístocles[31] que entre os persas melhor lei não havia senão aquela mediante a qual se decretava que o rei deve ser honrado e cultuado". Apresentas realmente uma excelente lei – sobre o culto ao rei –, condenada mesmo pelos primeiros padres; e apresentas também uma excelente pessoa para recomendar a lei: Artábano, que não muito tempo depois assassinou Xerxes, seu rei, com as próprias mãos. Dignos defensores do rei são os regicidas que atrás favoreceste. Suspeito que estejas tramando alguma conspiração contra os reis!

Citas o poeta Claudiano como testemunha da obediência dos persas. Lembro-te, no entanto, as histórias e anais abarrotados de revoltas dos persas, medas, báctros, babilônios, e mesmo dos assassinos de reis. Tua próxima autoridade é Otanes, o persa que assassinou o próprio rei, Esmérdis[32]. O que ele expõe, cheio de ódio, como danos e crimes de reis, sua violação às leis, assassinato de homens que ainda não foram sentenciados, estupros, adultérios, desejas que seja chamado de direito dos reis, e mais uma vez te vem à mente o assassinato de Samuel. Acima respondi à questão de Homero, que em versos celebrou terem provindo os reis de Jove: eu acreditaria tanto na interpretação do rei Felipe[33] sobre o direito divino dos reis como na de Carlos.

....

30. Heródoto, III, 31.
31. Plutarco, *Temístocles*, XXVII.
32. Esmérdis se impôs como governante após a morte de Cambises e foi morto numa conspiração liderada por Otanes; a esse respeito e a respeito do discurso de Otanes (hostil à monarquia, segundo M.), ver Heródoto, III, 79.
33. Felipe II, rei da Macedônia, 359-336 a.C.

Citas um fragmento de autoria de Diotógenes, o pitagórico, mas não dizes de que espécie de rei ele está falando. Ouve, portanto, como ele começou. Tudo o que se segue deveria se reportar a isso: Βασιλεὺς κ' εἴη ὁ δικαιότατος etc. "Seja rei quem é o mais justo; e o mais justo é quem age mais licitamente", pois sem justiça ninguém "poderia ser rei, e tampouco existe justiça sem lei". Isso colide frontalmente com o teu direito dos reis. Ecfanto, também citado por ti, filosofa da mesma maneira, δεῖ δὲ καὶ τὸν εἰς αὐτὰν καταστάντα etc.: "Aquele que se encarrega do reino deve ser por natureza mais puro e cheio da luz da verdade." E abaixo ὁ κατ' ἀρετὰν ἐξάρχων, etc.: "Aquele que governa de acordo com a virtude chama-se, e é, rei."[34]. Assim, o homem a quem chamas de rei não é, segundo os pitagóricos, rei nenhum. Ouve agora, por tua vez, Platão na oitava *Epístola*, ἀρχὴ γιγνέσθω ὑπεύθυνος βασιλική etc. "Seja o poder real responsável por prestar contas; sejam as leis senhoras tanto dos outros cidadãos como dos próprios reis, caso venham a fazer algo fora da lei."[35] E acrescento Aristóteles, *Pol.* 3, ἐν μέν τοι ὁμοίοις καὶ ἴσοις οὔτε συμφέρον ἐστίν etc.: "entre semelhantes e iguais, não é proveitoso nem justo que um homem seja senhor de todos, nem que ele mesmo seja a lei onde não houver leis, ou onde houver leis; nem que um homem bom seja senhor de homens bons, ou um homem perverso, senhor de homens perversos". E livro 5: "o homem a quem o povo não deseja é, de imediato, um tirano, não um rei", cap. 10[36]. Olha também para Xenofonte em *Híero*, ἀντὶ τοῦ τιμωρεῖν αἱ πόλεις αὐτοῖς etc.: "tão longe estão os Estados de punir o assassinato dos tiranos, que conferem grandes honras a quem matar um tirano, erguendo estátuas até mesmo nos templos"[37].

....

34. As citações de M. em latim e em grego estão conformes às edições análogas de grego e latim da antologia de Stobaeus, séc. V, i.e.: "Admonitiones de Regno, Sermo XLVI", in *Ioannis Stobei Sententiae, ex Thesauris Graecorum Delectae* (1609), pp. 329 (para Diógenes) e 333, 334 (para Ecfanto).
35. Platão, *Cartas*, VIII, 355 d-e.
36. Aristóteles, *Política*, III, 17 (1288a); V, 10 (1313a).
37. Xenofonte, *Híero*, IV, 5.

Acrescentarei como testemunha Marco Túlio, em *Pro Milone*: "Os gregos concedem as honras de deuses aos homens que mataram tiranos: quanta coisa vi com meus próprios olhos em Atenas e outras cidades da Grécia, quantos ritos religiosos foram instituídos para esses homens, quantas canções, que poemas? Eles são quase consagrados à imortalidade na religião e na memória."[38] Por último, Políbio, autor muito importante, no sexto livro de suas *Histórias* diz τότε δὲ ταῖς ἐπιθυμίαις ἑπόμενοι etc.: "quando os príncipes começaram a satisfazer seus desejos, o reino se transformou numa tirania e uma conspiração principiou contra a vida dos governantes; os criadores disso não eram os piores dentre os cidadãos, mas os de espírito mais nobre e forte"[39]. Embora eu disponha de muitos mais exemplos, recolhi esses poucos como amostra. De fato, tenho uma profusão deles.

Dos filósofos apelas, agora, aos poetas. Aqui te acompanho de muito bom grado. "Mesmo tão-só Ésquilo", dizes, "pode nos ensinar que na Grécia o poder dos reis não estava sujeito a nenhuma lei, a nenhum julgamento. Na tragédia *Suplícios*, ele designa o rei de Argives ἄκριτον πρύτανιν, governante que não é passível de julgamento". Mas fica sabendo (cada vez mais percebo que és afoito e não tens discernimento, qualquer seja o lado para onde te voltes), fica sabendo que não devemos considerar o que os poetas falam, e sim quem está falando na obra do poeta e o que fala. Pois diferentes personagens são trazidos à baila, às vezes bons, às vezes maus, às vezes sábios, às vezes francos, e nem sempre falam o que o poeta pensa, mas o que é mais adequado a cada personagem. As cinqüenta filhas de Danaus, banidas do Egito, dirigiram-se a Argives como suplicantes. Rogaram-lhe que as protegesse da violência dos egípcios, que as perseguiam com uma frota. O rei responde-lhes que não poderá ajudá-las sem antes comunicar o assunto ao povo:

....
38. Cícero, *Pro Milone*, XXIX, 80.
39. Políbio, *Histórias*, VI, 7,7.

Ἐγὼ δ' ἂν οὐ κραίνοιμ' ὑπόσχεσιν πάρος
Ἀστῶν δὲ πᾶσι τοῖσδε κοινώσας πέρι.[40]

Estrangeiras e suplicantes, as mulheres temem os volúveis votos do povo e novamente se dirigem ao rei em termos ainda mais lisonjeiros:

Σύ τοι πόλις, σὺ δὲ τὸ δήμιον,
Πρύτανις ἄκριτος ὤν.
Representas a cidade e o povo, um governante a quem não se julga.

E mais uma vez o rei responde:

Εἶπον δὲ καὶ πρὶν, οὐκ ἄνευ δήμον τάδε
Πράξαιμ' ἂν οὐδέπερ κρατῶν ——
Já lhes disse: eu não faria isso sem o consentimento do povo, mesmo se pudesse.

E então ele relata toda a questão ao povo:

Ἐγὼ δὲ λάους ουνκαλῶν ἐγχωρίους.
Πείσω τὸ κοινόν.[41]

E assim o povo decreta que se deve prestar ajuda às filhas de Danaus, donde as palavras do ancião Danaus em sua felicidade:

Θαρσεῖτε παῖδες, εὖ τὰ τῶν ἐγχωρίων
Δήμου δέδοκται παντελῆ ψηφίσματα.[42]
Ânimo, filhas, os votos absolutos da gente desta terra, em reunião popular, deram um bom decreto.

....

40. "Não farei nenhuma promessa antes de dividir essas questões com todos os cidadãos."
41. "Convocarei as pessoas da região e as persuadirei todas."
42. Ésquilo, *Suplícios*, 368-9, 370-1, 398-9, 517-18, 600-1.

Caso eu não fizesse tal descrição, esse homem superficial teria estabelecido açodadamente a lei sobre o direito dos reis entre os gregos com base na palavra de mulheres, estrangeiras e suplicantes, quando tanto o rei como a própria história ensinam o exato contrário.

O mesmo ensina Orestes, de Eurípides, que após a morte do pai, sendo ele o rei de Argives, foi convocado pelo povo a comparecer ao tribunal por causa do assassinato de sua mãe, onde defendeu a própria causa e foi condenado à morte em votação popular[43]. O mesmo Eurípides testemunha que em Atenas o poder real estava sujeito às leis, quando Teseu, rei de Atenas, diz o seguinte:

―――― οὐ λὰρ ἄρχεται
'Ενὸς πρὸς ἀνδρὸς, ἀλλ᾽ ἐλευθέρα πόλις,
Δῆμος᾽ δ ἀνάσσει ――――[44]

Esta cidade não é governada por um único homem; é uma cidade livre, e o povo reina.

Assim seu filho Demofonte, também rei dos atenienses, diz em *Heraclidae*, do mesmo poeta:

Οὐ γὰρ τυραννιδ᾽ ὥστε βαρβάρων ἔχω,
'Αλλ᾽ ἢν δίκαια δρῶ, δίκαια πείσομαι.[45]

Pois não os governo tiranicamente, como se fossem bárbaros; se lhes faço coisas justas, fazem-me justiça em troca.

Em *Édipo tirano*, Sófocles atesta que na antiguidade o direito dos reis em Tebas era exatamente idêntico. Daí Tirésias e Creonte responderem furiosamente a Édipo, dizendo o primeiro:

---

43. Ver Eurípides, *Orestes*, 930-49. Cf. *E*, III, 589.
44. Eurípides, *Suplícios*, 404-5.
45. Eurípides, *Heraclidae*, 423-4. Ver p. 18.

> Οὐ γάρ τι σοὶ ζῶ δοῦλος,
> Não sou teu escravo.

E o último:

> Κἀμοὶ πόλεως μέτεστι τῆς δ' οὐ σοὶ μόνῳ.[46]
> Eu também tenho direito nesta cidade, não somente tu.

Daí Hêmon a Creonte em *Antígona:*

> Πόλις γὰρ οὐκ ἔσθ', ἥτις ἀνδρὸς ἔσθ' ἑνός.[47]
> Não há Estado que pertença a um só homem.

Ora, todos sabem que não raro os reis da Lacedemônia eram levados a julgamento e às vezes condenados à morte. [Não admira o próprio Licurgo, redator das leis, aprender de Homero, a quem leu atentamente, que os reis estavam sujeitos a idêntico direito, mesmo no tempo dos heróis. Em Homero, depois de descobrir que Agamenon era a praga do seu povo, que então padecia de certa pestilência, Aquiles, sendo ele mesmo rei, não titubeou em submeter um rei ao julgamento do povo, usando das seguintes palavras na mais abarrotada assembléia dos gregos:

> Δημοβόρος βασιλεὺς, ἐπεὶ οὐτιδανοῖσιν ἀνάσσεις.
> Ἦ γὰρ ἄν Ἀτρείδη νῦν ὕστατα λωβήσαιο.[48]
> Rei que devora o povo, reinas sobre nada.
> Senão, filho de Atreu, seria este teu último ultraje.

O principal dos poetas líricos, Alceu, serve de testemunha de que homens de todas as posições pensavam a respeito do direito dos reis exatamente como os poetas. Horácio re-

....
46. Sófocles, *Édipo Tirano*, 410, 630.
47. Sófocles, *Antígona*, 737.
48. Homero, *Ilíada*, I, 231-2.

lata que os poemas deste, embora por si só bastante agradáveis, eram ainda extremamente populares por conterem elogios aos que expulsavam os tiranos das cidades:

> Os espectros enchem de espanto por proferirem palavras dignas do silêncio sagrado, mas a populaça, aglomerada ombro a ombro, sorve mais avidamente as batalhas e o banimento dos tiranos: Od. 23. I, 2[49].

Acrescentarei ainda Teógnis, que partilha da mesma opinião. Ele viveu pouco depois da chegada dos medas à Grécia, um tempo em que por toda a Grécia viviam inúmeros homens ilustres por sua sabedoria, e os ensinamentos que transmite em seus versos, ele mesmo admite, recebeu-os de homens sábios:

> Δημοφάγον δὲ τύραννον ὅπως ἐθέλεις κατακλῖναι
> Ὀυ νέμεσις πρὸς θεῶν γίγνεται οὐδεμία.[50]
> Abatei à vontade um rei que devora o povo.
> Os reis não demonstram nenhuma ira por isso.[51]

Tais citações deixam de fato suficientemente claro qual era o antigo direito dos reis na Grécia.

Passemos então aos romanos. Voltas-te antes de tudo para uma afirmação que pertence, não a Salústio, mas a Caio Mêmio em Salústio: "praticar impunemente tudo o que quiseres". Já respondi a isso acima. Salústio é a autoridade que em palavras claras fez a seguinte afirmação: "os romanos tinham um governo por lei, embora um nome régio para o seu governo"[52]; e quando "se tornou uma tirania", como sabes, eles o expulsaram. Do mesmo modo Marco Túlio, *In Pisonem*: "Devo considerar cônsul um homem que não considera a existência do

---
....
49. 23.I.2: errado. Horácio, *Odes*, II, 13,29.
50. Teógnis, *Elegias A.*, 1181-2.
51. 1658.
52. Salústio, *Bellum Jugurthinum*, XXXI, 9.

senado na república? Devo contar como cônsul um homem que não possui o conselho sem o qual nem sequer os reis existiriam em Roma?"[53] Escutaste que em Roma o rei não era nada sem o senado? "Mas, segundo Tácito, Rômulo governava os romanos a seu bel-prazer."[54] Sim, porque ainda não dispunham de uma firme base de leis, eram uma confluência de refugiados, mais do que uma república. Num passado longínquo, todos os mortais costumavam viver sem leis, quando ainda não existiam repúblicas. Mas depois de Rômulo, de acordo com a autoridade de Lívio, muito embora todos quisessem um rei, por não terem ainda experimentado a doçura da liberdade, "o poder supremo foi concedido ao povo desde que não transmitissem mais direito do que conservassem". O mesmo escritor diz que os césares "removeram o direito pela força"[55]. Sérvio Túlio a princípio governou usando de perfídia, como se fosse um representante de Tarquínio Prisco. Mais tarde, de fato, ele mesmo o atribuiu ao povo, para ver se "o desejavam e ordenavam como rei". Por fim, como diz Tácito, "foi o responsável por instituir leis a que mesmo os reis obedeciam"[56]. Teria ele praticado esse mal contra si e seus descendentes, se pensasse que antes o direito dos reis estava acima das leis? O último desses reis, Tarquínio Superbo, "de início afrouxou o hábito de consultar o senado sobre todas as coisas"[57]. Por causa deste e outros crimes o povo anulou o poder do rei Lúcio Tarquínio; foi mandado ao exílio com sua mulher e filhos. A maior parte disso é extraída de Lívio e Cícero, e tu não conseguirias apresentar melhores intérpretes do direito dos reis en-

....

53. Cícero, *In Pisonem*, 10, 23.
54. S., *DR*, p. 113; ver Tácito, *Anais*, III, 26.
55. Lívio, *Ab urbe condita*, I, 17, 2-9; I, 46, I.
56. Tarquínio Prisco (616-579 a.C.) e Sérvio Túlio (578-535 a.C.), o quinto e o sexto reis de Roma. Tácito, *Anais*, III, 26.
57. Tarquínio Superbo, último rei de Roma, 534-510 a.C. Lívio, *Ab urbe condita*, I, 49, 7.

tre os romanos. Quanto à ditadura, foi apenas temporária, jamais a empregaram, salvo nas maiores crises de Estado, e não podia ser declarada novamente no espaço de seis meses.

E o que intitulas o direito dos imperadores não era direito, mas evidentemente força: um domínio conquistado não por qualquer direito, mas pelas armas. Porém, segundo tu, "Tácito, que viveu sob o império de um único homem", escreveu que "os deuses concederam a suprema autoridade nos negócios a um príncipe; aos súditos resta a honra de obedecer". E não dizes de onde vem isso – sem dúvida porque tens consciência dos flagrantes logros que impões a teus leitores. Farejei de imediato, embora não pudesse encontrar a passagem de imediato. Essas, com efeito, não são palavras de Tácito, bom escritor e firme oponente dos tiranos; encontram-se nas obras de Tácito como palavras de Marco Terêncio, certo cavaleiro romano. Acusado de cometer crime capital, entre outras coisas que disse por medo da morte, ele assim lisonjeia Tibério, *Anais* 6: "A ti os deuses concederam o supremo julgamento sobre os negócios; a nós resta a honra de obedecer."[58] Apresentas a citação como se fosse a opinião de Tácito – tu, que não rejeitarias opiniões a ti convenientes caso viessem da padaria, da barbearia e também da câmara de tortura, tão indiscriminadamente amontoas tudo para te exibires, ou por consciência da tua fragilidade. Se houvesses lido o próprio Tácito e não a cópia de um excerto retirado descuidadamente de qualquer lugar[59], ele lhe teria ensinado a origem desse direito dos imperadores. "Após a vitória em Áccio, quando a posição do Estado virou de pernas para o ar e em parte alguma ainda restava algo de nossos antigos e incorruptos costumes, todos os homens, despojando a igualdade, principiaram a observar as ordens de um primeiro cidadão." O mesmo autor te teria instruído, no tercei-

....

58. Tácito, *Anais*, VI, 8.
59. Ver *R.*, I, 573 sobre uma referência desdenhosa de M. a um exemplo tirado de *Discurso sobre Cornélio Tácito* (1642), de Virgilio Malvezzi.

ro livro dos *Anais*, quanto à proveniência de teu direito dos reis: "despojada a igualdade e crescendo ambição e violência onde antes havia moderação e modéstia, surgiram os tiranos e permaneceram entre as pessoas para sempre"[60]. Poderias ter aprendido a mesma coisa com Díon, se tua superficialidade e volubilidade naturais te permitissem compreender algo tão profundo. Relata ele, livro 53, citado por ti, que foi em parte pelas armas e em parte pela velhacaria e hipocrisia de Otaviano César que os imperadores vieram a se libertar das leis[61]. Pois, embora ele prometesse perante uma assembléia pública que se afastaria do principado, obedeceria às leis e mesmo às ordens de outros, por guerrear nas suas províncias sempre manteve as legiões sob seu controle e, embora fingisse declinar do poder, aos poucos foi se apossando dele. Isso não é se eximir devidamente das leis, mas eximir os laços da lei mediante o uso da força, como faria o gladiador Espártaco, e portanto reivindicar para si o nome de príncipe ou imperador ou αὐτοκράτορος [autocrata], como se Deus ou a lei de natureza lhe houvessem sujeitado todos os homens e leis.

Desejas investigar um pouco mais a fundo a origem do direito dos césares? Marco Antônio se tornou cônsul por ordem de César, que pegando impiamente em armas contra a república passou a deter o maior poder. Enquanto em Roma se celebravam os lupercais[62], de combinação prévia, ao que parece, Antônio colocou um diadema na cabeça de César, em meio aos gemidos e lamentos do povo. Então ele mandou que se escrevesse no calendário, sobre a data dos lupercais, que o cônsul Antônio, a pedido do povo, ofereceu a realeza a Caio César. Cícero escreve sobre isso na segunda *Filípica*: "Foi para

---

60. Tácito, *Anais*, I, 3-4; III, 26.
61. Díon Cássio, *História romana*, LIII, 28.
62. Festival pastoral celebrado em fevereiro e cujo nome deriva de Lupercal, uma gruta sagrada no monte Palatino. Os que envolveram Antônio e César aconteceram em 44 a.C.

isso que se expulsou Lúcio Tarquínio e assassinaram Espúrio Cássio, Espúrio Mélio e Marco Mânlio, ou seja, para que muitas gerações mais tarde Marco Antonio instituísse em Roma um rei, o que não é lícito?"[63] De verdade, mereces mais torturas terríveis e a desgraça eterna do que o próprio Antônio, embora não te orgulhes disso, pois não te comparo, homem extremamente desprezível, a Antônio em nenhum outro aspecto senão nos crimes – tu, que nesses teus indizíveis lupercais te dedicastes a depositar sobre a cabeça, não de um rei somente, mas de todos os tiranos, um diadema solto de toda lei e que jamais se deixará prender por nenhuma [dissolutíssimo Luperco][64].

É certo que se alguém acreditar no oráculo dos próprios césares, pois é assim que os imperadores cristãos Teodósio e Valêncio[65] denominam seus editos, *Cod.*, lib. I, titl. 14, a autoridade dos imperadores dependerá da autoridade da lei. Portanto, a majestade de um governante, mesmo segundo o julgamento do oráculo dos próprios césares, deve necessariamente se submeter às leis de que depende. Daí, quando o poder dos imperadores alcançou a plenitude, Plínio dizer a Trajano em seu *Panegírico*: "uma tirania e um principado são diferentes por natureza. Trajano desvia e afasta de si a verdadeira realeza, ocupando o trono de um príncipe, de modo que não haja lugar para um senhor". E mais abaixo: "Todas as coisas que disse sobre outros príncipes referem-se a ter eu procurado mostrar como nosso pai remodela e retifica os costumes do principado, corrompidos e deturpados por longo hábito"[66]. Não te envergonhas de seguir constantemente designando por direito dos reis o que Plínio chama de costumes corrompidos do principado? Mas basta, em resumo, do direito dos reis entre os romanos.

....

63. Cícero, *Filípicas*, II, XXXIV, 87.
64. 1658. S. (como Antônio) é um Luperco ou sacerdote dos Lupercais, cujos ritos talvez tivessem como objetivo o apaziguamento de um deus lobo.
65. Valêncio: 1651Q, 1651F, 1658; deveria ser Valentiniano. Ver p. 19.
66. Plínio, *Panegíricos*, XLV, 3; LIII, I.

É bastante sabido o que faziam aos tiranos, fossem reis ou imperadores. Expulsaram Tarquínio [, mesmo à maneira de seus ancestrais então. Com efeito, ou tinham na vizinha Etrúria, que expulsara da cidade de Agila o tirano Mezêncio, um exemplo muito antigo, ou por meio dessa história Virgílio, mestre supremo do decoro, desejava mostrar a Otaviano César, que mesmo então governava em Roma, com qual direito os reis existiram entre todas as nações – e isso na noite dos tempos, *Eneida*, 8:

> Finalmente fartos de ouvi-lo vociferar coisas indizíveis, munidos cidadãos cercam-no em casa,
> degolam-lhe os parceiros, ateiam fogo ao telhado.
> Ele foge em meio à carnificina, refugia-se no território dos rutulianos, sendo derrotado pelos exércitos de Turno, seu anfitrião.
> A Etrúria toda, em justa fúria, exige,
> insurgida, o rei para executá-lo em plena guerra[67].

Aqui vês cidadãos inflamados de justa ira que foram atrás do tirano não apenas para matá-lo por súbito impulso, que não apenas o expulsaram de seu reino, mas pediram-no de volta como fugitivo, exilado, para o julgamento (ou melhor, para a execução), por empreender guerra][68].

"Ora – dizes – como expulsaram Tarquínio? Convocaram-no para comparecer perante o tribunal? De modo algum: fecharam-lhe os portões quando chegou." Tolo ridículo, o que poderiam fazer senão fechar os portões enquanto ele por lá passava com parte de suas tropas? O que importa se foi mandado ao exílio ou condenado à morte, se há consenso quanto ao fato de ter cumprido a pena? O mais ilustre homem daquela época assassinou Caio César, o tirano, no senado. Marco

---

67. Virgílio, *Eneida*, VIII, 489-95. Quanto a Mezêncio, ver também *DDD*, II, 327, e *PSD*, IV, ii, 795.
68. 1658.

Túlio, ele mesmo um homem excelente, publicamente intitulado pai de seu país, celebrou esse feito com extraordinário louvor em muitos outros lugares, bem como na segunda *Filípica*. Cito algumas de suas palavras: "Em certa medida todos os homens de bem assassinaram César: a alguns faltava um plano, a outros, a coragem, a outros, a oportunidade, a ninguém faltava a vontade." E abaixo: "Quando jamais se empreendeu uma ação, ó sagrado Júpiter, não apenas nesta cidade, mas em todas as terras, que fosse maior, mais gloriosa, que mais se pudesse recomendar à duradoura lembrança dos homens? Na participação desse plano não me recuso a ser incluído com os líderes, como se fora dentro do cavalo de Tróia."[69]

A famosa citação de Sêneca, o trágico, pode se referir aos gregos e aos romanos:

> Não há vítima mais magnífica e suntuosa a sacrificar em honra a Júpiter do que um rei injusto[70].

Pois se tiveres em mente Hércules, cuja opinião a citação representa, isso mostra o que o maior dentre os gregos na época sentia; se for o poeta, que viveu sob Nero (e os poetas em geral criam para os melhores personagens algo que é quase sua própria opinião), indica o que Sêneca e o que todos os homens de bem, mesmo no tempo de Nero, pensavam que se devesse fazer a um tirano, e como consideravam o tiranicídio pio e agradável aos deuses. Por isso todos os homens de bem de Roma, em alguma medida, mataram Domiciano. Plínio, o jovem, confessa-o abertamente no *Panegírico* ao imperador Trajano:

> Dava prazer bater no chão o mais presunçoso dos rostos, avançar contra ele com a espada, extrapolar a ira com machados, ver

---

69. Cícero, *Filípicas*, II, xii, 29; xiii, 32.
70. Sêneca, *Hercules furens*, 922-4. Ver p. 24.

que sangue e dor se seguiam de cada golpe. Não havia ninguém de alegria moderada: todos pensavam que nada parecia tão bom como a vingança de contemplar as juntas dilaceradas, os membros mutilados e por fim as sinistras e terríveis estátuas derrubadas e agora derretidas pelas chamas.

E depois: "Não pode amar suficientemente os bons príncipes quem não odiou suficientemente os maus." Entre os crimes de Domiciano ele inclui o fato de ter matado Epafrodito, de certo modo o assassino de Nero: "Será que em nosso desgosto esquecemos a recente vingança a Nero? Devo imaginar que quem vingou a morte de Nero permitiria o insulto à sua reputação e sua vida."[71] Obviamente, como se ele julgasse quase um crime não ter assassinado Nero e crime gravíssimo vingar seu assassino.

Com isso fica claro que os mais notáveis homens entre os romanos não apenas matavam os tiranos como e quando podiam, mas que, como os gregos antes, sustentavam que o feito era digno do maior aplauso. Quando não tinham condições de julgar o tirano em vida por lhe serem inferiores em força, julgavam-no depois de morto e o condenavam pela lei valeriana. Com efeito, Valério Publícola, companheiro de Júnio Brutus, quando viu que os tiranos não poderiam ser levados a julgamento por estarem cercados pelos próprios soldados, propôs uma lei mediante a qual se facultava a qualquer um matá-los de qualquer maneira, sem decisão judicial, e mais tarde se prestaria conta do feito[72]. Assim foi com Caio Calígula, a quem Cássio matou com uma espada e todos com suas preces. Valério Asiático, homem de posição consular, inexistente naquele tempo, bradou aos soldados comovidos com a morte do im-

....

71. Plínio, *Panegíricos*, LII, 4; LIII, 2 e 4.
72. Valério Publícola (Poplicola), tradicionalmente um dos primeiros cônsules (509 a.C.) a quem se atribuiu a antiga lei *de provocatione* (apelação), antecipando a *Lex Valeria*. Cf. *E*, III, 590.

perador: "Quisera eu tê-lo matado!"⁷³ Na mesma época o senado decidiu apagar a memória dos césares e demolir os templos, tão longe estava de se zangar com Cássio. Quando mais tarde Cláudio foi saudado como imperador pelos soldados, eles o proibiram, por intermédio de um tribuno da plebe, de assumir o principado; mas prevaleceu a violência dos soldados. O senado considerou Nero inimigo público, e o procurou para que fosse punido de acordo com o costume dos ancestrais. A forma da punição consistiu em despi-lo, inserir seu pescoço numa forquilha, torturá-lo até a morte com açoites. Vês agora como os ingleses agiram de maneira muito mais suave e moderada com seu tirano, que na opinião de muita gente fora responsável por derramar muito mais sangue do que o próprio Nero! Assim o senado condenou Domiciano após a morte. Ordenaram o que estava em seu poder – que as estátuas deste fossem publicamente derrubadas e espatifadas. Cômodo, morto por seus próprios homens, não foi vingado; mas o senado e o povo o julgaram inimigo público e saíram à cata de seu cadáver para mutilá-lo. A resolução do senado sobre essa matéria foi conservada em Lamprídio: "Que se retirem as honras do inimigo deste país, que o parricida seja levado ao vestiário dos gladiadores e lá dilacerado; que o inimigo dos deuses, verdugo do senado, seja arrastado num gancho" etc.⁷⁴ Com o senado inteiramente lotado, os mesmos homens condenaram o imperador Dídio Juliano à morte, enviaram um tribuno e ordenaram que fosse morto no palácio⁷⁵. As mesmas pessoas revogaram o poder de Maximino⁷⁶, e o julgaram inimi-

....
73. Ver Dio Cássio, *História romana*, LIX, 30, 2.
74. Lamprídio, "Cômodo", *Historia Augusta*, XVIII, 3.
75. Em 193, Lamprídio Juliano foi escolhido pela guarda pretoriana para suceder Pertinax como imperador, mas, após uma alteração em suas alianças, foi deposto pelo Senado e assassinado em poucas semanas. Ver Esparciano, "Dídio Juliano", *Historia Augusta*, VIII, 8.
76. Maximino, proclamado imperador romano em 235; foi declarado inimigo público e assassinado juntamente com seu filho em 238.

go público. É proveitoso citar a verdadeira resolução do senado, extraída de Capitolino: "O cônsul propõe a questão: 'Senadores, qual vosso desejo em relação a Maximino?'" A resposta foi: "'inimigos, inimigos, quem o matar ganhará uma recompensa'." Queres saber se o povo romano e as províncias obedeceram a Maximino, o imperador, ou ao senado? Ouve as palavras desse mesmo autor, Capitolino: "O senado envia cartas" a todas as províncias para que venham em auxílio à segurança comum e liberdade; essas cartas se tornam conhecidas de todos. Em todos os lugares, os amigos, representantes, generais, tribunos e soldados de Maximino são mortos; poucas cidades continuam aliadas ao inimigo público[77]. Herodiano relata a mesma coisa[78]. O que mais preciso dizer sobre os romanos?

Vejamos agora como era o direito dos reis entre as nações vizinhas naquele tempo. Entre os gauleses, Ambiorix admite "que seu poder era de tal natureza, que a multidão não tinha menos poder sobre ele do que ele sobre a multidão". Portanto, ele não julgava mais do que era julgado. Vercingetorix também foi acusado de traição por seu próprio povo, tal como relata César ao escrever sua *Guerra Gálica*[79]. Tampouco o "poder dos reis germânicos era infinito ou livre: os chefes tomavam decisões sobre questões menores, e todos decidiam sobre as questões mais importantes. Presta-se mais atenção ao rei ou príncipe pela influência de sua persuasão do que por seu poder de mando; se sua opinião desagrada, num sopro a rejeitam"[80]. É o que diz Tácito. Agora de fato concedes que era freqüente acontecer o que a princípio afirmaste ser absolutamente desconhecido, isto é, que sem dúvida "cinqüenta reis escoceses foram expulsos, presos ou mortos, e alguns deles até mesmo executados publicamente". Ora, se na própria Grã-Bretanha

....

77. Capitolino, "Maximini Duo", *Historia Augusta*, XVII, 4; XXIII, 2-7.
78. Herodiano, *História*, VIII, V, 8-9.
79. Júlio César, *De bello Gallico*, V, 27, 3.
80. Tácito, *Germania*, II.

isso já aconteceu várias vezes, por que tu, defunteiro de tiranos, que os transporta pela noite como indigentes, clamas sobre isso com tantos lamentos, como se fosse algo indescritível e desconhecido?

Continuas a exaltar a piedade dos judeus e cristãos para com seus tiranos, colhendo mentiras semeadas de mentiras que tantas vezes refutei. Agora há pouco louvavas a obediência dos assírios e persas e agora enumera-lhes as rebeliões; logo depois de dizer, um pouco antes, que eles nunca se rebelaram, apresentas inúmeras razões pelas quais esse mesmo povo tantas vezes se rebelou! Então retornas à tua história da execução do rei, por tanto tempo interrompida, de modo que se antes não tivesses acaso tomado suficiente cuidado para não ser tolo e ridículo deverias tomá-lo agora. Contas como ele foi "levado pelos membros de sua corte"[81]. Gostaria muitíssimo de saber o que queres dizer com "membros de sua corte"! Investigas as desgraças dos romanos quando a monarquia se transformou em república, mas acima já mostrei que tornas vergonhosamente mentirosas as tuas próprias palavras. Tu, que costumavas apontar em tua obra contra o jesuíta que "havia apenas sedições sob as aristocracias e democracias, mas a destruição era certa sob o mando do tirano", agora – ó ser mais fátuo e corrupto do gênero humano – ousas dizer que "como punição por expulsarem seus reis no passado, sorvem até o último gole da taça de perversidades destiladas por suas sedições"? Na verdade, porque o rei Carlos mais tarde te presenteou com cem jacobos; é por isso que os romanos pagaram pela expulsão de seus reis.

Porém, não tiveram boa sorte os assassinos de Júlio César. De fato, se algum tirano houvesse de ser poupado, gostaria que fosse ele. Embora fizesse a república se precipitar em realeza

....

81. *Per aulae suae membra ductum*: S., *DR*, p. 118. M. está fazendo trocadilhos com a palavra *membrum* (membro do corpo ou, metaforicamente, parte).

com demasiada violência, talvez tenha sido o mais digno da realeza[82]. Não que eu pense, por conta disso, que alguém deveria ser mais castigado por matar César do que Caio Antônio[83], companheiro de Cícero, por matar Catilina. Mais tarde, quando foi condenado por outros crimes, segundo Cícero em *Pro Flacco*, "o túmulo de Catilina foi decorado com flores". E de fato os partidários de Catilina estavam exultantes, "dizendo sempre que os feitos de Catilina eram então justos", pois incitaram o ódio contra os demais, que haviam destruído Catilina[84]. Tais são as habilidades dos iníquos. Com elas, conseguem impedir homens eminentes de punir os tiranos e muitas vezes também de punir os mais iníquos criminosos. Eu poderia tranqüilamente dizer, em contrapartida, que muitas vezes os assassinos dos tiranos foram felizes e prosperaram, se é que alguém poderia estabelecer qualquer coisa de certa pelo desfecho dos acontecimentos.

Objetas que "os ingleses não executaram seu rei hereditário como em geral se sacrificam os tiranos, e sim como são sacrificados os ladrões e traidores". Primeiramente, não sei como a hereditariedade deveria contribuir para a impunidade dos crimes: que confira alguma impunidade, trata-se de algo quase impossível que um homem sábio acredite. Portanto, naquilo a que te referes como "bárbara crueldade" se deveria antes louvar leniência e moderação dos ingleses. Embora a tirania inclua todas as espécies de impiedade, roubo, traições e perfídias ao país, eles não consideraram suficiente exigir do tirano uma punição mais grave do que costumam exigir de um simples ladrão ou de um traidor comum.

....

82. A exemplo de Cícero (*Filípicas*, II, xliv, 116), M. está disposto a reconhecer os notáveis talentos de César.

83. Caio Antônio Híbrida foi eleito cônsul juntamente com Cícero em 63 a.C.; não estava presente em Pistoia, janeiro de 62 a.C., quando seu exército derrotou Catilina.

84. Cícero, *Pro Flacco*, XXXVIII, 95.

Tens a esperança de que "Harmódios e Trasíbulos[85] se insurjam a fim de fazerem, com a matança de meus compatriotas, sacrifícios para aplacar os espíritos mortos do tirano". Mas em breve perderás a coragem e terminarás na forca a vida digna somente ti, que mereces ser amaldiçoado por todos os homens de bem antes de veres Harmódio oferecer o sangue dos Harmódios a um tirano. É muito provável que esse seja teu fim, e quem de fato poderia profetizar mais corretamente sobre um criminoso como tu? A outra coisa é impossível. Mencionas trinta tiranos que se rebelaram sob Galieno[86]. O que aconteceria se um tirano atacasse outro: todos os que se opõem ao tirano ou o destroem serão então também tiranos? Não conseguirás persuadir ninguém disso, seu cavaleiro-escravo; tampouco ele, que é tua autoridade, Trebélio Pólio[87], praticamente o mais obscuro dos historiadores. "Caso o senado julgasse quaisquer imperadores como inimigos públicos", dizes, "seria obra da facção, não do direito". Traze-nos à memória a origem dos imperadores: são cria da facção, violência e, falando mais claramente, da loucura de Antônio, não do direito, de modo que eles foram os primeiros a se rebelar contra o senado e o povo de Roma. "Galba"[88], afirmas, "sofreu castigo por se insurgir contra Nero". Conta também que castigo sofreu Vespasiano, que fez o mesmo contra Vitélio[89]. "Havia tanta diferença", dizes, "entre Carlos e Nero, como entre estes carniceiros ingleses

....

85. Harmódio, tiranicida ateniense que (juntamente com Aristogíton) matou Hiparco em 514 a.C.; Trasíbulo se opôs à oligarquia dos Quatrocentos de Atenas em 411 a.C. e ajudou a destituir os Trinta Tiranos em 404-403 a.C.
86. Galieno, imperador romano, 253-67, que se ocupou de uma multiplicidade de invasões e insurreições.
87. Trebélio Pólio, suposto autor de "Tyranni Triginta", na *Historia Augusta*.
88. Galba, imperador romano, 68-69, teve êxito na revolta contra Nero, mas foi assassinado sete meses mais tarde.
89. Nenhum castigo. Vitélio, imperador romano, 69 d.C., sucumbiu aos exércitos de Vespasiano, que governou prosperamente por dez anos.

e os senadores romanos da época". Rematado patife, por quem é censurável ser elogiado e grande elogio ser censurado! Poucas frases atrás, quando escrevias exatamente sobre isso, disseras que "sob os senadores o senado era uma assembléia de escravos togados"; agora dizes que o mesmo "senado era uma assembléia de reis". Se é assim, o que impede os reis, segundo tua autoridade, de se tornarem escravos togados? Abençoados sejam os reis nesse encomiasta! Entre os homens não há mais iníquo, entre os animais quadrúpedes não há mais néscio – salvo se me for permitido dizer que sua peculiaridade reside em zurrar sabiamente como ninguém.

Queres que o Parlamento da Inglaterra seja mais parecido a Nero do que ao senado romano. Essa tua maligna comichão de remendar as mais absurdas comparações me obriga a te corrigir; e ainda te mostrarei como Carlos era semelhante a Nero. "Nero", segundo tu, "matou a própria mãe" com uma espada. Carlos fez o mesmo com seu pai, que também era rei, usando veneno. Para não mencionar outras provas, quem arrancou das garras da lei o duque acusado de envenenamento só pode ser culpado também. Nero matou milhares de cristãos; Carlos matou muitos mais. De acordo com o testemunho de Suetônio, houve quem louvasse Nero após sua morte, quem sentisse sua falta, quem durante muito tempo "lhe decorasse o túmulo com flores da primavera e do verão", e previsse toda sorte de males para seus inimigos[90]; e há alguns que sentem a falta de Carlos com a mesma loucura e exaltam-no com os maiores louvores; à frente desse grupo vens tu, cavaleiro-patibular.

"Os soldados ingleses, mais ferozes do que os próprios cães de caça, instituem um novo e insólito tribunal." Atentemos para essa contundente metáfora ou provérbio de Salmásio, que até agora já foi socada seis vezes, "mais ferozes do que os próprios cães de caça". Oradores e vós, mestres-escola, se fordes sábios, vindes colher essa pequena e graciosíssima flor-

---

90. Suetônio, *Nero*, 57.

zinha, de que Salmásio tanto gosta. Confiai a vossas anotações e baús o cosmético desse homem mui eloqüente para que não pereça. Será que tua loucura consumiu de tal modo tuas palavras que te vês forçado, como um cuco, a crocitar a mesma desalentadora canção várias e várias vezes? Como devo chamar esse tipo de monstruosidade? Nas histórias, a loucura transformou Hécuba num cão[91]; a tu, senhor de St. Loup, transforma num cuco!

Começas agora com incoerências frescas. Acima, p. 113, afirmaras que "o príncipe está livre das leis, não as de coerção" somente, mas "as de orientação; não há nenhuma lei que o restrinja". Agora dizes que falarás "mais abaixo da diferença entre os reis, na medida em que alguns possuem menor poder e outros, poder maior de governo". Desejas provar "que os reis não poderiam ser julgados ou condenados por seus súditos usando de um argumento" que tu mesmo qualifica de fortíssimo – na realidade, é um argumento bem idiota; dizes "que não havia nenhuma outra diferença entre juízes e reis; no entanto, os judeus continuaram a pedir reis por cansaço e ódio dos juízes". Pensas, talvez, que depois de julgarem e condenarem esses juízes por mau comportamento no cargo foram levados por cansaço e ódio deles a exigir reis a quem não poderiam punir ou forçar a se submeter por violar todas as leis? Quem, à exceção de ti, em geral argumenta de modo tão estúpido? Então foi por alguma outra razão, senão para ter um senhor acima das leis, que pediram um rei; imaginar agora qual seria essa razão não é relevante: seja qual for, Deus e seus profetas testemunharam que isso não se fez a partir de um conselho sensato. Outra vez de novo ameaças com a mais figadal discórdia teus rabinos – com base nos quais afirmaras provar *supra* que o rei dos judeus não poderia ser julgado – por terem eles relatado que um rei pode ser julgado e abatido. Isso é obviamente o mesmo que confessares ter forjado tudo quan-

....
91. Ver Ovídio, *Metamorfoses*, XIII, 399-427.

to naquele momento disseras provar com base nos rabinos. Por fim passas a inventar debatezinhos simulados sobre o número de estábulos de Salomão, e quantas "manjedouras tinha para seus cavalos", esquecendo a defesa do rei.

Afinal, de cavalariço voltas a ser o cavaleiro que prega a virtude e prega a mesma coisa interminavelmente com diferentes palavras, ou melhor, a espécie de monstro que eras antes, um cuco arengador. De fato, queixas-te de que "nas últimas gerações a força da ordem se afrouxa e seu mando se corrompe" – porque *um* tirano, isento de todas as leis, não pode afrouxar toda a ordem e corromper os hábitos impunemente! Essa doutrina, dizes, "os brownistas[92] introduziram entre os protestantes". Assim, Lutero, Calvino, Zwinglio, Bucer e todos os mais renomados teólogos ortodoxos foram, segundo tu, brownistas. Os ingleses aturam com mais paciência tuas ofensas, quando te ouvem arengar contra os mais ilustres doutores da Igreja e na verdade toda a Igreja Protestante usando praticamente os mesmos insultos.

....
92. Brownistas: seguidores de Robert Browne (1550?-1633?), um dos primeiros separatistas da Igreja Anglicana.

Capítulo VI

Depois de perturbares inutilmente a lei de Deus e de natureza tratando-as de maneira desastrosa e nada ganhares, exceto a vergonha da ignorância e da iniqüidade, não vejo o que mais podes avançar nessa causa real, afora besteiras. Mas, embora eu espere ter justificado plenamente todos os homens de bem e os eruditos, além da causa, de todas a mais nobre, e pudesse pôr fim à minha resposta neste ponto, para outros não pensarem entretanto que evitei a variedade e contundência de teus argumentos, e não tua imoderada prolixidade, irei até onde quiseres. Como facilmente se perceberá, após fazer tudo quanto exigia, se não a dignidade, pelo menos a urgência da causa, serei breve o bastante para tão-só saciar as expectativas ou mesmo a curiosidade de certas pessoas.

"Daqui por diante", dizes, "uma outra série de argumentos, ainda maior, se erguerá diante de mim". Há uma série de argumentos maior do que a fornecida pela lei de Deus e de Natureza? Valei-me, Lucina[1], Monte Salmásio está parindo[2]. Não foi à toa que ele se tornou esposa de sua mulher. Mortais, aguardai um nascimento monstruoso. "Se for possível acusar aquele que é e se chama rei perante um outro poder, este deverá ser

---

1. Lucina era a deusa romana dos nascimentos.
2. Em latim, *parturit Mons Salmasius*: alude a Ovídio, *Ars Poetica*, 139; "Parturiunt montes, nascetur ridiculus mus".

completamente superior ao poder real; mas o que se institui como superior deverá, na verdade, ser e se chamar real. Pois o poder real deve-se definir desta maneira: poder mais elevado no Estado, poder único, acima do qual não se reconhece nenhum outro." Ah, realmente a montanha pariu um rato, e aliás um rato bem ridículo! Gramáticos, socorrei esse gramático em apuros. Não há mais remédio – não para a lei de Deus ou de natureza, mas para o dicionário!

E se eu te respondesse assim? Que os nomes cedam lugar à realidade. Não é nossa tarefa usar de cautela com o nome, já que nos livramos da realidade. Deixamos a outros, que amam os reis, preocupar-se com isso. Aproveitamos nossa liberdade. Suprimirias uma resposta que seguramente não fosse desleal. Mas para entenderes que estou tratando contigo todas as questões em pé de igualdade, responderei não somente de acordo com minha opinião, mas de acordo com a opinião dos melhores e mais sábios homens do passado, que consideraram possível a coexistência do nome e poder dos reis com o poder maior das leis e do povo. Particularmente, Licurgo, ilustríssimo por sua sabedoria, quando mais desejava zelar pelos interesses do poder real, como nos conta Platão, não conseguia encontrar outro modo de preservá-lo senão tornando o poder do senado e dos éforos, ou seja, do povo, maior do que o do rei em seu próprio país. Na peça de Eurípedes, Teseu teve a mesma sensação. Embora rei de Atenas, depois de libertar o povo ateniense para sua própria glória, ele não apenas elevou o poder do povo acima do rei, mas legou o reino nesse estado aos seus descendentes. Em *Suplícios*, Eurípides apresenta-nos falando assim:

Δῆμον κατέστησ᾽ αὐτὸν εἰς μοναρχίαν
Ἐλευθερώσας τήνδ᾽ ἰσόψηφον πόλιν.
Eu converti o próprio povo em monarquia, libertando
esta cidade, que tem igual direito de voto.

E novamente ao mensageiro tebano:

> Πρῶτον μὲν ἤρξω τοῦ λόλου ψευδῶς ξένε
> Ζητῶν τύραννον ἐνθάδ', οὐ γὰρ ἄρχεται
> 'Ενὸς πρὸς ἀνδρὸς, ἀλλ' ἐλευθέρα πόλις,
> Δῆμος δ' ἀνάσσει——— [3]

Em primeiro lugar, estrangeiro, principiaste teu discurso com uma falsa saudação, pois perguntaste quem é aqui o governante: esta cidade não é governada por um único homem; é uma cidade livre, o povo reina.

Foi isso o que disse, embora fosse e se chamasse rei daquela cidade. O divino Platão é também testemunha disso na sua oitava *Epístola*: "Licurgo introduziu o senado e o poder dos éforos, τῆς βασιλικῆς ἀρχῆς σωτήριον, que era um meio de salvar o poder do rei. E assim o poder se conservou ao longo de muitos séculos em grande honra. Depois de se tornar senhora, a lei veio a ser rainha dos homens." Mas a lei não pode ser rainha se não houver alguém que, se surgir a ocasião, aja de acordo com a lei inclusive contra o rei. Por isso aos sicilianos ele recomenda o poder real com limitações, ἐλευθερία γιγνέσθω μετὰ βασιλικῆς ἀρχῆς etc.: "Que a liberdade lá coexista com o poder real; que o poder real seja ἠπεύθυνος, responsável por prestar contas de suas ações. Que a lei também governe os reis se eles fizerem algo ilegal"[4]. Por último, Aristóteles afirma, no terceiro livro de sua *Política*, "na cidade de Esparta, parece se encontrar o melhor exemplo de monarquia, entre as monarquias governadas pela lei"; ora, todas as formas de monarquia são governadas pela lei, diz ele, com exceção de uma a que ele designa παμβασιλείαν, e não menciona se tal coisa algum dia existiu noutro lugar[5]. E assim Aristóteles percebeu que uma monarquia como a dos espartanos é dentre

----
3. Eurípides, *Suplícios*, 352-3, 403-6.
4. Platão, *Cartas*, VIII, 354b, 355d.
5. Aristóteles, *Política*, III, 14 (1285a-b).

todas a mais propriamente chamada, e é, monarquia; portanto, não poderia negar que do mesmo modo tal rei se chamasse e fosse propriamente rei, apesar de ser o povo superior ao rei. Inúmeros grandes autores deram sua palavra de honra de que a segurança do título e a substância da realeza pertencem ao rei, mesmo quando o povo conserva em suas mãos o mais elevado poder, para casos de necessidade, embora não costume exercê-lo. Não deves permitir que uma mente tão estreita como a tua receie tanto a perfeição dos detalhes gramáticos – isto é, das palavras –, de modo que, a ter perturbada ou de algum modo prejudicada a ordem de teu glossário, prefiras dispor-se a trair a liberdade e a república de todos os homens. Daqui por diante, fica sabendo também que os nomes se subordinam às coisas, não as coisas aos nomes. Assim terás mais sabedoria e não "irás ao infinito", como temes. "Foi em vão, portanto, que Sêneca descreve essas três espécies de constituição." Deixa Sêneca prosseguir em vão enquanto formos homens livres; a não ser que eu me engane, não somos o tipo de gente a quem o floreio de Sêneca reduzirá à escravidão. Porém, o mesmo Sêneca, muito embora afirme que o poder supremo reside numa única pessoa, afirma por outro lado que "o poder pertence ao povo"[6], e é claramente confiado ao rei para o bem-estar, não para a destruição de todos; e não foi concedido pelo povo como posse, mas meramente para uso. "Logo, não é pela vontade de Deus que os reis hoje governam, mas pela vontade do povo." Como se de fato Deus não governe o povo a fim de que o povo entregue o mando a quem Deus quer! Nas *Institutas*, o imperador Justiniano reconhece abertamente que os césares começaram a governar a partir do momento em que "pela *lex regia* o povo lhes concedeu e os investiu toda sua própria autoridade e poder".[7]

....

6. Sêneca, *De beneficiis*, VII, IV, 2.
7. No latim, *lege regia populus iis et in eos omne imperium suum, et potestatem concessite*: ligeiramente adapatado das *Institutas*, de Justiniano.

Ora, por quanto tempo mais precisarei apresentar pontos teus que já cansei de refutar? Mais uma vez – algo para demonstrar tua natureza rude e selvagem, não menos que teu caráter demasiado ofensivo –, embora sejas um estrangeiro e estranho, fuças curiosamente em assuntos de nossa república que não lhe dizem nenhum respeito. Eis então que chegas, como convém a um abelhudo, com um enorme erro gramatical. Dizes: "Tudo o que esses perdidos dizem *têm*[8] a intenção de enganar o povo." Sujeito iníquo, terá sido para nos atulhar de erros gramaticais e barbarismos que tu, gramático marginal, desejavas interferir em nossa república? Mas conta-nos como foi que enganamos o povo. "A forma de governo que instituíram não é democrática[9], porém militar." Foi realmente para isso que aquele bando de desertores te contratou a uma quantia insignificante e te ordenou a escrever: quem precisa de uma resposta não és tu, pois somente balbucias coisas que não entendes de modo algum, mas os que te contrataram a dinheiro. Quem "expulsou os lordes do Parlamento? Terá sido o povo?" Foi realmente o povo! E ao fazer isso arrancou do pescoço um intolerável jugo de escravidão. Os soldados, por quem dizes que isso foi feito, não eram estrangeiros, mas nossos compatriotas, a maioria do povo, e fizeram isso com o consentimento e pelo desejo de quase todo o restante do povo, tendo também o apoio do Parlamento. "Terá sido o povo", dizes, "que mutilou os comuns da câmara baixa, quando obrigou alguns de seus membros a fugir etc.?" Foi o povo, afirmo eu. Aliás, por que não afirmaria eu que a ação da parte melhor, isto é, da mais sã[10] do governo, na qual reside o verdadeiro poder do povo, foi um ato do povo? E se a maioria do Parlamento pre-

....
8. No latim, *Quicquid ... illi perditi homines dicunt, ad populum decipiendum pertinent*: extraído de S., *DR*, p. 133. *Quicquid* (singular) e *pertinent* (plural) não concordam.
9. Em latim, *popularis*.
10. Em latim, *pars potior, id est sanior*.

ferisse se tornar escrava e pôr a república à venda – não deveria se permitir que a minoria impedisse isso e conservasse sua liberdade, se isso está em seu poder? "Mas os oficiais agiram com seus soldados." Então devemos agradecer aos oficiais, porque não faltaram à república; ao contrário, rechaçaram os desregrados operários e comerciantes de Londres que pouco antes, exatamente como a mais baixa ralé que apoiou Clódio[11], havia sitiado a própria câmara do Parlamento. E por isso denominarás o principal e próprio direito do Parlamento, que consiste antes de mais nada em zelar pela liberdade do povo, tanto na guerra como na paz, de "despotismo militar"? Dizem isso, e não admira, os traidores que te ditaram o que deverias dizer. Pois assim a facção extremamente corrupta de Antônio e seus seguidores costumavam, no passado, denominar o senado romano, quando este guerreava contra os inimigos do país: "Campo de Pompeu"[12]. Ora, estou realmente satisfeito que seu partido se ressinta do bravo general de nosso exército, Cromwell, pois ele – cercado por um feliz grupo de amigos, auxiliado pelo justo favor do povo e também das preces de todos os homens de bem – empreendeu a Guerra Irlandesa[13], coisa muitíssimo agradável a Deus. Depois de informados de suas inúmeras vitórias, creio que definharam de despeito.

Passo por cima de boa parte desses teus enfadonhos disparates sobre os soldados de Roma. Quem não vê que o que vem a seguir está muito distante da verdade? "O poder do povo", dizes, "deixa de existir quando o poder dos reis principia". Em virtude de que lei isso sucede? Pois em geral se concorda que em quase todos os lugares os reis das nações recebem do povo um governo que lhes é transmitido mediante certas condições:

---

11. Públio Clódio, incitador da turba que tramou com Catilina e (até 56 a.C.) César, e foi ferozmente combatido por Cícero.

12. Ver Cícero, *Filípicas*, XIII, xi, 26.

13. A campanha de Cromwell na Irlanda incluiu triunfos brutais em Drogheda e Wexford.

se o rei não se mantiver fiel a estas, por favor nos diz por que esse poder, detido apenas em confiança, não retornaria do rei ao povo, assim como de um cônsul ou de qualquer outro magistrado? Quando falas sobre "a segurança pública assim o exige", falas absurdos, já que os meios para garantir segurança são exatamente os mesmos, quer "o poder retorne ao povo" a partir de um rei, de nobres ou triúnvirus que empreguem erradamente a autoridade a eles transmitida. Entretanto, tu mesmo admites que possa retornar ao povo a partir de quaisquer dignatários, tirante apenas o rei. É certo que se em seu juízo perfeito o povo não cedesse o poder sobre si ao rei ou quaisquer magistrados salvo tão-só para o bem-estar comum de todas as pessoas, não há motivo pelo qual, por razões absolutamente opostas, a fim de evitar a destruição de todos, não se poderia retirar o poder concedido a um rei, bem como a outros magistrados. Não seria mesmo mais fácil retirá-lo a um do que a muitos? E conceder poder sobre si a um mortal de outra maneira que não em confiança seria o cúmulo da loucura; tampouco é crível que desde o início do mundo um povo – pelo menos um povo que fosse seu próprio senhor – tenha sido tão desgraçadamente tolo que renunciasse por completo a todo o poder, ou então, tendo-o confiado aos magistrados, não o retomasse para si mesmo pela mais sólida das razões. Mas se os distúrbios, se a guerra civil resulta, decerto nenhum direito resulta a um rei de deter pela força o poder que o povo reclama de volta como seu. Daí sucede que se deve atribuir isso à sabedoria do povo, não ao direito do rei, e seguramente não negamos que "o governante não seja mudado de maneira leviana". Porém, não se segue de modo algum que, por conseguinte, isso jamais deveria acontecer ou por nenhuma razão absolutamente. E até agora não exibiste nenhuma prova nem apresentaste nenhum direito dos reis demonstrando que um povo, de comum acordo, não possa privar um rei inadequado de seu reino, se ao menos se puder fazer isso, como tantas vezes se faz também em teu país, a França, sem insurreição e guerra civil. E portanto o bem-estar do povo é lei suprema[14], não o bem-estar do tirano, e por essa razão a lei deve existir para benefício do povo contra o tirano, não do tirano contra o povo. Mas ousaste transgredir lei tão sagrada, tão venerável, com seus truques de prestidigitador; quiseste que a lei suprema entre os homens e a mais benéfica ao povo só tivesse efeito para assegurar impunidade a tiranos. Como para ti nós, ingleses, temos sido tantas vezes "entusiastas", "inspirados" e "profetas", sabe tu, como resultado de minha profecia, que Deus e os homens estão prestes a vingar sobre ti um crime tão imenso; e no entanto a sujeição de toda a raça humana aos tiranos, que consiste em fazer tanto quanto te fosse possível para condená-la aos leões, constitui em si mesma um pecado tão monstruoso que em parte será a vingança sobre ti, e mais cedo ou mais tarde ela te perseguirá com suas fúrias para onde quer que na Terra corras e vagues, e te caçará numa loucura ainda pior do que aquela em que agora tresvarias.

Chego então a teu outro argumento, que não é melhor do que o anterior: se o povo pudesse ter de volta o poder, "não haveria nenhuma diferença entre uma constituição popular e uma constituição real, exceto pelo fato de que nesta última indica-se um único legislador e, na primeira, muitos são indicados". E se não houvesse nenhuma outra diferença? A república sofreria algum detrimento por causa disso?[15] Mas, para te certificares, confere algumas outras diferenças apresentadas por ti mesmo, "de tempo e sucessão", "pois que os magistrados populares são em geral eleitos anualmente", enquanto os reis, salvo se cometerem algum crime, duram para sempre – e na maioria das vezes a sucessão vigora na mesma família. Ah, pou-

....

14. Ver p. 85.
15. Em latim, *nunquid inde respub. detrimenti caperet?* A alusão é às palavras mediante as quais se transmitia poder aos cônsules: *ne quid res publica detrimenti capiat.*

co importa que se diferenciem ou não! Tais minúcias não me preocupam nem um pouco. Neste ponto elas certamente concordam: nos dois casos, sempre que a república for concernida, o povo pode exigir de volta para si o poder transmitido a outro em nome do bem-estar público, sem cometer injustiça pela mesma razão. "No entanto, por intermédio da *lex regia*, assim chamada em Roma, que é mencionada nas *Institutas*, o povo romano concedia a seu chefe e nele investia toda a sua autoridade e poder." Certamente – obrigado pela força dos césares que sancionou, sob o honroso pretexto da lei, o que não passava tão-só de sua violência. Discuti isso acima – coisa que os próprios legistas não encobrem ao tratar dessa passagem das *Institutas*. Portanto, o que não foi licitamente concedido e feito pela vontade do povo é inegavelmente revogável. E todavia é bastante razoável que o povo romano não transferisse ao cidadão chefe nenhum poder que não houvesse antes concedido aos próprios magistrados: ou seja, um poder legítimo e revogável, não um poder tirânico e insensato. Portanto os césares receberam o poder do cônsul e do tribuno – mas ninguém assumiu o poder de ditador depois de Júlio. Estavam até mesmo acostumados a honrar o povo no Circo, como já mencionei acima, segundo as palavras de Tácito e Claudiano. Mas "assim como no passado muitos cidadãos privados se venderam como escravos para outros, o mesmo pode fazer um povo inteiro". Ó cavaleiro da prisão, seu negociante de escravos! Eterna vergonha mesmo de teu país natal! És um carcereiro, um proxeneta público da escravidão, tão desagradável que mesmo o mais baixo grupo de escravos à venda na plataforma deveria te amaldiçoar e cuspir! É certo que se um povo houvesse se entregado dessa maneira aos reis, os reis também poderiam entregar o mesmo povo a qualquer outro senhor ou vendê-lo a determinado preço. Entretanto, admite-se que um rei nem sequer pode liquidar a herança da Coroa. Logo, quem detém a concessão transmitida pelo povo apenas de uso e usufruto da coroa (como se diz) e a herança real[16] deverá ser proprietário desse mesmo povo? Nem se fosses um cavaleiro com as duas orelhas furadas[17], nem se avançasses com os pés engessados serias o mais barato dos escravos que agora és, autor de uma opinião tão vergonhosa como essa. Vai em frente e exige as punições para os teus crimes relutantemente de ti mesmo, como fazes agora. Por fim, tartamudeias bastante sobre o direito de guerra, que aqui fica deslocado. Pois Carlos não nos conquistou em guerra; além disso, os ancestrais dele renunciaram ao direito de que falas repetidamente, embora lograssem muito êxito na conquista. E, ainda que fôssemos conquistados de maneira tão cabal, não juramos fidelidade a eles sem que eles, em contrapartida, jurassem fidelidade a nossas leis. Quando Carlos havia notoriamente violado essas leis, depois de primeiro nos provocar – chamam-no de antigo conquistador ou atual rei mentiroso –, nós o derrotamos completamente em guerra. Ora, de acordo com a tua própria opinião, "o que se ganha na guerra passa a ser propriedade de quem o adquiriu". Portanto, daqui por diante sê tão prolixo sobre esse ponto quanto quiseres, sê o que não faz muito foste em relação a Solino, um amestrador de cavalos no estilo de Plínio[18], o mais prolixo de todos os tagarelas. Mas, seja qual for tua próxima garrulice, seja qual for a perturbação que causes, a citação que tomes aos rabinos, o grito rouco que dês no final desse capítulo, fica sabendo que suaste com todo esse esforço, não mais em nome do rei conquistado, mas para nos ajudar contra o rei, que somos com a ajuda de Deus seus conquistadores.

....

16. Ver p. 16 no que se refere ao rei como usufrutuário.

17. Marca de escravidão. Ver Êx 21.6.

18. A *Collectanea* (ou *Polyhistor*, conforme revisada no século VI) de Gaio Júlio Solino (*c.* 200), amplamente baseada em Plínio, foi publicada por S. com um extenso comentário: *Plinianae exercitationes in Caii Julii Polyhistora* (Paris, 1629). Ver *DS*, IV, 569.

Capítulo VII

Por causa de duas inconveniências que de fato são enormes, e na tua opinião muito graves, disseras no capítulo anterior que o poder do povo não é maior do que o do rei; depois disso, se concedes, seria necessário encontrar um novo nome para o rei, já que o termo rei foi transmitido ao povo. Também certas divisões de teu sistema político ficariam desordenadas: uma delas seria uma despesa para o teu dicionário; a outra, a Cruz para a tua política. Respondi assim para que se leve em consideração, primeiro, nossa segurança e liberdade, e em seguida até mesmo teu sistema de nomear e de política. Agora afirmas que "deve-se provar inteiramente, por meio de outras considerações, que um rei não pode ser julgado por seus próprios súditos, e de todas as razões está será a mais poderosa e convincente: um rei não tem par em seu reino". O que estás dizendo? Um rei não tem par em seu reino? Então o que são os antiquíssimos pares [do rei][1] de França? Serão fábulas e bobagens [de Turpino]?[2] São assim chamados em vão e por escárnio? Cuidado para não proferires esse insulto a esses dirigentes da França. [Ou será porque eles são iguais uns aos outros? Como se na verdade de toda a nobreza da França apenas

....
1. 1651 Q: omitido em 1651 F, 1658.
2. 1658. Turpino (século VIII) foi o suposto cronista dos feitos de Carlos Magno e Rolando.

doze fossem iguais entre si; ou que por essa razão se julgasse adequado chamá-los de pares de França.]³ Mas se na realidade não forem pares do rei [da França porque, junto com ele, administram a república com igual direito e conselho]⁴ cuida em todo caso para que teu glossário, que é a única coisa pela qual te interessas, não seja mais ridicularizado no reino da França do que em nossa república.

Vem então, esclarece como não existe nenhum par do monarca no reino. "Porque", dizes, "o povo de Roma, depois da expulsão dos reis, instituiu dois cônsules, não um, de modo que se esse um cometesse erro poderia ser controlado por seu colega". Dificilmente se poderia imaginar algo mais tolo. Por que então um dos cônsules segurava as *fasces* consigo, e não ambos, se um havia sido indicado para controlar o outro? E o que aconteceria se os dois conspirassem contra a república? A situação seria melhor se os romanos não houvessem dado um colega ao cônsul único? Mas admite-se que os dois cônsules e todos os magistrados deveriam sempre obedecer ao senado, quando os senadores e o povo decidissem que isso era de interesse da república. [A esse respeito, tenho em Marco Túlio, no discurso *Pro Sestio*⁵, uma testemunha de extrema confiança. Dele, ouve ao mesmo tempo uma descrição bastante curta do Estado Romano, que havia sido "muito sabiamente instituído", segundo ele costumava dizer, e todos os cidadãos deveriam saber disso, como digo eu também. "Desde que removeram o poder dos reis, nossos ancestrais criaram magistraturas anuais a fim de instituir para sempre o conselho do senado na república: e todo o povo realizou eleições para esse conselho; e a tomada de posse nessa posição suprema deveria estar acessível a todos os cidadãos que trabalhassem com seriedade e tivessem virtude. Colocaram o senado como guardião, protetor

....

3. 1651F: sofreu mais uma revisão em 1658.
4. 1651F: sofreu mais uma revisão em 1658.
5. Cícero, *Pro Sestio*, LXV, 137.

e paladino da república: decidiram que os magistrados deveriam empregar a autoridade desse cargo e ser, por assim dizer, ministros desse importante conselho."][6]

Os decênviros[7] poderiam servir de célebre exemplo. Foram investidos do poder supremo dos cônsules, e ainda assim a autoridade dos senadores submeteu-os todos à ordem a um só tempo, mesmo quando lutaram contra ela. Lemos que até mesmo alguns cônsules, antes de renunciarem à magistratura, foram julgados inimigos públicos e contra eles se pegou em armas – de fato, ninguém consideraria cônsul um homem com quem se estivesse em guerra. Assim, declarou-se guerra a Antônio, o cônsul, por intermédio da autoridade do senado. Foi derrotado e teria recebido a pena de morte se Otaviano César[8], que lutava por império, não houvesse feito um acordo com ele para derrubarem a república.

Agora tua afirmação de que "é impróprio à majestade real que o comando resida nas mãos de uma única pessoa" não é menos traiçoeira, e é imediatamente refutada por ti mesmo. Com efeito, "os juízes dos hebreus detinham o poder cada um de uma vez e durante toda a sua vida. As Escrituras também os designam por reis, e todavia pelo grande sinédrio" eles eram julgados. Assim, está claro que, no teu desejo de que te estimassem por dizer tudo, não disseste quase nada, salvo contradições. Então eu te pergunto como designas a forma de governo em que dois ou três imperadores controlavam ao mesmo tempo o império romano – pensas que fossem imperadores, isto é, reis, ou aristocratas, ou um triunvirato? Ou na verdade dirás que o império romano sob Antonino e Vero,

....
6. 1651F: conservado em 1658.

7. Os decênviros foram os dez patrícios a quem se outorgou o poder quando a constituição romana foi suspensa em 451 a.C.

8. Otaviano (63 a.C.-14 d.C.) consolidou sua reivindicação ao poder quando derrotou Antônio em 31 a.C. Ele recebeu o título de Augusto (daí em diante conferido a todos os imperadores) em 27 a.C.

Diocleciano e Maximiniano, Constantino e Licínio não era um império?[9] Se eles não forem reis, teus próprios argumentos representam perigo para as tuas "três espécies de governo"; se forem, então não é peculiar ao poder real o fato de residir nas mãos de uma só pessoa. "Se um desses cometer um erro", dizes, "os outros podem denunciá-lo ao povo ou ao senado, para ser acusado e condenado". Logo, ele – o povo ou o senado a quem aquele outro denuncia – não julga? Portanto, se te concedes algum crédito, não haveria necessidade de um colega julgar o outro. Ai, que defensor és! Serias seguramente digno de pena se antes não fosses digno de maldições. Estás tão exposto a golpes provenientes de todas as direções que, se alguém porventura quisesse alvejar-te como num jogo, acertar-te incisivamente em alguma parte, creio que nem a esmo conseguiria errar.

Afirmas ser "ridículo que um rei deseje indicar juízes superiores a si, pelos quais possa ser condenado à morte". Ora, ponho diante de ti Trajano, que não era ridículo, mas o melhor dos imperadores. Quando passou a adaga a Saburano, capitão da guarda pretoriana, como símbolo de seu poder (conforme era costume), várias vezes o advertiu com as seguintes palavras: "Recebe esta espada em meu nome, se eu agir corretamente; do contrário, usa-a antes contra mim, porque é menos lícito ao governante de todas as coisas extraviar-se." É isso o que dizem Díon e Aurélio Vitor[10]. Repara como o excelente imperador instituiu um juiz sobre si, mesmo que não fosse seu par. Talvez Tibério fizesse o mesmo discurso por hipocrisia e conversa fiada, mas seria quase um criminoso quem pensasse que

....

9. Quando Antonino (i.e. Marco Aurélio) sucedeu em 161, imediatamente solicitou ao Senado que indicasse Lúcio Vero (130-69) como Augusto (a primeira vez que o principado foi dividido em colegiados). Diocleciano promoveu Maximiniano a Augusto em 286; ambos abdicaram em 305. Constantino disputou a promoção de Licínio a Augusto em 308 e finalmente o depôs em 323.

10. Ver p. 18.

Trajano, homem excelente e mui santo, não dissesse de coração o que julgava verdadeiro, direito e legítimo. Em óbvia consideração por seu dever, com muito mais retidão obedeceu ao senado quando podia não tê-lo obedecido, já que lhe era superior em força; e confessou que o senado lhe era superior em direito. Em seu *Panegírico*, Plínio diz sobre ele[11]: "O senado pediu-vos e ordenou-vos a aceitar vosso quarto consulado. Essa é a voz de uma ordem, não de uma lisonja, acreditai em vossa própria obediência"; e pouco depois, "este de fato é nosso propósito: chamar de volta e restaurar nossa liberdade". Tudo o que Trajano pensava de si, do mesmo modo, o senado pensava de Trajano, e pensava que de fato sua autoridade era suprema, pois quem podia dar ordens a um imperador podia também julgá-lo. Assim, o imperador Marco Aurélio, quando Cássio, prefeito da Síria, tentou tirar-lhe a realeza[12], apresentou-se ao julgamento do senado ou ao do povo de Roma, pronto para renunciar ao reino se assim quisessem. Ora, quem realmente pode julgar e instituir melhor e mais corretamente o direito dos reis do que as palavras saídas das bocas dos melhores reis?

Pela lei de natureza, na verdade, todo bom rei sempre considera o senado ou o povo como seus iguais ou superiores. Mas, como por natureza o tirano é o mais baixo de todos os homens, não há ninguém que não possa se julgar seu igual e superior se tiver mais força. Pois, assim como os homens primeiro se moveram, sob a liderança da natureza, da força às leis, onde as leis se erguem sobre o nada, também com o mesmo líder, deve necessariamente haver um recuo à força. "Pensar assim", diz Cícero, *Pro Sestio*[13], "faz parte do bom senso; agir assim, parte da coragem; pensar e ao mesmo tempo agir

---

11. Plínio, *Panegíricos*, LXXVIII, 1 e 3.
12. Avídio Cássio foi assassinado três meses após proclamar-se imperador em 175 d.C.
13. Cícero, *Pro Sestio*, XL, 86.

assim é verdadeiramente a perfeita coroação da glória da virtude". Deixemos então isto permanecer na natureza, sem ser perturbado por quaisquer habilidades de parasitas: seja um bom ou mau rei, o senado e o povo são seus superiores. Tu mesmo admites isso, quando dizes que o poder real passou do povo para o rei. Pois o poder cedido ao rei por natureza e por uma espécie de virtude, ou então virtualmente, por assim dizer, mesmo quando o povo o houver cedido a outro, ainda permanecerá com o povo. Causas naturais que produzem algum efeito dessa maneira, por meio de alguma excelência, conservam mais do que comunicam de sua virtude; tampouco chegam a secar em razão de a comunicarem. Como vês, quanto mais nos aproximamos da natureza, mais evidentemente o poder do povo se estende sobre o do rei.

Também se admite que o povo, se apenas lhe resta a liberdade de escolha, jamais concede seu poder a um rei absolutamente e como posse, e tampouco por natureza pode-se agir assim; unicamente se faz isso em nome da segurança pública e da liberdade. E quando o rei deixa de atentar para isso, entende-se que o povo nada concedeu, porque apenas concedeu para um certo fim, a conselho da própria natureza; e se nem a natureza nem o povo conseguem alcançar essa finalidade, o que se concede não terá mais validade do que qualquer troca ou tratado nulo. Por meio dessas considerações prova-se com mais firmeza que o povo é superior ao rei. É assim que se desintegra esse teu argumento "extremamente convincente e forte, de que o rei não pode ser julgado porque não possui nenhum par em seu reino". Realmente assumes o que de modo algum te concedemos.

"Num estado popular", dizes, "um magistrado indicado pelo povo pode ser por este punido quando comete crime; numa aristocracia, os nobres podem ser punidos por seus colegas; mas é monstruoso que um rei em seu próprio reino seja forçado a comparecer ao julgamento de sua vida". O que mais agora concluis, senão que as pessoas que instituem um rei sobre si são as mais miseráveis e idiotas de todas? Mas por que, pergunto eu, a um rei culpado o povo não pode punir como a um magistrado popular ou a nobres? Ou acaso pensas que todas as pessoas que vivem sob reis estavam tão desesperadamente apaixonadas pela escravidão que, uma vez livres, preferiram se tornar escravas e se submeter completa e totalmente ao domínio de um homem, não raro mau e não raro tolo, entregando-se a um senhor, que a depender de sua sina poderia ser o mais cruel, sem nenhuma proteção a sua segurança ou refúgio nas leis e na própria natureza? Por que então elas estabelecem condições quando os reis assumem o cargo, por que até mesmo lhe atribuem leis mediante as quais governar? Para se admitirem mais desprezadas e ridículas? Seria possível a um povo inteiro degradar-se tanto, abandonar-se tanto, trair-se tanto, que depositasse toda a sua esperança num único homem, quase que o mais fátuo deles? Além disso, por que os reis juram nada fazer contra a lei? Decerto a fim de que os desgraçados mortais aprendam, para seu grande mal, que só os reis podem cometer perjúrio impunemente! É isso o que as tuas indizíveis inferências vêm mostrar:

> Se um rei eleito prometer algo mesmo sob juramento – conquanto se não prometesse talvez não o houvessem escolhido – e se ele recusar-se a manter o acordo, não poderá ser julgado pelo povo. Mais ainda, se na eleição jurou a seus súditos que administraria a justiça de acordo com as leis do reino e não fizer isso, os súditos estarão isentos do juramento de fidelidade e ele *ipso facto* renunciará ao poder, mas a punição deverá ser executada por Deus, não pelos homens contra o transgressor.

Transcrevi essas palavras, não por sua elegância – pois são bastante incultas –, nem porque precisem de alguma refutação – pois refutam-se sozinhas, explodem e condenam-se por sua mais escancarada falsidade e baixeza. Transcrevi-as para recomendar-te aos reis por teus méritos excepcionais, de modo que eles, dentre todos os deveres da corte, possam designar-te alguma posição de relevo ou algum cargo apropriado a ti. Enquanto alguns administram as contas, outros carregam a taça, [alguns, os pratos,][14] outros são mestres de folia, a ti convirá perfeitamente, de fato, ser mestre de perjúrios. Não serás árbitro da elegância real, [como o famoso Petrônio,][15] porque és ignorante demais, mas supremo árbitro da traição. Porém, para que todos reconheçam que em ti a mais profunda estupidez está unida à mais profunda iniquidade, ponderemos com um pouco mais de cuidado as esplêndidas afirmações que acabas de fazer: "Um rei", dizes, "posto que na eleição jure aos súditos que governará de acordo com as leis", e se ele não fizer isso "estarão isentos do juramento de fidelidade e ele *ipso facto* renunciará ao poder", não pode contudo ser deposto ou punido por eles. Por que um rei, pergunto eu, é inferior a um magistrado popular? Porque sob esse tipo de governo o povo não transfere todo o seu poder ao magistrado. Por isso o transfere a um rei, a quem entrega o mando sobre si apenas enquanto este o exercer bem? E então um rei, que jurou observar as leis, pode ser deposto ou punido como culpado exatamente como um magistrado popular. Agora não podes usar mais uma vez o argumento todo-poderoso de que todo poder foi transferido ao rei, já que tu tropeças inadvertidamente nas tuas próprias armadilhas.

Aprende agora "uma outra razão extremamente poderosa e invencível por que os súditos" não podem julgar "seu rei: porque ele está isento das leis, porque somente o rei sanciona todas as leis". Como já provei tantas vezes que isso é completamente falso, mesmo essa tua invencível razão, junto com a anterior, cai no vazio. Todavia, se às vezes um rei não é punido em razão de algum crime pessoal, como estupro, adultério e outros semelhantes, isso ocorre menos por causa da clemên-

....
14. 1658.
15. 1658. Petrônio Árbitro, o *arbiter elegantiae* (árbitro do gosto) na corte de Nero, cometeu suicídio em 66 d.C. Ver Tácito, *Anais*, XVI, 18 e cf. *AR*, II, 518.

cia como a resignação de um povo temente de que mais desordem sobrevenha pela morte do rei e alteração nos negócios, do que o bem pela vingança de um ou dois. Quando ele realmente começa a se tornar opressivo e insuportável a todos, então de fato todas as nações acreditam ser lícito matar o tirano, condenado ou sem condenação, da maneira que puderem. Daí Marco Túlio na segunda *Filípica* dizer a respeito dos assassinos de César[16]: "Esses homens primeiro atacaram com as espadas, não um homem que buscava a realeza, mas que já era rei. Esse feito por si só é esplêndido e divino, e foi colocado diante de nós para o imitarmos." Como és diferente dele!

"Homicídio, adultério, agressão – esses não são crimes reais, mas crimes de indivíduos privados." Hurra, parasita! Por causa dessa tua declaração serás benquisto por todos os alcoviteiros e patifes da corte. Ah, com que elegância bancas a um só tempo o parasita e do mesmo modo o patife! "Um rei adúltero pode governar bem, e o mesmo acontece com o rei que é assassino, e por essa razão ele não deve ser privado da vida porque com sua vida é despojado também de seu reino. Mas jamais as leis humanas e divinas aprovaram que se aplicasse dupla punição a um único crime." Infame e reles discurso! Por idêntica razão, nem os magistrados populares nem os nobres, caso lhes seja infligida a dupla punição, nem sequer um juiz ou senador devasso deveriam sofrer pena de morte. Pois com suas vidas também são privados de sua magistratura.

Assim como te empenhas em tirar ao povo e atribuir ao rei poder, o mesmo ocorre com a majestade; majestade delegada e transferida, se preferires, mas certamente não podes abolir a majestade primária, assim como não aboles o poder primário do povo. Dizes que "o rei não pode cometer traição contra seu povo; mas o povo pode cometer traição contra seu rei". E no entanto o rei é rei simplesmente por causa do povo, não o povo por causa do rei. Por conseguinte o povo inteiro

---

16. Cícero, *Filípicas*, II, XLIV, 114.

ou a maioria[17] deve sempre deter mais poder do que o rei. Dizes que não e fazes contas: "ele possui mais poder do que qualquer indivíduo isolado, ou dois, três, dez, cem, mil, dez mil". Que seja. "Mais poder do que a metade do povo." Não contradigo. "E se se somar a metade da outra metade, não terá ele mais poder?" De modo algum!

Adiante. Por que rejeitas o ábaco, mui habilidoso lógico, ou será que não entendes de progressão aritmética? Ele muda de método e pergunta: "o rei juntamente com os nobres tem mais poder?". Novamente digo não, Vertumno[18], se por nobres queres dizer os lordes – pois pode acontecer que nenhum dentre eles seja digno do nome de nobre. Inúmeras vezes ocorre também de existirem muitos mais entre os comuns que sobrepujam os lordes em virtude e sabedoria, e quando a estes se soma a maioria ou a parte melhor do povo[19], não receio afirmar que representam o povo inteiro. "Mas se o rei não tiver mais poder do que todo o povo, então ele será rei apenas de indivíduos singulares, não de todos juntos." Correto, a não ser que desejem isso. Agora ajusta as tuas contas e verás que perdeste o principal por causa de seu inábil cálculo.

"Os ingleses dizem que o direito de majestade, por sua origem e natureza, reside nas mãos do povo; isso na verdade é para levar todos os Estados à destruição." Mesmo a aristocracia e a democracia? De fato o que falas é crível. E quanto à ginocracia, estado em que segundo dizem tu és surpreendido no próprio lar: os ingleses não te fariam uma gentileza, ó homem de parcíssima coragem? Mas foi em vão que esperaste por isso. Dispôs-se com muita justiça que tu, desejando impor fora a tirania sobre todos os homens, dentro de casa serves à escravidão mais desgraçada e menos masculina.

....

17. Em latim, *pars major*.

18. Deus estrusco associado às estações e por isso à mutabilidade. Cf. as "distinções e evasivas *vertumnianas*", *T*, II, 675.

19. Em latim, *pars populi major vel potior*.

"Devemos instruir-vos", dizes, "naquilo que queremos dizer pelo nome 'povo'". Há muitas outras coisas em que te deverias instruir antes, pois pareces profundamente ignorante das questões que te concernem mais de perto, e jamais aprendeste, nem mesmo foste capaz de aprender algo, tirante o alfabeto. Mas julgas saber que entendemos pelo nome "povo" apenas a gente comum por termos "abolido a Câmara dos Lordes". Ora, é isso precisamente que prova que incluímos no termo "povo" todos os cidadãos, sejam de que posição forem, pois instituímos uma única Câmara dos Comuns suprema, em que também os lordes, como parte do povo, não para si mesmos apenas como antes, mas para os eleitores pelos quais foram escolhidos, têm o legítimo direito de voto.

Invectivas então contra a gente comum ao dizeres que, "sendo embotada e obtusa, não tem capacidade de governar; nada é mais aborrecido, inane, volúvel e inconstante". Todas essas coisas te caem muito bem e são até mesmo verdadeiras com relação à mais baixa ralé, porém não em relação à espécie média. Entre esta se incluem os homens que são praticamente os mais sensatos e capazes nas questões públicas. Quanto ao restante, de um lado, luxúria e opulência, de outro, pobreza e carência, geralmente os afastam da virtude e do estudo da arte de governar.

Afirmas que existem hoje "variados modos de instituir reis mediante os quais estes nada devem ao povo", e em primeiro lugar vêm "os que detêm o reino por herança". Mas na verdade serão escravas e nascidas para a escravidão as nações que reconhecem tal senhor, a quem acreditam ter sucumbido por herança, sem o próprio consentimento. Certamente não podem ser consideradas nações constituídas por cidadãos ou homens livres de nascença; tampouco se pode pensar que possuem repúblicas – antes, devem ser incluídas entre os bens e posses, por assim dizer, de seu senhor e de seu filho e herdeiro. Realmente, quanto ao direito de posse, não vejo em que medida eles diferem dos escravos e do gado. Em segundo lugar, dizes "um homem que adquiriu para si um reino por meio da guerra não pode reconhecer o povo como fonte do poder que ampliou ou usurpou". Ora, o rei de que estamos falando agora não foi um conquistador, mas um conquistado; o que pode fazer um conquistador, discutiremos noutra parte, aferrate a isso.

Mas enquanto tantas vezes atribuis ao rei o antigo direito do chefe de família, de modo que consigas buscar aí "um exemplo do poder absoluto dos reis", com freqüência tenho mostrado que é totalmente diferente. Também Aristóteles, a respeito de quem fazes tanto alvoroço, já no início da *Política* te ensinaria a mesma coisa, se a houvesses lido. Lá ele afirma que julgam mal os que pensam haver pouca diferença entre um chefe de família e um rei. "Um reino é diferente de um lar não apenas em número como em espécie."[20] Depois que as vilas cresceram e se tornaram municípios e cidades o direito real do lar gradualmente desapareceu e deixou de ser reconhecido. Por isso Diodoro escreve, L. I, que na antiguidade os reinos não eram concedidos aos filhos do rei, mas aos que tivessem prestado os melhores serviços ao povo[21]. E Justino afirma[22]: "No princípio, o governo dos negócios, raças e nações estava nas mãos dos reis. Foram exaltados ao pináculo de sua majestade, não por conquistarem apoio popular, mas porque sua moderação era aprovada entre os bons."

Por conseguinte, é bastante claro que no início das nações o governo paterno e hereditário rapidamente cedeu lugar à virtude e ao direito do povo. Esta é a origem do poder real, sua mais natural razão e causa. Pois foi precisamente por esta razão que os homens se reuniram pela primeira vez, não para que um pudesse maltratar todos os outros, mas para que,

---

20. Aristóteles, *Política*, I, I (1252a).
21. Diodoro Sículo, I, 43, 6.
22. M. Justiniano Justino, *Epitoma historiarum philippicarum Pompei Trogi*, I, 1, 1.

quando um causasse dano a outro, houvesse entre os homens lei e juiz por cujo intermédio o que sofreu dano pudesse receber proteção ou afinal fosse vingado. Quando no passado se encontravam espalhados e dispersos, algum homem eloqüente e sábio os conduziu à vida civil[23], segundo tu, "basicamente com o seguinte plano: obter poder sobre eles quando os houvesse reunido". Talvez tenhas em mente Nimrod, que dizem ter sido o primeiro tirano[24]; ou talvez seja apenas a sua iniqüidade, que não conseguiu atingir esses grandes homens do passado, de almas elevadas, uma ficção só tua, por ninguém mais relatada, até onde sei, antes de ti – pois os memoriais de todos os antigos revelam que os fundadores das cidades tinham em vista a vantagem e a segurança da espécie humana, não seu próprio benefício e domínio.

Há uma coisa que não posso ignorar, uma coisa com a qual, creio, desejavas adornar o restante desse capítulo como um embutido mosaico: dizes "se um cônsul tivesse de comparecer à corte antes de deixar o cargo, um ditador deveria ter sido criado para isso", embora no início disseste "por essa razão lhe deram um colega". Suas afirmações sempre competem umas com as outras, e declaram em quase todas as páginas como tudo o que dizes ou escreves é sem importância. "Sob os antigos reis anglo-saxões", dizes, "o povo comum jamais se acostumou a ser convocado aos conselhos do reino". Se alguém dentre nosso povo houvesse afirmado isso, eu conseguiria convencê-lo de seu erro sem muita dificuldade; estou menos preocupado com essa tua afirmação estrangeira, divagando sobre nossos assuntos. E é isso, aproximadamente, o que sustentaste sobre o direito comum dos reis. Omito as inúmeras coisas restantes, pois estás acostumado a digressões muito freqüentes que não têm amparo, fundação ou são irrelevantes: não faço questão de parecer teu par em loquacidade.

....
23. Cf. Cícero, *De inventione*, I, 2.
24. Ver Gn 8.8-10.

Capítulo VIII

Se houvesses publicado tua opinião sobre o direito geral dos reis sem insultar ninguém, Salmásio, ainda que fizesses isso durante esta revolução[1] entre os ingleses, mas enquanto exercias tua liberdade de escrita, não haveria nenhuma razão para um inglês enfurecer-se contigo, e tampouco ganharias menos ao sustentar a opinião que apóias. Se Moisés e Cristo ordenam "que todos os homens se sujeitem a seus reis, sejam bons ou maus, sejam espanhóis, franceses, italianos, alemães, ingleses, escoceses", como afirmas acima (p. 127), qual teu interesse, um desconhecido estrangeiro, em balbuciar nossas leis e pretender lecionar sobre elas na cátedra profissional, como se fossem teus próprios papéis e miscelâneas, se anteriormente (e verborragicamente) nos instruíras que nossas leis, quaisquer que sejam, deveriam ceder lugar às leis de Deus?

Em geral, todos concordam que aplicaste tua mente à causa real menos por desejo próprio do que por teres sido contratado, em parte visando ao pagamento (bastante vultoso, se considerarmos os recursos do homem que te contratou) e em parte pela esperança de conseguires alguma recompensa mais elevada, para deturpar com teu notório panfleto os ingleses, que não perturbam nenhum de seus vizinhos e administram

....

1. Em latim, *mutatione*: como *conversio, mutatio* (alteração, mudança) poderia ser empregada a respeito de qualquer evento cíclico.

seus negócios sozinhos. Se isso não fosse verdade, é verossímil que alguém fosse tão desavergonhado ou insano a ponto de não hesitar, mesmo sendo um distante estrangeiro, em meter-se gratuitamente nos nossos assuntos e mesmo se filiar a um partido? Pois que mal faz a ti a maneira como os ingleses controlam os próprios assuntos? O que queres para ti, Olo, o que procuras? Não tens nada em casa de que te ocupares? Gostaria que tivesses as mesmas preocupações do famosíssimo Olo no epigrama, e talvez as tenha; certamente as mereces. Ou essa esposa que te espicaça, que dizem ter te apressado quando tu mesmo já corrias para escrever isso e agradar ao exilado Carlos, terá ela predito para ti maiores comissões na Inglaterra e não sei que gratificações quando do retorno de Carlos? Mas fica sabendo, homem-esposa, que na Inglaterra não há espaço para o lobo ou para o dono do lobo. Por isso não admira que tenhas tantas vezes destilado tamanha ira sobre nossos cães. Por que não retornar aos teus ilustres títulos na França, em primeiro lugar ao faminto domínio de St. Loup, e de lá para o sagrado conselho do Cristianíssimo Rei?[2] Para um conselheiro, estás longe demais de teu país natal. Mas ela, vejo-o claramente, não sente falta nem de ti nem de teus conselhos, mesmo quando voltaste alguns anos atrás e começaste a farejar e importunar a cozinha do cardeal[3]; ela está certa, Deus do céu, ela está certa e poderá facilmente te permitir, gaulês efeminado[4], com tua mulher viril e tuas escrivaninhas cheias de nada, perambular até encontrares, em algum lugar do mundo, uma subvenção pródiga o suficiente para um gramático eqüino ou ilustre Hipocrítico, caso algum rei ou Estado tenha a intenção de oferecer um preço tão alto para um

---

2. I.e., da França.

3. Cardeal Richelieu, principal ministro de Luís XIII, ofereceu um posto a Salmásio em 1640.

4. Em latim, *semivirum Gallum*: M. brinca com *gallus*, como francês, galo, e sacerdote de Cibele (cujos ritos envolviam castração). Cf. *PSD*, IV, ii, 821.

professor vadio que está à venda. Mas aqui estou para fazer uma oferta, e agora vamos ver de uma vez se és vendável ou não, e a que preço.

Dizes: "os parricidas insistem em afirmar que a constituição do reino da Inglaterra é mista, e não puramente real". Sob Eduardo VI, nosso compatriota Thomas Smith, bom advogado e estadista a quem não consideras parricida, insiste em dizer a mesma coisa, praticamente no início do livro que ele escreveu sobre a república da Inglaterra[5]. E ele sustenta que isso é verdadeiro não apenas em relação à nossa república, mas a quase todas elas – e isso com base na opinião de Aristóteles; do contrário, nenhum governo subsiste. Mas como acreditarias ser pecado, por assim dizer, afirmar algo sem cometer contradição, vergonhosamente repetes aqueles teus primeiros argumentos que agora estão bastante desesperados. Dizes que "não existe e jamais existiu nação que não designasse pelo nome de rei o poder que é inferior apenas a Deus, e que tem apenas em Deus seu juiz"; e no entanto um pouco depois admites que "no passado se deu o nome de rei a poderes e magistrados da espécie que não tivessem pleno e livre direito, mas que dependessem da vontade do povo", como "os principais magistrados dos cartagineses, os juízes dos hebreus, os reis dos espartanos" e, finalmente, "Aragão". Concordas razoavelmente contigo, não é?

Então examinas cinco tipos de monarquia com base em Aristóteles, das quais apenas uma possuía o direito que dizes ser comum a todos os reis. Desta, mais de uma vez afirma-se não ter existido exemplo algum, seja citado por Aristóteles ou noutro lugar. Ele mostra claramente que os quatro demais foram limitados por leis e sujeitos a elas. O primeiro foi o reino dos espartanos, e na sua opinião dentre todos os quatro limitados por lei era o que mais merecia o nome de reino. O se-

....
5. Ver p. 31.

gundo era estranho aos gregos, e subsistiu apenas porque era limitado por leis e tinha o consentimento do povo. Porém, sem o consentimento deste, todo rei de imediato não será mais rei, mas tirano, se detiver o reino contra a vontade do povo – segundo o testemunho do mesmo Aristóteles, L. 5[6]. É preciso dizer o mesmo a respeito do terceiro tipo de rei, que ele nomeia Esimnetes, eleito pelo povo, e em geral para um período e propósitos específicos, tais como eram os ditadores virtualmente entre os romanos. O quarto tipo é o dos que governavam nas épocas heróicas, aos quais por seu excepcional mérito o povo espontaneamente conferia a realeza, mas ainda era limitado por leis; tampouco esses homens detinham o reino, a não ser pelo consentimento do povo. Ele diz que esses quatro tipos de realeza em nada mais diferem da tirania, senão que o governo está no primeiro caso no consentimento da, e no outro contra a, vontade do povo. Finalmente, o quinto tipo de realeza, que é chamado παμβασιλεία e implica o poder supremo, tal como desejas ser o direito de todos os reis, é claramente condenado pelo filósofo, por não ser nem vantajoso, nem justo, nem natural, a não ser que um povo pudesse suportar uma realeza dessa espécie e a conferisse aos que de longe eclipsam todos os outros em virtude. Essas coisas estão acessíveis a qualquer pessoa no terceiro livro da *Política*[7].

Mas, querendo parecer astuto e floreado pelo menos uma vez, creio que fostes ardentemente ansioso ao comparar "esses cinco tipos de monarquia às cinco zonas" do mundo: "entre os dois extremos do poder real, parecem se interpor três outros tipos mais temperados, como os que ficam entre as zonas tórridas e geladas". Bem-aventurado! Que lindas comparações sempre nos apresenta! E então voa rapidamente daqui para a zona gelada, à qual tu mesmo condenas o reino do "poder absoluto". Depois de chegares lá, ficará duas vezes mais

---

6. Aristóteles, *Política*, V, 10 (1313a).
7. Aristóteles, *Política*, III, 14 (1285a).

frio. Enquanto isso esperamos de ti, nosso novo Arquimedes[8], o sensacional globo que descreves e no qual existem duas zonas extremas, uma tórrida, a outra gelada, e três zonas temperadas no meio!

"Os reis dos espartanos", dizes, "podiam licitamente ser postos a ferro, porém não era lícito condená-los à morte". Por que não? Será porque quando Ágis foi condenado à morte os oficiais de justiça e soldados estrangeiros, impressionados pela novidade do caso, julgaram ilícito condenar o rei à morte? E de fato o povo espartano considerou essa morte muito perversa, não porque era um rei que se condenava à morte, mas porque era um homem bom, popular, que havia sido sufocado pelo julgamento de uma facção formada por homens ricos. E assim também Plutarco: "Ágis foi o primeiro rei a ser condenado à morte pelos éforos."[9] Nessas palavras ele relata, não o que era lícito fazer, mas o que realmente se fez. Com efeito, é infantil acreditar que as mesmas pessoas que podem levar o rei a julgamento ou mesmo à prisão não o podem condenar à morte.

Agora finalmente tu te preparas para encarar o direito dos reis ingleses. Dizes que "sempre houve um rei da Inglaterra'. Dizes isso porque ainda há pouco afirmaras que 'um rei só é rei se for o único e exclusivo governante". Mas, se isso for verdade, alguns dos que eu costumava considerar reis da Inglaterra na realidade não o eram. Pois, deixando de lado muitos dos reis saxões que tiveram filhos ou irmãos como parceiros no governo, é sabido que Henrique II, de ascendência normanda, governou junto com seu filho[10].

Dizes: "Que mostrem então algum reino sob o controle de uma única pessoa a quem não se tenha concedido poder

---

8. Arquimedes (*c*. 287-212 a.C.), maior dos antigos matemáticos e geômetras.

9. Plutarco, *Agis e Cleomenes*, XIX, 6; XXI, 3.

10. O filho (morto em 1183) de Henrique II (1154-89) foi coroado em junho de 1170 e usava o título de *rex Anglorum*.

absoluto, embora o poder em alguns reinos seja mais afrouxado e em outros mais apertado." Mostras um poder absoluto que é afrouxado, asno; o poder absoluto não é poder supremo? Como então pode ser ao mesmo tempo supremo e afrouxado? O rei em que reconheceres um poder absoluto eu facilmente provarei que não tem poder absoluto, e portanto é inferior ao povo livre por natureza, que é seu próprio legislador e tem condições de apertar ou afrouxar o poder do rei.

É incerto se toda a Grã-Bretanha alguma vez deveu obediência a reis. Mais provável é que, de acordo com as necessidades das circunstâncias, eles usassem ora esta, ora aquela forma de governo. Por isso diz Tácito: "Os bretões no passado prestavam obediência a reis e agora são induzidos por seus chefes a formar facções e partidos."[11] Abandonados pelos romanos, permaneceram sem rei durante cerca de quarenta anos[12]; portanto a "realeza perpétua" que sustentas não existiu na antiguidade e nego categoricamente que fosse hereditária. Tanto a sucessão dos reis como o modo de instituí-los provam isso. A aprovação do povo, com efeito, é solicitada em termos claros: "Desejais consentir em tê-lo como rei?"[13] Como se, à maneira romana, ele dissesse: "Desejais e ordenais que esse homem reine?"[14] Isso seria desnecessário se o reino fosse por direito hereditário.

Mas entre os reis a usurpação não raro passa por direito. Empenhas-te em fundamentar no direito de guerra o direito real de Carlos, tantas vezes conquistado em guerra. Guilherme, de alcunha "o Conquistador", de fato nos subjugou. Porém, os que não são alheios à nossa história sabem que os recursos

....

11. Tácito, *Agricola*, XII.
12. Ver pp. 31-2.
13. Em latim, *consentire vultis de habendo ipsum regum?* Os juramentos de coroação de Eduardo II (francês), Ricardo II (inglês) e Henrique IV (latim) eram freqüentemente citados em panfletos.
14. Em latim, *vultis, jubetis hunc regnare?* M. se refere à *petitio consulatus* ou candidatura ao consulado. Cf. *E.*, III, 461.

dos ingleses não chegaram a se exaurir na batalha de Hastings, impedindo-os novamente de renovar a guerra. Mesmo assim, preferindo aceitar um rei a tolerar um vitorioso e tirano, juraram a Guilherme cumprir o prometido. Em contrapartida, no altar Guilherme também lhes jura comportar-se em relação a eles como um bom rei, sob todos os aspectos. Quando descumpriu sua palavra e os ingleses novamente pegaram em armas, ele, duvidando da própria força, mais uma vez jurou, com a mão nos Evangelhos, observar as antigas leis da Inglaterra[15]. Assim, se depois ele oprimiu miseravelmente os ingleses, fez isso não pelo direito de guerra, mas pelo direito de perjúrio. É certo, além disso, que muitos séculos atrás os conquistados e os conquistadores se uniram para criar uma só raça, de modo que esse direito de guerra, se é que algum dia existiu, deve ter-se tornado obsoleto há muito tempo. Suas próprias palavras ao morrer, que aqui copio do livro de Caen, fonte extremamente confiável, afastam todas as dúvidas. "Não indico ninguém", diz ele, "como herdeiro ao reino da Inglaterra"[16]. Esse discurso fez que o direito de guerra e, ao mesmo tempo, o de hereditariedade fossem pranteados e enterrados junto com o cadáver do próprio Guilherme.

Agora vejo de que maneira conseguiste um cargo na corte, como já previra que aconteceria: sem dúvida te tornaste supremo tesoureiro real e superintendente da velhacaria da corte. Por isso pareces escrever o seguinte em virtude de teu cargo, magnífico senhor: "Se algum dos reis anteriores se viu forçado a reduzir parte de seu direito, isso não pode impedir um sucessor de reivindicá-la novamente para si." Dás um aviso oportuno; portanto, se em algum momento nossos ancestrais houverem perdido parte de seu direito por negligência, isso

---

15. Ver p. 15.
16. M. cita com base na transcrição em *Britannia*, de William Camden (Londres, 1607), p. 107, ou John Sadler, *Rights of the Kingdom* (Londres, 1649), pp. 69/s., Ii3.

impedirá a nós, sua posteridade? Se de fato estavam dispostos a se empenhar na escravidão, certamente não tinham condições de empenhar a nós, que sempre teremos o direito de nos libertar, assim como eles tinham de se entregar à escravidão de quem quer que fosse.

Perguntas "como sucede" que "um rei da Grã-Bretanha hoje deva ser considerado apenas um magistrado do reino, enquanto os que controlam outros reinos da cristandade possuem pleno e livre poder". No que se refere à Escócia, remeto-te a Buchanan; quanto a seu próprio país, a França, onde pareces um estrangeiro, remeto-te à *Francogallia* de Hotman, e a Girard, o historiador da França; quanto ao resto, a outros, dos quais nenhum era Independente, até onde sei. Neles poderias ter aprendido coisas sobre o poder real muito distintas das que ensinas.

Como não consegues reivindicar uma tirania para os reis da Inglaterra por meio dos direitos de guerra, agora testas o direito dos parasitas. Os reis anunciam abertamente que reinam "pela graça de Deus": o que aconteceria se anunciassem que são deuses? Acredito que facilmente te teriam por sacerdote – assim o pontífice da Cantuária[17] proclamou publicamente ser arcebispo "pela providência de Deus". Por conta de tua insensatez recusas ao papa o direito a ser rei da Igreja, a ponto de instituires um rei que seja superior ao papa na república? Mas nas provisões do reino ele é chamado "nosso senhor o rei". De súbito te tornaste um magnífico nomenclador[18] de nossas provisões, embora não saibas que elas designam por lordes muitos que na realidade não o são. Não sabes quanto é injus-

---

17. I.e., William Laud (1573-1645), que se tornou Arcebispo da Cantuária em 1633.

18. No latim, *nomenculator*: pessoa que dava alcunhas, especialmente um escravo que contava ao seu senhor os nomes daqueles com os quais encontrava e a quem este tinha interesse em cumprimentar durante o processo eleitoral para a magistratura.

to decidir o direito e a verdade das coisas com base em títulos de honra, para não dizer de lisonja. Faze a mesma inferência do fato de ser chamado "o parlamento do rei", pois é também chamado de "brida do rei"[19], e o rei não é por essa razão mais senhor do parlamento do que um cavalo é senhor da própria brida. Ora, "por que não é o parlamento do rei, se é por ele convocado?" Eu contarei: porque também o senado era convocado por um cônsul e nem por isso este era senhor dessa assembléia. Logo, o rei convoca o parlamento em virtude do cargo e dever que recebeu do povo, a fim de consultar aos que convoca sobre os árduos negócios do reino[20], não sobre os próprios negócios. Ou então seus negócios, se houver algum que se possa chamar assim, de costume são tratados no fim, também à discrição do parlamento, e não à discrição do rei. E as pessoas a quem isso interessa saber não ignoram, na verdade, que no passado o Parlamento, convocado ou não, poderia por lei se reunir duas vezes ao longo de um ano[21]. Ora, "também se chamam as leis do rei". Estes são, na verdade, os adornos pertencentes ao rei. Mas um rei da Inglaterra não pode fazer nenhuma lei sozinho, pois não foi designado para fazer leis, mas para proteger as que o povo faça.

E aqui admite que os "parlamentos se reúnem para fazer leis". Por isso é que são designadas de lei da terra e lei do povo. Daí o rei Athelstan dizer no prefácio a suas leis, quando se dirige a todas as pessoas: Outorguei-vos todas as coisas 'de acordo com vossa própria lei'[22]; e na fórmula do juramento mediante o qual os reis da Inglaterra costumavam se obrigar

....
19. Ver p. 14.
20. Em latim, *de arduis regni negotiis consuleret*: frase retirada do mandado de convocação parlamentar.
21. Cf. *E*, III, 399, em que M. cita Sadler, *Rights*, pp. 86/ss. M3V.
22. Quanto a essa frase extraída das leis do rei Athelstan (927-44), ver William Lambarde, *Archainomia*, que foi incluída como apêndice na edição que Abraham Wheloc fez de Bede e a *Crônica Anglo-saxã* (Cambridge, 1644), p. 45.

antes de se tornarem reis, o povo exige essa promessa formal do rei: "Concedeis as justas leis que o povo escolher?"[23] O rei responde, "Concedo". Tuas divagações também estão a uma Inglaterra de distância da verdade quando dizes que "o rei, durante o período em que não há sessão no Parlamento, governa todo o estado do reino plena e claramente pelo direito real". Ora, ele nada pode decidir de grande importância sobre a guerra ou a paz, e nem mesmo ao administrar justiça ele pode interferir nas decisões dos tribunais. E por isso os juízes juram que nada farão senão de acordo com a lei ao proferirem sentenças, mesmo se o próprio rei, em palavras, ordens ou por uma carta selada com seu próprio anel disser o contrário. Daí que de acordo com nossa lei muitas vezes se designe o rei por "infante" e se afirme que ele não possui nenhum direito ou título, salvo à maneira de uma criança ou tutela, *Spec. Just.*, cap. 4, sec. 22[24]. Daí também aquele ditado popular entre nós: "O rei não tem poder de fazer nenhum mal"[25]. Interpretas isso com iniqüidade: "Não é um mal o que o rei pratica, porque ele não é punido por isso." Quem não percebe a incrível impudência e desonestidade desse homem, mesmo através dessa simples interpretação?

"Comandar", dizes, "é trabalho da cabeça, não dos membros; o rei é a cabeça do Parlamento". Falarias tantas bobagens se teu coração fosse sábio? Mais uma vez erras (mas haverá fim

....

23. No latim, *Concedis justas leges quas vulgus elegerit?* O tempo do verbo *elegerit* foi calorosamente discutido na troca de panfletos de 1642. Os parlamentaristas argumentavam que o verbo estaria no futuro ("que escolher"), obrigando assim o rei a aceitar novos estatutos que pudessem ser escolhidos; os realistas sustentavam que o verbo estaria no particípio passado ("tiver escolhido"), comprometendo-se o rei a apenas submeter-se às leis já instituídas. Em *E*, M. diz que "exigiam-lhe dar as leis que nós mesmos escolhermos", III, 519 (ver também p. 414, e *Breves notas*, VII, 484).

24. Horne, *Mirroir*, p. 271.

25. Em latim, *rex non potest facere injuriam*. Quanto a essa 'máxima legal', ver *HB*, V, 391.

para teus erros?) ao não estabeleceres uma distinção entre os conselheiros do rei e as câmaras do Parlamento. O rei, de fato, não deve sequer escolher todos os seus conselheiros, e não escolhe ninguém da Câmara dos Lordes que não seja aprovado pelos demais; quanto a escolher alguém para a Câmara dos Comuns, ele jamais sequer assumiu para si essa tarefa. Aqueles a quem o povo delegou essa tarefa foram escolhidos individualmente pelos eleitores, pelos votos de todos. Estou falando de coisas bastante conhecidas, donde minha brevidade. Porém, "é falso", dizes, "que o Parlamento tenha sido instituído pelo povo, como afirmam os adoradores da Santa Independência". Agora vejo por que tu te empenhas em derrubar o papado com tanta violência: carregas no ventre um outro papado, como dizem. Com efeito, a que mais estarias parindo, mulher de tua mulher, lobo emprenhado por loba, senão a um monstro ou algum novo papado? Certamente, se agora fosses um papa genuíno, farias santos e santas à vontade. Também aos reis tu absolves de todos os pecados, e te adornas ricamente dos despojos do papa, como se ele, agora teu inimigo, houvesse sido deposto. Mas teus esforços ainda não fazem o papa sucumbir definitivamente até que venham à luz a segunda, terceira e talvez quarta e quinta parte daquele teu livro, *De primatu* – livro que matará muitos mortais de tédio antes de teres subjugado o papa com ele. Enquanto isso, que te baste ser capaz, suplico, de ascender ao antipapado, aconteça o que acontecer; há uma outra santa a quem tu decididamente canonizaste dentre as outras, afora a Independência de que zombas: a tirania real. Portanto, serás o supremo sacerdote da Santa Tirania Real e, para que não fiques sem nenhum dos títulos papais, serás "um escravo também de escravos" – não de Deus, mas da corte, já que aquela maldição sobre Canaã[26] parece ter-se agarrado a teu corpo.

....

26. Gn 9.25.

Chamas "o povo" de "animal". E o que és tu? Pois nem esse sagrado conselho, nem o São Lobo pode proibir a ti, seu senhor, de ser alguém do povo ou do populacho; nem pode impedir-te de ser o animal repulsivo que és. É certo que os livros sagrados dos profetas costumam simbolizar a monarquia e a dominação dos grandes reis com o nome e aspecto de um enorme animal.

"Não há registro", dizes, "de Parlamentos sob o governo dos reis antes de Guilherme". Não estou disposto a discutir sobre uma palavra francesa: a coisa sempre existiu[27]; e concedes que no tempo dos saxões costumava ser chamada de "conselho dos sábios". Existem homens sábios entre o povo comum, assim como entre a hierarquia dos nobres. Mas "a lei de Merton, no vigésimo ano de reinado de Henrique III[28], menciona apenas condes e barões". É assim que os nomes sempre acabam por te enganar, a ti, que perdeste a vida inteira com nomes. Pois sabemos muito bem que eram chamados de barões Administradores de Cinque Ports e membros citadinos do Parlamento, e naquela época às vezes também comerciantes; e não há nenhuma dúvida de que todos os membros do Parlamento, muitos dos quais comuns, eram àquela altura, com muito direito, intitulados barões[29]. Com efeito, a Lei de Marlbridge[30], assim como quase todas as outras leis, testemunham em termos evidentes que também no qüinquagésimo segundo ano de reinado do mesmo rei lordes e comuns foram convocados. Também a esses comuns Eduardo III, no preâmbulo da Lei dos Empórios[31], que tu muito sabiamente citaste para mim, chamou de "grandes homens dos condados" – que de fato "vieram das cidades distantes para servir todo o país", que de fato

---

27. Cf. O, III, 314-15.
28. 1236.
29. Ver p. 21.
30. 1267.
31. 1353.

constituíam a Câmara dos Comuns, nenhum deles sendo ou podendo ser nobre. Um livro ainda mais antigo do que essas leis, intitulado *Modus habendi Parlamenta*[32], também registra que um rei acompanhado somente dos comuns compõe um parlamento e faz leis, ainda que os condes e bispos não estejam presentes; mas o mesmo não é possível quando só há reis, condes e bispos, se os comuns não estiverem presentes. Some-se ainda a seguinte razão: quando os condes ou bispos não haviam sido ainda instituídos, os reis juntamente com o povo já realizavam parlamentos e conselhos. Mais tarde os condes vieram em seu próprio nome, enquanto cada um dos comuns vinha em nome do próprio eleitorado. Por isso se entende que os comuns estejam presentes em nome de todo o povo, e nessa qualidade são mais poderosos e mais nobres do que os lordes e em todos os aspectos preferíveis a eles.

Mas "o poder de julgar", dizes, "jamais esteve nas mãos da Câmara dos Comuns". Tampouco esteve nas mãos do rei da Inglaterra: lembra-te, contudo, de que no início todo poder se originou do povo e ainda emerge dele. É isso o que Marco Túlio também mostra com muita elegância no discurso *De lege Agraria*: "É conveniente que todos os poderes, autoridades e cargos se originem do povo inteiro, principalmente os que são criados para algum proveito e benefício do povo. Neste caso, todo povo elege a quem julga mais capaz de cuidar dos interesses do povo, e cada indivíduo, com dedicação e o próprio voto, pode abrir seu caminho para conseguir o posto[33]". Vês a

....

32. O *Modus Tenendi Parliamentum* foi composto por volta de 1320, embora sua finalidade fosse descrever procedimentos anteriores à Conquista normanda. A autenticidade dessa reivindicação sobre a antiguidade do Parlamento era amplamente aceita no século XVII. M. prossegue com a paráfrase da parte da cláusula XXIII, "De Auxiliis Regis"/ "Dos Auxílios ao Rei" (*Parliamentary Texts of the Latter Middle Ages*, ed. N. Prona e J. Taylor (Oxford 1980), pp. 77, 89, 90), trabalhando provavelmente com base numa fonte intermediária, i.e., a tradução de William Hakewill em *The Manner of Holding Parliaments in England* (1641), sig. D2V, ou Sadler, *Rights*, p. 88/sig. L14V. Mas ver p. 278.

33. Cícero, *De lege Agraria*, II, 7, 17.

verdadeira origem dos parlamentos – uma origem muito mais antiga do que as crônicas saxãs. Enquanto podemos viver nessa luz de verdade e sabedoria, tentas em vão espalhar em torno de nós a escuridão da idade das trevas. Que ninguém pense que sou eu quem diz isso, como se de algum modo eu quisesse aviltar a autoridade e a sensatez de nossos ancestrais. Ao aprovarem boas leis, eles certamente se destacaram mais do que os tempos, seus talentos e saber parecem indicar. E embora raramente instituíssem leis que não eram boas, conscientes todavia da ignorância e fraqueza humana, eles decidiram que isto deveria ser transmitido à posteridade como fundamento de todas as leis, a exemplo do que também reconhecem nossos juristas: se alguma lei ou costume entrar em contradição com as leis de Deus ou da natureza ou, em suma, a razão, não deveria ser considerada uma lei válida. Por isso, entende de uma vez: em virtude da nossa lei geral e primária que já expus, mesmo se encontrares um edito ou lei em nossa legislação mediante a qual se atribua poder tirânico ao rei, por contrariar a vontade de Deus, a natureza e a razão, ele fica rescindido entre nós e se torna inválido. Não encontrarás, porém, nenhum direito real entre nós. Como se admite que o poder de julgamento residia originalmente no próprio povo, e que os ingleses nunca o transferiam de si a um rei mediante qualquer *lex regia* (pois o rei da Inglaterra não tem o costume nem a capacidade de julgar um homem, exceto pelas leis já aprovisionadas e instituídas, *Fleta*, L. I, cap. 17)[34], segue-se que o mesmo poder ainda se situa plena e integralmente no povo. Não negarás, com efeito, que tal poder jamais foi transmitido à Câmara dos Lordes ou (se foi) que poderá ser retirado deles por lei.

No entanto, dizes que "está em poder do rei constituir um burgo a partir de uma vila e uma cidade a partir da vila, de modo que o rei cria os que compõem a Câmara Baixa". Ora,

....

34. *Fleta*, ed. John Selden (Londres, 1647), p. 16 (I, 17, 4).

afirmo, cidades e burgos são mais antigos do que os reis: mesmo no campo, o povo ainda é o povo.

Agora, estamos muito encantados com teus anglicismos: *County*[35] *Court, The Turn, Hundreda*: aprendeste com surpreendente facilidade a contar teus cem jacobos em inglês!

> *Quem arranjou* para Salmásio seu "Hundreda",
> E *ensinou* à pega testar nossas palavras?
> *Seu ventre foi seu Mestrado*, e cem
> Jacobos as entranhas do bolso do rei exilado.
> *Mas se cintilar a esperança da moeda traiçoeira*,
> o mesmo que recentemente ameaçou dispersar
> com um sopro a primacia do papa como anticristo,
> de bom grado *entoará versos* para um cardeal louvar[36].

Então acrescentas como apêndice uma longa dissertação sobre condes e barões, a fim de mostrar que o rei criou todos eles, coisa que prontamente concedemos, e por essa razão em geral desejavam servir ao rei – e por essa razão nós corretamente tomamos providências para que doravante não fossem juízes de um povo livre. "O poder de convocar o Parlamento quantas vezes quiser e de dissolvê-lo quando bem entender", afirmas, "tem permanecido nas mãos do rei desde tempos imemoriais". Ainda veremos adiante se devemos confiar em ti, um mercenário, um comediante estrangeiro que redige os ditados dos fugitivos, ou nas manifestas palavras de nossas leis. "Mas", dizes, "outro argumento prova – e desta vez um argumento imbatível – que os reis da Inglaterra detêm um poder superior ao do Parlamento: o poder do rei é contínuo e regu-

---

35. 1658: 1651Q e 1651F trazem "Countie". "Turn" (ou "Tourn") ["giro", em português] era a viagem do xerife pelas várias divisões administrativas do condado. M. ridiculariza S. por fornecer o plural de "Hundred" (subdivisão de um condado [e o número cem]), como "Hundreda", em vez de "Hundreds".

36. As expressões em itálicos foram retiradas do modelo para epigrama de M., o Prólogo a Pérsio, *Sátiras*, 8-14.

lar, e por si mesmo administra o reino sem parlamento. A autoridade do Parlamento é extraordinária e apenas se aplica a certas questões, não sendo capaz de decidir nada válido sem o rei". Onde deveríamos dizer que está escondida a grande força desse argumento? Nas palavras "regular e contínuo"? No entanto, muitos magistrados inferiores possuem um poder regular e contínuo e a eles chamamos de juízes de paz. Ora, então eles possuem o poder supremo? Disse também acima que o poder foi transmitido ao rei pelo povo para que ele pudesse ver, pela autoridade que lhe foi conferida, que nada se fez contrariamente às leis, e que protegesse nossas leis, não impusesse sobre nós sua vontade. Por conseguinte, o poder do rei nada é senão nos tribunais do reino e através deles; não, antes, todo poder regular reside no povo que profere julgamento sobre todas as questões em júris compostos de doze homens. É por isso que, quando se pergunta a um acusado no tribunal, "Por quem vós sereis julgado?", ele sempre (por costume e lei) responde, "Por Deus e pelo povo" – não por Deus e pelo rei, ou pelo delegado do rei. Mas, se a autoridade do Parlamento, que de fato e direito consiste no supremo direito do povo transmitido a esse senado, for chamada de extraordinária, isso só acontecerá por causa de sua eminência. Do contrário, como bem se sabe, os reais estados do Parlamento são designados por ordens, e por isso não são extraordinários; e se não realmente, como diz o provérbio, pelo menos virtualmente eles detêm controle e autoridade contínua sobre todos os tribunais e poderes regulares; e isso sem o rei.

Acredito que nossas declarações choquem teus refinados ouvidos. Se tivesse tempo ou valesse a pena o esforço, eu poderia tomar nota de um número tão grande de barbarismos cometidos somente nesse livro que, se fosses castigado como mereces, seria preciso certamente quebrar todas as réguas dos colegiais na tua cabeça, e receberias de uma só vez, não as inúmeras peças de ouro que foram dadas ao pior dos poetas, mas, em vez disso, uma quantidade muito maior de tapas no ouvido. Dizes tratar-se de "um agouro, mais desnaturado do que a mais monstruosa dentre todas as opiniões, que os fanáticos fizessem a separação entre a pessoa do rei e seu poder". Quanto a mim, não apresentarei as palavras de indivíduos. Mas, se por *pessoa* queres dizer *o homem*, Crisóstomo, que não era nenhum fanático, poderia ter-te ensinado que não seria absurdo um homem ser separado de seu poder. Ele explica o comando do apóstolo a respeito dos poderes superiores dizendo que por poder se entende a coisa, não o homem. Por que não posso dizer que um rei que faz algo contrário às leis age como cidadão privado ou tirano, e não como um rei investido de poder legal? Se não compreendes que num homem pode haver várias pessoas e que estas são, em pensamento e intenção, separáveis do homem em si mesmo, claramente és deficiente em senso comum e latinidade. Ora, dizes isso para absolver o rei de todos os pecados e para acreditarmos que te cobriste da mesma primazia apanhada ao papa.

"Entende-se que o rei", dizes, "é incapaz de pecar, porque nenhuma punição se segue de seu pecado". Portanto, quem não é punido não peca; não é o roubo, mas a punição que faz o ladrão. Salmásio, o gramático, não comete solecismos porque retirou a mão de debaixo da régua. Depois que o papa foi deposto por ti, que sejam essas de fato as regras de teu pontificado, ou pelo menos as indulgências, quer prefiras ser chamado de Sumo Sacerdote da Santa Tirania ou Santa Escravidão.

Não faço caso de teu insulto, recolhido no final do capítulo na "forma da república e Igreja anglicana". Pois gente como tu, homem absolutamente desprezível, costuma amaldiçoar com extrema malícia tudo o que digno do maior louvor.

Mas para que eu não pareça ter afirmado algo precipitadamente quanto ao direito do rei entre nós, ou antes quanto ao direito do povo sobre o rei, não considerarei um fardo expor, com base nas tuas crônicas, exemplos que, embora de fato sejam poucos dentre muitos, são tais que confirmam com suficiente clareza que os ingleses recentemente julgaram seu rei de acordo com as leis, institutas e também o costume de seus ancestrais. Após os romanos deixarem a ilha, os bretões viveram cerca de quarenta anos *sui juris*, sem reis; alguns dos primeiros a serem instituídos acabaram condenados à morte. Gildas critica os bretões por isso, mas fazendo uma acusação muito distinta da tua. Não os critica por matarem seus reis, mas por fazerem isso "sem julgamento", ou, para usar as palavras dele, "não de acordo com uma investigação sobre a verdade". Vortigern, por causa de seu casamento incestuoso com a filha (com base no testemunho de Nênio[37], o mais antigo de nossos historiadores depois de Gildas), foi condenado "por São Germano e todo o conselho dos bretões", e o reino foi transmitido a seu filho Vortimer. Essas coisas aconteceram não muito tempo depois da morte de Agostinho. Por isso, tua afirmação oca é facilmente refutada quando acima asseveras que, em primeiro lugar, um papa, a saber, Zacarias, ensinou que os reis poderiam ser julgados. Cerca do ano 600 de Nosso Senhor, Morcantius, que então reinava na Cúmbria, foi condenado pelo assassinato do tio ao exílio por Oudoceus, bispo de Llandaff, embora comutasse a sentença de exílio ao doar certas propriedades fundiárias à Igreja[38].

Tratemos agora dos saxões. Como suas leis ainda vigoram, omitirei seus feitos. Lembra-te de que os saxões descendem dos germanos, que não davam aos reis poder infinito ou livre, e todos costumavam se reunir para aconselharam-se sobre questões mais importantes. A partir deles podemos perceber que o Parlamento, à exceção apenas do nome, já prosperava

....

37. Nênio foi um erudito do século VIII, supostamente autor de *Historia Britonum*, publicada pela primeira vez em 1691. M. pode ter visto os dois manuscritos de Nennius em Cambridge, ou utilizado uma fonte intermediária como James Ussher, *De primordiis* (Dublin, 1639), p. 385. Ver *HB*, V, 7-8, 155 (e, para um relato da deposição de Vortigern que não envolve Germano, 150); *E*, III, 587-8. Ver Sadler, *Rights*, pp. 56/ss. Gg4v.

38. Cf. *E*, III, 588.

mesmo entre os ancestrais dos saxões em autoridade suprema. E por causa deles, de fato, é que em todos os lugares era designado de conselho dos sábios, desde aqueles tempos até o reinado de Ethelbert, que, como menciona Bede, "profere decretos de julgamento de acordo com o exemplo dos romanos com o conselho dos sábios"[39]. Assim Edwin, rei dos northumbrianos, e Ina, rei dos saxões ocidentais, publicaram leis "depois de se reunirem em conselho com seus sábios e anciãos"[40]. Também Alfred promulgou outras leis "de acordo com um conselho dos mais experientes, e todos eles decidiram", segundo afirma, "que se publicasse a observância destas leis"[41]. Por essas e muitas outras passagens de mesmo teor, fica claro como a luz do dia que mesmo homens escolhidos dentre o povo participavam dos conselhos supremos – salvo se alguém julgar que somente os nobres eram sábios.

Também ainda subsiste entre nós um antiquíssimo livro de leis, cujo título é *Speculum Justiciariorum*, no qual se relata que os primeiros saxões, após a subjugação da Grã-Bretanha, costumavam, quando da indicação de reis, exigir-lhes o juramento de que se sujeitariam às leis e aos julgamentos como qualquer outra pessoa, cap. 1, sec. 2[42]. No mesmo lugar afirma-se ser direito e justo um rei ter seus pares no Parlamento para descobrir os erros cometidos por um rei ou uma rainha. Durante o reinado de Alfred ordenava-se mediante leis que todo Parlamento anual deveria se reunir duas vezes em Londres ou mesmo mais vezes, se necessário. Caída em desuso pela pior negligência do direito, essa lei foi restaurada por intermé-

....

39. Bede, *Historiae*, p. 120 (II, 5). Com relação ao rei Ethelbert (560-616), ver *HB*, V, 196.

40. Com relação ao rei Edwin da Northumbria (616-632), ver Bede (1644), p. 141 (II, 13); quanto a Ina (ou Ine), rei saxão-ocidental, 688-726, ver Lambarte (1644), p. I.

41. A respeito do rei Alfred (871-99), ver Lambarde (1644), p. 22.

42. Horne, *Mirroir*, pp. 7-9.

dio de dois decretos durante o governo de Eduardo III[43]. Também num antigo manuscrito, intitulado *Modus Parliamenti*[44], lemos que, se o rei dispensa o Parlamento antes de concluídos todos os assuntos que motivaram a convocação desse conselho, ele será culpado de perjúrio e se julgará que quebrou o juramento proferido quando estava prestes a se tornar rei. Pois como ele admite o que jurou – as justas leis que o povo escolher –, se ele não admite, a pedido do povo, a capacidade deste para escolher, quer quando convoca o parlamento com menos freqüência, quer quando o dissolve mais rapidamente do que exigem os assuntos do povo? Nossos juristas sempre consideraram lei absolutamente sagrada o juramento por meio do qual o rei da Inglaterra se compromete. E que remédio é possível encontrar para os maiores perigos da república (única finalidade da convocação do Parlamento), se essa grande e augusta reunião pode ser dissolvida ao sabor de um rei que muitas vezes é bastante imbecil e voluntarioso?

Ser capaz de se ausentar do Parlamento é sem dúvida menos do que dissolver o Parlamento. Ora, segundo nossas leis, conforme relatado naquele livro dos Usos, o rei não poderia, nem deveria, ausentar-se do Parlamento, a não ser que estivesse evidentemente doente; e nem mesmo nessa ocasião, a não ser que tenha sido examinado por doze pares do reino, que possam apresentar provas da doença do rei no Parlamento. Os escravos costumam se comportar assim para com um

....

43. I.e, os decretos do 4º ano de reinado de Eduardo III, cap. 16, e do 36º ano de reinado de Eduardo III, c. 10. Cf. *E.*, III, 398, e Sadler, *Rights*, pp. 183/ss. c4.

44. A referência a um manuscrito e ao título modificado (o *Modus* era conhecido por diversos nomes) pode ser significativa. Com relação à (tardia?) familiaridade com o MSS do *Modus* na Cotton Library e pertencente ao amigo John Bradshaw, ver M. para Emeric Bigot, 24 de março de 1657, VII, 497-8. Entretanto, aqui o conteúdo da cláusula XXIV, "De Departitione Parliamenti"/ "Da Dissolução do Parlamento" (*Parliamentary Texts*, pp. 78, 90) foi retirado de Sadler, *Rights*, pp. 31/ss. Dd4. Cf. *E*, III, 403.

senhor? Mas, por outro lado, a Câmara dos Comuns, sem a qual o Parlamento não pode se reunir, pode se ausentar mesmo quando convocada pelo rei e, ao se retirar, pode debater com o rei a má administração da república. O livro supramencionado também confirma isso[45].

Porém, e esse é o ponto principal, entre as leis do rei Eduardo, comumente chamado de Confessor, há uma lei excelente que versa sobre o cargo do rei. Se o rei fracassar em seu cargo, "o título de rei não deverá permanecer com ele". Para o caso de isso não ser suficientemente compreendido, acrescentou ainda o caso de Chilperico, rei dos francos, cujo reinado foi revogado pelo povo por essa razão[46]. E que um mau rei deveria ser punido pela sentença dessa lei, indica-o a famosa espada de São Eduardo, chamada de Curtana, que o Conde Palatino costumava carregar na procissão durante a coroação do rei "em sinal", diz nosso conterrâneo Matthew Paris, "de que ele tem por lei o poder de conter mesmo o rei, se este se extraviar"[47]. E ninguém é punido virtualmente pela lei, exceto perdendo a cabeça. Essa lei, somada a outras do bom rei Eduardo, o próprio Guilherme, o Conquistador, ratificou no quarto ano de seu reinado e a confirmou em juramento solene num conselho bastante apinhado dos ingleses perto de Santo Albano[48]. Ao fazer isso, ele próprio não apenas extinguiu todo o direito de conquista, se é que detinha algum sobre nós, mas também se sujeitou ao julgamento e à sentença dessa lei. Seu filho Henrique também jurou conservar todas as leis de Eduardo e observar essa lei em particular, e unicamente nessas con-

....

45. Paráfrase do conteúdo de duas cláusulas do *Modus*; XIII, "De Absentia Regis in Parliamento"/ "Da ausência do rei no Parlamento", e XXII (*Parliamentary Texts*, pp. 72, 77, 85, 90). Ver Hakewill, *Manner*, sig. C2, D3.

46. De "De Reggis officio", in *Leges Edovardi Regis*, lambarde (1644), p. 142. Quanto ao significado contemporâneo disso, ver o artigo de Greenberg citado na Bibliografia.

47. Ver p. 30.
48. Ver p. 15.

dições foi eleito rei enquanto seu irmão mais velho, Robert, ainda era vivo[49]. Daí em diante, todos os reis proferem os mesmos juramentos antes de receberem os ornamentos da realeza. É por isso que nosso famoso e antigo jurista, Bracton, diz, livro I, cap. 8: "Tenham a certeza de que não existe rei quando a vontade for senhora, e não a lei"; e livro 3, cap. 9: "O rei é rei enquanto governar bem; o tirano, enquanto esmagar com violento despotismo o povo que lhe foi confiado". E no mesmo lugar: "O rei deve exercer o poder de direito, como representante e servo de Deus; mas o poder de cometer injustiça provém do demônio, não de Deus; quando o rei se volta para a prática do mal, ele é servo do demônio."[50] Praticamente as mesmas palavras são usadas por outro antigo jurista, autor do famoso livro cujo título é *Fleta*[51], recordando de fato a lei de Eduardo que era verdadeiramente real e a regra primária na nossa legislação, que já mencionei antes, mediante a qual nada que é contrário às leis de Deus e da razão pode ser considerado lei – assim como o tirano não pode ser considerado rei, nem o servo do demônio pode ser considerado servo de Deus. E, portanto, como a lei é sobretudo a reta razão, se um rei e servo de Deus deve ser obedecido, pela mesmíssima razão e lei deve-se resistir ao tirano e servo do demônio.

E como é mais freqüente se debater por causa de um nome, e não por um fato, os mesmos autores relatam que um rei da Inglaterra, mesmo que ainda não tenha perdido o nome de rei, pode e deve ser julgado como qualquer pessoa, Bracton, livro I, cap. 8; *Fleta*, livro I, cap. 17: "Ninguém deve ser maior do que o rei no pronunciamento da lei; mas este deve ser igual

---

49. Sobre a confirmação de Henrique I (1100-35), ver Lambarde (1644), p. 175.

50. Henry de Bracton, *De legibus et consuetudinibus Angliae* (1640), fo 5V (I, 8, 5); fo 107V(III, 9, 3).

51. A primeira das citações de Bracton, III, 9, se encontra em *Fleta* (1647), na p. 16 (I, 17, 2); a segunda está na p. 17 (I, 17, 8).

ao menor quando recebe julgamento se pecar"; outros lêem, "se pedir"[52].

Logo, como nosso rei deve ser julgado, quer sob o título de tirano ou de rei, não deve ser difícil dizer igualmente quem ele deve ter por juízes legítimos. Não será inoportuno consultar os mesmos autores sobre essa questão, Bracton, livro 2, cap. 16; *Fleta*, livro I, cap. 17: "Ao governar o povo um rei tem seus superiores, a lei pela qual se tornou rei, e sua corte, isto é, os condes e barões. *Comites* (condes) são assim chamados por serem colegas do rei; e quem tem um colega tem um mestre. Portanto, se o rei ficar sem brida, ou seja, sem lei, eles devem colocar uma brida nele."[53] E mostramos acima que os comuns se incluem no nome de barões. Além disso, os nossos antigos livros de leis relatam em todos os lugares que os mesmos homens eram chamados também de pares do Parlamento, e principalmente esse livro intitulado *Modus Parlamenti* afirma: "Deverão ser escolhidos dentre todos os pares do reino vinte e cinco", dos quais haverá "cinco cavaleiros, cinco cidadãos", ou seja, delegados das cidades, "cinco burgueses; também dois cavaleiros do condado mais voz têm em conceder ou contradizer do que o maior conde da Inglaterra"[54]. De fato, merecida-

....

52. No latim, *si peccat;* alli legunt, *si petat.* A única autoridade de M. para essa variante foi Sadler, *Rights,* pp. 27-8/sig. Dd2 r-v: "*si Peccat.* Se for assim, não preciso recear ler as palavras; (embora algumas cópias venham redigidas com *Petat...*". Tanto Bracton 1569 como 1640 trazem "si petat" em fo 5V (I, 8, 5); *Fleta* (1647), fo 34 (II, 16, 3); *Fleta* (1647), p. 17 (I, 17, 9).

53. Bracton (1640), fo 34 (II, 16, 3); *Fleta* (1647), p. 17 (I, 17, 9).

54. Em latim: *Eligentur* inquit *de omnibus regnis paribus* 25, quorum erunt *quinque milites, quinque cives* id est urbium delegati, *quinque municipes: et duo milites pro comitatu majorem vocem habet in concedendo et contradicendo quam major comes Angliae.* Isso acarreta duas cláusulas do *Modus*; XVII, "De Casibus et Iudiciis Difficilibus"/ "Dos casos e decisões difíceis", e XXIII (*Parliamentary Texts,* pp. 75, 77, 87, 89). A fonte de M. era Sadler, *Rights,* p. 77/sig. Kk3, em que o conteúdo é modificado: "*& duo milites pro Comitatu majorem vocem habent in concedendo, & contradicendo, quam Major Comes Angliae, & c.* Portanto, em casos duvidosos de Paz e *Guerra,* dispu-

mente: enquanto eles votam em nome de um certo condado ou eleitorado, os condes votam apenas em nome próprio. E quem não vê que esses condes "por patente", como tu os chama, e "por mandado", porque já não há mais senhores feudais, são de todos os menos adequados para julgar o rei por quem foram indicados? E, segundo nossa lei, como está no antigo *Speculum*, que o rei possui pares que descobrem e julgam no Parlamento "se o rei fez alguma injustiça a seu povo"[55], e se sabe muito bem que em nosso país qualquer pessoa pode, num dos tribunais inferiores, abrir um processo contra o rei por prejuízos – é tanto mais justo e mais necessário, portanto, que se um rei tiver praticado o mal contra todo o seu povo ele tenha pessoas que não apenas o refreem e contenham, mas que o julguem e punam também. Pois terá uma constituição má e absurda a república em que se proporciona recurso mesmo a uma pessoa privada em caso de prejuízos bem menores praticados pelo rei, enquanto não se toma nenhuma providência para o bem comum em caso dos maiores danos, e nada se faz para a segurança de todos a fim de impedir o rei de destruí-los ilegalmente, quando legalmente não poderia sequer prejudicar um único homem.

Mas como já se mostrou que não é adequado nem vantajoso que os condes sejam juízes do rei, segue-se que esse julgamento pertence inteiramente, e pelo melhor direito, aos comuns, que são pares do reino e barões, e são dotados do poder de todo o povo delegado a eles. Com efeito, considerando que apenas os comuns, juntamente com o rei e sem os condes ou bispos (conforme escrito em nossa lei, que já citei acima), constituem um Parlamento porque o rei costumava reunir parlamentos com o povo mesmo antes da existência de condes ou bispos, pela mesmíssima razão os comuns sozinhos

....

tetur per Pares Parliamenti: e, se necessário for, 25 deverão ser escolhidos *de omnibus Paribus Regni,* assim especificados: 2 *Bispos,* 3 *Inspetores,* 2 *Condes,* 3 *Barões,* 5 *Cavaleiros,* 5 *Cidadãos,* e 5 *Burgueses".*

55. Horne, *Mirroir,* pp. 7-9.

deverão deter o poder supremo sem o rei e julgar o próprio rei, porque mesmo antes da criação de qualquer rei eles já estavam acostumados a reunir, em nome de todo o povo, conselhos e parlamentos para julgar, aprovar leis e mesmo instituir reis – não para que estes fossem senhores do povo, mas para que administrassem os negócios do povo. Mas, por outro lado, se um rei tentasse praticar o mal ao povo e esmagá-lo com a escravidão, pela sentença mesma de nossa lei, o nome de rei não permanece fixado nele, ele não é mais rei; e, se ele não é mais rei, por que deveríamos ajudar a procurar seus pares? Como na realidade ele já foi julgado tirano por todos os homens de bem, não há ninguém que não seja par e suficientemente capaz de julgá-lo digno de ser condenado à morte num tribunal.

Sendo assim, ao apresentar tantos testemunhos, tantas leis, penso ter ao menos provado copiosamente o que propus: como, por bom direito, está nas mãos dos comuns julgar os reis, e como ao executarem um rei que havia se comportado muito mal em relação à república e à Igreja, não tendo nenhuma esperança de cura, os comuns agiram correta e regularmente, de fé pública, com honra e, afinal, de acordo com as leis da terra natal. E aqui não posso deixar de me parabenizar por nossos ancestrais, que fundaram essa república com bom senso e liberdade iguais aos dos romanos no passado ou aos mais excelentes dos gregos. Tampouco poderiam estes, caso tivessem algum conhecimento de nossas questões, deixar de se congratular por sua posteridade, que, já quase reduzida à escravidão, com bravura e prudência reclamou um Estado, constituído com sabedoria e baseado em muita liberdade, do incontrolável despotismo do rei.

Capítulo IX

A esta altura, creio, ficou suficientemente clara a questão que exigia prova, a saber, o rei da Inglaterra pode ser julgado até mesmo pelas leis dos ingleses, e recebe juízes legítimos. De que modo prossegues (pois não repetirei minhas respostas às tuas repetições)? "As próprias questões que costumam motivar as convocações", dizes, "inclinam verticalmente a mostrar que o rei está acima do Parlamento". Que seja uma ladeira bem íngreme, se quiseres, essa inclinação: o fato é que num instante te sentirás rolando precipitadamente nela. "O Parlamento", dizes, "costuma se reunir para tratar de assuntos de grande importância, referentes à segurança do reino e do povo". Se o rei convoca o Parlamento para atender aos assuntos do povo, e não aos seus, e só faz isso mediante o consentimento e a critério daqueles a quem convoca, o que mais é ele, suplico-te, senão servidor e agente do povo? Por conseguinte, sem os votos daqueles a quem o povo envia, ele não pode sequer decidir a mínima coisa a respeito de outros ou até de si mesmo. Isso também ajuda a provar que é dever do rei convocar o Parlamento sempre que o povo pedir, pois são os assuntos do povo, não os do rei, de que tratam essas assembléias, e isso acontece pela vontade do povo.

Pois, embora geralmente se procurasse obter o assentimento do rei por respeito – nas matérias de importância menor, relativas apenas ao benefício de pessoas privadas, ele poderia não dá-lo e falar de acordo com a fórmula "O rei advertirá" –, nas matérias que concernem à segurança comum e à liberdade de todo o povo, ele não poderia, absolutamente, dizer não, uma vez que isso seria contrário tanto a seu juramento de coroação, pelo qual se comprometera como se fora pela mais firme das leis, como ao principal artigo da Magna Carta, cap. 29: "Não recusaremos, não posporemos direito e justiça para qualquer homem." O rei não recusará direito ou justiça, mas se recusará a fazer leis justas? Não para qualquer homem, portanto não para todos os homens? Não nos tribunais inferiores, então certamente não no mais supremo de todos os tribunais? Ou o rei assumirá tanto para si a ponto de pensar que ele sozinho conhece mais do que o povo inteiro o que é justo e vantajoso? Sobretudo quando "ele foi instituído e escolhido para esse propósito, para que pudesse fazer justiça a todos", Bracton, livro 3, cap. 9[1]; ou seja, de acordo com as leis "que o povo" escolher. Daí essa passagem em nossos registros, 7 H. 4., Rot. Parl. num 59[2]: "Não há prerrogativa régia que possa, de algum modo, diminuir a justiça e a eqüidade." Nossos ancestrais muitas vezes compeliram pela força das armas reis que antes se haviam recusado a sancionar leis do Parlamento, a saber, a Magna Carta e outras semelhantes. Nem por isso nossos juristas afirmam que essas antigas leis possuem menos validade ou são menos legítimas, pois o rei deu assentimento sob coação a decretos a que ele deveria de direito e voluntariamente ter assentido. Enquanto te esforças para provar que os reis de outras nações também estiveram igualmente em poder de sinédrio, senado ou conselho, não nos persuades da escravidão, mas da liberdade. Nisso, continuas a fazer a mesma coisa que vens fazendo desde o início, e que o mais obtuso dos doutos advogados freqüentemente faz: argumentar incautamente contra si numa demanda judicial.

---

1. Bracton (1640), fo 107 (III, 9, 3).
2. 1405-6. A referência está incorreta.

Mas nós admitimos, imaginas tu, que "o rei, ainda que ausente, é considerado presente no Parlamento em virtude de seu poder; portanto, entende-se que todos os assuntos lá tratados foram tratados pelo próprio rei". Então, como se a memória das peças de ouro de Carlos tornassem a te render algum ganho ou mesmo um pequeno proveito, dizes "aceitamos o que nos dão". Aceita então o que mereces – um grande mal. Pois não te concedemos o que esperavas: que, em conseqüência, "esse tribunal não possua outro poder a não ser o delegado pelo rei". De fato, dizer que o poder do rei, seja qual for, não se ausenta do Parlamento, é idêntico a dizer que é supremo? Não parece antes que o poder do rei se transfere para o Parlamento e como se um poder menor fosse compreendido no maior? Certamente, se o Parlamento pode, sem a vontade e o consentimento do rei, revogar e rescindir seus atos e os privilégios concedidos a qualquer pessoa, circunscrever as próprias prerrogativas régias conforme julgar melhor, diminuir seu rendimento anual, as despesas da corte, seu séquito e em suma todos os negócios da casa real; se pode afastar até mesmo seus conselheiros e amigos pessoais, ou mesmo arrancá-los de seu seio para puni-los; em resumo, se por lei é assegurado a qualquer pessoa recurso a respeito de qualquer matéria do rei para o Parlamento, porém não inversamente, do Parlamento para o rei – e tanto os registros públicos como os mais doutos de nossos juristas testemunham que isso pode acontecer e muitas vezes acontece –, suponho que não haja ninguém, pelo menos de boa-fé, que não admita a superioridade do Parlamento em relação ao rei. Pois mesmo num interregno o Parlamento viceja e – como se encontra muito bem atestado em nossas histórias – não raro, sem nenhuma consideração pela linhagem hereditária, institui como rei por intermédio de livre voto o homem a quem julga mais apropriado.

Resumindo então como ficam as coisas: o Parlamento é o conselho supremo da nação, constituído por pessoas completamente livres e dotadas de pleno poder para o propósito de consultarem juntas sobre as questões mais importantes. O rei foi criado para cuidar que se cumprissem todas as resoluções geradas pelo parecer e pela opinião desses estados.

Posto que o próprio Parlamento tal declarasse em público num recente edito[3] (porque não se recusou, em vista da justiça das suas ações, a livre e espontaneamente prestar contas de seus atos mesmo a nações estrangeiras), olhai para esse homem do casebre, sem autoridade, crédito ou propriedade, esse escravo nativo da Borgonha, que acusa o supremo senado da Inglaterra, no momento em que este afirma seu direito e o direito do país por lei, de "detestável e horrível impostura". Palavra de honra, canalha, teu país ficará envergonhado de ter produzido um homenzinho de tamanha impudência.

Porém, talvez tenha algum aviso que queiras nos dar para nosso bem; continua, estamos ouvindo: "Que leis", dizes, "o Parlamento pode sancionar com as quais nem mesmo a ordem dos bispos concorda?" Pois então, seu louco, extirpaste os bispos da Igreja para colocá-los nos Parlamentos? Ah, iníquo que deveria ser entregue a Satã e a quem a Igreja não deveria deixar de excomungar como hipócrita e ateu, e nenhuma república deveria receber como praga da humanidade e nódoa da liberdade! E além disso ele se empenha em provar algo (que somente pode ser provado pelo Evangelho) com base em Aristóteles e Halicarnasso[4], e daí com base nos estatutos papistas das mais corruptas épocas: sendo o rei da Inglaterra o chefe da Igreja Anglicana, ele pode, no que lhe toca, instituir novamente na sagrada Igreja de Deus, como gatunos inexperientes e tiranos, os bispos que há pouco se tornaram seus companheiros de banquete e confidentes, bispos aos quais o próprio Deus expulsou e cuja ordem inteira, por ser destrutiva à religião cristã, segundo Salmásio ruidosamente alegou em seus livros publicados antes, deveria ser exterminada desde a raiz.

....
  3. *Parliamenti Angliae declaratio*, 22 de março de 1649.
  4. Dionísio de Halicarnasso (30-8? a.C.), retórico e historiador.

Que apóstata jamais se entregou a tão vergonhosa e iníqua deserção – não digo da própria doutrina, que é instável, mas a do cristianismo, que ele mesmo afirmara? "Se os bispos forem afastados de nosso meio, quem poderia exercer, abaixo do rei e a seu critério, jurisdição sobre as causas da Igreja", perguntas, "a quem competirá essa jurisdição?" Oh, patife, pelo menos respeita tua consciência! Lembra-te enquanto é tempo, se não avisarei que já é tarde demais, lembra-te de que não ficarás impune, de que é quase impossível zombar dessa maneira do Sagrado Espírito de Deus. Controla-te afinal e pelo menos fixa algum limite para tua loucura, ou do contrário a ira de Deus que foi deflagrada se apossará subitamente de ti. Desejas entregar o rebanho de Cristo e o ungido intocável de Deus para que os esmaguem e pisem novamente os inimigos e tiranos selvagens dos quais veio a mão maravilhosa de Deus há pouco libertar. E tu mesmo ensinaste que eles deveriam ser libertados – não sei se em vista de alguma vantagem para eles, ou para tua destruição e obstinação. Mas se os bispos não possuem nenhum direito de dominação na Igreja, certamente menos ainda possuem os reis, não importa o que digam as provisões humanas. Quem provou o Evangelho com algo além dos próprios lábios sabe que o governo da Igreja é totalmente divino e espiritual, não civil.

Porém dizes que "nos assuntos seculares o rei da Inglaterra possui jurisdição suprema" – coisa que nossas leis declaram copiosamente ser falsa. Não o rei, mas a autoridade do Parlamento institui ou elimina todos os tribunais onde se fazem julgamentos. E no entanto no mais ínfimo deles o povo pode demandar contra o rei; aliás, com bastante freqüência os juízes costumavam se pronunciar contra o rei, e se o rei tentasse impedir isso por proibição, ordem ou carta, os juízes, em conformidade com seu juramento e a lei, não lhe obedeciam, mas recusavam essas ordens, não lhes davam atenção. O rei não podia mandar alguém para a cadeia ou confiscar os bens de qualquer pessoa para uso público; não podia punir com a morte, salvo se houvesse primeiro sido convocado a comparecer em algum tribunal onde não o rei, mas os juízes habituais proferissem sentença – e isso freqüentemente, como já disse, contra o rei. Daí nosso Bracton, livro 3, cap. 9: "O poder do rei visa a fazer justiça, não a praticar o mal; e o rei não pode fazer nada além do que ele pode fazer legitimamente"[5]. Outra coisa te é sugerida por teus advogados, recentemente exilados, baseados, para se certificarem, em certas provisões que não são antigas, criadas sob Eduardo VI, Henrique VII e Eduardo VI. Eles não vêem que todo poder que essas provisões asseguram ao rei foi concedido pela autoridade do Parlamento e solicitado como um favor, por assim dizer, que essa mesma autoridade pode também revogar. Por que deixaste tua sagacidade ser tão lograda a ponto de acreditares que provavas a natureza absoluta e suprema do poder régio com o mesmo argumento que o prova dependente dos atos do Parlamento? Nossos veneráveis registros também testemunham que nossos reis devem todo o seu poder, não à hereditariedade, às armas ou à sucessão, mas ao povo. Lemos que esse poder real foi concedido a Henrique IV pelos comuns, assim como antes deste a Ricardo II, Rot. Parl. Hen. 4 num. 108[6], e assim como qualquer rei costuma conceder prefeituras a seus governantes e províncias por meio de edito e carta de recomendação. Sem dúvida, a Câmara dos Comuns ordenou se lançasse expressamente nos registros públicos que "se havia concedido ao rei Ricardo" gozar "a mesma boa liberdade que os reis da Inglaterra tiveram antes dele"; e, como esse rei a violou para subverter as leis "contrariamente à palavra empenhada no juramento", foi deposto de seu reino pelo mesmo povo. Também o mesmo povo, como comprova o mesmo rolo, proclama no Parlamento que, confiando na discrição e moderação de Henrique IV, "deseja e ordena que ele tenha a grande liberdade real de seus

---

5. M. funde duas citações de Bracton, fo 107-107v (III, 9, 3).
6. 1399.

ancestrais". Mas, se no primeiro caso não se tratou propriamente de uma questão de confiança, como aconteceu no segundo, certamente as Câmaras daquele Parlamento foram tolas e vãs ao conceder algo que não lhes pertencia, e também esses reis devem ter prejudicado a si e a seus descendentes ao se disporem a receber como concessão de outros algo que já lhes pertencia. Não é possível acreditar em nada disso.

"Um terço do poder real", dizes, "refere-se ao exército. Dessa parte os reis ingleses cuidaram sem par nem rival". Isso não é mais verdadeiro do que o restante que escreveste com base na palavra de desertores. Em primeiro lugar, que a decisão da paz ou da guerra sempre esteve nas mãos do maior senado do reino, testemunham-no do começo ao fim nossas histórias e as de estrangeiros que também se referiram a nossos assuntos com alguma precisão. Também as leis de São Eduardo, pelas quais os reis são obrigados a jurar, fazem acreditar com absoluta certeza no capítulo *De Heretochiis*[7]: "Que existiram certos poderes constituídos ao longo das províncias e em todos os condados do reino, chamados Heretochs, em latim *ductores exercitus*[8]", que ficavam encarregados das tropas provinciais, não somente "pela honra da coroa", mas "pelo bem do reino". E eram escolhidas "pelo conselho comum e cada um dos condados em assembléias integralmente populares, assim como também deveriam ser escolhidos os xerifes". Donde se vê claramente que no passado tanto as forças do reino como os chefes dessas forças estavam e deveriam estar em poder do povo, não do rei, e que essa justíssima lei não vigorava menos em nosso reino do que um dia vigorara na república romana. Não fugiremos ao assunto se ouvirmos Marco Túlio quanto a isso, *Filíp.* 10: 'Onde quer que estejam, todas as legiões, todas as forças pertencem ao povo romano. Não se pode dizer que nem mesmo as legiões que abandonaram Antônio quando este

....

7. Lambarde (1644), pp. 147-8.
8. *Ductores exercitus*: condutores do exército.

era cônsul pertenciam a Antônio, não à república"[9]. E a lei de Santo Eduardo, juntamente com outras leis suas, Guilherme, chamado o Conquistador, a desejo e ordem do povo confirmou por juramento, acrescentando além disso esta, cap. 56[10]: "todas as cidades, todos os burgos e castelos estejam toda noite guardados, conforme o xerife, os edis e os demais encarregados pelo conselho comum julguem mais adequado para o benefício do reino"; e, na lei 62[11], "por essa razão foram construídos castelos, burgos, cidades, para a proteção das nações e povos do reino, e portanto devem ser conservados em toda a sua liberdade, integridade e meios". E então? As fortalezas e cidades devem ser guardadas em tempos de paz contra ladrões e malfeitores apenas pelo conselho comum de cada localidade, e ficar sem proteção diante da maior ameaça de guerra contra os inimigos, sejam eles estrangeiros ou internos, pelo conselho comum de toda a nação? De fato, caso se admita isso, não haverá "liberdade", nem "integridade, nem em suma "meios" nesses lugares que precisam ser guardados; tampouco haveremos de adquirir qualquer daquelas coisas pelas quais a própria lei diz que cidades e fortalezas são em primeiro lugar fundadas. Nossos ancestrais se acostumaram a entregar qualquer coisa ao rei, menos suas armas e as guarnições das cidades, supondo que isso equivaleria a irem pessoalmente renunciar a sua liberdade à ferocidade e ao desregramento dos reis. Como existem exemplos copiosos disso nas nossas histórias, aliás bastante bem conhecidos, seria supérfluo inseri-los aqui.

Mas "o rei deve proteção aos súditos; como ele será capaz de protegê-los, se não dispuser de armas e homens em seu poder?" Ora, digo eu, ele dispõe de tudo isso para o benefício do reino, como se afirmou, não para a destruição dos cida-

---

9. Cícero *Filípicas*, X, iv, 27.
10. Lambarde (1644), p. 171; a confirmação é o capítulo 63, p. 173.
11. Os dados de M. foram retirados do cap. 61 (não 62) em Lambarde (1644), p. 172.

dãos e ruína do reino. Mesmo na época de Henrique III um certo Leonard, homem culto, deu a seguinte resposta sensata numa assembléia dos bispos a Rustand, núncio do papa e chanceler do rei: "Todas as igrejas pertencem a meu senhor, o papa, da mesma maneira que dizemos que todas as coisas pertencem ao rei: para a proteção, não para seu usufruto ou por direito de posse", como se diz; para defesa, "não para espólios"[12]. Mesmo parecer tinha também a acima citada lei de Santo Eduardo. O que mais pode ser isso, senão poder em confiança, e não absoluto? Embora um general na guerra possua a mesma espécie de poder – ou seja, poder delegado, que não lhe pertence completamente –, em geral ele não defende o povo por quem é escolhido com mais apatia no país ou no estrangeiro. Porém, teria sido em vão, e sem dúvida em luta desigual, que no passado os Parlamentos entraram em conflito com o rei sobre as leis de Santo Eduardo e a liberdade, se pensassem que as armas deveriam ficar somente sob o controle do rei. Pois se o rei quisesse impor quaisquer leis injustas, em vão eles se teriam defendido contra a palavra por meio de uma "Carta", ainda que "Magna".

"Ora, grande vantagem o Parlamento deter controle sobre o exército", dizes, "se para apoiá-lo não consegue recolher nem mesmo um tostão do povo contra o consentimento do rei". Não te incomodes com isso! Em primeiro lugar, fazes a falsa proposição de que os estados no Parlamento "não podem cobrar impostos do povo sem o consentimento do rei", quando é em nome do povo que esses mesmos membros do Parlamento foram enviados e cuja causa defendem. Além disso, a tu, investigador tão diligente dos assuntos alheios, não escapará que, ao fundir os próprios vasos de ouro e prata, o povo gastou espontaneamente uma grande quantia de dinheiro nesta guerra contra o rei.

....

12. M. (*CB*, I, 440) observa esse episódio com base em Holinshed, *Cronicles*, III, 253.

Em seguida repassas as rendas bastante vultosas de nossos reis no passado; matraqueias unicamente sobre "quarenta mil e quinhentos". Ouviste falar sofregamente que "do patrimônio do rei muitas imensas quantias" costumavam advir de "reis que se notabilizaram pelos louvores à sua generosidade". Foi com esse atrativo, assim como o célebre Balaão[13], que os traidores do país te aliciaram para o lado deles, de modo que ousas amaldiçoar o povo de Deus e protestar contra os julgamentos divinos. Tolo! Afinal, qual o benefício de tão ilimitada riqueza para um rei injusto e violento? E para ti, também? Soube que nada chegou a ti daquilo que estiveste devorando com vigorosa esperança, a não ser a pequena bolsa de dinheiro, coberta de contas de vidro com formato parecido ao de vermes, e recheada de cem moedas de ouro. Toma, Balaão, o pagamento pela iniqüidade que amaste tão sinceramente, e desfruta dele. Pois continuarás a bancar o tolo.

"Hastear o estandarte", ou seja, "o pavilhão, é direito unicamente do rei". Por quê? Porque

Turno levantou o sinal para a guerra da citadela de Laurento[14].

Realmente ignoras, gramático, que essa mesma tarefa seja função de qualquer general na guerra? Contudo, "Aristóteles diz,[15] é necessário que a guarda permaneça ao lado do rei para que ele proteja as leis e, portanto, um rei deve possuir mais poderio militar do que todo o povo". Esse homem é dado a conclusões retorcidas, tal como no submundo Ocno faz cordas cuja única utilidade consiste em servirem de comida a asnos[16]. Dar uma guarda ao povo é uma coisa, e o poder sobre

---

13. Nm 22.5-34.
14. Virgílio, *Eneida*, VIII, I (M. recorre à citação que S. faz de Virgílio).
15. Aristóteles, *Política*, III, 15 (1286b).
16. Ocno foi condenado no Hades à infrutífera tarefa de fazer uma corda de palha que era devorada por um asno tão logo acabasse de fazê-la. Cf. *DDD*, II, 346.

todos os exércitos é outra. A última, Aristóteles, na mesma passagem que apresentaste, declara não pertencer aos reis. De acordo com Aristóteles, é preciso que o rei reúna em torno de si um grande número de soldados armados "para ser mais forte do que qualquer homem, ou vários homens juntos, e ainda assim ele será mais fraco do que o povo": εἶναι δὲ τοσαύτην ἰσχὺν ὥστε ἑκάστου μὲν καὶ ἑνὸς καὶ συμπλειόνων κρείττω, τοῦ δὲ πλήθους ἥττω, *Pol.* L. 3, cap. 11[17]. Caso contrário, o rei poderia de uma só vez sujeitar a si o povo e as leis a pretexto de protegê-los. E é esta a diferença entre um rei e um tirano: o rei, pelo consentimento e satisfação do povo e do senado, tem a seu redor uma guarda suficientemente numerosa contra inimigos públicos e rebeldes sediciosos; o tirano, contra a vontade do senado e do povo, procura obter a maior guarda possível, formada de inimigos públicos ou cidadãos arruinados, contra o próprio senado e o povo. E foi desse modo que o Parlamento concedeu ao rei, como de resto tudo o mais, "o hasteamento do estandarte", não para que ele desse perigosos sinais a seu povo, mas para defender o povo contra aqueles a quem o Parlamento considerou inimigos públicos. Caso não fizesse isso, ele próprio seria julgado inimigo por perder, precisamente de acordo com a lei de Santo Eduardo, ou, que é ainda mais sagrada, a lei mesma de natureza, o nome de rei. Donde nas supracitadas *Filípicas*[18]: "Aquele que ataca a república com sua soberania e seu exército perde todo o direito a esse exército e a essa soberania." Tampouco tinha o rei permissão de convocar os "cavaleiros feudais"[19] para uma "guerra" que a autoridade do Parlamento não houvesse decretado, conforme deixam claro muitas provisões. A mesma decisão valia para as tarifas e o *shipmoney*[20], que o rei não podia exigir licitamente dos cida-

---

17. Aristóteles, *Política*, III, 15 (1286b).
18. Cícero, *Filípicas*, X, V, 12.
19. A última dessas convocações feudais foi em agosto de 1640.
20. Embora o Parlamento concedesse a Carlos I os impostos sobre a tonelagem e a libra-peso (tarifas de importação) apenas por um ano (e não para

dãos sem uma lei do Parlamento. E isso foi publicamente decidido pelos mais doutos de nossos juristas cerca de doze anos atrás[21], quando o domínio do rei ainda era bastante estável. Muito antes disso Fortescue, chanceler de Henrique VI e ilustríssimo jurista, disse que o rei da Inglaterra não pode alterar as leis nem impor tributos sem o consentimento do povo[22].

Mas ninguém é capaz de provar por testemunhos dos antigos que "o governo do reino da Inglaterra é puramente monárquico". "O rei", afirma Bracton, "possui jurisdição sobre todos". Isto é, nos tribunais onde de fato em nome do rei, mas em conformidade com nossas leis, se executa a justiça. "Todos estão sob o rei" – isso significa todo indivíduo, como o próprio Bracton explica na passagem que já citei[23].

Quanto ao restante, onde empurras a mesma pedra repetidas vezes – e acho que terias o poder de extenuar o próprio Sísifo[24], o que eu disse antes responde fartamente. De resto, mesmo que algum dia os Parlamentos hajam prestado deferência aos bons reis com todas as letras, sem lisonja ou servilismo, não se deve entender daí que prestaram deferência do mesmo modo aos tiranos ou em detrimento do povo, pois a justa deferência não diminui a liberdade. E no que se refere à tua citação de Sir Edward Coke e outros, segundo a qual "a

....

toda a vida, como de praxe), ele continuou a coletá-los a partir de 1628. Essa prática foi declarada ilegal na Lei da Tonelagem e da Libra-Peso (junho de 1641). *Ship Money* (ostensivamente uma requisição naval na forma de taxa) foi arrecadado dos condados litorâneos em 1634 e se estendeu para os condados do interior em 1635.

21. Na verdade, em 1638 decidiram em favor do rei no processo *Rex v. Hampden* (o caso cuja decisão ajudou a resolver outros casos pendentes que envolviam o problema jurídico do *Ship Money*), por uma maioria de 7 contra 5. Essa decisão foi derrubada por uma Lei abolindo o *Ship Money* (julho de 1641).

22. Sir John Fortescue, *De laudibus legum Angliae* (1616), fo 26.

23. I.e., Bracton, I, 8, 5.

24. Sísifo foi condenado no Hades a eternamente empurrar uma pedra para o alto de uma montanha, de onde ela sempre rolava.

realeza da Inglaterra é um poder absoluto"[25], é assim se considerares qualquer rei ou imperador estrangeiro, ou, como diz Camden, "porque não está entre os dependentes do império"[26]. Além disso, cada um acrescenta que a existência desse poder não "provém do rei" somente, mas "provém do corpo político". Donde Fortescue afirmar, *de laud. Legum Angl.*, cap. 9: "O rei da Inglaterra" governa seu povo "não por meio de um poder puramente real, mas por meio de um poder político, já que o povo é governado pelas leis que" ele mesmo elabora[27]. Até mesmo escritores estrangeiros sabiam disso. Philippe de Commynes, autor de grande importância, afirma no Livro V de seus *Comentários*: "Dentre todos os reinos da Terra que conheço, não há de fato nenhum, na minha opinião, em que as questões públicas sejam tratadas com mais comedimento ou onde ao rei seja permitido menos poder sobre o povo do que na Inglaterra."[28]

Por fim, dizes ser "ridículo o argumento que eles fornecem – a saber, os reinos já existiam antes dos reis –, como se a luz já existisse antes do sol". Mas nós, meu camarada, dizemos que o povo, não o reino, existia antes dos reis. Haverá alguém a quem eu possa chamar de mais ridículo do que tu, que negas ter existido luz antes do sol, como se isso fosse ridículo? Assim, enquanto desejas se intrometer nos assuntos de outras pessoas, desaprendeste os rudimentos. Enfim te admiras "que, tendo visto o rei numa sessão do Parlamento sentado em seu trono sob um céu de ouro e seda, os homens pudessem colocar em dúvida se a majestade pertence ao rei ou ao Parlamento". Falas efetivamente de homens incrédulos a quem um argumento tão lúcido peticionado do "céu", sobretudo "de um céu

---

25. Citado por S., *DR*, p. 248. Ver Coke, *Fifth Reports*, fo 8a (o processo de Caudrey).
26. Citado por S., *DR*, p. 249. Ver Camden, *Britannia* (1607), p. 118.
27. Fortescue (1616), fo 25b.
28. Philippe de Commynes, *Mémoires* (Paris, 1552), fo 94b (V, 18).

de ouro e seda", não comoveu. Tu, estóico, contemplaste com tanta devoção e singularidade esse teu céu dourado que pareces ter esquecido totalmente os céus de Moisés e Aristóteles: quanto ao primeiro, negaste que "existisse luz antes do sol"; em relação ao segundo, acima ensinaste que existem três zonas temperadas. Quantas zonas observastes nesse céu de ouro e seda do rei, não sei; sei, isto sim, que retiraste uma zona, bem temperada com cem estrelas de ouro, dessa tua contemplação celeste.

Capítulo X

Toda essa controvérsia sobre o direito dos reis em geral, ou do rei da Inglaterra em particular, tornou-se mais complexa por causa das lutas obstinadas das facções do que pela real natureza da questão. Portanto, para os que preferem a busca da verdade à facção, espero ter apresentado, com base na lei de Deus, no direito das nações e finalmente nas institutas de meu próprio país, provas abundantes, capazes de não deixar dúvida alguma sobre a possibilidade de julgar e também condenar à morte o rei da Inglaterra. Quanto aos outros – cujos espíritos foram tomados pela superstição, ou a prematura admiração do esplendor do rei de tal modo cegou o fio de seu bom senso que nada vêem de glorioso ou esplêndido na verdadeira virtude e liberdade –, quer combatamos com a razão e argumentos, quer com exemplos, lutaremos em vão.

Realmente, Salmásio, assim como em tudo o mais, pareces levar isso também ao limite do absurdo, pois justamente tu, que não consegues parar de cobrir de insultos todos os Independentes, afirma que o próprio rei a quem defendes foi o mais independente de todos: porque "ele não deveu seu reino ao povo, mas à sua família". Então o homem que no começo do teu livro, como forçosamente te lamentaste, "fora obrigado a defender sua vida no tribunal" agora, queixas-te, "padeceu sem ser ouvido". Mas, na verdade, se gostas de inspecionar todo esse processo, publicado com extrema fidelidade em francês[1], talvez te persuadas do contrário. Embora a Carlos certamente fosse assegurada durante dias a fio a mais plena oportunidade de falar, de fato ele não a usou para se inocentar dos crimes de que fora acusado, mas apenas para rejeitar cabalmente essa jurisdição e os juízes. Ora, não é errado condenar um réu que fica em silêncio ou sempre responde coisas irrelevantes, se ele for claramente culpado, sem mesmo ouvi-lo.

Se disseres que a morte de Carlos "foi inteiramente condizente com sua vida", eu concordo; se disseres que sua vida terminou de maneira piedosa, pura e "destemida", fica sabendo que a avó dele, Maria, mulher infame, morreu no cadafalso aparentando igual piedade, pureza e constância. E caso venhas a ter em alta conta a presença de espírito de que freqüentemente dá grandes mostras qualquer malfeitor comum no momento da morte, não raro o desespero ou um coração obstinado confere um certo semblante e, por assim dizer, uma máscara de coragem, e não raro a estupidez confere um ar de tranqüilidade: o pior dos homens deseja parecer bom, impávido, inocente e às vezes santo no momento da morte, assim como em vida. No instante mesmo da punição capital por seus crimes, costuma fazer um último alarde de sua hipocrisia e engodo da maneira mais esplêndida possível e, como é hábito entre os mais parvos poetas ou atores, buscar muito presunçosamente o aplauso inclusive à sua saída.

Agora dizes ter "chegado à parte da investigação em que se deve discutir quem foram os principais autores da condenação do rei", embora antes se devesse fazer um inquérito sobre ti – como tu, um estrangeiro, um vagabundo francês, chegaste ao ponto de defender um inquérito sobre nossos assuntos, tão alheios a ti. A que preço te vendeste? Na verdade, isso é perfeitamente conhecido. Mas quem, afinal, instruiu-te nas tuas mais diligentes investigações sobre nossos assuntos? De-

....

1. *Histoire entière & veritable du Procez de Charles Stuart*, 20 de janeiro de 1650.

certo foram os desertores e inimigos do próprio país que encontraram em ti um homem extremamente jactancioso, e por meio de suborno facilmente te levaram a falar mal de nós. Em seguida deram-te algum opúsculo sobre nossas questões internas, escrito por algum louco, semipapista, capelão ou algum cortesão servil; teu serviço consistiu em verter isso para o latim. Daí essas tuas histórias forjadas que, se quiseres, investigaremos um pouco.

"Nem a centésima-milionésima parte do povo concordou com essa condenação." E quanto ao restante, que permitiu a realização de um crime tão hediondo sem seu consentimento? Eram toros de madeira, troncos aleijados de homens ou na realidade criaturas desalentadas como as do cenário de Virgílio?

Bretões entrelaçados seguram cortinas púrpura[2]

Não me pareces que estejas te referindo aos verdadeiros bretões, mas a alguns pictos ou mesmo homens pictóricos[3]. E como não é crível que tão poucos pusessem cabresto sobre uma nação belicosa, sendo esses poucos os mais reles do povo comum – que na tua história é a primeira coisa a acontecer –, isso parece bastante falso.

"A ordem eclesiástica foi expulsa pelo próprio senado." É por isso que tua loucura é a mais desgraçada: não te percebes ainda louco ao te queixares que *foram* expulsas pelo Parlamento as pessoas sobre as quais tu mesmo, num longuíssimo livro, escreveste que *deveriam* ser expulsas da Igreja. "Uma segunda ordem do senado, que consistia de nobres, duques, condes e viscondes, perdeu suas posições." E merecidamente, pois, não sendo eleitos por nenhum distrito, representavam apenas a si mesmos e nenhum direito tinham sobre o povo,

....
2. Virgílio, *Górgicas*, III, 25.
3. Em latim, *pictos nescio quos, vel etiam acu pictos*. Há um trocadilho com *pictus*, como pintado, gravado ou decorado, e Picto.

mas ainda assim geralmente opunham ao direito e à liberdade deste algum costume próprio. Foram indicados pelo rei, eram seus camaradas, servidores e, por assim dizer, sua sombra. Uma vez suprimido o rei, eles mesmos tiveram de se reduzir ao nível do povo de quem emergiam. "Uma parte – aliás, a pior – do Parlamento não deveria ter reivindicado o poder de julgar reis". Ora, a Câmara dos Comuns, como já te disse acima, não apenas constituía a parte mais importante do Parlamento, mesmo sob os reis, mas por si só formava um Parlamento sob todos os aspectos absoluto e legítimo, ainda que sem os lordes e muito menos o clero. Porém, "nem sequer se admitiu que a totalidade dessa parte verdadeira votasse sobre a morte do rei". De fato, sem dúvida não se admitiu a parte que havia ostensivamente desertado em espírito e conselho a quem em palavras julgara rei, mas na prática inimigo. Os estados ingleses do Parlamento, juntamente com os representantes que também haviam sido enviados do Parlamento da Escócia, escreveram em 13 de janeiro de 1645[4], em resposta a seu pedido de uma trégua ilusória e de reuniões com eles em Londres, que não poderiam permitir sua entrada na cidade se ele não desse explicações perante a república da guerra civil criada por suas ações nos três reinos e das mortes de inúmeros súditos levadas a cabo por suas ordens, e tomaram providências para uma paz estável e verdadeira, sob as mesmas condições que os Parlamentos dos dois reinos lhe haviam oferecido tantas vezes e tantas vezes ainda viriam a oferecer. Por outro lado, com respostas insensíveis ou ambíguas ele rejeitava ou se evadia das perguntas bastante razoáveis que eles humildemente lhe apresentaram várias vezes. Depois da paciência de tantos anos, as Câmaras por fim temeram que, com suas delongas, o rei enga-

---

4. Em latim, *idibus Januarii* 1645; a data utilizada por M. está no velho estilo. O texto a ser apresentado ao rei foi decidido pelo Comitê dos Dois Reinos e os Comissários Escoceses, e aprovado pelos Comuns em 13 de janeiro de 1646. Cf. *E*, III, 596.

nador ainda arruinaria na prisão a república que não tivera o poder de subjugar na batalha e, colhendo o fruto agradável de nossos desacertos, seria restaurado e acabaria por celebrar, muito embora inimigo público, o triunfo produzido por ele sobre seus conquistadores. Então eles decretaram que daí em diante não lhe dariam mais ouvidos, não lhe enviariam mais requerimentos, nem receberiam nada dele[5]. E no entanto após essas resoluções descobriram-se – no interior do efetivo número de estados – homens que, por ódio desse exército invencível, cujos feitos grandiosos invejavam, e que depois dos grandes serviços prestados eles desejavam dispensar na miséria, cumpriam a vontade de alguns ministros sediciosos a quem estavam desgraçadamente submetidos. Ganharam um tempo oportuno quando muitos dos que discordavam totalmente deles se haviam ausentado para as províncias, aonde haviam sido enviados pela própria Câmara para controlar insurreições dos presbiterianos que já se disseminavam, e com estranha leviandade – para não dizer traição – decretaram que um inimigo público inveterado, rei apenas no nome, sem praticamente dar nenhuma explicação, sem que se tomasse nenhuma providência, deveria ser trazido de volta para a cidade e restaurado à mais alta dignidade e poder, como se merecesse honradamente da república[6]. Colocaram assim o rei antes da religião, da liberdade, mesmo finalmente daquele pacto de que tanto se jactaram. Enquanto isso, o que fizeram os homens sãos e que viram tais destrutivos conselhos em movimento? Deveriam ter traído o país e não prover a própria segurança porque a infecção daquela doença havia penetrado nas casas deles?

....

5. Trata-se do Voto de Não-Ofício, 3 e 15 de janeiro de 1648.

6. Os Comuns cederam à pressão da *City* em 24 de maio de 1648 votando pela retomada das negociações com o rei. Em 5 de julho os Lordes patrocinaram uma petição visando a que o rei regressasse a Londres "em honra, liberdade e segurança" para o tratado.

Mas quem expulsou os que estavam doentes? "O exército inglês", dizes; ou seja, não um exército de estrangeiros, mas de bravos e leais cidadãos, muitos de cujos oficiais eram os membros que os patriotas expulsos julgaram deveriam ser expulsos do próprio país e enviados para as lonjuras da Irlanda![7] No meio-tempo, os escoceses, agora de duvidosa boa-fé, ocupavam com volumosas forças quatro condados da Inglaterra mais próximos de suas fronteiras; eles conservavam as mais fortes cidades dessas regiões com guarnições; eles mantinham o próprio rei em custódia; também apoiavam facções e insurreições de sua gente — mais do que ameaçando o Parlamento — em todos os lugares, na cidade e no campo. Essas insurreições logo rebentaram, provocando não apenas uma guerra civil, como também uma guerra escocesa.

E se sempre foi louvável que cidadãos privados também viessem em socorro à república por meio de conselhos ou armas, certamente não há razão para censurar o exército, que obedeceu a ordens quando foi chamado à cidade pela autoridade do Parlamento e facilmente esmagou as insurreições da facção realista que sempre ameaçaram a própria Câmara. E as coisas chegaram a tal ponto crítico que ou necessariamente os esmagávamos, ou seríamos esmagados por eles. Do lado deles ficaram muitos dos mascates e operários de Londres, e todos os ministros mais facciosos; do nosso lado, um exército conhecido por sua grande lealdade, controle e coragem. Quando se tornou possível, por intermédio desse exército, manter a liberdade e a segurança da república, achas que tudo isso deveria ser traído pela covardia e burrice?

Uma vez subjugados, os líderes do partido realistas de fato depuseram as armas a contragosto, porém não a hostilidade. Atentos a todas as oportunidades de reiniciar a guerra, haviam-

....

7. Refere-se à política promovida na primavera de 1647 por Denzil Holles (pouco depois de um dos onze membros sofrer *impeachment*) para dispersar o Exército de Novo Tipo e distribuir tropas pela Irlanda.

se retirado para a cidade. Embora esses homens fossem seus maiores inimigos, os presbiterianos, ao verem que não lhes seria concedida a dominação civil e eclesiástica sobre todos, começaram a se associar com eles em reuniões secretas muito indignas de suas palavras e seus atos pretéritos. Alcançaram tal grau de amargura que prefeririam passar novamente à propriedade do rei, a permitir aos próprios irmãos a parcela de liberdade que também eles haviam adquirido com o próprio sangue; e preferiram experimentar de novo como senhor um tirano que se encharcara no sangue de inúmeros cidadãos, e queimava de ira e de uma vingança que já concebera contra os sobreviventes, a tolerar como seus pares, com iguais direitos, seus irmãos e amigos. Somente os chamados Independentes sabiam ser verdadeiros consigo até o fim e usar sua vitória. Eles não queriam um homem que se tornara inimigo quando rei, para se converter de inimigo em rei de novo – sabiamente, em minha opinião. Não que em razão disso não ansiassem pela paz, mas sensatamente temiam a guerra renovada ou a eterna escravidão encerradas no nome de paz.

E para difamares nosso exército ainda mais copiosamente, começas uma confusa e magra explicação de nossos assuntos que, embora eu ache muito falsa e frívola, e contada por ti como defeitos que deveriam ser considerados meritórios, julgo que não logra colocar contra esta uma outra narrativa, do ponto de vista oposto. Trata-se de uma contenda de raciocínios, não de narrações, e os dois lados darão crédito aos primeiros, não às últimas. E de fato as questões são de tal natureza que não podem ser contadas de acordo com o seu mérito, salvo numa história justa. Por isso considero melhor, como afirma Salústio a respeito de Cartago[8], silenciar sobre questões tão importantes, do que dizer pouco demais. Nem cometerei o pecado, neste livro, de misturar teus reproches aos louvores não apenas de homens ilustres, mas sobretudo de Deus Todo-

---

8. Salústio, *Bellum Jugurthinum*, XIX, 2.

Poderoso, que devem ser freqüentemente repetidos a respeito desta assombrosa cadeia de eventos. Portanto, como é meu costume, selecionarei apenas as coisas que parecem ter a aparência de argumento.

Como quando dizes que "num pacto solene os ingleses e os escoceses prometeram preservar a majestade do rei" – omitindo as condições sob as quais prometeram isso: a saber, se fosse possível fazer isso sem colocar em risco a segurança da religião e da liberdade. Com relação a eles, o rei foi tão iníquo e traidor até o último suspiro que, se ele vivesse, era óbvio que a religião correria riscos e a liberdade pereceria.

Todavia, retornas agora aos autores da execução do rei. "Se o assunto for corretamente julgado conforme seu peso e importância, a conclusão do indizível ato deverá ser imputada aos Independentes, e os Presbiterianos poderiam reivindicar para si a glória do início e progresso." Vedes, presbiterianos, como agora ajuda, como afeta a apreciação de vossa inocência e lealdade o fato de vos acovardarem de punir o rei? De acordo com o mais prolixo advogado do rei, vosso acusador, "vós andastes mais de meio caminho"; vós, "depois do quarto ato, fostes vistos a gaguejar nesse drama de saltar de um cavalo para outro"[9]. [Mas, enquanto isso, ó homem de afetada eloqüência, por que imitas com tanta facilidade aqueles a quem tão laboriosamente acusas – tu mesmo, "visto" tantas vezes nessa gaguejante defesa do rei "saltando de um cavalo para outro?"][10]

Vós presbiterianos "deveríeis merecidamente ser estigmatizados com o crime de matar o rei, já que preparastes o caminho para a morte dele"; vós e "ninguém mais" desferistes o golpe do iníquo machado sobre seu pescoço". Desgosto para vós antes de tudo, se algum dia o tronco de Carlos vier a recupe-

---

9. As metáforas misturadas de S. resistem à tradução, mas a acusação básica de vacilo e mudança de lealdade da parte dos presbiterianos está suficientemente clara.

10. 1658.

rar o reino da Inglaterra. Vós, crede-me, tereis de pagar por isso. Mas correspondei a vossos votos a Deus: amai vossos irmãos que vos libertaram, que até aqui afastaram de vós essa calamidade e a destruição certa, embora contra vossa vontade. Também sois acusados porque "alguns anos antes, por meio de várias petições, vos empenhastes em reduzir os direitos do rei, porque inseristes e publicastes expressões ofensivas ao rei nos mesmos papéis que apresentastes ao rei em nome do Parlamento", a saber, "na declaração dos Lordes e Comuns de 26 de maio de 1642[11]. Abertamente confessastes o que pensáveis da autoridade do rei em algumas loucas propostas que exalavam traição. Depois de receber uma ordem do Parlamento, Hotham fecha os portões da cidade de Hull contra a vinda do rei"[12] – "desejáveis descobrir, com esse primeiro experimento de rebelião, o que o rei suportaria". O que de mais adequado se poderia dizer para reconciliar os corações dos ingleses e separá-los completamente do rei? Isso lhes permite compreender que, se um rei voltar, eles serão punidos não apenas pela morte do rei, mas também pelas petições que um dia redigiram, os atos de um Parlamento pleno sobre a liturgia e a abolição dos bispos[13], sobre o Parlamento trienal[14], e tudo o mais

....

11. I.e., *A remonstrance of the Lords and Commons assembled in Parliament, or, the reply of both Houses, to... His Majesty answer to... A remonstrance, or the declaration of the Lords and Commons... in answer to a declaration under His Majesties name, concerning the business of Hull* (Londres, 1642).

12. Em 5 de março de 1642, as duas Câmaras aprovaram a Ordenação da Milícia e encarregaram Sir John Hotham da guarnição estratégica de Hull. Ele se recusou a permitir a entrada do rei em 23 de abril. Ver *E*, III, 423-32, 451.

13. Em latim, *frequentissimi Parlamenti acta de liturgia et episcopis abolendis*: os cargos de arcebispos e bispos se mantiveram intactos pela Lei de Exclusão dos Bispos (fev. 1642), e não foram efetivamente abolidos até a *ordenação* de out. 1646, embora a própria ordenação partilhasse da presunção amplamente difundida de que haviam sido. Cf. *E*, III, 401. Quanto às ordenações relativas ao Livro de Preces Comuns, ver *E*, III, 503-8.

14. A Lei Trienal (fev. 1641) estipulou que, na ausência de mandados de convocação, o Parlamento deveria se reunir a cada três anos, durante cinqüenta dias. Ver *E*, III, 398-401.

ratificado pelo maior consentimento e aplauso do povo, por serem sediciosos e "loucas propostas dos presbiterianos".

Porém, de súbito o mais caprichoso dos homens muda de idéia e o que há pouco, "quando ele julgava a questão muito corretamente", parecia-lhe devido apenas aos presbiterianos, agora, "revolvendo sobre" a mesma "questão das alturas", parece-lhe inteiramente devido aos Independentes. Ainda há pouco ele afirmava que os presbiterianos "agiram em relação ao rei com a manifesta força das armas" e que por eles o rei foi "conquistado em guerra, capturado e mandado à prisão"; agora ele escreve que toda "essa doutrina da rebelião" pertence aos Independentes. O que são a honradez e constância do homem! Que necessidade há agora de comparar outra narrativa com a tua, que tão vergonhosamente ferveu, até se transformar em vapor?

Mas se alguém ainda tiver dúvidas se és um homem bom ou mau, que leia as tuas seguintes linhas: "é hora de revelar quando e onde irromperam as seitas hostis ao rei; na verdade esses ótimos puritanos começaram a sair da escuridão do inferno no reinado de Isabel, e daí primeiro lançaram a Igreja em confusão, ou antes a própria república – pois não representam uma praga menor para a república do que para a Igreja". Tua própria declaração revela-te um verdadeiro Balaão, pois, no momento mesmo em que desejavas vomitar todo o veneno de teu rancor, sem saber e sem querer falaste uma bênção. Com efeito, toda a Inglaterra sabe muito bem que, se havia uma gente que ansiava por seguir um modo mais puro de culto divino a exemplo das Igrejas francesas ou alemãs, qualquer uma das duas que julgasse a mais reformada, quase todas elas corrompidas por nossos bispos com suas cerimônias e superstições, se, em suma, havia uma gente que se destacava entre os restantes no que se refere à piedade para com Deus ou integridade na vida, essa gente era o que os partidários dos bispos chamavam de puritanos. Esses são os homens cuja doutrina bradas ser hostil aos reis; e não somente esses, pois, segundo dizes, "a maioria dos protestantes que não se deixou levar por outros pontos de seu ensinamento parece, contudo, ter aprovado o que se opõe à tirania do rei". Assim, enquanto falas grosseiramente mal dos Independentes, faze-lhes elogios ao derivares suas origens da mais pura família de cristãos; e uma doutrina que em toda a parte afirmas ser peculiar aos Independentes agora admites que "a maioria dos protestantes aprovou". Chegaste a um ponto de audácia, impiedade e apostasia em que mesmo os bispos, a quem há pouco instruíste deviam ser arrancados pela raiz da Igreja e exterminados como pragas e anticristos, "deveriam receber proteção do rei" – como afirmas agora –, de maneira que ele não "detraia jamais do juramento de coroação". O único passo que te resta avançar em crime e infâmia é abjurar o mais rápido possível a religião protestante, que conspurcas. E quanto a dizeres que nós "toleramos todas as seitas e heresias", não nos acuses disso, já que a Igreja ainda tolera tua impiedade, fatuidade, tuas mentiras e tua traição comprada, e finalmente tua apostasia ao ousares dizer que os mais santos dos cristãos e até a maioria dos protestantes, teus oponentes, "vieram da escuridão do inferno".

E por que então eu não deveria omitir as falácias nas quais gastas a maior parte do restante do capítulo, e os monstruosos princípios que inventas para os Independentes a fim de suscitar má vontade contra eles? Certo é que tais falácias não têm nenhuma relação com o caso do rei e em geral merecem o riso ou o escárnio, não a refutação.

Capítulo XI

Parece-me que abordas esse Capítulo XI, Salmásio, ainda que sem vergonha, com alguma consciência da tua falta de dignidade. Quando propões que investigarias nesse lugar "a autoridade por cujo intermédio" se proferiu a sentença sobre o rei, acrescentas algo que ninguém esperava de ti, a saber, que "tal investigação é inútil": "a natureza dos homens que fizeram isso não deixou nenhum espaço para essa questão". Portanto, como a descoberta de tua rispidez e impudência em assumir esse caso condiz com a consciência de tua loquacidade, receberás de mim uma resposta mais curta. À pergunta sobre a "autoridade por cujo intermédio" a própria Câmara dos Comuns julgou o rei ou delegou o julgamento a outros, respondo: pela mais suprema autoridade. Como os comuns detinham a autoridade suprema, aprenderás com as coisas que eu disse acima, quando refutava tua diligente tolice. E se te acreditaste ao menos capaz de saber o que em determinado momento é suficiente, não terias o detestável hábito de repetir tantas vezes a mesma toada. Na verdade, a Câmara dos Comuns podia delegar seu poder judicial a outros do mesmo modo em que dizes que o rei, que também recebeu todo o seu poder do povo, podia delegar o seu a outros. Por isso, no "pacto solene" que apresentaste contra nós, os mais elevados estados da Inglaterra e Escócia declaram solenemente e prometem exigir aos traidores a punição que "o poder judiciário supremo de cada nação, ou os que delas receberam o poder delegado", julgarem-nos merecedores[1]. Depois então de ouvires o Parlamento de cada nação testemunhando que pode delegar a outros a autoridade judicial chamada de "suprema", vê como é vazia e frívola a controvérsia que suscitaste sobre a delegação desse poder.

Todavia, dizes, "a esses juízes escolhidos pela Câmara baixa também se juntaram juízes selecionados nas fileiras dos militares, embora jamais fosse função de soldados julgar um cidadão". Vou derrubar teu argumento com pouquíssimas palavras, pois lembra-te de que não estamos falando agora de um cidadão, mas de um inimigo público: num campo de batalha, se um comandante, acompanhado de seus oficiais, desejar julgar perante uma corte militar tal homem tomado prisioneiro de guerra (e que poderia ser sumariamente executado, se assim decidissem), imaginar-se-á que fez algo além dos direitos ou costumes da guerra? Mais ainda, o homem que é inimigo da república e foi tomado prisioneiro de guerra não pode ser nessa república considerado cidadão, muito menos rei. Esse é o teor da sagrada lei do rei Eduardo, negando que um mau rei possa ser rei ou deva ser chamado pelo nome de rei.

Porém, compara isto à tua afirmação de que não foi uma Câmara dos Comuns "plena", mas "aleijada e mutilada", que julgou o processo relativo à vida do rei: o número dos que pensavam que o rei deveria ser punido era muito superior ao dos que por lei deveriam fazer negociações no Parlamento, mesmo na ausência dos demais. Como estavam ausentes por sua própria culpa e por seu próprio erro (pois a deserção interior ao inimigo comum foi o pior tipo de ausência), não poderiam atrapalhar os sempre leais de preservar essa república que, oscilante e já quase reduzida à escravidão e aniquilação, o povo inteiro havia inicialmente confiado à sua lealdade, prudência e coragem. E eles de fato cumpriram a tarefa ativamente. Lança-

....
1. Artigo IV da Liga e Pacto Solenes. Cf. *E*, III, 594.

ram-se contra o desregramento, frenesi e traição de um rei exasperado; colocaram a liberdade e a segurança de todos antes da própria; excederam em bom senso, magnanimidade e constância todos os Parlamentos anteriores a este, todos os seus ancestrais. E no entanto uma grande parcela do povo, ainda que prometesse toda a lealdade, todo o esforço e auxílio, ingratamente desertou deles no meio do caminho. Essa parcela desejava a escravidão e a paz com ociosidade e luxúria sob quaisquer condições; mas a outra parte exigia liberdade, e paz desde que estável e honrosa. O que devia fazer o Parlamento então? Deveria defender esta última parte, a parte sã, fiel a ele e ao país, ou seguir a primeira, desertora de ambos? Sei o que dirás. Não és Euríloco, mas Elpenor[2], o desprezível animal de Circe, um porco imundo, acostumado à mais vergonhosa escravidão, mesmo sob uma mulher. Por isso não tens o gosto à virtude e à liberdade que dela nasce. Queres que todos os homens sejam escravos porque não sentes nada no peito que seja nobre ou livre. Não falas nem respira nada que não seja ignóbil e abjeto.

Acrescentas ainda o escrúpulo de que "o homem a respeito do qual decidiram era também rei da Escócia", como se por essa razão ele pudesse fazer qualquer coisa na Inglaterra sem ser punido. Por fim, para que pelo menos possas terminar com algum dito espirituoso esse capítulo, mais deslocado e estéril do que os outros, afirmas: "existem duas pequenas palavras, consistindo dos mesmos (e do mesmo número de) elementos, que diferem apenas na posição das letras, mas diferem imensamente em seu significado, *Vis* e *Ius*"[3]. Sem dúvida não admira muito que tu, homem de três letras[4], conseguisses talhar esse pequeno sofisma capcioso sobre três letras. Muito

....

2. Ver Ovídio, *Metamorfoses*, XIV, 252-88. Cf. *E*, III, 488.

3. *Vis, et Jus*: vigor e direito.

4. Ver Plauto, *Aulularia*, II, I, 35, em que *fur* (ladrão) é "um homem de três letras".

mais espantoso é o que afirmas ao longo de todo o teu livro: que duas coisas, tão "diferentes" uma da outra em todos os outros aspectos, sejam uma e mesma coisa nos reis. Pois que atos de força jamais terão praticado os reis que não digas ser direito dos reis?

Esses são os pontos que pude notar, em nove longuíssimas páginas, mereciam resposta. O restante são questões que foram repetidas várias e várias vezes e eu refutei em mais de uma ocasião, ou questões que não têm nenhuma influência na discussão deste caso. Portanto, se sou mais breve do que de praxe, deve-se imputar não à minha diligência, que não permito definhar neste enorme enfado, mas à tua loquacidade tão oca e vazia de fato e razão.

Capítulo XII

Para não parecer que sou injusto ou rancoroso em relação ao rei Carlos, que cumpriu sua sina e sua punição, gostaria, Salmásio, que atravessasses em silêncio toda essa passagem sobre "seus crimes", coisa que seria mais recomendável a ti e a teu partido. Porém, como te foi mais agradável falar sobre eles com excessiva confiança e verborragia, levar-te-ei a perceber que de fato não poderias fazer nada de mais impensado do que reservar para o final a pior área de tua causa, a saber, seus crimes, para ser novamente dilacerada e investigada minuciosamente. Quando houver mostrado que foram reais e tremendamente terríveis, já ao fim deixarão na mente de teus leitores uma memória do rei bastante desagradável e odiosa a todos os homens de bem, e um imenso ódio por ti, seu defensor.

Dizes que é possível "dividir em duas partes as acusações contra ele: a primeira se refere à reprovação a seu modo de vida; a outra, aos crimes que pode ter cometido como rei". Será fácil silenciar sobre sua vida, que se escapuliu entre banquetes, jogos e uma infinidade de mulheres. Com efeito, o que na luxúria é digno de se relatar? Ou em que essas coisas nos afetariam, se ele fosse somente um cidadão privado? Depois de escolher ser rei, não mais poderia viver para si, assim como sequer poderia pecar para si apenas. Em primeiro lugar, prejudicou violentamente seus súditos com seu exemplo. Em segundo lugar, todo o tempo que dedicou a seus desejos e esportes – que foi muito grande – ele retirou da república que empreendera governar. Por fim, esbanjou na luxúria doméstica uma imensa fortuna, incontáveis riquezas que pertenciam ao público, e não a ele. Foi então em casa que ele começou a ser um mau rei.

É melhor "que passemos" aos crimes "de mau governo dos quais foi acusado de cometer". Aqui lamentas que ele fosse julgado "tirano, traidor e assassino". Ficará provado que não se fez isso para maltratá-lo. Mas primeiro definamos o tirano, não de acordo com a opinião da turba, mas de acordo com o julgamento de Aristóteles e todos os eruditos.

O tirano é aquele que considera unicamente a própria vantagem, e não a do povo. É isso o que diz Aristóteles no livro X da *Ética*[1] e em outros lugares; é isso o que dizem muitos outros. Se Carlos considerou a própria vantagem ou a do povo, estes poucos exemplos, dentre tantos que apenas mencionarei, servirão de testemunha.

Quando seu patrimônio e as receitas reais não foram suficientes para as despesas da corte, ele instituiu impostos extremamente onerosos sobre o povo. Quando estes se esgotaram, ele inventou outros – não para aumentar, adornar ou defender a república, mas para transferir e cumular para si numa única casa, ou dissipar numa única casa, a riqueza de mais de uma nação. Quando por esses meios conseguiu amealhar ilegalmente uma inacreditável soma em dinheiro, ele tentou abolir por completo o Parlamento, que poderia, como ele sabia, agir como uma brida sobre si, ou, convocando-o com a freqüência mais adequada a seus propósitos, torná-lo responsável apenas perante si mesmo. Depois de arrancar essa brida de si, ele colocou outra brida no povo. Ele possuía uma cavalaria germânica e uma infantaria irlandesa estacionadas nas ci-

---

1. Aristóteles, *Ética*, 1160b.

dades e povoados, como se fossem guarnições, quando não havia guerra. Ele ainda se parece muito pouco com um tirano para ti? Também nisso, como em muitas outras coisas, que já mostrei acima na oportunidade a mim cedida por ti (embora consideres impróprio comparar Carlos ao cruel Nero), ele se pareceu muito a Nero: pois também ele ameaçara inúmeras vezes remover o senado da república.

Enquanto isso, ele foi indevidamente acerbo com as consciências dos homens de religião, obrigando todos à prática de certas cerimônias e formas supersticiosas de culto que ele tirara do coração do papismo para devolver à Igreja. Puniu com o exílio ou a prisão os que se recusaram. Duas vezes declarou guerra aos escoceses por essa razão². Até aqui, ele parece merecer o nome de tirano pelo menos "à primeira vista".

Agora explicarei por que se acrescentou à indiciação o nome de tirano. Enquanto afirmava repetidas vezes a este Parlamento, por meio de promessas, editos e juramentos solenes (que ele violou) que não fazia nenhum empenho contra a república, ao mesmo tempo instigava insurreições de papistas na Irlanda ou, enviando secretamente embaixadores ao rei da Dinamarca³, saía à busca de armas, cavalos e socorro expressamente contra o Parlamento, ou seduzia um exército, ora de ingleses, ora de escoceses, com subornos. Aos primeiros prometia a pilhagem da cidade de Londres; aos últimos, a anexação dos quatro condados setentrionais sob governo dos escoceses, caso se dispusessem a lhe emprestar forças para abolir o Parlamento de qualquer maneira. Como isso não surtisse êxito, ele deu a um certo Dillon⁴, um traidor, instruções secretas para os irlandeses de agredirem todos os colonos ingleses daquela ilha num ataque repentino. Essas são mais ou menos as provas de suas traições e elas não foram recolhidas de ru-

....

2. As Guerras dos Bispos de 1639 e 1640.
3. Cristiano IV, rei da Dinamarca-Noruega, 1588-1648. Ver *E*, III, 449, 538.
4. Thomas, Visconte Dillon. Ver *E*, III, 475-6.

mores vazios, mas descobertas em suas próprias cartas[5], assinadas e seladas de próprio punho.

Por fim, acho que ninguém negará que ele fosse assassino quando os irlandeses, obedecendo às suas ordens, pegaram em armas e mataram, depois de inflingirem certas torturas, cinco mil ingleses que no auge da paz não receavam nada do gênero; e quando ele também instigou uma grande guerra civil nos dois outros reinos. Pois acrescento que nas conversas na Ilha de Wight o rei assumiu abertamente a responsabilidade e a culpa dessa guerra e isentou o Parlamento de tudo isso na confissão que se conhece muito bem[6]. Agora tens em resumo a razão pela qual Carlos foi julgado tirano, traidor e assassino.

No entanto, perguntas "por que então ele não" foi julgado durante o "pacto solene" ou depois, quando capitulou, "pelos presbiterianos" ou pelos "Independentes", mas, ao contrário, "foi recebido como convém a um rei, com todo o respeito"? Apenas por esse argumento um homem inteligente se convence de que foi somente depois de muito tempo e depois de terem agüentado tudo, tentado tudo e sofrido tudo de maneira inabalável que os estados se decidiram a renunciar ao rei. Só por malícia tomas isso por excessivo ressentimento, quando testemunha entre todos os homens de bem a extrema paciência, moderação e talvez tolerância bastante longa ao orgulho do rei.

Mas "no mês de agosto anterior à execução a Câmara dos Comuns, que já então legislava sozinha e respondia perante os Independentes, escreveu uma carta aos escoceses[7], na qual

....

5. Os documentos do rei foram apreendidos depois da derrota de Naseby (junho de 1645) e publicados com um comentário como *The Kings Cabinet Opened* [O gabinete devassado do rei]. Ver *E*, III, 537-43.

6. Ver pp. 43-4.

7. As Câmaras concordaram quanto a uma declaração "atinente a não alterar o governo fundamental do reino composto por rei, lordes e Comuns" em 6 de maio de 1648; ver *Journals of the House of Commons*, V, 552, e *Journals of the House of Lords*, X, 247. Quanto ao texto a que se refere S., ver *A Great*

declarava jamais ter pretendido alterar a forma de governo que até o momento vigorara na Inglaterra sob o rei, a Câmara dos Lordes e dos Comuns". Agora vês que a deposição do rei não é atribuída à doutrina dos Independentes. Estes homens, que não costumam ocultar suas doutrinas, professaram, mesmo quando detinham o controle das coisas, que "jamais pretenderam alterar o regime do reino". Ora, se depois ocorreu-lhes algo que não haviam pretendido de início, por que não poderiam seguir o curso que lhe pareceu, dentre todos, o mais reto e favorável ao bem da república? Sobretudo quando Carlos não podia, de maneira alguma, ser solicitado ou comovido a consentir com seus justíssimos pedidos, que sempre apresentaram de forma idêntica desde o início. Ele persistiu nas mesmas opiniões perversas sobre religião e os próprios direitos que conservara desde o início e que foram tão desastrosas para nós: nada mudou em relação ao Carlos que havia provocado tantos males a nós na paz e na guerra. Se dava assentimento a algo, indicaria por sinais nem um pouco obscuros que fizera isso de má vontade e tão logo pudesse o consideraria sem validade. Seu filho declararia abertamente a mesma coisa (no tempo em que levou consigo parte da frota) numa publicação escrita. A mesma coisa fez também o rei por intermédio de uma carta a certos apoiadores seus na *City*.

Enquanto isso, em condições ignominiosas cimentou secretamente a paz com os irlandeses, os mais selvagens inimigos dos ingleses, a despeito dos protestos do Parlamento. Mas, todas as vezes em que convidava os ingleses a repetidas discussões de paz inutilmente estava, a todo o tempo, maquinando com todas as suas forças a guerra contra eles. Nesse ponto,

....

and Bloody Fight at Scarborough-Castle... Together, with the Parliaments Message and Propositions, to their Brethen of Scotland, concerning the Kings Majesty [Grande e sangrenta luta no Castelo de Scarborough... juntamente com as mensagens e propostas do Parlamento a seus irmãos da Escócia, a respeito da majestade do rei] (14 de agosto de 1648), p. 6.

para onde deveriam se voltar aqueles a quem foi confiada a república? Deveriam entregar nas mãos de nosso mais implacável inimigo a segurança de nós todos que lhes fora confiada, ou deveriam deixar-nos suportar novamente mais sete anos de quase mortífera guerra (para não profetizar algo pior) e sofrer até o fim? Deus lhes inspirou uma idéia melhor – preferir, como conseqüência daquele mesmo Pacto, a república, a religião e a liberdade, em detrimento de suas idéias anteriores (pois ainda não haviam chegado a uma decisão) de não depor o rei. Tudo isso, eles viram – de fato, um pouco mais tarde do que deveriam, mas mesmo assim a tempo –, não poderia vigorar enquanto vigorasse o rei. Sem dúvida o Parlamento deveria ser sempre imparcial e livre para consultar o melhor possível os interesses da república de acordo com a ocasião; tampouco deveria ser tão devotado a suas opiniões pretéritas que mais tarde viesse a sentir escrúpulos por votar mais sabiamente em seu favor ou em favor da república quando Deus lhe deu o entendimento e a oportunidade de agir assim.

Porém, "os escoceses não pensam a mesma coisa e, o que é mais grave, ao escreverem ao filho Carlos, chamam-lhe o pai de rei sagrado e de amaldiçoada a ação pela qual foi morto". Toma cuidado para não falares mais dos escoceses, a quem tu não conheces. Nós sabemos quando eles chamaram o mesmo rei de "amaldiçoado", assassino e traidor, e de "sagrado" o ato pelo qual poderia ser morto como tirano.

Agora criticas o indiciamento que redigimos contra o rei por não ter sido propriamente rascunhado, e perguntas "por que foi necessário acrescentar à conta de tirano os títulos de traidor e assassino, já que o nome tirano inclui todos os males". Então de fato nos instruis gramatical e lexicograficamente o que é o tirano. Fora com tuas trivialidades, gramático! Basta apenas a definição de Aristóteles há pouco citada para varrê-las longe sem problemas e te instruir, instrutor, que o nome tirano, como não te preocupas em entender nada a não ser nomes, pode prescindir de traidor e assassino.

Mas "as leis da Inglaterra não dizem que o rei incorre em acusação de traição se fomentar a sedição contra si ou seu povo". Tampouco elas declaram, digo eu, que o Parlamento é culpado de *lèse-majesté* se afasta um mau rei, ou que algum dia tenha sido, ainda que freqüentemente tenha afastado reis no passado. Ao contrário, elas testemunham que um rei pode causar dano e diminuir a própria majestade, ou mesmo perdê-la para sempre. Pois a expressão na lei de Santo Eduardo, "perder o nome de rei", não significa outra coisa senão ser privado do cargo e da dignidade de rei, assim como aconteceu a Chilperico, rei da França, cujo exemplo a própria lei coloca na mesma passagem para ilustrar a questão. No entanto, entre nós não há juristas capazes de negar que se pode cometer alta traição tanto contra o reino como contra o rei. Apelo a Glanville, a quem apresentas. "Se alguém comete qualquer ato para matar o rei ou criar a rebelião no reino, trata-se de uma acusação de traição."[8] Tanto assim que o desígnio de alguns papistas de lançar aos ares numa explosão de pólvora as Câmaras do Parlamento, junto com os próprios estados, foi julgada como "alta traição" não apenas contra o rei, mas contra o Parlamento e o reino, por Jaime e as duas Câmaras do Parlamento[9]. Que outra necessidade há de mencionar nossas provisões numa questão tão clara, como eu mesmo consegui com facilidade? É evidentemente absurdo e contrário à razão que se possa cometer traição contra o rei, porém não contra o povo, por quem, graças a quem, por cujas boas graças, por assim dizer, um rei é o que é. Em vão, portanto, balbucias sobre tan-

----

8. Glanville, *Tratactus de legibus & consuetudinibus regni Anglia* (1604), fo 113 b (XIV, I). A citação também é feita por S., *DR*, p. 317, e Sadler, *Rights*, pp. 23-4/ss. CC4r-v.

9. Cf. M., *In Quintum Novembris*, 161-2. O fascínio juvenil de M. pela Conspiração da Pólvora de 5 de novembro de 1605 posteriormente se reflete numa série de epigramas, *In Proditionem Bombardicam*.

tas de nossas provisões, em vão te aborreces e afliges com antigos livros de leis inglesas: a autoridade do Parlamento sempre prevaleceu na sanção ou revogação dessas leis, cabendo apenas a este explicar o que é traição e o que é *lèse-majesté*. E já mostrei inúmeras vezes que essa majestade jamais passou do povo para o rei sem que fosse vista muito mais altiva e sublime no Parlamento.

Mas quem agüenta ouvir-te expondo nossos direitos, charlatão francês imprestável? Quanto a vós, desertores ingleses, vós todos bispos, doutores, juristas que proclamam que toda a literatura e todo o conhecimento fugiu da Inglaterra junto convosco, ninguém de vosso grupo sabia defender a causa do rei e a própria causa com energia e latim suficientes, depois submetê-la ao escrutínio de nações estrangeiras, sendo portanto imprescindível convocar a soldo para vosso lado um gatuno francês que empreendesse a defesa de um rei empobrecido, cercado como estava pelo mutismo de tantos doutores e sacerdotes? Acreditai-me: por causa disso todos vós ardereis de grande infâmia também entre as nações estrangeiras; todos os homens considerarão que de qualquer maneira vós merecidamente fracassastes numa causa que não tivestes o poder de sustentar sequer em palavras, quanto menos em armas ou coragem.

Retorno ainda a ti, bom homem, tão hábil em falar, se de tua parte retornares a ti, pois te pego roncando muito próximo do fim e bocejando sonolentamente alguma coisa irrelevante sobre "morte" voluntária. Então de repente negas que "possa ocorrer a um rei de posse de seu juízo perfeito arrasar seu povo com sedições, entregar o próprio exército para ser derrotado pelo inimigo e suscitar facções contra si". Considerando que muitos outros reis além do próprio Carlos fizeram todas essas coisas, não podes duvidar, especialmente sendo um estóico, de que todos os tiranos são lunáticos, a exemplo de todos os homens iníquos. Ouve Horácio:

Como afirma o pórtico de Crisipo e seus seguidores, é lunático quem se deixa levar cegamente pela perversa estupidez ou por qualquer ignorância da verdade. Esse princípio inclui povos e grandes reis, fora o sábio[10].

Portanto, se desejas afastar de Carlos a culpa por qualquer ato lunático, começa afastando dele a iniqüidade antes da loucura.

Todavia dizes que "o rei não poderia cometer traição contra os que eram seus vassalos e súditos". Em primeiro lugar, como nós somos livres como qualquer outra nação de homens, não permitiremos que se imponha a nós nenhum costume bárbaro. Depois, suponhamos que fôssemos os "vassalos" do rei: nem mesmo assim consideramos necessário suportar um tirano como nosso senhor. Toda essa sujeição, como estabelece nossa lei, está limitada ao que é "honroso e benéfico", Leg. Hen. I, I, ch. 55[11]. Todos os nossos juristas relatam que essa garantia é mútua enquanto o senhor demonstrar "sua proteção lígia", como dizem. Porém, se em vez disso ele for demasiado selvagem ou infligir-lhe algum terrível dano, "todo laço de vassalagem se dissolve e se extingue completamente". Estas são as exatas palavras de Bracton e Fleta[12]. Portanto, há vezes em que a própria lei arma o vassalo contra o senhor, permitindo que este seja morto pelo vassalo num combate simples, se vier a ocorrer. Caso um Estado ou nação inteira não possa fazer o mesmo com um tirano, a condição dos homens livres será muito pior do que a dos escravos.

Agora empenhas-te em desculpar os assassinatos de Carlos em parte com assassinatos praticados por outros reis e em

....

10. Horácio, *Sátiras*, II, 3, 43-6.

11. Do "Leges Henrici Regis", Lambarde (1644), p. 194 ("De privilegio Domini super hominem suum"). Ver, porém, Sadler, *Rights*, pp. 20/ss. Cc2v.

12. M. está se referindo presumivelmente a Bracton, II, 35, 12 (1640, fos 80v-81v), e *Fleta*, III, 16, 23-35 (1647, pp. 207-9). De qualquer modo, a disposição exata das palavras que ele usa pode ser encontrada em Sadler, *Rights*, pp. 18/ss. Cclv.

parte por seus atos justos. No que se refere à carnificina irlandesa, "remetes o leitor àquela obra do rei bastante conhecida, *A imagem do rei*"; e eu te remeto a *O quebrador de imagem*[13]. Não desejas que imputem a Carlos "a captura de La Rochelle", a traição dos habitantes, "o auxílio mais alardeado do que fornecido"[14]. Nada tenho a dizer quanto a se é merecidamente imputado. Ele cometeu pecados suficientes, e mais ainda no país, impedindo de levar adiante assuntos externos. Entretanto condenas sob a mesma acusação de rebelião todas as Igrejas protestantes que em algum momento se defenderam, com armas, dos reis que eram inimigos de sua religião. Que elas considerem por si sós a importância, para a preservação da disciplina eclesiástica e a própria integridade, de não negligenciar esse insulto que lhes foi oferecido por seu próprio rebento. Concebemos amargamente que também nós, ingleses, fomos traídos naquela expedição. Pois o homem que durante muito tempo pretendeu transformar o reino da Inglaterra numa tirania não julgou que ele só poderia realizar seus planos se a força e quintessência de seu exército de cidadãos estivessem previamente obliteradas.

Outro crime do rei consistiu em mandar apagar certas palavras do juramento que se costuma prestar quando os reis ascendem ao trono, antes de proferi-lo. Ah, ação indigna e execrável! Se quem fez isso é ímpio, o que dizer de quem o defende? Pelo Deus imortal, que traição, que violação do direito poderia ser maior? Depois dos santos sacramentos, o que deveria ter sido mais sagrado para ele do que esse juramento? Quem, pergunto eu, é mais iníquo: quem peca contra a lei, quem labora para fazer a própria lei pecar consigo, ou finalmente quem abole por completo a lei para que assim não pareça pecar? Ora, vamos! Teu rei quebrou o juramento que ele

....

13. A respeito das opiniões de M. sobre esses títulos, ver *E*, III, 343.
14. A desastrosa expedição a La Rochelle, liderada por Buckingham, aconteceu em 1627.

deveria ter conscienciosamente proferido. Mas para que ele não parecesse tê-lo quebrado escancaradamente, ele o corrompeu por meio de trapaça, numa vergonhosa adulteração. E para não dizerem que ele havia cometido perjúrio, ele converteu o juramento em perjúrio. O que mais se poderia esperar, senão que ele reinasse da maneira mais injusta, mais enganosa e mais infeliz, se começou o governo com um crime tão detestável, ousando adulterar a principal lei, que ele julgou seria seu único obstáculo para perverter todas as leis? Porém, esse "juramento", pois ainda defendes o rei, "não pode impor sobre os reis uma obrigação superior à das leis; e eles afirmam que se dispõem a tornar-se obrigados às leis e viver de acordo com elas, embora na realidade nenhuma lei os obrigue". Quem haveria de ser tão sacrílego e tão pecaminoso num discurso, a ponto de afirmar que um sacramento, proferido com a mão pousada sobre os Evangelhos, pode ser violado sem razão nenhuma, como se fosse mera ninharia? Mas Carlos te refuta, criminoso e monstro, pois, por pensar que em si mesmo o juramento não era ninharia, preferiu furtar-se secretamente à sua obrigação ou burlá-lo de algum modo, a violá-lo abertamente; preferiu ser corruptor e falsificador desse juramento a ser abertamente perjuro.

Mas realmente "o rei jura a seu povo, assim como o povo em contrapartida jura ao rei; mas o povo jura fidelidade ao rei, não o rei ao povo". Realmente, que bela fabricação de homem! Então um homem que sob juramento promete e garante cumprir algo de boa-fé não empenha sua palavra aos que lhe exigem juramento? Todo rei de fato promete "lealdade, serviço e obediência ao povo" no cumprimento daquilo que promete. Nesse ponto retrocedes a Guilherme, o Conquistador, que mais de uma vez foi constrangido a jurar cumprir, não o que lhe era agradável, mas tudo o que o povo e os poderosos exigissem dele.

Ora, se muitos reis não "recebem a coroa" em ritual solene e por isso não juram mas mesmo assim governam, a mesma resposta pode se aplicar ao povo, cuja maior parte jamais jurou fidelidade. Se por essa razão um rei não está obrigado, tampouco estará o povo. No entanto, a parte do povo que jurou, jurou não apenas ao rei, mas ao reino e às leis pelas quais o rei foi instituído, e de fato ao rei apenas na medida em que ele observar as leis "que o povo comum", isto é, a comunidade ou Câmara dos Comuns, "escolher". Seria mesmo bastante estúpido quem tentasse sempre verter a linguagem de nossas leis no mais puro latim. Esta cláusula, "que o povo comum escolher", Carlos, antes de receber a coroa, fez apagarem da fórmula do juramento real[15]. Dizes, todavia, que "sem o assentimento do rei o povo não escolheria nenhuma lei", e nesse ponto citas duas leis: a primeira introduzida no 37º ano de reinado de Henrique VI, c. 15; a outra, no 13º ano de reinado de Eduardo IV, c. 8. Mas qualquer uma delas está tão longe de aparecer em algum lugar no Registro das Leis, que nos anos citados por ti nenhum desses reis promulgou leis. Agora pregaram-te uma peça. Vais reclamar da má-fé desses desertores que te ditaram leis inauditas, enquanto outras pessoas se espantam da tua impudência e futilidade por não te envergonhares de querer parecer inteiramente versado em livros que já provaste de maneira inequívoca nunca ter inspecionado ou sequer visto.

Quanto à cláusula no juramento que ousas qualificar de "fictícia", seu bufão descarado, "os defensores do rei dizem ser possível", segundo tu, que exista em algumas cópias antigas, "porém caiu em desuso porque não tinha um sentido conveniente". Mas foi exatamente por essa razão que nossos ancestrais incluíram essa cláusula no juramento proferido pelo rei, de modo que sempre tivesse um sentido inconveniente para a tirania. E se houvesse caído em desuso, o que entretanto é ab-

---

15. Embora se alegasse que essa cláusula (originalmente proferida por Eduardo II em 1308) foi substituída pela primeira vez durante a coroação de Carlos, é possível que isso tivesse acontecido antes.

solutamente falso, quem negaria a necessidade de relembrá-la numa lei muito melhor? Em vão, se bem te escuto: porque o costume "hoje aceito no juramento do rei é meramente cerimonial". No entanto, quando foi necessário abolir os bispos, o rei declarou que não poderia fazê-lo por causa desse juramento. Assim, esse sacramento tão sagrado, conforme seja útil ou não ao rei, será algo sólido e estável, ou apenas vazio e "cerimonial".

Mais uma vez, ingleses, atentai para o que vos suplico, e pensai convosco que tipo de rei tereis caso ele retorne. Pois jamais passaria pela cabeça desse gramático iníquo, estrangeiro, desejar ou ser capaz de escrever sobre o direito do rei da Inglaterra, a não ser que o filho exilado de Carlos, tingido nos ensinamentos do pai, junto com os seus devassos instrutores, tivesse fornecido com toda a avidez o que queriam que se escrevesse sobre o assunto. Esses homens ditaram-lhe que "o Parlamento inteiro poderia ser culpado de traição contra o rei" apenas pela seguinte razão: "sem o assentimento do rei, seriam declarados traidores todos os que pegaram em armas contra o Parlamento da Inglaterra, sendo o Parlamento, claro, o vassalo do rei". Ora, se o juramento do rei é "meramente cerimonial", por que não também o do "vassalo"? Desse modo, nenhum respeito pelas leis, nenhuma lealdade a juramento ou escrúpulo de consciência terá o poder de impedir que a lascívia de um rei desbridado ou a vingança de um rei furioso se lance sobre as vidas e fortunas de vós todos, porque desde a infância sua instrução foi tal que o fez pensar que todas as leis, religião e finalmente sua própria boa-fé devem ser seus vassalos e servidores à vontade. Não é muito mais preferível e digno de vós, se quereis riqueza, liberdade, paz e poder, não hesitar em buscar tudo isso por vossa virtude, trabalho árduo, prudência e fortaleza, a esperar por eles debalde, sob a dominação de um rei? Sem dúvida não há como expressar quão mesquinha, quão desonrosa – não digo quão indigna – imagem fazem de si os que consideram impossível adquirir essas coisas sem um rei e um senhor. De fato, que mais estão fazendo, senão se confessarem indolentes, fracos, destituídos de inteligência e bom senso, nascidos de corpo e alma para a escravidão? Ora, para um homen nascido livre toda escravidão é efetivamente vergonhosa. Mas para vós, depois de recuperar a liberdade graças ao patrocínio de Deus e vossa própria luta, depois de tão bravos feitos e de dar tão exemplar e memorável punição a um rei extremamente poderoso, desejar retornar de novo à escravidão, mesmo contra vosso destino, será não apenas o ápice da ignomínia, como também da impiedade e iniqüidade. Vosso crime será igual ao daqueles que, tomados de saudade de sua antiga escravidão no Egito[16], foram por fim destruídos divinamente por inúmeros e variados desastres, e cumpriram punição perante Deus, seu libertador, por terem um coração tão servil.

Que dizes entretanto, ó advogado da escravidão? "O rei", falas, "podia conceder perdão para a traição e outros crimes, o que basta para convencer que ele não estava obrigado pelas leis". Para a traição, com efeito, não a praticada contra o reino, e sim a que se cometesse contra ele próprio, o rei poderia, como qualquer pessoa, conceder o perdão; ele talvez pudesse perdoar também outros malfeitores, embora nem sempre. Por essa razão quem tiver às vezes algum direito de poupar um malfeitor terá também, ato contínuo, algum direito de destruir todos os homens de bem? É verdade que, ao ser convocado a comparecer perante um tribunal, e um tribunal inferior, o rei como qualquer pessoa não é obrigado a responder, salvo por meio de seu defensor. Portanto, quando convocado por todos a comparecer perante o Parlamento, deverá ele não ir? Não deverá ele responder pessoalmente?

Dizes que tentamos "defender nosso ato pelo exemplo dos holandeses" e daí, temendo naturalmente pelo pagamento com o qual os holandeses sustentam uma praga e peste como

....
16. Cf. *Readie & Easie Way*, VII, 463.

tu, de modo que ao caluniares os ingleses não pareças também caluniar os holandeses que te sustentam, desejas mostrar como "é distinto o que fizeram os últimos e o que fizeram os primeiros". Omitirei essa tua comparação, embora certas passagens dela sejam absolutamente falsas e outras cheirem a bajulação, no caso talvez de não fazeres uma oferta satisfatória por teu salário. Os ingleses negam que precisem defender seus atos pelo exemplo de quaisquer estrangeiros. Eles têm suas leis nativas, que seguiram e nesse aspecto estas são as melhores do mundo. Eles têm pessoas para imitar, seus ancestrais, homens muito valentes que nunca cederam espaço aos poderes irrestritos dos reis. Eles mataram muitos destes como castigo por se comportarem de maneira intolerável. Eles nasceram em liberdade, eles são auto-suficientes, eles podem fazer para si as leis que quiserem. Acalentam uma lei mais do que todas as outras, uma lei feita pela própria natureza e que julga todas as leis, todo direito civil e poder não apenas pela lascívia dos reis, mas pela segurança dos bons cidadãos acima de tudo.

Agora vejo que nada mais restou senão lixo e entulho dos primeiros capítulos; e como no final amontoaste uma pilha realmente grande disso, não sei o que mais querias a não ser antecipar o colapso dessa tua estrutura. Finalmente, após tua imensurável loquacidade, fechas as tuas torrentes "chamando Deus como testemunha" de que empreendeste "defender essa causa, não apenas porque te pediram, mas porque tua consciência advertiu-te de que não poderias defender outra melhor". Simplesmente porque te pediram, tu te metes em assuntos absolutamente alheios a ti, sem te pedirmos? Ofenderias com as mais indignas e insultantes palavras, e difamarias com a publicação de um livro infame os mais elevados magistrados do povo inglês, os quais fazem seu dever dentro da jurisdição própria e em conformidade com a autoridade e poder a eles confiados, sem que tu foste provocado por qualquer afronta (pois eles nem sequer sabiam que tu eras nascido)? Mas quem te pediu isso? Foi tua mulher, acho, que dizem exercer sobre ti um poder real e a exemplo da célebre Fúlvia no epigrama obsceno[17], do qual há pouco (p. 320) alinhavaste miscelâneas, falate quando bem entende: "ou" escreve "ou vamos brigar". Por isso preferiste escrever a ouvir soar o sinal da guerra. Ou talvez o jovem Carlos e a multidão desesperada de cortesãos vadios, como um segundo Balaão convocado por um segundo rei Balak, tenham te pedido para te dignares, maldizendo, a colocar de pé a causa de um rei que já estava em ruínas e perdida pela má luta? Poderia ser que sim, se não houvesse uma certa diferença: ele era um homem sagaz montado num pequeno burro falante quando veio amaldiçoar; tu és um burro bastante falante, montado por uma mulher, e, coberto pelas cabeças curadas dos bispos a quem feriste, pareces representar um emblema em miniatura da Besta do Apocalipse[18].

Mas dizem que logo depois de escrever o livro tu te lamentaste muito. Ótimo. E para dar a todos um testemunho do teu arrependimento, não deverias fazer nada antes de redigir por ti mesmo unicamente uma longa carta, em lugar de um tão longo livro. Pois foi esse o arrependimento do famoso Judas Iscariotes, com quem te assemelhas. O jovem Carlos também sabia disso e por isso enviou-te como presente uma bolsa, a marca do traidor Judas, porque ele já havia ouvido dizer e depois veio a saber que és um apóstata, um demônio; Judas traiu Cristo e tu traíste a Igreja de Cristo; ensinaste que os bispos são os anticristos, mas desertaste para o lado deles; empreendeste a causa do povo a quem condenaste ao inferno; Cristo libertou todos os homens, tu tentaste reduzir todos eles à escravidão. Depois de seres tão ímpio para com Deus, para com a Igreja, para com todos da humanidade, não duvides de que o mesmo fim te aguarda também. Levado mais por desespero que por penitência, e inteiramente cansado de ti mesmo, afinal te pendurarás na infeliz árvore, assim como o teu igual

---

17. Marcial, *Epigramas*, XI, 20.
18. Ap 13.1.

no passado, e te partirás em dois. E a infiel e traiçoeira consciência, perseguidora dos homens de bem e dos santos, tu a enviarás na frente, ao lugar de tormentos que nalgum tempo está destinado a te receber.

Ao que parece, até agora consegui completar com a boa ajuda de Deus a tarefa que me coloquei no início – defender no país e no estrangeiro os excelentes feitos de meus concidadãos contra a louca e rancorosa ira desse sofista delirante, e afirmar o direito comum do povo contra a injusta dominação dos reis – não por ódio aos reis, na verdade, mas aos tiranos. De caso pensado não deixei sem resposta nenhum argumento, exemplo ou testemunho trazido por meu oponente que parecesse de fato possuir alguma solidez ou poder de prova. Talvez eu tenha me aproximado de uma espécie de defeito inverso quando, respondendo com demasiada freqüência suas tolices e sutilezas absolutamente gastas como se fossem argumentos, pareço emprestar-lhes uma importância que eles não possuem.

Resta ainda uma coisa, talvez a mais importante – que também vós, meus concidadãos, refuteis esse vosso oponente. E não vejo outro modo de fazer isso senão pondo empenho perpétuo em sobrepujar com vossos melhores feitos as más palavras de todos os homens. A vossos votos e ardentes preces Deus bondosamente cedeu quando buscastes refúgio Nele, oprimidos por mais de uma espécie de escravidão. Ele gloriosamente vos libertou antes de todas as nações daqueles que em verdade são dois dos maiores males na vida dos homens e os mais destrutivos da virtude: a tirania e a superstição. Ele derramou sobre vós tal grandeza de espírito que vós, primeiros dos mortais, não hesitastes em julgar um rei, conquistado por vossas armas e tomado prisioneiro, com uma ilustre sentença e puni-lo uma vez condenado. Após tão brilhante façanha, nada de mesquinho e acanhado tereis de pensar e fazer, nada que não seja grandioso e sublime. Para alcançar essa glória há somente um caminho a trilhar: se demonstrardes, assim como vencestes inimigos em guerra, que desarmados e em meio à paz também conseguireis, mais intrépidos de todos os mortais, conquistar a ambição, a cobiça, a riqueza e as corrupções da prosperidade que subjugam outras nações de homens; e se mostrardes, ao conservar a liberdade, justiça, temperança e moderação, do mesmo modo que demonstrastes coragem ao rechaçar a escravidão. Unicamente esses argumentos e testemunhos vos permitirão convencer o povo de que não sois aquele a quem esse homem persegue com a pecha de "traidores, ladrões, degoladores, parricidas, fanáticos"; que não chacinastes o rei porque vos atormentava a ambição ou o desejo de tomar posse dos direitos de outros, ou por sedição ou quaisquer perversas concupiscências, nem por loucura ou fúria, mas que punistes um tirano porque ardíeis de amor pela liberdade, religião, justiça, honra e finalmente amor por vossa terra natal.

Mas se – não o permita o bom Deus – tiverdes outra coisa em mente, se fordes intrépidos na guerra mas ignóbeis na paz, embora tivestes o evidente poder de Deus operando de maneira tão propícia para vós e tão penosa para vossos inimigos, e pelo tão notável e memorável exemplo colocado diante de vossos olhos não tiverdes aprendido a temer a Deus e cultuar a justiça, no que me diz respeito, concederei de fato e confessarei, pois não serei capaz de negar que são verdadeiras todas essas coisas totalmente iníquas que agora os caluniadores e mentirosos dizem ou pensam de vós; e em pouco tempo vereis Deus muito mais furioso do que vossos inimigos O viram hostil, ou O vereis bondoso e favorável, muito além do que O viram todas as outras raças existentes hoje sobre a Terra.

[Posto que agora já faz alguns anos desde a açodada publicação deste, conforme exigia então a razão de Estado, continuei pensando que se algum dia eu voltasse novamente a pegá-lo numa hora vaga, como às vezes acontece, eu poderia em seguida polir, talvez remover ou acrescentar algo. Neste momento considero que consegui fazer isso, embora com brevidade maior do que eu costumava pensar que seria necessária. O memorial, como o vejo, é tal como está e não morrerá facilmente. É possível que um dia se encontre alguém que tenha defendido a liberdade civil com mais liberdade do que eu, mas dificilmente se encontrará alguém que a tenha defendido num caso maior e mais glorioso. Se, portanto, acredita-se que a realização de um feito exemplar tão elevado e afamado alcançou, não sem a incitação divina, exatamente o êxito visado, que seja esta certamente a razão para aparentar ser celebrado e defendido pela mesma ajuda e impulso que também estão evidentes nestes louvores. A receber qualquer outro louro, seja do talento, discernimento ou diligência, preferiria muito mais que todos pensassem isso. Apenas isso. Como o famoso cônsul romano que, abandonando a magistratura, jurou numa assembléia pública que a república e a cidade estavam seguras tão-só por causa de seus esforços[19], também eu, enquanto dou os últimos retoques a esta obra, ousaria afirmar, chamando a Deus e aos homens por testemunhas, que neste livro mostrei e trouxe para a superfície, a partir dos mais importantes autores de sabedoria, divinos e humanos, questões nas quais – é minha confiança – tanto o povo inglês foi satisfatoriamente defendido nesta causa (para a eterna fama de sua posteridade) como foram satisfatoriamente libertados muitos mortais (com exceção dos que preferem ser escravos) que antes se haviam enganado pela torpe ignorância de seu direito e pela falsa mostra de religião. Com efeito, tal era o juramento daquele cônsul romano, tamanha a sua grandeza, que todo o povo romano naquela assembléia o proferiu e aprovou em uníssono e unanimemente; esta minha crença, já há muito percebi, todos os melhores homens, não apenas dentre meus compatriotas mas também dentre os estrangeiros, aprovam com as vozes clamorosas das nações de todas as partes.

....

19. Ver Cícero, *Epistulae ad Familiares*, V, 2, 7; *Pro Sulla*, XI, 34; *In Pisonem*, 3, 6-7; *De Re Publica*, I, 4, 7.

É com gratidão que aprecio este fruto do meu trabalho, o mais elevado que já me impus nesta vida, ao mesmo tempo em que penso muito particularmente como poderei testemunhar não apenas a meu país, ao qual retribuí o máximo que possuía, mas também aos homens de qualquer nação, e acima de tudo à causa cristã, que continuo a perseguir objetivos ainda maiores do que estes, se possível, e serei capaz de alcançá-los se Deus me conceder. Por amor a eles permaneço, nesse meio-tempo, a seu serviço, e refletindo.][20]

FIM.

....
20. 1658.

Notas biográficas

Antônio: Marco Antônio (c. 82-30 a.C.) soldado e triúnviro; o "Marco Antônio" de Shakespeare. Era um dos auxiliares de Júlio César na Gália e, a despeito de uma antiga rivalidade, seu cônsul adjunto em 44. De início, conciliador em relação aos conspiradores contra Júlio César, foi designado triúnviro, juntamente com Lépido e Otaviano em 43, derrotando então Brutus e Cássio em Filipi (42). Serviu na Ásia Menor, embora uma expedição contra os Partas (36) terminasse desastrosamente. Sua ligação com Cleópatra alienou seu cunhado Otaviano, que em 32 conseguiu do senado que o expulsasse. Derrotado em Áccio em 31, suicidou-se no ano seguinte.

Beza, Theodore, ou Theodore de Beze (1519-1605), teólogo francês, tradutor e sucessor de Calvino em Genebra. Estudou direito em Orleans (1535-39), e foi professor de grego em Lausanne antes de ser indicado reitor da nova academia em Genebra (1559). Suas edições gregas e traduções latinas do Novo Testamento foram de fundamental importância. Publicou *O direito dos magistrados*, uma das maiores obras calvinistas sobre a resistência, em francês em 1574 e em latim em 1576. M. sabia dele por causa do *TU* (*CB*, I, 500-01), embora também atribuísse o *Vindiciae contra tyrannos* (na verdade de autoria de Philipp du Plessis Mornay, ou, possivelmente, Hubert Languet) a Beza (*DS*, IV, 659).

Bracton, Henry de (m. 1268). De 1245 até sua morte, Bracton (ou Bratton, ou Bretton) sobressaiu como juiz de assestamento nos condados do sudoeste, e foi também juiz no principal tribunal do rei (o que mais tarde veio a ser Superior Tribunal de Justiça), até se aposentar ou ser demitido em 1257. Seu *De legibus et consuetudinibus Angliae* – uma espécie de *summa* que freqüentemente cita o direito romano – foi a mais completa realização da jurisprudência medieval inglesa, publicado pela primeira vez por Tottel, em 1569.

BUCER, MARTIN (1491-1551), teólogo e reformador alemão. Convertido ao protestantismo em 1521, e líder da Reforma em Estrasburgo a partir de 1527. Figura conciliadora – serviu como mediador entre as várias facções protestantes –, não conseguiu todavia selar um acordo entre LUTERO e ZWINGLIO no Colóquio de Marburg (1529). Após a derrota dos protestantes em Mühlberg em 1547, seguiu para a Inglaterra, onde se tornou Regius Professor de Teologia em Cambridge (1549) e escreveu *De Regno Christi* para promover a Reforma sob Eduardo VI (1547-53). O segundo dos panfletos de M. sobre o divórcio, *The Judgment of Martin Bucer*, consiste, em grande medida, de excertos traduzidos daquela obra.

BUCHANAN, GEORGE (1506-82), humanista escocês. Embora a reputação de Buchanan fosse inicialmente a de um grande poeta e autor latino – como Montaigne, a quem ensinou em Bordéus, Sir Philip Sidney, e M. (ver *DS*, IV, 592) concordam – sua educação foi rigorosamente escolástica. Aos catorze anos, tinha como professor em Paris John Mair, a quem se juntou na Universidade de St. Andrews (1524-25). Por causa de seu calvinismo, só pôde regressar novamente à Escócia após a deposição, em 1599, da regente Maria de Guise, e da reforma levada a termo por KNOX e outros. Começou a desenvolver suas idéias políticas em resposta ao problema colocado por Maria, a rainha dos escoceses – rainha católica de um reino reformado – e por sua deposição em 1567, publicando finalmente *De Iure Regni apud Scotos* em 1567, e *Rerum Scoticarum Historia*, em 1582.

BUCKINGHAM: *ver* VILLIERS, GEORGE

CALVINO, JEAN (1509-64), teólogo francês e líder da Reforma em Genebra. Calvino estudou teologia (Paris), direito (Orleans e Burges), e grego (novamente em Paris). Em 1536, deu início à tarefa de consumar a Reforma em Genebra. Seu êxito nessa porfia, mais a influência de seu grandioso *Institutas da religião cristã* (publicado inicialmente em 1536, mas constantemente revisado e ampliado até 1559), estabeleceram o modelo da disciplina anglicana. M. não menciona as observações ambíguas de Calvino sobre a resistência nos *Institutas*, mas chama a atenção para o mais direto *Preleções sobre o profeta Daniel* (1561).

CARTWRIGHT, THOMAS (*c*. 1535-1603), controversista presbiteriano. Tornou-se Professor Lady Margareth de Teologia em Cambridge em 1559, mas foi expulso por John Whitgift no ano seguinte por seu modo "sedicioso" de falar sobre a Reforma. De 1573 a 1586, permaneceu exilado em Genebra e em outros lugares. A influência de Burghley e Leicester assegurou seu retorno, porém não conseguiu impedir que a Comissão Eclesiástica o investigasse constantemente.

CARLOS I (1600-49), rei da Grã-Bretanha e Irlanda. Nascido na Escócia, era o segundo filho do rei Jaime VI e I da Escócia e Inglaterra e da rainha Ana da Dinamarca. Passou seus anos de formação à sombra do irmão, príncipe Henrique (falecido em 1612), antes de sofrer a influência de BUCKINGHAM. Casou-se com Henrietta Maria, filha de Henrique IV da França, pouco antes de sua sucessão em 1625. Às dificuldades com seus três primeiros parlamentos (1625, 1626 e 1628-9), particularmente em relação à política exterior, vieram se somar os fiascos militares em Cadiz (1625) e na Isle de Rhé, próxima a La Rochelle (1627). A dissolução do Parlamento em março de 1629 iniciou um período de onze anos de governo pessoal, marcados pela reaproximação com a Espanha em política externa, a promoção das preferências do arcebispo Laud na Igreja e o emprego de mecanismos fiscais freqüentemente antiquados para aumentar a receita. Essa política ruiu com a resistência armada dos escoceses – na assim chamada Guerra dos Bispos – à imposição de um programa eclesiástico laudiano. Isso exigiu, primeiro, a convocação do Curto Parlamento e, depois, do Longo Parlamento em 1640. Embora Carlos se visse forçado a acatar uma série de projetos de lei que equivaliam a uma revolução constitucional, em 1642 irrompeu a guerra civil, terminando com sua rendição aos escoceses em maio de 1646. Daí até 1649 (período que inclui a segunda Guerra Civil em 1648), buscou colocar vários grupos uns contra os outros para assegurar sua reintegração em condições aceitáveis. O Exército interveio em dezembro de 1648 e o Rabo (efetivamente, os Comuns atuando sem a cooperação dos Lordes) nomeou uma Suprema Corte, cuja jurisdição Carlos se recusou a reconhecer. Foi declarado culpado de alta traição e "outros crimes de natureza grave", e executado em 30 de janeiro de 1649.

CRISÓSTOMO, SÃO JOÃO (340-407), eminente pai da Igreja, notório pela eloqüência (seu sobrenome significa "boca de ouro"). Alcançou proeminência como diácono, presbítero e pregador em Antióquia (381-98) antes de ascender ao episcopado em Constantinopla (398-404), de onde foi forçado a se exilar pelo imperador Arcádio e sua mulher Eudóxia. M. o admirava como expositor, uma vez que ele rejeitava o método alegórico de interpretar a Escritura, privilegiando técnicas gramaticais.

COCHLAEUS ou JOHANNES DOBENECK (1479-1552), teólogo católico e controversista. De 1529-39, serviu como secretário ao Duque Jorge da Saxônia, um dos mais ferrenhos opositores de LUTERO.

COOK, JOHN (morto em 1660), regicida. Formou-se advogado em Gray's Inn (provavelmente admitido em 1594), viajou muito pelo continente, vivendo por vários meses com a família de Diodati em Genebra (que M. também visitou). Foi indicado como advogado-geral, em 8 de janeiro de 1649, para atuar como promotor no julgamento do rei, na ausência, por motivo de saúde, do procurador-geral William Steele. Participou com Ireton da campanha na Irlanda, onde ele escreveu *Monarchy No Creature of Gods Making* (1652). Julgado e executado em outubro de 1660.

DU HAILLAN: *ver* GIRARD, BERNARD DE

FENNER, DUDLEY (1558?–1587), teólogo puritano. Educado em Peterhouse, Cambridge, mais tarde foi auxiliar de CARTWRIGHT na Antuérpia. Preso ao regressar à Inglaterra, retirou-se para a Igreja reformada em Middleburgh.

FLETA. Nome de um tratado de direito mais que de uma pessoa. Derivado amplamente de Bracton, e escrito por volta de 1290, como um manual visando à prática do advogado, supõe-se tradicionalmente que seu autor tenha sido um dos juízes corruptos encarcerados por Eduardo I na prisão de Fleet.

FORTESCUE, SIR JOHN (1394?-1476?), escritor jurídico. Tornou-se presidente do tribunal régio em 1442 e pode ter servido como o presidente da Câmara dos Pares de Henrique VI. Embora partidário fervoroso dos Lancaster, em 1471 reconheceu Eduardo IV, sendo então perdoado e admitido no conselho.

GIRARD, BERNARD DE, *seigneur du Haillan* (c. 1535-1610). Depois de desfrutar do patronato do Duque de Anjou, foi indicado como Historiógrafo por Carlos IX da França (1560-74), e confirmado no cargo pelo sucessor deste, Henrique III (1574-89). Publicou a *Histoire générale des Rois de France* em 1576, embora seu renome não se devesse menos a sua outra obra constitucionalista, *De l'état et succès des affaires de France* (1570).

GLANVILLE, RANULF DE (morto em 1190). Tornou-se presidente dos magistrados da Inglaterra (1180) e serviu ativamente a Henrique II na França e Inglaterra. Embora considerado o autor de *Tractatus de legibus & consuetudinibus regni Anglia* (comumente conhecido como "Glanville"), este pode simplesmente ter sido escrito durante sua magistratura.

GOODMAN, CHRISTOPHER (1520?-1603), teólogo puritano. Tornou-se Professor Lady Margaret de Teologia em Oxford no reinado de Eduardo VI mas trocou a Inglaterra por Estrasburgo em 1554 para escapar à reação católica resultante da ascensão de Maria Tudor (1553-58). Porém, a cisma entre os reformadores exilados (as "perturbações" em Frankfurt) fez Goodman retirar-se com WHITTINGHAM e outros para Genebra, onde foi ordenado pastor (juntamente com KNOX). Em 1558, auxiliou Whittingham na preparação da Bíblia de Genebra (1560) e publicou *How Superior Powers Oght To Be Obeyed of Their Subjects*.

GRÓCIO, HUGO (1583-1645), jurista holandês, estadista, poeta, teólogo e historiador. Estudou em Leyden (1594-97) e na faculdade de direito de Orleans (1597-99) antes de ser nomeado historiógrafo dos Estados da Holanda em 1599. A partir de 1612 se envolveu num projeto erasminiano voltado para a reunião das igrejas cristãs, e em busca de apoio para o projeto visitou a Inglaterra em 1613. As esperanças quanto a esse projeto – e quanto à sua carreira na política holandesa – terminaram abruptamente quando foi julgado por traição em 1619, como conseqüência do triunfo calvinista sobre os arminianos no Sínodo de Dort. Enquanto estava preso em Lowenstein, começou a escrever *De Veritate Religionis Christianae* (publicado inicialmente em holandês em 1622) e seu *De Iure Belli ac Pacis* (publicado em 1625), as duas obras que o tornaram célebre em vida. No exílio, recebeu uma pensão inconstante de Luís XIII antes de ser nomeado (1634) embaixador sueco na França. Faleceu em Rostock em 1645, ao regressar de Estocolmo, onde fora exonerado. M. se interessava particularmente pela tragédia *Adamus Exul* (1601) e pelas *Annotations of the Old and New Testament* (1641-50).

HAMMOND, HENRY (1605-60), teólogo anglicano. Educado em Oxford, onde era membro do assim chamado Great Tew Circle, que se reunia na casa de campo de Lorde Falkland. Tornou-se um dos capelães reais em 1645 e posteriormente acompanhou Carlos I em Hampton Court e Carisbrooke Castle. Apesar de erudito prolífico, seu debate com SALMÁSIO foi bastante acanhado.

HOTMAN, FRANÇOIS (1524-90), jurista francês, historiador e polemista. Estudou direito em Orleans e posteriormente, em 1547, tornou-se amanuense de CALVINO em Genebra. Mais tarde lecionou direito nas universidades de Estrasburgo, Veneza, Valência e Bourges, de onde fugiu para Genebra em 1572 para escapar ao massacre dos huguenotes. Lá revisou um rascunho de *Francogalia* (que foi, segundo as evidências, examinado por BEZA naquela época) e o publicou em 1573 (versão final em 1586). Essa obra era uma explicação da antiga constituição francesa na qual o autor buscava realizar uma síntese entre o constitucionalismo existente e as tendências calvinistas do pensamento político, identificando os poderes dos três estados (com destaque para o primeiro deles) ao das autoridades 'eforais' dos eleitos (enfatizado pelo último dos estados).

JÚNIO-TREMÉLIO. Nome composto da mais utilizada Bíblia latina protestante, que foi obra de dois professores de Heidelberg, Immanuel Tremellius (1510-80) e seu genro, Franciscus Junius, ou Du Jon (1545-1602). Compreendia a tradução de Tremellius do Antigo Testamento, a tradução que Junius fizera do grego para os Apócrifos, e a tradução de BEZA do grego para o Novo Testamento (mais a tradução de Tremellius das partes escritas em siríaco). M. utiliza esse texto (embora também dele divirja) na *Defesa*; criticou a tradução em *T*, II, 615.

JUSTINIANO: FLAVIUS PETRUS SABBATIUS JUSTINIANUS (483-565), imperador bizantino (a partir de 527). Seu grande feito consistiu na codificação do direito romano, iniciada em 528 por uma comissão de dez homens, os quais publicaram o primeiro *Código* (*Codex Vetus*) em 529. Em 530, sob a presidência de Triboniano, iniciou-se a redação do Digesto (*Digesta* ou *Pandectae*), que entrou em vigor simultaneamente com as Institutas (*Institutiones*) em dezembro de 533, seguido, um ano depois, do *Codex* revisto. As leis mesmas de Justiniano foram compiladas como *Novéis* (*Novellae* ou, às vezes, *Autênticos*). Quanto à crescente hostilidade de M. com Justiniano por causa da revogação da antiga legislação sobre o divórcio criada por TEODÓSIO II, ver *T*, II, 701.

KNOX, JOHN (1505-72), reformador escocês. Um dos primeiros a promover a causa protestante na Escócia, caiu vítima do ressurgimento católico em 1547, quando os franceses capturaram St. Andrews e ele foi condenado às galés. Forçado a abandonar o exílio na Inglaterra (1549-53) quando da ascensão de Maria Tudor, Knox passou seis anos em Genebra antes de regressar à Escócia em 1559, onde desempenhou papel de destaque na expulsão dos franceses e no estabelecimento da Igreja presbiteriana.

LUTERO, MARTINHO (1483?-1546), teólogo e líder da reforma alemã. Lutero ingressou na ordem dos agostinianos em vez de seguir carreira jurídica, mas foi tomado de dúvidas espirituais e depressão até que, em cerca de 1513, alcançou a crença – daí por diante crucial para sua teologia – na justificação somente pela fé. Provocou uma disputa doutrinal em 1517 com suas famosas 99 teses em Wittenberg, e se defendeu das autoridades em Augsburg (1518), Leipzig (1519) e na Dieta de Worms (1520), sendo em seguida declarado proscrito do Império. A dependência da proteção dos governantes seculares o fez inicialmente pregar uma doutrina da obediência passiva, e denunciar os radicais sociais e religiosos. Mas em 1530, em Torgau, Lutero e outros importantes teólogos aceitaram, formalmente, a legitimidade da resistência.

MÁRTIR, PEDRO: *ver* VERMIGLI, PIETRO MARTIRE

PARAEUS, DAVID (1548-1622), teólogo alemão. Paraeus era um professor de teologia em Heildelberg cujo *Comentary upon Romans* (1609), no qual ele, como M., se nega a admitir diferenças substanciais entre os tiranos estrangeiros e os do próprio país, foi queimado em Oxford e Cambridge. M. primeiro se refere ao comentário de Paraeus sobre a Revelação em *Church-Government* (I, 815), e o cita constantemente nos tratados sobre o divórcio.

SADLER, JOHN (1614-74), advogado. Adquiriu o conhecimento do hebraico e outras línguas orientais no Emmanuel College, Cambridge, antes de estudar direito no Lincoln's Inn. A despeito de ressalvas iniciais sobre a legalidade do Expurgo, foi imposto como mestre do Magdalene College, Cambridge, em 1650; serviu na Comissão Hale para a reforma jurídica em 1653; foi membro do Parlamento em 1653 e 1659, e um dos membros da Comissão para o Grande Selo em 1659. Provavelmente travou relações de amizade com M. (que cita *Rights of the Kingdom* no capítulo V de *E* e freqüentemente se serve desse livro nos últimos capítulos da Defesa) por volta de agosto de 1648.

SALMÁSIO, ou CLAUDE DE SAUMAISE (1588-1653), classicista francês. Bem cedo revelou uma notável facilidade com as línguas: tendo aprendido latim e grego com seu pai, estudou sozinho o hebraico, árabe e cóptico. Estudou filosofia em Paris (1604) e direito em Heidelberg (1606). Casou-se com Anne Mercier em 1622 (?), que, segundo os relatos, era uma mulher dominadora, e aceitou um cargo em Leyden em 1631, embora recusasse o título de professor. Sua reputação escorava-se numa espantosa relação de textos clássicos, ainda que ele também tenha escrito sobre tópicos religiosos e éticos, notadamente seu *De Usuris* (1638). Após publicar a *Defensio Regia*, aceitou um convite para ir a Estocolmo em 1650. Embora corresse o rumor de que a resposta de M. o havia prostrado e levado à sua demissão da corte da rainha Cristina, já se encontrava doente antes disso, e de fato havia prorrogado por tempo indeterminado o pedido de licença de Leyden. Uma resposta incompleta à *Defesa*, de M., foi publicada postumamente em 1660.

SCHICKARD, WILHELM (ou SICARDO) (1592-1635), orientalista e matemático alemão. Foi um bem-sucedido professor de línguas (1619) e de matemática (1631) na universidade de Tübingen. O grande uso que M. faz do *Jus Regium* (notado pela primeira vez por J. B. Carpzov na segunda edição (Leipzig, 1674), pp. 149, 164) põe em dúvida algumas das pretensões de M. relativas à profundidade de seu conhecimento rabínico. Uma explicação imparcial está em Golda Werman, "Milton's use of Rabinonic Material", em *Milton Studies*, xxi (Pittsburgh, 1985), pp. 35-47.

SELDEN, JOHN (1584-1654), jurista, historiador, orientalista e parlamentar. Após deixar Oxford, Selden se estabeleceu no Inner Temple, publicando então uma série de livros sobre a história do direito, que culminou com o controverso *History of Tythes* (1617). Ingressou no Parlamento em 1623; ativo no ataque a Buckingham e em outras controvérsias, foi preso pouco antes da dissolução de 1629. Embora fizesse as pazes com o governo – em parte graças à publicação de *Mare Clausum* (uma resposta ao *Mare Liberum* de Grotius) em 1635 –, aliou-se ao Parlamento na Guerra Civil. M. (Ver I, 452; II, 350, 513; IV, 624-5; VI, 378; VII, 299) admirava muito seu *De Iure Naturali et Gentium juxta Disciplinam Ebraeorum* (1640) e *Uxor Ebraica* (1646).

SEYSSEL, CLAUDE DE (c. 1450-1520), jurista e historiador francês. Seyssel esteve ao serviço do Parlamento de Paris e foi membro do Grande Conselho de Luís XII. Publicou *La Grand Monarchie de France* em 1519, embora M. utilizasse a tradução latina de SLEIDAN, publicada pela primeira vez em 1545.

SLEIDAN, ou JOHANN PHILIPPSON (1506-56), historiador alemão. Estudou línguas antigas em Liège e Colônia, e direito e jurisprudência em Paris e Orleans. Atuou como intérprete do rei francês, Francis I, na Dieta de Hagenau; durante algum tempo foi pensionado por Eduardo VI da Inglaterra, e serviu como enviado (1551-52) de Estrasburgo (onde se havia tornado professor de história em 1542) no Concílio de Trento. Philip de Hesse o constituiu como historiador da Liga Schmalkaldica, tarefa que ele concluiu em 1554.

TEODÓSIO II (401-50), imperador oriental. Sucedeu seu pai Arcádio ainda quando criança em 408. Publicou o *Codex Theodosianus* em 438: adotado por Valentiniano III (imperador ocidental, 423-55), entrou em vigor em todo o império em 439. Quanto ao julgamento favorável de M. sobre esses dois imperadores, ver *T*, II, 700 e *E*, III, 590; quanto ao fascínio de M. por Valentiniano, ver *CB*, I, 375, 400, 430.

THOU, JACQUES-AUGUSTE DE (1533-1617), historiador francês. Dedicou a maior parte de sua vida a escrever a *History of His Own Time* (versão final publicada em 1620). Um dos autores citados com mais freqüência por M. em *CB*.

THUANUS: *ver* THOU, JACQUES-AUGUSTE DE

VERMIGLI, PIETRO MARTIRE (1500-62), reformador de origem italiana também conhecido como PEDRO MÁRTIR. Destacou-se na ordem agostiniana em Spoleto e Nápoles antes de suas opiniões heterodoxas provocarem a proibição de pregar. Convidado por BUCER a Estrasburgo em 1542, onde se tornou professor de teologia, mudou-se em 1547 para a Inglaterra, onde se tornou Regius Professor de Teologia em Oxford (1548) e ajudou a promover a reforma eduardiana. Preso quando da ascensão de Maria Tudor, por fim trocou a Inglaterra por Zurique. M. estava familiarizado com seus extensos comentários sobre as Escrituras.

VILLIERS, GEORGE, primeiro duque de Buckingham (1592-1628). Notabilizou-se como o favorito de Jaime VI e I, dominando a corte por volta de 1618. O Parlamento de 1621-22 atacou Buckingham (instituído marquês em 1618 e duque em 1623) obliquamente, promovendo processo de *impeachment* contra os monopolistas Mompesson e Mitchell. As críticas a Buckingham, sobretudo a sua política externa, continuaram no primeiro parlamento (junho – agosto de 1625) de CARLOS I, e culminaram nos procedimentos do *impeachment* no segundo parlamento (fevereiro – junho de 1626), levando, em conseqüência, à dissolução deste. Embora alterasse drasticamente sua política pró-França (o que levou a Inglaterra a declarar guerra à França e à Espanha), o fracasso da expedição a La Rochelle determinou a continuação dos ataques no terceiro parlamento (prorrogado em junho de 1628). Buckingham foi assassinado em agosto de 1628 por John Felton, um veterano de Cadiz e da Ilha de Rhé.

WHITTINGHAM, WILLIAM (1524-97), reformador e tradutor inglês. Interrompeu seus estudos em Oxford para viajar pela França e Alemanha, onde adotou idéias protestantes extremadas. Partiu para o exílio em Estrasburgo em 1554, e mais tarde, com as dissensões entre os exilados, seguiu com KNOX para Genebra. Quando outros exilados regressaram à Inglaterra em razão da morte de Maria Tudor, ficou para trás para verificar cuidadosamente a conclusão da Bíblia de Genebra. O tratamento alegórico que faz M. do erro e do costume na edição de 1644 de *DDD* (II, 223) talvez seja uma dívida com o prefácio de Whittingham à obra de GOODMAN, *Superior Powers*.

ZWINGLIO, HULDREICH (1484-1531), reformador suíço. Educado em Viena e Basiléia, começou a desenvolver os esboços de uma teologia reformada antes de ser nomeado pregador em Zurique em 1518 e deparar a obra de LUTERO. As divergências entre eles, particularmente a respeito da Eucaristia (que Zwinglio considerava estritamente simbólica), jamais foram resolvidas, apesar das tentativas de mediação de BUCER. Levou a reforma para Zurique em 1520; enquanto Berna e Basiléia adotaram o modelo, outros cantões resistiram, e ele foi morto na batalha de Kappel durante o conflito que daí resultou.

Índice de citações bíblicas

Antigo Testamento

Gênesis 1:26, 12; 8-10, 258; 9-25, 269
Êxodo 18:16, 134; 18:19, 134; 18:19-20, 20, 134; 21:6, 245
Números 11:12, 147; 12:7, 134; 16:1-33, 11; 22:5-34, 293
Deuteronômio 4:5, 134; 17:14, 5, 108, 134; 17:20, 18
Josué 1:17, 110
Juízes 1:6, 65; 3:12-20, 174; 3, 31; 3:12-23, 25; 5:23, 44; 8:23, 136; 9:53-4, 137; 15:11, 175; 16:28-30, 175; 20, 207;
1 Samuel 2:13, 114; 5:6, 65; 8:7, 136; 8:11, 182; 8:11-18, 114; 8:17, 119, 121; 8:18, 120; 10:19, 136; 10:24, 124; 10:25, 128; 11:15, 124; 12:12, 136; 12:17, 136; 13:13, 111; 14:37-45, 122; 15:33, 27; 15:33-4, 8; 19:6, 49; 20:8, 71; 23:1-12, 177; 24-6, 27; 26:9, 27; 26:21, 49
2 Samuel 1:13-15, 178; 5:3, 20, 124; 11:2 -17, 18; 12:5, 130; 12:12, 130; 12:13, 130

1 Reis 2:26, 176; 12:1-24, 178; 12:6-11, 21; 12:16, 20; 12:18, 140; 12:24, 21; 14:7- 16, 180; 16:29-33, 44
2 Reis 8:22, 181; 9:1-2, 17; 9:1-27, 181; 11:15-16, 181; 11:17, 20, 124; 14:19, 182; 14:21, 182; 15:5, 122
1 Crônicas 11:3, 20, 124; 29:11-12, 125; 29:23, 124
2 Crônicas 23:14-15, 181
Salmos 17:2, 129; 51:4, 17, 129; 94:20, 22, 117; 105:14-15, 176; 146:3, 48; 149:8-9, 127
Provérbios 12:10, 8
Eclesiastes 8:1, 110; 8:3-4, 111; 9:17, 111
Isaías 26:13, 16, 137; 44:28, 176; 54:16, 169
Jeremias 27:7, 157; 38:5, 182; 41:2, 166; 48:10, 6
Daniel 2:21, 166; 4:25, 55; 5:20-1, 212; 6:8, 212; 6:14, 212
Oséas 8:4, 153; 13:10-11, 136
Amós 3:6, 158

Apócrifos

Bel e o Dragão 67
1 Macabeus 1-6, 44

Novo Testamento

Mateus 5:39, 56; 17:24-7, 142;
20: 25, 28; 20:25-7, 146;
22:15-21, 144; 26:51, 77
Marcos 10:42, 28; 10:43-4, 28;
14:47, 77;
Lucas 1:52, 28, 141; 4:6, 22,
153; 6:31, 62
João 18:10, 77
Atos 8:9-25, 67; 20:20, 50
Romanos 13, 57; 13:1, 21, 150;
13:3-4, 22, 155; 13:4, 148;
13:6, 156; 13:7, 144
1 Coríntios 1:26-9, 103; 7:21-3,
142
2 Timóteo 2:2, 161; 4:1, 161;
4;2, 50; 4:17, 161
1 Pedro 2:13, 21, 153; 2:13-14,
63; 2:13-15, 149; 2:16, 21, 149
Apocalipse 9:2-3, 67; 13:1,
328; 13:2, 22, 153

Índice temático

abelhas 113, 203
absolutismo XXV, XXIX; *ver também* julgamento, governantes imunes de; leis, governantes imunes às; povo, governantes superiores ao
advogados 14, 85, 115, 117, 213, 244, 272, 278, 286, 320-1
aliança 7, 14, 39, 42-3
anciães XXV, 51, 82
antiga constituição, a XXXI-XXXII, 31, 196-7
aristocracia 109, 208, 230, 251, 254
aristocratas 84, 104, 248
assembléias 179, 292
atores 76-7, 300
autarquia 127-8
autoconservação XX, 13
autocontradição 130,-3, 146, 157, 161, 167, 171, 202-3, 234-5, 248, 261-3, 285
autodefesa XX, XXI, 13, 62
autonomia 5, 35, 45, 118, 201; *ver também* liberdade
autoridade XX, 13, 19, 21, 28, 38-9, 45, 57-62, 84, 100, 111, 151, 170, 197, 224, 241, 248, 250, 274, 276, 320, 327
autoridade judicial, a (ou gládio da justiça) XIX-XXII, 12; *ver também* poder de punir

barbarismo 75, 105, 151, 167, 231, 321
barões 30, 270, 273, 281-2
bem comum, o 15, 23, 29, 199, 282; *ver também* bem público
bem público XXII, 23, 30, 148, 318; *ver também* bem comum
bem-estar público XXIX, 8, 25, 173, 239, 243-4
benefícios 50, 64, 100
benfeitores 28, 147-9
bispados 190, 193-4
bispos XXIV-XXV, XXXI, 51, 67, 83, 99-103, 162, 190, 271, 282n., 287-8, 300, 306-8, 320, 325, 328; *ver também* episcopado, prelados
bridas 14, 267, 280-2, 314
burgos 272, 291
burgueses 281

cães 101, 148-9, 177, 233, 260
capelães 9, 103-4
cargo dos reis, o 11, 42-3, 174, 267, 279 e n., 310, 319
causas naturais 251, 257
cavaleiros 281, 294
censores 173
cidadãos privados XV, 123-4, 130, 141, 143, 149-50, 244, 275, 313
cidades 257, 272-3, 281, 291
cisma 12, 82, 194n.
clérigos 9, 12, 40, 50, 52, 60, 66; *ver também* ministros, pastores
co-mandatários 189-91, 248-9, 263
combate isolado 321
comerciantes, 270
comites 281, 282n.
comunidade, a 56
comunidades 56
comuns 255, 270
condados 95, 282, 290, 303, 315
condes 30, 270-1, 273, 280-3, 300
conquista 31, 142, 245, 257, 264-5, 279; *ver também* direitos de guerra
conselheiros 14, 20, 40n., 43, 269, 286
conselhos 72, 84, 175, 196, 247, 256, 270-1, 277-9, 283, 285, 291
consentimento 54, 256, 262, 264, 284
consentimento régio 284-6
conspiradores 182, 194
constitucionalismo XXXII

constituições XXIII, 14, 19, 151, 243, 248, 261; *ver também* antiga constituição a
cônsules 174-5, 220-2, 244, 247, 258, 267, 331
contratos XXI-XXII, XXIX
conversio 85n.; *ver também* revolução
coroação, juramentos de XXXI, 15, 29-30, 264, 267, 277-9, 285, 308, 322-5
corrupção 123, 136, 139, 307, 330
corte marcial 310
costume 5, 8, 35
crônicas 196

decênviros, os 247
delegados XX, 13
democracia 158, 160, 208, 230, 255
deposição, legitimidade da XXI, XXXI, 12, 20, 23, 45, 52-61, 63, 66, 126, 251, 319
deposição, presbiterianos e a, XIV, 8, 33, 36-45
deposições 29, 31-7, 196-7
despotismo 115, 207, 214, 241, 280, 283
direito das nações, o 106, 121
direito dos reis, o XXVII, 105-6, 114-23, 128-9, 135, 142, 172, 182, 213, 214, 223
direito hereditário 16, 53, 256-7
direito(s) do povo XXVII, XXXI, 14, 23, 31, 45, 125-6, 140, 200, 212, 257
direitos de domínio 99n., 145, 256, 292

direitos de guerra 245, 265-6; *ver também* conquista
direitos de natureza 31, 106, 205
direitos naturais, *ver* direitos de natureza
dissensões 9, 44-5, 161, 205
ditadores 222, 257, 262
divina, designação XXVI, 19-20, 23, 108, 124, 168-9, 179-80, 198; *ver também* providência
divina, instigação 94, 174, 208, 326
divina, ira 45, 112, 131-3, 135-7, 147, 288, 330
divina, XX, XXVII, 169, 198, 254; *ver também* lei de Deus
divina, orientação 73-4
divina, vocação XVI
divina, vontade 100, 110-1; *ver também* voluntarismo
divino, direito XXV, XXVII, 21, 23, 55, 73, 124-5, 162
divino, testemunho XXVI, 108, 189
divinos, mandamentos XVIII-XXVII, 27, 32, 120-1, 134, 141, 155, 175, 181
dízimos 10, 50
dominium 99n.; *ver também* direitos de domínio
dracmas 142-3
duques 30, 300

edis 291
efeminação XXV-XXVI, 80, 149, 255, 260, 269
éforos 173, 237, 263
eleição 23, 29, 52-3, 196, 252

eleitorados 256, 269, 271, 282
eleitores 57
eloqüência XXVI, 88, 102, 258
encargo(s) XXII-XXIII, XXIX, 13-5, 22, 238, 241-2, 250-1, 289, 291
entusiasmo religioso XXIV, 160, 243
episcopado 60, 82-3; *ver também* bispos
eqüestre, ordem 188
escravidão XXIV, 6, 71, 75, 79-80, 102, 112, 118, 141-2, 147, 151, 158, 172, 206, 245, 240, 252, 256, 266, 285, 311, 326; *ver também* servidão
escravos XXIII, XXIV, 5, 16, 46, 53, 106, 118-21, 147-8, 160, 171-2, 195, 207, 269, 321
espada de Deus, a 7
espadas 18, 30, 36, 77, 249, 279
espécie média, a 256
estado (s) 5, 33, 36-7, 47, 49, 62, 73, 86, 94, 158, 174, 180, 191, 212, 237, 255; *ver também* Estados livres
Estados livres 79, 274, 288; *ver também* Estado(s)
estrangeiros 74-5, 86, 93, 102, 143, 149-50, 170, 175, 185, 207, 240, 260, 291, 329
etnarcas 186
execução, métodos de 72, 94-5, 228
exemplos XXVIII, 24, 32-3, 37, 47, 173, 188, 192, 295-6, 298, 240; *ver também* precedentes
exílios 80, 211, 225, 276

facção 9-11, 36, 46, 61, 84, 95, 99-100, 103, 298, 303
famílias 45-6, 203, 257; *ver também* patriarcalismo
fanatismo XIX, XXXII, 106, 275, 330
fasces 247
fidelidade 25
fortalezas 291
fraternidade do homem, a XVII, 26

ginocracia 255
gládio, o 30, 32, 62, 171
governo livre XXIII, 45
governo militar XXX, 240
gramático XXVI, 74-5, 77, 95, 98, 102-4, 107, 237, 260, 275, 293, 325
guerras civis 44, 194, 206, 243, 301, 303

heresia 10, 12, 50, 83, 100, 193, 308
heretochs 290
historiadores XV, 30-1, 91, 196, 212, 230, 266, 276, 291
histórias 14-5, 194
homenagem 27, 321
homens (nascidos) livres XX, XXIII, 12, 16, 19, 21, 53, 105, 143, 149, 158, 161, 163, 257, 321, 326
hostilidade XVII, 39
humanistas, valores XII, XXVI, 167

idolatria 50, 136, 139
igreja, os padres da 115, 163-6, 187, 191-3

ilusão 136
impostos 139, 142-4, 156, 292, 31
impulso 95, 225
impunidade 54, 72, 96, 110, 123, 128, 131, 141, 221, 243; *ver também* julgamento, governantes imunes de
infalibilidade 170
inimigos públicos 25, 39-40, 228-9, 232, 247, 294, 302, 310
inimigos XVII, 11, 25-7, 39-41, 47, 56, 72, 77, 82, 93, 96, 109, 119, 175, 177, 193, 207, 241, 301; *ver também* públicos, inimigos
inimizade XVII, 27
insurreições 194, 303-4
interregno 286

jacobos 76, 204, 230, 273
juízes 63, 125, 131, 135, 162, 213, 234, 249, 261, 268, 281, 284, 288-9
juízes de paz 274
julgamento, governantes imunes de 17, 105, 115, 121-3, 130-1, 136, 164, 169, 215, 246-9, 250-1, 261-2; *ver também* absolutismo, impunidade
julgamento, governantes passíveis de 13, 18-9, 33-4, 43-4, 56, 59, 62-3, 109-10, 121-2, 138, 220-1, 225-30, 247-51, 271, 275-83
juramentos XVIII, XXI, 14, 17, 110, 119, 168, 196-7, 245, 252, 265, 315, 323-4; *ver também*

aliança, juramentos de coroação, fidelidade, Juramento de Fidelidade, Juramento de Supremacia
júris 274
justiça XXVIII, 13, 23, 29, 32, 36, 43, 46, 54, 62-3, 66

ladrões 118-9, 156, 194-5, 205, 207, 231
latim, uso de 74, 78, 81, 220, 320, 324
lealdade 6, 97, 196
legibus solutus XXV, XXVI; *ver também* leis, governantes imunes às
legiões 188, 223, 290
lei das nações, a 11
lei de Deus, a XXVIII, 59, 110, 114, 236, 259, 272, 298
lei de natureza, a XVI, XXVIII, 11, 13, 41, 63, 169, 197, 198-202, 236, 251, 272
lei escrita 110, 117, 169
lei não escrita 169
lei natural, *ver* lei de natureza
leis, governantes imunes às XXV, 98, 105, 109, 112, 118-9, 122, 132, 169, 172-3, 176, 215, 222-3, 234, 252-4, 322-4
leis, governantes obrigados por XXVIII, 14, 19, 59, 109-12, 119, 127, 132, 139-40, 152, 215-20, 224, 237-9, 261, 279-80
lepra 122
lèse-majesté 157, 319-20
lex regia XXIX, 159-60, 239, 244, 272

liberdade XXVI, 19, 20, 23, 27, 37, 45, 48, 72, 79, 97, 141-2, 157, 163, 188, 205, 207, 237, 241, 250, 283, 285, 298, 310-1, 318, 325; *ver também* autonomia
libertadores 73, 142; *ver também* salvadores
licença 5, 47
ligas XX, 14, 25
lobos o, 50, 66, 148-9, 260, 209
loquacidade 86, 99, 258-9, 309, 327
lordes XXIII, XXX, 10, 256, 269-70
luxúria XXX, 193-4, 206, 213, 256, 311, 313

magistrados inferiores XV-XVII, XXIII, 56, 66, 274
magistrados XX-XXIII, XXVII, 11, 13-4, 18-9, 21-2, 57, 59-63, 66, 77, 86, 111-2, 137, 147-50, 156, 171, 188, 190, 201, 207, 241-4, 253, 261, 327; *ver também* magistrados inferiores
magistratura 21, 45, 86, 95, 247
majestade 46, 72, 123, 158, 248, 254-5, 257, 320
marqueses 30
matricídio 211, 218, 233
milícia, a 290-2
ministros 44, 50-1, 59, 66, 302-3; *ver também* teólogos, pastores
mishpat 114 e n.; *ver também* modo de governar
modo de governar 114-6, 120, 122; *ver também mishpat*

monarquia XXIII, XXXI, 17, 84, 101, 108, 113-4, 162, 172, 202, 208, 261, 270
muitos, os 203-4
multidão, a 188, 229
mutatio 259n.; *ver também* revolução

nações livres XXII, 35, 45, 53, 111-2, 119, 149, 168, 208
natureza 13, 17, 24, 75, 93, 106, 198-202, 207-8, 251
nobres 84, 95, 116, 149, 161-2, 166, 186, 201, 204, 207-8, 240, 251, 255, 270-1
nobreza 17, 85, 103

obediência XXVII, 6, 11, 15, 33, 36-7, 59, 149, 180, 194, 252
obrigações XVI-XVII, 13, 25-6, 40
oficiais XXIII, XXX, 241
onipotência 170
orações XII, XXVI, 116
oradores 76, 89, 91, 98, 158
ordens 274, 301; *ver também* Parlamento, estados do

pactos XXII, 11, 14, 20, 25-6, 35, 41, 52, 124
papa, supremacia 32, 102, 113
papado, o 269
papas 93, 131, 167-71, 196-7, 266, 269, 275, 276
papismo 87, 315
papistas 93, 163, 168, 315
paralelos XXVIII, 139-40, 183, 315, 326-7
pares 30, 282-3

pares, doze 278; *ver também* França, pares de
parlamentos XXI, XXXI, 14, 25, 30, 57-8, 62, 149, 175, 188; *ver também* Parlamento da Inglaterra
parlamentos, reis abaixo do 57, 268, 274, 286, 320
parlamentos, reis acima do 266-7, 273, 284, 325
parricídio 77, 98, 164, 233, 261, 330
pars potior XXX, 54n., 240n.
pars sanior XXX, 84n., 97n., 240n.,
pars valentior XXXI
pastores 50, 59, 99-100; *ver também* clérigos, ministros
patriarcalismo XXVI, 93, 203, 257-8
patriotas 6
perdões 326
perjúrio 197, 253, 265, 278, 323-4
persona 78n., 98n.
pessoas privada XV, XXIII, XXVII, 27, 46, 58, 63, 66 e n., 149, 175-6, 194, 282
petitio consulatus 264n.
piratas 207
plebeus 189
pluralidades 10, 60, 84, 100
pobreza XXXI, 256
poder absoluto 263-4, 296
poder arbitrário 13
poder de punir XXI, 13; *ver também* gládio da justiça, o
poder real 34, 134, 215, 237, 250, 257, 296

Índice temático

poder supremo 10, 41, 133-4, 192, 222, 239, 261-4, 274
posteridade 47, 73, 89, 216
poucos, os 200, 207
povo comum, o 87, 104, 123, 150, 158, 191, 255-6, 268, 300, 323
povo, governantes inferiores ao XXXI, 16n., 19, 124, 200-2, 237-8, 248-52, 254, 264, 294
povo, governantes superiores ao 15, 56, 105, 117, 123-4, 157-8, 168, 195, 242, 246-8, 253-4
povo, poder 19, 45, 108, 162, 173, 179, 237, 239-40, 282
precedendes XVI, XXVIII, 8, 32, 174, 180; *ver também* exemplos
prelados 29, 47; *ver também* bispos
premeditação 95-6
prerrogativa(s) 25, 29, 284-5, 289, 292-4
principado, o 22, 249n.
privatus 110n.
prosperidade 330
proteção 292, 321
providência 7, 21, 64, 266; *ver também* divina, designação
provisões 6, 9, 266, 288-9, 321
prudência 49, 199-200

rabinos 109, 114-6, 120-3, 138, 157, 182, 235, 245
razão XVIII, 5, 11, 14, 24, 27, 41, 63, 152, 208, 272, 280, 298
rebeldes 35, 151, 180

reinos 32, 267-8, 274, 291, 319
renda 293
representantes XXI, 281-2
repúblicas XX, 8, 31, 34, 45, 58-9, 63, 79, 85, 99, 101, 106, 108, 115, 154-5, 170-1, 183, 196, 199, 207, 221, 239-41, 247-8, 266, 278-9, 282-3, 294, 301-3, 310, 314-6, 331; *ver também* República da Inglaterra; *respublica*
resistência, legitimidade da 11, 22, 61, 63, 155
resistência, teoria constitucional da XIV-XV, XXI, 56, 67
responsabilidade 125; *ver também* julgamento, governantes passíveis de; leis, governantes obrigados por; povo, governantes inferiores ao
respublica 99n.; *ver também* repúblicas
retórica XXV, 9, 73, 79, 87-9, 91
revolução XXI, 85, 259; *ver também conversio, mutatio*
riqueza XXX, 123, 325, 330

sabedoria 18, 199-200, 237, 255
sacerdotes 9, 51, 85, 122, 176, 183-5, 188, 212
sacrilégio XIX, 144-5
salvadores 15, 102; *ver também* libertadores
sangue 8, 12, 40, 43-4, 88, 175, 207, 228, 304
sátrapas 212
secularismo XIX-XXI

sedição 44, 50, 67, 100, 162, 188, 205, 230
segurança pública 15, 72, 85, 97-8, 119, 135, 199, 207, 242, 252, 258, 282, 284, 302-4, 317, 327
seitas 10, 83, 86-7, 99-101, 307-8
senadores XXVII, 149, 247
senados 84, 110, 149, 173, 182, 188, 238, 267, 274, 285, 315 *ver também* Senado Romano
senhores XXIX, 5, 13, 35, 46, 99, 108, 148, 224, 252, 256, 321, 326
servidão XXIII, 45; *ver também* escravidão
servilismo XXVI, 5, 16, 105, 107, 325
ship money 294
sigilo 130
simonia 50
sinédrio 110, 122, 130-1, 182, 248, 285
soberania popular XII, XXI-XXIII, XXIX; *ver também* julgamento, governantes passíveis de; leis, governantes obrigados às; povo, poder do; povo, governantes inferiores ao
sociedade 119, 155, 212
sociedade política, origens da XIX-XXI, 12-5, 198-201
soldados 95, 98, 240-1, 310
solecismos XXVI, 77-8, 103, 114, 240, 278
subornos XXV, 106, 315-6
sucessão hereditária 53, 101, 243, 263

súditos XXIX, 13, 16, 27, 29-30, 34, 42-4, 195, 321
sujeição 36-40, 156, 321
superstição 72, 102, 168, 297, 307, 315, 329
suplicantes 217-8

teocracia 136
teólogos 94, 115, 167, 235
tirania, definições de 46, 58, 224, 262, 329
tiranicida(s) XV-XVI, 24-9, 128, 170, 192, 215, 231-2, 255
tirano pela prática XV-XVII
tirano sem título XV-XVII
tiranos, definições de 5, 11, 23-4, 78, 109, 215, 250, 279-80, 315, 318
títulos 13, 16, 52, 55, 164, 185, 267
tolerância 86-7, 308
trabalhadores 303
tragédias 17, 24, 89n., 216-8, 227-8, 237-8
traição 229, 231, 254, 317-22, 325-6
traidores 6, 231, 241, 316, 319
tribunais 268, 274, 282, 285, 288-90
tribunos 228, 244
triúnviros 242, 248
tropas 97
turba, a XXX, 102, 256, 314

um, governo de 199-203
ungido, o 11, 20, 27, 32, 65, 124, 129, 176

vassalos XXIII, 46, 321, 325
vigor e direito 311
vilas 257, 272
virtude XXVI, XXX, 6, 8, 17, 47, 85, 95, 104, 121, 163, 200-1, 215, 249-50, 255-6, 262, 298, 311, 325, 329
viscondes 300

voluntarismo XVIII; *ver também* divina, vontade
votos XXIII, XXX-XXXI, 73, 84, 170, 180, 217, 284, 301

xerifes 290

zonas 262, 297

Índice de nomes próprios

Aarão 11n.
Abiatar 176
Abimeleque 137
Abirão 11
Abridgment of the late remonstrance, An 25n., 27n.
Acabe 27, 44, 53n., 100
Acazias 181
Áccio 222
Acordo do Povo XXIII
Actisanes 209
Adoni-Bezeque 65
Adorão 179
Aécio 192n.
África 193n.
Agag 8, 27, 53n.
Agamenon 89n., 219
Agila 225
Ágis 263
Agripa I 143
Agripa Póstumo 181n.
Ajax 89
Albino, Clódio 189
Alceu 219
Alemanha 52, 60
Alemães, reis 259

Alemãs, igrejas 307
Alexandra Salomé 185
Alexandre Janeus 121, 184-6
Alexandre, *ver* Ptolomeu IX e Ptolomeu X
Alexandria 194, 211
Alfred 277
Allen, William [*pseud.* de, provavelmente, Edward Sexby] XXXII
Amalequita, o 178
Amasis, 210
Amazias, 182
Ambiórix, 229
Amós 209
Amsterdam XXXVII
Andriscus 78n.
Anglo-saxões, reis 258
Antícira 213
Antíoco IV, Epifanes 44, 183
Antioquia 191, 194
Antoninos, os 163
Antônio XXV, 97, 123, 174, 223, 241, 248 e n., 290, 333
Apion 136
Apolônio de Perga 62

Apries 210
Aquiles 219
Aragão, reis de 10n., 261
Aragonesas, histórias 15
Arbaces 213
Arcádio 192
Argives, reis de 216, 218
Argos 173
Arianos, os 190, 192n.
Aristarco de Samotrace 77
Aristóbulo [filho de Alexandra Salomé] 185
Aristóbulo I 121, 184
Aristófanes 154
Aristogíton 232n.
Aristóteles 15, 16n., 17, 107, 113, 123, 148-9, 152, 200, 206n., 215, 238, 257 e n., 261-2, 287, 293, 297, 314, 318
Arquelau 186
Arquimedes 263
Arsaces 87
Artábano 214
Artaxerxes I 210
Artaxerxes II 211
Artaxerxes III 211
Ásia 16, 113, 149
Assírios, os 212, 230
Astíages 213n.
Aston, Sir Thomas, 36n., 58n.
Atalia 181, 185
Atenágoras 163
Atenas 216, 218
Atenienses, reis dos 218, 237
Athelstan 267
Atreus 219
Augusto 16n., 159, 181n., 186, 223, 225, 248

Augusto, título de 164, 248n.
Aurélio Vítor 18n., 249
Avito 192
Ayers, Robert W. IX
Azarias 182

Babilônia 121
Babilônios, os 214
Bactros, os 214
Balaão 293, 307, 328
Balak 328
Barberini, Cardeal XXXIII
Barnachmoni 129
Batus 102
Bede 267n., 277
Bel 67
Bélgica 49
Beza, Theodore XVI, 333
Bíblia de Genebra, a 27n., 48n., 67n.
Biblioteca Cotton, a 278n.
Bigot, Emeric 278n.
Bizantinos, os 190
Boêmia, rainha da 101
Bracton, Henry de 280-1, 285, 289, 295, 333
Bradshaw, John 278n.
Bretanha 31, 193n., 229, 277
Bretanha, povo da 31-2
Bretanha, reis da; 266; *ver também* Inglaterra, reis da
Bretões, os 32, 264, 276, 300-1
Bretões, reis 31-2
Browne, Robert 235n.
Brownistas, os 235
Bruges 48
Brutus 128, 174
Bucer, Martin XXIII, XXV, 19n., 56 e n., 102, 167, 235, 334

Buchanan George XIV, XXI, XXXI, 15n., 19n., 33-5, 138, 266, 335
Buckingham, *ver* Villiers, George
Bula de Ouro, A 123

Caen 265
Caio Antônio Hibrida 231
Caio Mêmio 116, 220
Calígula 186, 227
Calvino, João XXIII, XXV, 34, 55, 60, 102, 167, 235, 334
Cambises 210 e n., 213
Cambridge, Universidade de XII
Camden, William 296
Campbell, John, Conde de Loudon 43n.
Campo de Pompeu 241
Canaã 269
Cantuária, Arcebispo da 266
Capadócia 111
Capelo, *ver* Cappel, Louis
Capitolino 127, 229
Cappel, Ludovico 155n., 161
Capri 107
Caracala 106
Carlos I XI, XIII, XXXIV, 8n., 11n., 36n., 43n., 76, 79n., 83n., 93n., 138-9, 157, 166, 175, 183-5, 190, 206, 214, 232-3, 245, 264, 298-300, 313-7, 321-4, 335
Carlos II XI, XXXVI, 76, 98, 139, 185, 205, 230, 260, 318, 325, 328-9
Carlos IV, imperador 123
Carlos IX da França 48n., 49
Carlos Magno 29, 246n.

Carlos V, imperador 33
Cartagineses, os 208, 261
Cartago 304
Cartwright, Thomas XXIII, 57, 335
Cássio 228
Cássio, Avídio 189, 250
Castelo de Ludlow XXXIII
Catecismo racoviano, o XXXV
Catilina 231, 241n.
Cativeiro da Babilônia, o 121, 183
Cato Uticense 128
Catulo 132
Cavalo de Tróia, o 226
Childerico III 196, 279, 319
Chilperico, *ver* Childerico III
Christ's College, Cambridge XII, XXXIII
Cibele 260n.
Cícero XII, XVII, XXV, 5n., 14n., 25-6n., 46n., 85n., 87, 97, 107, 116-8, 152, 153n., 158, 175, 216, 221, 223, 226, 231, 241n., 247, 250, 254, 258n., 271, 291, 294n., 331n.
Cilícios, os 184
Cinque Ports, guardiães dos 270
Circe XXVI, 311
Circo, o 160, 244
Cirilo 194
Ciro, o Grande 176, 210, 213
Citas, os 126
Claudiano 160, 214, 244
Cláudio XXVIII, 150, 155, 161, 228
Cleópatra Berenice 211n.
Clódio, Publius 241
Cochlaeus, Johann 52, 336
Coke, Sir Edward 295

Colet, John XII
Coligny, Almirante 49n.
Comitê dos dois Reinos, o 301n.
Commynes, Philippe de 296
Cômodo 187, 228
Comuns, Câmara dos XXIII, XXXI, XXXV, XXXVI, 10n., 31, 38, 40n., 240, 256, 269, 271, 279, 281, 289, 301, 302n., 309-10, 319, 344; *ver também* Parlamento, Câmaras do
Concílio de Trento 113, 203
Conferência de Carnuntum 189n.
Conquista Normanda, a XXXI, 271n.
Conselho do Estado, o XI-XII, XXIV, 73n., 84
Conspiração da Pólvora, a 319n.
Constâncio II 190, 193n.
Constanço 190
Constantino I 189-90, 192, 249
Constantino II 190n.
Constantinopla 192, 194
Cook, John XXIV, 131n., 139n., 147n., 336
Coré 11
Craig, John 34
Crasso, Lúcio Licínio 158
Crasso, Marcos Licínio 207
Creonte 219
Cristiano II da Dinamarca 48
Cristiano IV da Dinamarca 315n.
Croesus 213n.
Cromwell, Oliver XXXVI, 200n., 241
Cromwell, Richard XXXVI
Ctesias 213
Cúmbria 276
Curtana 279

Dácios, os 126
Damásipo 92
Dâmaso 194
Danaus 216-7
Daniel 67, 166, 212
Dário, o Meda 212
Darnley, Conde de 138
Datã 11
Davi 18, 20, 22, 27, 49, 65, 111, 121, 124, 129, 138, 165-6, 175-9, 183
Demofonte 18, 218
Demóstenes 88
Dídio Juliano 228
Dieta de Metz 123n.
Digna Vox, a 19n.
Dillon, Thomas, Visconde 315
Diocleciano 189, 249
Diodati, John XXXIII
Diodoro Sículo 209, 213, 257
Díon 128
Díon Cássio 18, 128n., 223, 228n., 249
Dionísio 104n.
Dionísio de Halicarnasso 287
Dionísio I 107
Dionísio II 128n.
Diotógenes 215
Diótrefes 100-1
Domiciano 164, 178, 226-7
Drogheda 241n.
Du Haillan, *ver* Girard, Bernard de
Du Moulin, Pierre XXXV

Ecfanto 215
Édipo 160, 218
Edito dos Estados Gerais 36n.
Eduardo II 264n., 324n.

Eduardo III 270, 278
Eduardo IV 289
Eduardo VI 261, 289
Eduardo, o Confessor, leis de XXI, 279, 292, 294, 310, 319
Edwin 277
Egípcios, os 112, 208, 209, 216
Egípcios, reis 119, 132
Egito 112, 157, 209, 210n., 212, 216, 326
Eglom XVI, XVIII, XXVIII, 25-7, 174-5
Ehud XVI, XVIII, XXVIII, 25, 27, 31n., 175
Eikon Basilike XXXIV, 74n., 322
Eli, filhos de 114
Elpenor 311
Epafrodito 178, 227
Epifânio Escolástico 165n.
Epicteto 206
Escocesas, histórias XIV, 15
Escoceses, os 11n., 33-4, 55n., 301, 305, 314-9
Escoceses, os comissários 50n., 55n., 301n.
Escoceses, os presbiterianos 36, 50, 94, 185
Escoceses, reis 33-6, 229, 259
Escócia 33-6, 266; *ver também* Parlamento da Escócia
Escócia, chanceler da 43
Escócia, rei da 311
Esfinge, a 160
Esimnetes 262
Esmérdis 214
Esopo 204
Espanha 25, 205
Espanha, reis da XVI, 25, 36, 259

Esparciano 106n., 228n.
Esparta 173
Esparta, Estado de 238
Espártaco 207, 223
Espartana, monarquia 238
Espartano, o povo 263
Espartano, reino 114, 263
Espartanos, reis 173, 263-4
Espúrio Cássio 224
Espúrio Mélio 224
Ésquilo 216-7 e n.
Essênios, os 125
Estéfano 164
Estóicos, os 206, 320
Ethelbet 277
Etíopes, os 212
Etiópia 209
Etrúria 225
Euclides 62
Euclio 204
Euergetes 147
Eugênio 193
Euríloco 311
Eurípides 18, 218, 237
Europa XII, XXIV, 34
Exército de Novo Tipo, o 303n.
Exército Parlamentar XIII-XVI, XIX, XXIII, 11n., 43n., 95-7, 303-5

Fairfax, Sir Thomas 9n.
Fálaris 53
Fariseus, os 125n., 144-5, 184-5
Feiticeira de En-dor, a 118
Felipe II da Espanha 36
Felipe II da Macedônia 214
Felipe, Landgrave de Hesse 33
Fenner, Dudley XXIII, 57-8, 336

Filistinos, os 175, 178
Filmer, Sir Robert XXX, XXXV
Filo Judeu 109
Fleta [*Fleta*] 272, 281, 321, 336
Florença XXXIII
Fortescue, Sir John 295-6, 336
França XXXIII, 242, 260, 266
França, pares da 246-7
França, rei da 246-7
França, reino da 247
Francesa, monarquia 14
Francesa, nobreza 246
Francesas, histórias 15
Francesas, igrejas 307
Franceses, os 157, 196
Franceses, reis 259
Francos, os 193n., 196, 279
Frederico I Barbarossa 167n.
Frederico V, Eleitor 101n.
Frísia Ocidental 78n.
Fúlvia 328
Fúlvio Flaco 207

Gabínio Aulo 211n.
Gabriel 122
Gaditas, os 110
Galba 232
Gália 189, 193n.
Galieno 232
Galilei, Galileu XII, XXXIII
Gauden, John XXXIV, 9
Gauleses, os 229
Gedalias 166
Genebra XXXIII, 59
Germânica, cavalaria 314
Germânicos, reis 229
Germano, Império 15
Germanos, os 276

Gibson 36
Gideão 136
Gilby, Anthony 58
Gildas 32, 276-7
Gilgal 124
Gilles, Peter 37n.
Girard, Bernard de, seigneur du Haillan 15n., 29, 30n., 196, 266, 337
Glanville, Ranulf de 319, 337
Glauco 125
Goodman, Christopher 27n., 58-9, 337
Grã-Bretanha 91
Graciano 193
Great and Bloody Fight at Scarborough-Castle, A 316-7n.
Grécia XXXIII, 215-8, 220
Greenberg, J. 279n.
Grego [i.e. Bizantino], Império 15
Gregório de Tours 167 e n.
Gregório XV 93
Gregos, os 24, 127, 191, 208, 215, 220, 226-7, 261-2, 283
Grócio, Hugo XII, XXI-XXII, XXIV, XXX, XXXIII, 13n., 337
Guarda Pretoriana 18, 228n., 249
Guerra civil, a XIV, 40n.
Guerra da Irlanda, a 315
Guerra dos Escravos, a 207n.
Guicciardini, Francesco 15n.
Guilherme II, governante de Orange 79n.
Guilherme, o Conquistador XXXI, 15, 26, 264-5, 270, 279, 291, 323

Hades 293n., 295n.
Haia 36

Hakewill, William 271n., 279n.
Hammond, Henry 9n., 73n., 103, 338
Harmódio 232
Hastings, batalha de 265
Hebraica, república 136, 183
Hebraico, Estado 153
Hebraico, idioma 114
Hebraicos, doutores 128
Hebraicos, escritos 132
Hebreus, juízes 248, 261
Hebreus, os 108, 131; *ver também* Israelitas, Judeus
Hebron 124
Hécuba 234
Helvídio Prisco 128, 171
Hêmon 219
Henrique I 279-80
Henrique II 263
Henrique III 270, 292
Henrique IV 264n., 289
Henrique VI 295
Henrique VII 289
Hércules 24-5, 226
Hermafrodita 80n.
Hermógenes 190
Herodes, o Grande 123, 143, 146, 186
Herodiano 229
Heródoto 152, 210, 213-4
Hiparco 232n.
Hippo 166
Hircano [filho de Alexandra Salomé] 185
Hircano *ver* João Hircano I
Histoire entiére & veritable du Procez de Charles Stuart 299n.

Hobbes, Thomas XXX
Holanda 49, 78-9, 99
Holanda, Estados da 36, 78-9, 90
Holandeses 205, 326
Holinshed, Raphael 15n., 30n., 292n.
Holles, Denzil 303n.
Homero 87n., 125, 214, 219
Horácio 86n., 89n., 92n., 126 e n., 219, 321
Horne, Andrew 30, 268n., 277n., 282n.
Horo 209
Horton XXXIII
Hotham, Sir John 306
Hotman, François XXXI, 196, 266, 338
Huguenotes, os 49n.
Hull 306

Iduméia 186n.
Ina 277
Inarus 210
Independentes, os XXIV, 7n., 38n., 87, 266, 298, 304, 306-7, 316-7
Inglaterra XII, XXXI, 31-2, 36-7, 58, 83, 156, 260, 311
Inglaterra, leis da 263, 284, 319-20
Inglaterra, rei(s) da XVII, 25, 31, 37, 43, 259, 263, 266-8, 270-4, 277, 284, 288-9, 294-6, 298, 325
Inglaterra, reinado da 261
Inglaterra, reino da 266, 294-6, 322
Irineu 162n.
Irlanda XXXIV, 241n., 303, 315

Irlandesa, a infantaria 314
Irlandeses, os 11n., 88, 206, 303-4
Isabel I 35-6, 307
Isidoro de Sevilha 167 e n.
Ísis 209
Ismael 166
Isócrates XII
Israel XVI, 8, 179, 207
Israel, reis de 121
Israelitas, os XXVI, 65, 112, 121, 131, 137, 147, 174, 179-80; *ver também* Hebreus, Judeus
Issus 189n.
Itália XXXIII, 193n.
Itália, reis da 259
Italianas, histórias 15
Italianos, os 208

Jaime I da Inglaterra (e VI da Escócia) 36, 37n., 76n., 101n., 138, 319
Jaime V da Escócia 33n.
Jebuseus 65
Jeoiada 20, 124, 181
Jeorão 181
Jericó 174
Jeroboão 180
Jerusalém 65, 182, 185n.
Jesuítas, os 102-3, 162
Jethro 134
Jeú XVI, XVIII, XXVIII, 27, 34, 181
João Hircano I 184
Joás 20, 124
Jônatas 8, 122, 129
José, Rabino 120
Josefo 109, 123n., 136, 143, 184 e n., 186n.

Josipo 184
Josué 110
Judá, Rabino 120
Judá, reis de 121
Judá, tribo de 124
Judaicos, ritos 165-6
Judas Escariotes 328
Judas Macabeu 44n., 184
Judéia 121n., 186n.
Judeu, povo 198
Judeus, os 15, 45, 108, 122, 128, 174, 184-5, 230; *ver também* Hebreus, Israelitas
Judeus, reis dos 184, 234
Juliano, o Apóstata 191
Júlio César 128n., 223-5, 230-1, 241n., 244, 254
Júnio Brutus 227
Júnio-Tremélio 124n., 338
Juramento de Fidelidade, o 37-8, 57
Juramento de Supremacia, o 37-8
Justiniano 19, 239, 338
Justino 257
Justino Mártir 163

Keyes, Clinton W. IX
Kings Cabinet Opened, o 316n.
Knox, John XIV, XXIII, 33-4, 57, 339

La Rochelle 322
Lacedemônia, reis da 219
Lambarde, William 267n., 277n., 280n., 291n., 321n.
Lamprídio 222
Languedoc 37

Laquis 182
Laud, William 266n.
Laurento 293
Léo III 29
Leonardo 292
Lethington, William Maitland de 33
Leunclavius, Johann 29n.
Levellers, os XIII, XXIII, 7n.
Levita, a mulher do 207
Levitas, os 65
Leyden, Universidade de 106, 167
Libério 194n.
Libna 181
Liceu, o 206
Lícia 125
Licínio 189-90, 249
Lícios, os 126
Licisca 148
Licurgo 173, 219, 237
Lídia 112
Liga e Pacto Solenes XIII, 11, 37-43, 305, 309, 316, 318
Liga Schmalkaldica, a 52
Lilburne, John XXXIV
Lion 37, 189n.
Lívio 5n., 20, 161, 221
Livro de Preces Comuns, o 306n.
Locke, John XXXII
Londres XII, XXXIII, XXXVI, 10n., 207, 241, 301, 302n., 303, 315
Lordes, Câmara dos XXIII-XXIV, XXX, XXXIV, 38, 40n., 83, 240, 256, 269, 272, 301-3, 317; *ver também* lordes; Parlamento, Câmaras do

Lucina 236
Lucrécio 101n.
Luís XIII 260n.
Luís, o Pio 29
Lupercal 223-4
Luperco 224
Lutero, Martinho XXIII, XXV, 52, 102, 167, 235, 339

Macabeus, os 184
Macbeth XIV
Macedônio, Império 209-10
Magna Carta 285
Magnêncio 190, 193n.
Maimônides 121
Malvezzi, Virgílio 222n.
Manii, os 85
Marçal 85n., 111, 148, 328n.
Marco Antônio *ver* Antônio
Marco Aurélio 127-8, 187n., 189n., 206n., 250
Marco Mânlio 224
Marco Terêncio 222
Marco Túlio, *ver* Cícero
Maria de Guise 33n.
Maria, rainha da Inglaterra 59
Maria, rainha dos escoceses 33n., 35, 93, 138n., 299
Marsílio de Pádua XXI
Mártir, Pedro, *ver* Vermigli, Pietro Martire
Massacre da Noite de São Bartolomeu, o 49
Matatias 44n.
Mathew Paris 21, 279
Maurício, Duque da Saxônia 33
Maximiano 249
Maximiliano I 48

Maximino 228-9
Máximo, Magno 193
Máximo, Petrônio 192
Medas, os 112, 212-3, 220
Mercurius Pragmaticus XXXV
Meroz 44, 51, 99
Messena 173
Mezêncio 225
Midas 104
Middleburgh 59
Milão 165, 192
Milegast 29
Miller, L. 103n.
Miller, S. 58n.
Minshul, Elizabeth XXXVI
Mitridates VI 87
Mitridática, a guerra 185
Mispa 124
Moab 25, 174
Modus Tenendi Parliamentum 271, 278 e n., 281
Moisés XVI, XXVII, 12n., 110, 119, 133-4, 141, 147, 259, 297
Moisés, lei de 18, 109
Monte Palatino, o 223n.
Montes Rifeus 206
Morcantius 276
Morley, Dr. George 76n.
Mosaica, república 183
Mosaicos, autores 12
Moulin, Pierre du XXXV

Nabonidus 213n.
Nabucodonosor 157, 212
Não-conformistas, os 36, 51-2
Nápoles XXXIII, 49
Naseby, batalha de 316n.
Nectanábis [Nekhthareb] 211

Nênio 276
Nero XXVII, 8, 53, 100, 151, 154, 159-61, 164, 174, 178, 226-7, 232-3, 253n., 315
Newcastle 43, 97n.
Níger, Pescênio 189
Nimrod 258
Numa 20

Ocno 293
Octodorum 189
Olo 85, 260
Orestes [comandante militar] 194
Orestes 218
Orfeu 152
Orígenes 164
Oséias 136, 153
Osíris 209
Otanes 214
Otaviano, *ver* Augusto
Otto de Friesing 167 e n.
Oudoceus 276
Ovídio 80n., 102n., 148n., 234n., 236n., 311n.

Paraeus, David XXIII, 57, 102, 167, 339
Paris XXXIII, 49, 191n.
Parlamento da Escócia, 8n., 33, 102, 300, 310
Parlamento da Inglaterra XII, XIX, XXI, XXXIV, 8n., 9, 30, 32, 38, 42, 44n., 47, 62, 81-4, 102, 139, 190, 207, 240-1, 267-71, 274, 276-7, 282, 284-91, 294, 301, 306 e n., 310-1, 314-20, 325; *ver também* parlamentos, parlamentos, reis abaixo do; parlamento, reis acima do

Parlamento, Câmaras do XIII, 9, 38, 83, 269, 302, 306, 315, 320
Parlamento, estados do 274, 301-2, 309-10, 314, 320
Parlamento, Longo XXXI
Parlamentos, leis e ordenações do 38n., 83-4n., 294n., 306n.; *ver também* Provisão, provisões
Parliamenti Angliae declaratio 287n.
Partas, os 123
Partênio 164
Pártia 112
Patin, Gui 73n.
Paulo, Bispo 190
Pepino 196
Persa, Império 210, 212
Persas, os 210, 221-3, 230
Pérsio 85n., 273n.
Pertinax 228n.
Petávio, D. 162
Petrônio Árbitro 253
Petrônio, Públio 186
Pictóricos, os 300
Píndaro 152
Pisidas, os 184
Pistória 231n.
Placídia, Galla 192
Platão 147, 152, 215, 237, 238n.
Plauto 204
Plínio, o Jovem 224, 226, 250
Plínio, o Velho 245
Plotius Crispinus 89
Plutarco 173n., 183n., 214n., 263
Políbio 216
Pompeu 185, 207
Ponet, John 58n.

Powell, Mary XXXIV
Presbiteriana, organização eclesiástica 10n., 51n.
Presbiterianas, publicações 10n., 35, 51
Presbiterianos, membros do Parlamento 10n.
Presbiterianos, os XIII-XV, XIX, XXIV, 34-43, 47, 185, 305-8, 316
Pride, o Expurgo de XIII-XIV, XXXII, 95n.
Pronay, N. 271n.
Províncias Belgas 36
Provisão de Marlbridge, a 270
Provisão de Merton, a 270
Provisão dos Empórios, a 270
Prynne, William 9n.
Ptolomeu IX (Alexandre I) 211
Ptolomeu VII Evergeta 211
Ptolomeu X (Alexandre II) 211
Ptolomeu XI Auletes 211
Puritanos, os 36, 307

Quatrocentos, os 232n.
Quéfren 209
Queila, 177
Quêmis 209

Rabo, o XIII, XXIII, XXXI
Raleigh, Sir Walter XXXV
Ravena 18n.
Realistas, os XIII, 74, 303
Remonstrance of the Lords and Commons, A 306n.
República da Inglaterra XI, XXIII, XXIV, XXVIII, XXXII, 72, 78, 84, 241, 248, 275; *ver também* repúblicas

República Flamenga 205
Rex v. Hampden 295n.
Ricardo II 31, 271n., 285
Richilieu, Cardeal 260n.
Rizzio, David 138
Robert, Duque da Normandia 280
Roboão 20, 21n., 180
Rolando 246n.
Roma XXXIII, 107n., 186, 221, 225-8, 232, 241, 244, 247
Romana, república 123, 128, 162, 188, 221, 225, 230, 247-50
Romano, Império 31, 54, 187-8, 248
Romano, senado 97, 150-1, 160-1, 164, 174-5, 192, 221, 228-9, 232-3, 241, 247-50
Romanos, imperadores 150-5, 160, 189-4, 221-9
Romanos, os 24, 128, 150, 155, 160, 162, 164, 207-8, 220, 224, 226, 229, 244, 250, 264, 276-7, 283, 290
Romanos, reis 159-60, 221-2, 224-5,
Rômulo 221
Rubenitas, os 110
Rupílio, Públio 207
Rustand 292
Rutulianos, os 225

Saburano 249
Sadler, John 265n., 267n., 271n., 276n., 278n., 281n., 319n., 321n., 339-40
Saduceus, os 125n.
Sala de Banquetes, 72n.
Sálmacis XXVI, 80
Salomão 24n., 108n., 124-5, 138-9, 167, 176, 180, 183, 235
Salústio 5n., 87n., 115-6, 220, 304
Sam [ou Som] Conrad 55n.
Samarcitis 186n.
Samnitas, os 161
Samuel 8n, 20, 27, 111, 114-9, 128, 135, 214
Samuel, filhos de 20, 112, 135
Sansão 175
Santo Agostinho 115, 143, 166, 192, 194-5, 276
Santo Albano 15, 279
Santo Ambrósio 164, 188, 191-2
Santo Atanásio 164, 190
São Basílio 23
São Bernardo 92
São Clemente de Alexandria 115
São Germano 148, 276
São Jerônimo 115, 124
São João Crisóstomo 22 e n., 151-4, 192, 275, 336
São Paulo 21, 61, 142, 150, 153, 161, 167
São Pedro 21, 63, 77, 142-3, 149-50, 153
Sardanapalo 213
Sarpédon 125
Saul 27n., 49, 100, 111, 118n., 122, 129, 138, 176-7
Saxãs, leis 276
Saxões, os 276-7
Saxões, reis 263
Saxões, tempos dos 270
Saxônicas, crônicas 271
Schenk, Simpert 55n.
Schickard, Wilhelm (Sicardo) 115 e n., 122-3 e n., 128n., 340

Scripture and reason pleaded for defensive armes 61-5
Selden, John 73n., 272n., 340
Sêneca 24, 226-7, 239
Serious and faithful representation, A 10n., 66n.
Sérvio Túlio 221
Sesóstris 209
Sétimo Severo 189n.
Seyssel, Claude de 14, 341
Shakespeare, William XIV
Shawcross, J.T. IX, 46n.
Sheldon, Gilbert 73n.
Sião 65
Sicardo, *ver* Schickard, Wilhelm
Sicília XXXIII, 207n.
Sicilianos, os 238
Sigonius 196n.
Simão 184
Simão Mago 67, 100
Simplício 206
Sion College 51
Siquém 178
Síria 183-4
Sírios, os 107
Sísifo 295
Sleidan 15n., 33, 52, 341
Smith, Sir Thomas 31, 261
Sócrates Escolástico 190n., 194n.
Sófocles 89n., 218
Solino, Gaio Júlio 245
Sorbonne, a 168
Sozomen 191
Speed, John 30n.
Spon, Charles 73n.
St. Loup [propriedade de.] 148, 206, 234, 260
St. Loup de Troyes 148

St. Paul's School XII, XXXIII
Sterling 33
Stobaeus, J. 215n.
Suetônio 154, 159, 164n., 178n., 233
Sulpício Severo 115, 208

Tachus 211
Tácito 160, 181n., 221-2n., 223, 229, 244, 253n., 264
Talmude, o 121
Tarquínio Prisco 221
Tarquínio Superbus 20, 221, 224-5
Taylor, J. 271n.
Tebana, a Legião 189
Tebano, mensageiro 238
Tebas 218
Temístocles 214
Teodósio I 165, 193
Teodósio II 18 e n., 224, 341
Teodoreto 165n., 190n.
Teógnis 220
Teopompo 173
Terêncio 77n., 81, 112n.
Tertuliano 16, 163, 189-90
Teseu 237
Tessalônica 165
Thou, Jacques-Auguste de 16n., 36, 48-9, 154, 159, 196n., 341
Tibério 107, 180, 222
Tibulo 81n.
Tífon 209
Tirésias 218
Tópicos das Propostas 97n.
Tractate Sanhedrin 121n.
Trajano 18, 224, 226, 250
Traséia Peto 128, 171

Trasíbulo 232
Tratado de Newport, o 43n., 44
Trebélio Pólio 232
Trinta Tiranos, os 232n.
Túlio, *ver* Cícero
Turcos, os 26, 52
Turno 225, 293
Turpino 246
Tzetzes, Johannes 89

Ulster 206
Uniões Neerlandesas, Estados Gerais das 79
Uria 18
Urcisino [Ursino] 194
Ussher, James 276n.
Uzias 122

Valdenses, os 37
Valêncio 224
Valentiniano II 192-3
Valentiniano III 18n., 192, 224n.
Valeriana, a lei 227 e n.
Valério Asiático 227
Valério Publícola 227 e n.
Vaticano, a Biblioteca do XXXIII
Vedelius, Nicholas 89n.
Veneza XXXIII
Vercingetórix 229
Vermigli, Pietro Martire XVI, 31, 57, 167
Vero 248
Vertumno 255
Vespasiano 145, 232

Vetrônio 193
Viena 186
Villiers, George, Duque de Buckingham 139, 183, 233, 322n., 342
Vindiciae contra tyrannos XVI, 19n., 333
Virgílio 112, 148n., 225, 193n., 300
Vitélio 232
Vortigern 148, 276
Vortimer 276
Voto de Não-Ofício, 97n., 302n.

Walo Messalino 162, 169
Westminster, a Assembléia de 50n.
Wexford 241n.
Wheloc, Abraham 267n.
Whittingham, William 60 e n., 342
Wigh, Ilha de 316
Woodcock, Katherine XXXV

Xenofonte 24n., 215 e n.
Xerxes I 210-1, 214
Xifilino 127-8

Zacarias, Papa 196, 276
Zebedeu, filhos de 146
Zedequias 182
Zenão 206
Zwinglio, Huldreich XXIII, 53-4, 102, 167, 235, 342

IMPRESSÃO E ACABAMENTO:
YANGRAF Fone/Fax:
6195.77.22
e-mail:yangraf.comercial@terra.com.br